Hearts-on Alternative Science Activities

중등과학영재 판별도구의 개발과 이해

손정우 · 이봉우 · 이인호 · 최원호
신영준 · 한재영 · 최정훈 지음

북스힐

머리말

본 도서는 '한양대학교 과학교육연구센터'의 제3세부과제인 '과학영재의 빌굴 및 육성 사업'의 연구 결과물을 바탕으로 만들어졌다.

이 사업은 HASA(Hearts-on Alternative Science Activities) 교육철학을 기본으로 하고 있으며, 이에 기반한 활동 중심의 과학영재 판별 프로그램과 교육 프로그램을 개발하는 것을 목표로 하고 있다. HASA 교육철학은 활동을 통해 과학에 대한 관심을 유발하고, 이를 지속적으로 즐기고, 열정으로 과학을 탐구하는 태도를 가지는 것을 목표로 한다. 이러한 HASA 교육철학을 과학영재교육에 접목하는 것이 제3세부과제의 목표이다. 특히 판별 프로그램은 기초적인 지식 검사와 탐구 검사, 창의성 검사로 이뤄진 표준화 검사와 과학캠프 판별도구로 구성되어 있다.

2003년 12월부터 시작된 이 사업은 2008년 6월 30일까지 5년 동안 진행되었으며, 연구가 완료되는 시점에 연구결과를 일목요연하게 볼 수 있게 이 책을 집필하게 되었다.

본 연구의 결과물들은 그동안 8명의 연구원들과 자료 개발을 위해 20여 명 가까운 교사들이 참여하여 만든 산출물로 그분들의 노력과 정성이 담겨 있다. 이러한 연구결과물들을 과학영재교육 담당교사들이 활용하기 편하게 새롭게 글을 쓰고, 구성하였다. 특히 다양한 이론적 배경은 연구진이 여러 교육기관에서 실시한 영재교육 담당교사 연수와 강연에서 강의한 내용으로 연구의 결과를 소개하고, 이를 활용하는 과정에서 사용된 원고들이다. 현장 적용성이 강한 이론을 바탕으로 실제 개발된 자료들을 영재교육 현장에 적극적으로 활용하기를 희망한다.

2009년 4월
한양대학교 과학교육연구센터
3세부과제 책임자 손정우

차 례

Part I 과학영재 판별도구 개발

Part II 과학영재 표준화 검사

Part III 과학영재 과학캠프 검사

Part I

과학영재 판별도구 개발

과제 책임자 : 손 정 우
공동연구원 : 이 봉 우 · 이 인 호 · 최 원 호

1 과학영재 판별의 과정

본 연구의 목적은 HASA 과학교육 프로그램을 경험한 학생들을 대상으로 영재성을 발견하여 판별하고자 하는 것이다. 이는 현재 대부분의 영재교육기관에서 이뤄지고 있는 교육 대상자 선발에서 벗어나 학생의 특성 파악에 기반한 판별을 위한 것이다. 매년 되풀이되고 있는 소모적인 선발문항 개발을 지양하고, 보다 객관적으로 학생의 특성을 파악할 수 있는 판별도구를 개발함으로써 판별에 관한 어려움과 문제점을 해소할 수 있으리라 본다. 판별도구의 표준화는 학교교육 내의 성취에서부터 출발하여 학생들의 영재 특성을 밝혀내는 과정으로 진행되어야 한다. 아울러 이에 대한 체계적인 연구와 구체적인 도구를 개발할 필요가 있다.

1.1 과학영재의 정의

1. 영재성, 영재와 과학영재

'영재교육'이라는 말은 1968년에 중학교 평준화 제도의 시행과 1974년 고등학교 평준화 제도의 도입으로 용어가 도입되기 시작하였다. 그러나 이러한 영재교육은 1970년대까지는 학력이 뛰어난 학생의 월반, 조기입학 정도이기 때문에 진정한 영재교육이라고 말하기는 어려웠고, 1980년대부터 영재교육이 시작되었다고 보는 것이 정설이다.

1980년 7월 30일 교육개혁 조치가 이루어지면서 영재교육이 다시 부각되었고 이에 따른 후속 조치로 1983년 3월 경기과학고등학교가 우리나라 최초의 영재교육기관으로 설립

되었다. 이후 여러 영재교육기관이 설립되어 운영되고 있었지만 그 효과에 대해서는 많은 지적을 받고 있었다. 이에 대한 반성으로, 2000년 1월 영재교육진흥법, 2002년 4월 영재교육진흥법시행령으로 공교육 차원에서 영재교육의 활성화가 가능하게 되었다.

영재성과 영재에 대한 정의는 매우 다양하게 제시되어 있으며 현재까지도 합의된 하나의 정의가 없어 연구자마다 다양하게 수정하여 제시하고 있다. 영재성에 대한 정의는 영재성을 높이기 위한 프로그램의 개발을 위해서는 필수적이기 때문에 이에 대하여 이전까지의 개념들을 살펴보는 것은 큰 의미가 있다.

미국 교육부는 영재를 "능력이 뛰어나 탁월한 성취를 보일 가능성이 있는 자로서, 그들의 잠재력을 개발하기 위하여 특수한 교육 프로그램을 필요로 하는 자"로 정의하였고, 미국 교육부 감독이 의회에 보고한 Marland 보고서(1972)에서는 "뛰어난 능력으로 높은 성취를 보이는 것으로 확인된 아이들로서, 정상적으로 제공되는 프로그램의 수준을 넘어서는 차별화된 교육 프로그램을 필요로 하는 아이들"로 정의하였다. 이런 정의는 높은 성취능력이라는 6개의 항목 속에 창의적 또는 생산적 사고를 요구하는 부분이 있기는 하지만, 영재를 높은 지적 능력을 가진 자와 다르게 보지 않는 한계점을 나타내고 있다.

영재성에 대한 정의 가운데 가장 많이 인용되고 있는 것이 Renzulli(1978, 2002b)의 세 고리 개념 정의인데, 그는 미국 교육부의 정의에 대해서 첫째, 과제 집착력과 같은 동기 유발적 요소가 결여되어 있고, 둘째로 영재성을 6개의 적성 또는 능력으로 한정시키고 있으며, 셋째로 실제로 영재 판별은 이런 이론적 논의에서 비롯되지 못하고 있다고 비판하였다. 그는 영재성은 인간이 지니는 특질 중 세 가지 기본적인 특질의 상호 작용으로 이루어진다고 하면서, 평균 이상의 지적 능력, 과제 집착력, 창의성이라는 세 가지 요인의 상호 작용의 결과로 나타난다고 정의하였다. 그가 말하는 과제 집착력이란 일정 시간 동안 문제에 몰두하는 능력으로, 인내, 지속성, 집중력, 자신의 능력에 대한 믿음, 자기-신뢰감 등과 관련을 맺고 있는 것이며, 창의성은 사고의 유창성, 융통성, 독창성, 경험에 대한 개방성, 호기심, 모험심, 적극적 사고, 민감성, 아이디어와 사물에 대한 미적 감각 등을 포함한다(신지은, 2002).

이밖에도 많은 연구자들에 의해서 영재성에 대한 정의가 이루어졌는데 이현욱(2000)은 이전 연구를 바탕으로 영재의 개념 변천 과정에서 일반적으로 나타나는 공통점은 첫째, 영재의 개념이 우리가 관심을 갖고 요구하는 인간의 여러 구체적인 측면으로 세분화되어 간다는 점이고, 둘째, 영재를 능력만이 아닌 태도(즉, 과제 집착력)의 측면까지 파악해 능력을 이끌어 성공으로 이르게 하는 결과적 측면에서 보려 한다는 점이라고 밝혔다.

영재성은 다양한 분야에 고루 나타낼 수도 있지만 특히 과학 영역에 영재성을 나타내는 경우도 있다. 과학에서 말하는 영재, 즉 과학영재에 대하여서도 많은 연구가 진행되었다. Blurton(1983, 이현욱, 2000에서 재인용)은 일반적인 영재성과 분리될 수 있는 특성으로서의 과학적 영재성이 존재한다고 하였다. 그는 과학적 영재성을 과학에 대한 흥미, 고도의 수학적 능력과 고도의 언어 능력으로 규정하였다. 조석희 등(1997)은 과학영재를 "과학 영역에서 뛰어난 업적을 이루었거나 이룰 것으로 판정된 사람으로서, 그 잠재력을 최대한 개발하기 위해서는 정규 학교 프로그램 이상의 특별한 교육 프로그램과 서비스를 필요한 사람"으로 정의하였으며, 김주훈 등(1996)은 "영재의 개념에서 평균 이상의 능력을 지닌 자 중에서 과학 분야에 특별한 과제 집착력을 보이고 과학 분야에서 창의력이 뛰어난 사람"으로 "일반 능력 및 특수 능력이 평균 이상인 자로, 장래 과학 분야에서 뛰어난 업적을 이룰 것으로 예상되는 자로 이들의 능력을 개발하기 위하여 특별한 과학 프로그램을 필요로 하는 자"로 정의하고 있다.

신지은(2002)은 앞에서 제시한 과학영재의 정의를 다음과 같이 4가지로 요약하였다. 첫째로 과학영재는 평균 이상의 능력을 가지고 있어야 한다. 둘째, 과학영재는 과학 분야에서 과제 집착력, 흥미, 동기, 자신감 등의 비지적 요인들이 뛰어나야 한다. 셋째, 창의성은 과학 분야에서도 영재성을 규정하는 중요한 요인이므로 과학 분야의 영재는 과학 분야에서 창의력이 뛰어나야 한다. 넷째, 과학영재성이 개발되는 데에는 의도된 교육과 훈련이 반드시 요구되며, 잠재적 능력을 확인하고 또 그 능력을 계발하기 위한 과학 특별 프로그램이 필요한 사람을 의미한다.

2. 영재교육, 영재교육 프로그램의 필요성

왜 영재교육을 해야 하는가에 대한 논의는 영재교육의 방향을 정하는 데에 중요한 역할을 하고 있지만, 이에 대해서는 묵시적으로 당연시하고 있을 뿐 정확하게 언급한 자료는 찾기 힘들고, 다만 간접적으로 천명하고 있다(박성익, 2002). 영재교육에 대한 필요성에 대하여 박성익(2002)은 이전의 문헌들을 바탕으로 하여 개인적 측면, 교육적·사회적 측면, 국가적 측면으로 구분하여 제시하였고, 김홍원과 정현철(2002)은 교육적 차원, 개인적 차원, 국가적 차원의 세 측면에서 이야기하고 있다.

(1) 교육적 차원

우리나라 헌법 제31조에는 "모든 국민은 능력에 따라서 균등하게 교육받을 권리가 있다."라고 명시되어 있다. 즉, 잠재적인 능력을 가진 학생들에게는 그들에게 맞는 교육을 제공할 의무를 국가가 지니고 있다는 것이다. 교육적 차원에서의 필요성은 능력에 따른 교육을 받아야 한다는 상대적 평등주의나 교육기회균등주의 교육관과 그 맥을 같이한다.

(2) 개인적 차원

개인은 자신이 지닌 잠재 능력을 최대한 계발하여 이를 통해 자아를 실현할 수 있을 때 행복한 생활을 하게 된다. 뛰어난 능력을 지녔지만 이에 적합한 교육을 받지 못하였을 때 학생들은 고통을 받을 수 있다. 따라서 어린 영재들에게 탁월한 잠재 능력을 나타내는 분야를 계발시켜줌으로써 자아실현을 이룰 수 있는 학습 기회를 제공할 필요가 있다. 즉, 개인적 동기를 유발하고 가장 적합한 교육 내용과 방법을 활용하여 학생의 잠재 능력과 자질을 신장시킨다는 교육의 수월성과 그 맥을 같이한다.

(3) 국가적 차원

우리나라와 같이 자연자원이 부족한 나라는 우수한 창의적 두뇌를 가진 인재의 양성이 국가의 가장 큰 목표이자 재산이다. 여러 나라에서 영재교육을 실시하는 가장 현실적인 이유도 바로 이것 때문인데, 우수한 고급 인재를 발굴해서 여러 분야에서 국가의 미래를 이끌어갈 지도자를 양성하여 고급의 창의적 아이디어로 고부가가치를 산출하고, 이를 통해 국력을 신장시킬 수 있는 것이다.

1.2 과학영재 판별의 원칙

과학영재 판별도구 개발을 위해서는 먼저 원칙을 세워야 한다. 각 영재교육기관마다 나름의 원칙을 가지고 있겠지만, 기존의 여러 학자들이 주장해 온 영재 판별에 관한 일반적인 원칙은 과학영재의 판별에 많은 시사점을 줄 수 있다.

(1) 과학영재성에 대한 정의로부터 판별의 방법을 결정한다

과학영재를 어떻게 정의하는가에 따라 어떤 학생들을 영재로 판별할 것인지가 결정되며, 판별된 학생을 대상으로 어떤 교육 프로그램을 제공할 것인지가 결정되기 때문이다.

(2) 다양한 방법으로 다단계 판별 방법을 적용한다

학생들의 과학영재성은 다양한 활동을 통해 나타나므로 한 가지 방법이나 검사만으로 과학영재를 판별하기보다는 여러 단계에 걸쳐 학생에 대한 자료를 수집하고 이를 토대로 학생의 과학영재성을 판단하는 절차를 거쳐야 한다.

(3) 과학영재교육 프로그램이 제공할 학습 내용과 목표를 반영해야 한다

교육 프로그램의 학습 내용이 과학 창의성의 향상을 목표로 한다면, 판별 단계에서도 창의적인 문제 해결력을 측정할 수 있어야 한다.

(4) 과학영재교육 프로그램을 제공하면서 지속적인 과학영재 판별이 수행되어야 한다

과학영재교육 프로그램에서 요구되는 능력과 길러질 능력에 관한 측정이 이뤄져야 한다. 이는 선발 이후 교육에 유용한 정보로 활용될 수 있다.

1.3 다단계 판별 과정

국내와 국외의 유명 과학영재학교와 영재교육원의 판별 과정을 보면 대부분 다단계 전형을 하고 있다.

국내의 경우 한국과학영재학교는 1단계로 서류 전형, 2단계로 창의적 문제 해결력 검사, 3단계로 캠프/면접을 선발 과정으로 하고 있다. 그리고 서울특별시교육청 산하 과학고등학교 중학생 영재교육원 선발 과정을 보면, 1단계로 서류 추천, 2단계로 창의적 문제 해결력 검사, 3단계로 과제수행능력평가, 4단계로 심층면접 및 구술고사로 진행되고 있다.

미국의 경우 여러 수학과학고등학교에서는 조금은 차이가 있지만, 대체로 1단계로 서류 전형, 2단계로 실기시험(대체로 생략), 3단계로 인터뷰를 실시하고 있다.

이스라엘의 예술과학고등학교는 1단계로 지능검사 등 각종 검사, 2단계로 인터뷰 및 과제물 제출, 3단계로 워크숍으로 선발 과정을 거치고 있다.

국내외의 각종 선발 단계를 보면 매우 유사해 보이지만, 구체적 내용을 보면 차이가 많다. 특히 서류전형의 경우 국내는 거의 형식적인 자격 여부를 결정하는 것이고, 국외는 그 서류전형 속에 영재성 보유 여부에 대한 구체적인 정보를 담고 있다. 한국과학영재학교의 1단계 서류 전형에는 학교 성적, 자기소개서, 추천서, 수상실적 등이 포함되어 있고, 미국의 경우에는 각종 표준화 검사(IQ, 수학적 · 과학적 논리적 사고력 등), 학교 성적, 공인된 자격시험(SAT, ACT), 교사 추천서, 자기소개서 등이 포함되어 있어, 별 차이가 없어 보인다. 하지만 교사 추천서의 경우 미국의 과학고등학교에서는 교과교사 또는 상담교사의 영재행동 특성 평가서 등의 형태로 제시되고, 학부모의 소견을 포함하기도 한다. 결국 차이점은 우리의 경우 수치상으로 나타나는 객관적인 수상실적과 학교 성적을 중요시하지만, 미국의 경우는 영재아의 특성을 나타내는지에 대한 정보가 판별의 자료로 사용된다는 점이다.

1. 대학부설 영재교육원

다음 표는 2007년 기준 25개 대학부설 과학영재교육원의 다단계 전형을 요약한 것이다.

|표 I-1| 대학부설 과학영재교육원의 다단계 전형 과정

서울대학교	서류, 창의적 문제 해결, 면접
인천대학교	서류, 과학적 탐구능력검사, 전공 창의적 문제 해결력 검사, 심층면접
아주대학교	서류, 시험, 과학 창의성 검사, 심층면접
경남대학교	서류, 창의적 문제 해결, 면접, 수행평가(탐구 문제 중심 학생 발표)
전남대학교	서류, 창의적 문제 해결력, 실험실습평가
전북대학교	서류, 문제 해결력과 과학적 사고력(과학, 수학, 창의력), 논술, 면접
청주교대	서류, 기본 탐구 능력과 논리적 사고력(단답, 단문주관식), 주관식 서술형 지필, 실기평가
강원대학교	서류, 지필고사, 심층면접
부산대학교	서류, 문제 해결형 필기, 과학적 사고력 평가, 면접(창의력, 논리력)
연세대학교	서류, 지필고사, 면접
제주대학교	서류, 영재성 검사, 창의적 문제 해결력 검사(서술), 과학적 탐구 능력 검사(단답/선다)
강릉대학교	서류, 지필, 면접
공주대학교	서류, 지필고사(탐구/창의/과학 탐구 능력 검사), 지필2(문제 해결형/창의력), 면접, 실험평가
서울교대	서류, 선다형 지필(지식, 문제 해결력), 수행평가방식의 논술형 지필, 면접(인성 등 평가)
순천대학교	지필(수학, 과학), 지필2(과학적 사고력, 창의성), 면접
안동대학교	서류, 지필[문제 해결력 평가, 영재성 평가(논리력, 과학적 사고력 및 창의성 평가)], 심층면접

울산대학교	서류, 지필(전공, 영재성), 면접
경원대학교	서류, 지필(객관/단답), 지필(창의적 문제 해결력), 수행평가, 면접
대진대학교	서류, 지필(단답), 지필(창의적 문제 해결력), 면접
경상대학교	서류, 지필(창의 문제 해결), 심층면접 및 수행평가
목포대학교	서류, 지필(수학/과학 개념, 논리사고력), 심층면접(과학적 사고력, 창의성 등)
군산대학교	서류, 지필(창의력 및 문제 해결력), 심층면접
창원대학교	서류, 지필(창의력 문제 해결 능력), 심층면접

표에 나타난 바와 같이 2단계 전형을 하는 곳이 1곳, 3단계 전형을 하는 곳이 17곳, 4단계 전형을 하는 곳이 5곳이다. 또한 3가지의 평가방식을 적용한 곳이 11곳, 4가지는 9곳, 5가지는 3곳이다. 각 대학부설 영재교육원의 입시요강을 분석한 결과, 서류전형은 추천이 15곳, 자율지원이 7곳으로 형식적인 절차에 그친 경우가 많았다. 판별 과정에서 가장 많은 학생들을 탈락시키는 지필고사는 단답형, 서술형 등의 2단계 평가가 다수를 이루고 있었고, 탐구 능력 검사를 실시하는 곳도 3군데나 있었다. 서술형 평가인 창의적 문제해결은 14곳에서 실시하고 있으며, 실기능력을 알아보는 실험실습-수행평가는 4곳에서 실시하고 있었다. 판별 과정의 마지막 단계인 심층면접은 19곳이 실시하고 있었다.

이렇듯 통일되지 못한 각 영재교육원의 판별 과정은 차이점보다는 공통점이 많아, 이를 적극 반영하면 표준화된 판별 과정을 만들어낼 수 있다.

2. HASA 과학영재 판별 과정

한국교육개발원이 제안한 판별 과정은 4단계로 서류, 표준화 검사, 수행평가, 교육 후 평가로 요약할 수 있다.

(1) 1단계 – 학업성취도 누가 기록 및 관찰에 의한 추천

학생의 특성을 나타낼 수 있는 기록과 교사의 관찰을 통해 영재성이 있는 학생을 추천하는 단계이다. 오랜 기간 동안의 관찰 결과는 한 번에 이루어지는 검사결과보다 정확할 수 있다. 현재 과학고등학교 입학 전형이나 영재학급 교육대상자 선정에 적용되고 있는 방식이다. 학업성취도에 대한 누가 기록, 교사의 관찰 내용, 경시대회 입상 결과 등이 이 단계에서 참조된다.

(2) 2단계 – 표준화된 검사를 통한 판별

1단계를 통해 추천된 학생들을 대상으로 표준화된 검사를 실시한다. 표준화된 검사는 주로 지능이나 적성, 흥미, 창의성 및 학력을 측정하기 위해 많이 사용된다. 표준화된 검사는 최고점 수준이 낮아서 매우 우수한 학생과 우수한 학생을 구별하기 어렵다는 문제가 있으며 보통 학생과 다른 깊은 통찰에서 나온 영재학생의 답변이 엉뚱하게 처리되어 잘못된 검사결과가 나올 수도 있다.

(3) 3단계 – 문제해결과정의 관찰과 평가

표준화된 검사를 통해 판별된 학생들을 문제 해결 과정에 투입하여 학생들이 문제를 해결하는 과정을 전문가들이 직접 관찰하고 평가하는 단계이다. 이러한 관찰 평가의 장점은 실제 문제 해결 과정을 평가할 수 있고 검사를 통해 발견할 수 없는 성격이나 학습 태도 등을 평가할 수 있다는 점이다. 이 단계에서는 각 분야의 전문가가 학생들이 만들어낸 작품이나 실험 과정 등을 관찰하고 창의적 문제 해결력을 측정할 수 있다.

(4) 4단계 – 교육 프로그램 적용 후 관찰

3단계에서 판별된 학생에게 영재교육 프로그램을 제공하고 프로그램 과정에서 영재성이 나타나는 정도나 앞으로의 성취 가능성을 관찰하는 단계이다.

이를 바탕으로 HASA 과학영재 판별 과정은 다음과 같이 정리할 수 있다.

- **1단계 – 과학영재 자원집단 구성**
  과학 성취(과학재능장부)와 다양한 추천서를 바탕으로 과학영재 자원집단 구성
- **2단계 – 과학 지식 수준과 적성 판별**
  지식 축적 정도를 확인하는 지식 검사, 탐구 능력 검사, 창의력 검사 형태의 표준화 검사와 과학재능장부를 이용한 적성 판별
- **3단계 – 과학활동 및 탐구 능력의 영재성 판별**
  과학캠프를 통해 산출물 및 탐구 능력 판별

이와 같은 3단계를 제시한 주된 이유는 정규 교육과정 내에서 모든 학생들을 대상으로 개개인의 흥미와 적성에 따라 주제를 선정하고 개인별 학습양식을 고려하여 프로젝트를 수행할 수 없기 때문이다. 따라서 1단계에서는 영재 선발이라기보다는 영재의 가능성을 가진 영재자원집단을 구성한다는 의미에서 성취 수준이나 교사의 추천서, 학부모나 자기

추천에 의한 선발이 바람직하다. 이 단계의 교육은 단위학교 영재학급에서 담당하며, 과학 관련 심화활동을 수행하면서 과학 관련 흥미와 재능을 신장시키고 과학에서 뛰어난 성취를 할 잠재성이 있는지 확인하게 된다.

서혜애(2004)에 의하면 과학영재의 선발 과정 및 선발도구는 과학 분야의 지적능력과 과학적 창의성, 과제 집착력, 흥미 등의 개인적 성향을 모두 반영하는 것이 바람직하다. 이러한 과학영재 선발 요소들은 각각을 나누어 측정하는 것보다는 과학 탐구를 수행하면서 학생이 탐구를 진행하는 과정과 탐구결과로 얻은 산출물로 평가하는 것이 바람직하다. 부분적인 검사도구를 통해 나타난 학생의 능력이 과학 탐구의 전체 진행 과정에서 나타나지 않는다면 유의미하게 볼 수 없기 때문이다. 따라서 2단계에서는 학생들의 과학 지식, 탐구 능력, 창의력을 측정함과 동시에 그동안 수행했던 과학재능장부에 대한 평가를 병행하여야 한다. 즉 과학적 산출의 기반이 되는 과학 지식, 탐구 능력, 창의력과 산출물에 관한 과학재능장부에 대한 평가를 바탕으로 2단계 판별을 실시하고, 이들을 대상으로 교육청의 영재교육원과 대학 영재교육센터에서 본격적인 교육을 실시한다.

마지막으로 과학을 실제 수행하는 과학캠프를 통해 과학에 대한 학생의 흥미와 적성을 판단하고, 실제 문제상황에서 지식과 기능을 활용하는지, 창의적 해결 방안을 제시할 수 있는지, 정교한 과학적 탐구를 수행하는지 등을 종합적으로 평가한다.

1.4 판별 과정과 과학영재교육기관의 연계

수월성 교육 방안을 실현하기 위해서는 영재교육의 대상자 확대뿐만 아니라, 교육의 지속성과 상급 기관과의 연계가 잘 이루어져야 한다. 또한 일선 학교에서 이러한 체제를 뒷받침할 수 있어야 하며, 나아가 영재교육의 운영 방향이 일반 공교육을 정상화하고 수준을 높일 수 있는 체제가 마련되어야 한다.

앞서 제시한 HASA 과학영재 판별 과정을 단기간에 적용할 수도 있지만, 근본적으로 학년 진급에 따른 위계적 연관성과 더불어 적용할 수 있다.

현재 국내의 영재교육은 교육청 산하 지정 학교에서 운영하는 영재학급과 교육청에서 운영하는 영재교육원, 대학부설 영재교육원, 영재학교로 구성된다. 그러나 현재는 지역교육청과 시도교육청 영재교육원의 차별화나, 교육청과 대학부설 영재교육원의 역할 분담은 이뤄지지 않고 있다. 즉 동일한 학년과 수준의 학생을 대상으로 지역 교육청과 시도교육청이, 교육청과 대학이 각각 영재교육을 하고 있지만 각 기관의 장점을 살리고 효율적인 영재교육을 실시할 수 있는 역할 분담은 이뤄지지 않고 있다. 이에 연구결과로 학생의 학년 진급에 따른 교육기관의 위계적 연관성을 제시하였다.

초등 5~중 1 학생들을 대상으로 1단계 성취 검사와 다양한 추천서를 통해 영재자원 집단(talent pool)을 구성하고, 단위 학교 영재학급에서 다양한 주제와 영역에 대해 심화학습을 받는다. 영재학급에서 과학 관련 지식과 기능을 학습하고 이를 활용하는 프로젝트를 수행하여 과학재능장부에 반영한다. 중 2가 되면 영재학급에서의 과학재능장부와 표준화된 지식 검사를 통해 교육청 영재교육원과 대학부설 영재교육원의 교육대상자를 선발하게 된다. 이 단계에서의 교육대상자는 이미 영재학급에서 과학에 흥미와 적성이 있고, 기본적인 탐구 수행 능력을 갖춘 학생들이므로 실제 문제 해결 활동을 중심으로 하게 된다. 중 3이 되면서 다시 과학캠프 활동을 통해 사사 교육과 수준 높은 과학 관련 프로그램의 대상이 되는 학생들을 선발하게 된다.

| 표 I-2 | 과학영재교육기관의 위계

학교	초 5-6 중 1	중 2	중 3	고등학교
과정	영재학급	지역교육청 영재교육원 대학 부설 영재교육원	시 · 도교육청 영재교육원	영재학교 과학고
지원활동	• 기능 중심의 소집단 심화활동 • 특별활동 • 주말 프로그램	• 문제 해결 중심의 심화 프로그램 • 과학전람회, 경시대회 • 인성 및 봉사활동 • 창의성 계발 훈련 프로그램 • 사사 프로그램, 과학캠프		• 전문 지식 및 기능 습득 • 과제연구 프로그램

2 서류 검사

영재의 판별은 1회성이나 단기간에 이뤄질 경우, 아동이 자신의 재능을 충분히 발휘할 기회를 얻지 못하여 판별의 오류나 재능을 가진 아동들이 누락될 가능성이 있으며, 다방면에 재능을 가진 학생들이 자신의 재능을 충분히 발휘할 수 있는 영역을 잘못 찾게 될 수 있다. 특히 영재를 바라보는 기존의 지적 능력 중심의 관점에서 벗어나, 학습에 대한 흥미나 끈기, 과제집착력 등은 쉽게 측정하기 어렵기 때문에, 교사가 아동을 지도하고 관찰하면서 재능을 파악하고 이를 개발시키기 위한 제언을 기록하는 종합재능장부가 필요하다. 이러한 종합재능장부는 영재 판별을 위한 도구로서뿐만 아니라 아동의 재능 신장을 위한 정보와 제언을 담고 있기 때문에 학년이 바뀌더라도 다음 교사가 아동을 위한 교육활동을 준비하는 데 중요 자료로 활용될 수 있다. 본 연구에서는 현장에서 교사들의 부담을 줄이면서도 영재 판별에 필요한 아동의 특성을 나타낼 수 있는 종합재능장부의 양식을 개발하기 위하여, 먼저 Renzulli의 종합재능 포트폴리오에 관해 검토한 후, 국내 실정에 맞는 종합재능장부 제안을 모색하였다.

2.1 종합재능장부(TTP)에 대한 검토

Renzulli의 종합재능 포트폴리오(TTP)는 '학교 전체 심화학습 모형(SEM)'을 바탕으로 심화학습을 경험하는 학생들을 대상으로 작성하게 된다(Renzulli et al., 1997, 김홍원 역, 2003). 즉 성취 검사, 교사 추천, 창의성 평가, 자기 지명이나 학부모 평가 등을 통해 전체의 10~15 %에 이르는 영재자원집단(talent pool)이 구성되고, 여기에 속하는 학생들을 대상으로 심화학습을 제공하고 종합재능 포트폴리오를 작성하면서 학생들의 다양한 재능을 개발하는 한편 영재로서의 특성을 관찰하게 된다.

TTP는 심화활동을 하기 이전에 학생의 상태에 관한 정보와 심화활동을 통해 나타나는 행동 정보로 구성된다. 상태 정보는 학생의 능력과 흥미, 학습 관련 선호도의 세 범주로 구성되어 있다. 능력은 정규 시험과 같이 표준화된 검사결과뿐만 아니라 비정규적인 수행평가, 비교적 덜 구조화된 상황에서의 성취를 보여주는 수행평가, 그리고 행동 특성에 대한 평정 등으로 구성된다. 흥미는 다양한 영역 중에서 학생이 어떤 영역에 재능을 갖고 있는지 확인하기 위한 것으로 검사도구를 이용하거나 면담, 평소의 관찰을 반영하여 기록한다. 이때 학생의 흥미는 여러 가지 영역에서 나타날 수 있으며 시간에 따라 변할 수 있기 때문에 정기적인 조사와 기록이 필요하다. 학습 관련 선호도는 수업 양식, 학습 환경, 사고 양식, 표현 양식에 대한 선호도 등 네 가지 하위 범주로 나누어진다. 수업 양식 선호도는 강의나 시범 실험과 같이 교사 주도적인 활동에서부터 프로젝트 학습이나 독립연구와 같이 학생 주도적인 활동에 이르기까지 다양한 형태의 수업 양식 가운데 학생이 선호하는 수업 양식을 기록하는 것이다. 학습 환경 선호도는 학생이 혼자 학습하기를 좋아하는지 소집단 혹은 대집단 학습을 선호하는지를 나타낸다. 사고 양식 선호도는 새로운 것을 계획하고 만들어 내는 것을 좋아하는지, 기존의 것을 정교화하고 명료화하기를 좋아하는지, 아니면 평가와 가치 판단하기를 좋아하는지 나타내는 것으로, 스턴버그는 각각 입법적 사고, 행정적 사고, 사법적 사고라 명명하였다. 표현 양식 선호도는 산출물을 표현할 때 선호하는 방식으로, 쓰기와 말하기뿐만 아니라 연극과 같이 수행을 통해 표현하거나 다양한 멀티미디어의 사용 등을 포함한다.

행동 정보는 학습 과정에서 드러나는 학생의 특성과 학생의 재능 개발을 위한 고차적인 학습 경험, 학생들이 수행한 심화활동의 산출물을 기록한다. 산출물을 기록할 때에는 학생 스스로 자신의 산출물 가운데 다양성을 고려하여 포함시킬 것을 선택하며, 일상적인 과제들을 기록하지 않도록 유의하여야 한다.

Renzulli의 종합재능 포트폴리오는 과학뿐만 아니라 수학, 언어, 예·체능 분야 등 다방면에 걸친 학생의 흥미와 재능 영역을 조사하여 구성된다. 이러한 특성은 학생의 특성에 대해 어느 영역에서 더 큰 재능을 발휘할 수 있는가를 알 수 있게 해 준다. 그러나 과학이라는 특정 영역에 흥미를 나타내는 학생들 가운데 어떤 학생이 뛰어난 성취를 남길 잠재성을 갖고 있는가에 대한 상세한 정보를 주기에는 한계가 있다. 특히 종합재능 포트폴리오를 작성할 때에는 학생의 다양한 방면에서의 흥미와 재능을 반영하게 되므로 과학 이외의 성취도 많은 비중을 차지하게 된다. 따라서 초등학교 저학년 때에는 종합재능장부를 활용하여 아동의 재능과 흥미 분야를 폭넓게 알아보는 것이 필요하지만, 과학에 흥미와 재능을 보이는 학생들을 대상으로 관련 심화학습을 경험하게 하면서 과학 분야에서의 성취 잠재성을 알아볼 수 있기 위해서는 과학재능장부로의 전환이 필요하다. 즉 과학에 흥미와 재능을 보이는 학생들을 대상으로 학업 성취, 종합재능장부, 교사 추천, 자기 추천과 학부모 추천 등을 병행해 영재자원집단(talent pool)을 형성하고, 심화학습을 경험하면서 과학 창의적 산출물을 기록하는 과학재능장부를 작성하게 하는 것이 바람직하다. Renzulli의 '학교전체심화학습 모형'에서는 영재자원집단을 구성하는 학생들이 특정 영역에 재능을 보이는 학생들이 아니다. 즉 다양한 흥미와 재능을 가진 학생들이 3부 심화학습 모형에 따라 다양한 분야의 지식과 정보들을 접하면서 자신의 흥미와 적성에 맞는 분야를 선택하고 기능 습득 및 탐구를 수행하게 되는데, 이때 종합재능장부가 유용하게 사용될 수 있다. 즉 초기 학생의 능력과 흥미와 재능, 학습 관련 선호양식 등에 따라 지식과 정보들이 제공되며, 이러한 지식과의 상호 작용과 탐구 수행 과정에서 나타나는 흥미와 능력의 변화를 교사가 감지할 수 있으며 재능 개발을 위한 제언을 할 수 있다. 그러나 현재의 정규 교과과정을 통해서는 이러한 심화학습 과정을 거치지 않기 때문에 교사가 학생의 능력과 흥미에 대한 자세한 정보를 얻기 힘들다.

Renzulli의 종합재능 포트폴리오가 그대로 적용되기 힘든 또 다른 이유로는 학생의 흥미와 학습 관련 선호도를 조사하기 위하여 다른 검사도구를 사용해야 한다는 것이다. 즉 학생의 능력을 알아보기 위해 '우수 학생의 행동특성 평정 척도(SRBCSS)나 흥미 조사를 위해 Interest-A-Lyzer, 학습방식검사도구(Learning Style Inventory) 등을 이용하게 되는데, 이러한 검사를 정규 교육과정에서 정기적으로 실시하기도 힘들 뿐더러 국내에서 표준화과정을 거치지 않았기 때문에 타당성을 확보하기 힘들다.

이상에서 살펴본 바에 의하면 특정 영역을 제한하지 않고 평균적으로 우수한 상위 학생들을 대상으로 다양한 주제를 경험하고 심화학습을 하는 경우에는 학생의 흥미와 재능을 찾는 종합재능 포트폴리오가 유용하게 사용될 수 있지만, 현재 정규 교육과정에서 학생의 흥미와 재능에 관한 새로운 정보를 얻어내기는 힘들다. 오히려 성취 검사나 교사의 추천에 의해 과학에 재능이 있다고 보이는 학생들이 과학에 관련된 심화학습을 수행하면서 작성하는 과학재능장부(STP; Science Talent Portfolio)가 더욱 적절하다고 판단된다.

2.2 과학재능장부(STP)의 제안

과학재능장부는 1단계 선발을 통해 과학영재자원집단에 해당하는 학생들이 과학 관련 지식과 기능을 익히고 이를 활용하여 직접 과학 프로젝트를 수행하는 과정과 산출물을 담는 데 이용된다. 또한 과학재능장부를 2단계 선발에 이용하기 위해서는 그 밖에도 학생의 과학 관련 흥미와 적성을 나타낼 수 있어야 한다. 이러한 목적을 위해서 과학재능장부에 포함되어야 할 항목들로는 학생이 수행한 탐구일지, 산출물, 교사의 산출물 평가와 제언, 학생의 탐구수행 소감 등이 있다. 탐구일지는 특별한 양식에 얽매이기보다 날짜, 제목, 내용을 포함하여 자유로운 형식으로 기술하되, 정해진 탐구 수행에 관한 내용뿐만 아니라 새롭게 알게 된 사실이나 흥미로운 사실, 궁금한 과학 문제 등을 기록한다. 이는 학생의 탐구 과정에 대한 정보와 과학에 흥미와 적성을 나타내는 동시에 이를 신장시키는 역할을 하며(남경운 등, 2004), 학생의 탐구수행 소감도 유사한 역할을 한다. 산출물과 이에 대한 교사의 평가는 지식과 기능의 활용 능력에 대한 정보를 제공한다. 각각에 대한 기록 양식은 다음과 같다.

|표 I-3| 탐구일지 양식

탐구 일지

날짜	월 일/ 물리교과교육실/ ○○○○중학교/ ○○○조/ 이름: ○○○
제목	
내용	

|표 I-4| 산출물 평가 양식(Besemer, 1998 참고하여 재구성)

산출물 평가 양식

평가 교사 : ____________

평가 항목	1	2	3	4	5
독창성					
발전 가능성					
가치로움					
이해 가능성					
표현력					
논리성					
기능적 솜씨					
유기성					
적절성					
완성도					
전체적 평가와 제언 :					

2.3 추천서 양식

1. 교사 추천

교사 추천은 비형식적인 언어 전달이나 형식적인 양식으로 모두 이뤄질 수 있다. 그러나 교사의 추천은 학생에 대한 선호 경향에 영향을 많이 받게 된다. 그래서 이를 조금이라도 줄일 수 있는 방향으로 교사 추천 양식을 만드는 것이 바람직하다. 물론 다양한 영재 행동 특성 체크리스트의 점수를 포함해야 한다. 다음은 Renzulli의 SEM 프로그램에 사용된 교사 추천서 양식을 참조하여 작성한 예이다.

|표 I-5| 과학영재 교사 추천서

과학영재 교사 추천서

1. 학생의 이름 ________________ 2. 교사의 이름 ____________________
3. 작성일 ____________________ 4. 학교명 ________________________
5. 학년 ______________________ 6. 생년월일 ______________________
7. 학교 성적 (개인성적/전체평균)
   국어 ____/____ 수학 ____/____ 과학 ____/____ 사회 ____/____
8. 학부모 추천서 : 있음 / 없음
9. 행동특성 평정척도 점수 : _________
10. 이 학생이 과학영재교육 프로그램에 참여해야 하는 이유를 구체적 사례를 들어 제시하시오.
    ____
    ____
    ____
    ____
11. 이 학생이 이번 해에 당신의 수업 시간에 관심을 표현한 영역과 그 정도는 어떠하였는지 표시하시오.

	높음	평균	낮음		높음	평균	낮음		높음	평균	낮음
물리	□	□	□	화학	□	□	□	생물	□	□	□
우주	□	□	□	지구	□	□	□	환경	□	□	□

12. 이 학생이 현재 교육과정의 내용보다 심화학습을 해야 한다고 생각되는 영역은 어떤 것들이 있을지 표시하시오.
    1단원 □ 2단원 □ 3단원 □ 4단원 □ 5단원 □ 6단원 □ 7단원 □ 8단원 □

2. 학부모 추천

과학영재를 판별하고 교수하기 위해서는 영재학생 개개인에 대한 많은 정보가 필요하다. 영재학생의 유아기와 청소년기를 학부모보다 잘 아는 사람은 없다. 따라서 학부모가 교사에게 정보를 정확히 전달하는 것은 중요하다. 학부모가 교사에게 전달해야 하는 정보로는 다음과 같은 것들이 있다(Davis, 1998).

- 특별한 관심과 취미
- 즐겨 읽은 최근의 책
- 독서 이상 특별한 관심을 가지는 것
- 비범한 성취
- 특별한 재능
- 특별했던 기회
- 혼자일 때 좋아하는 행동
- 인간관계
- 특별한 문제점이나 요구사항

실제 학부모가 이러한 정보를 자유스런 형식으로 쓰는 것은 아주 어려우므로, 반드시 추천양식으로 제공되어야 한다. 그 속에는 학부모가 관찰한 인지발달 과정, 창의성, 리더십, 인내심, 협동심 등 영재 특성이 구체적 사실로 기술될 수 있게 해야 한다. 다음은 학부모 추천서로 사용되는 양식들에 사용된 질문들의 예들로서, Tongue(1976)와 Renzulli (1997)가 제시하였다.

- 뛰어난 어휘력과 자기표현력이 뛰어나다.
- 쉽게 과거를 기억해 낸다.
- 물선늘이 어떻게 동작하는지를 알기 원한다.
- 유치원 가기 전부터 읽을 줄 안다.
- 거의 모든 것에 대해 질문한다.
- 호기심과 모험심이 강하다.
- 생각하기 전에 충동적으로 행동한다.
- 신체 조건이 좋고, 자기 자신의 몸을 제어할 수 있다.
- 관심 있는 일에 대부분의 시간과 정력을 소비한다.
- 혼자 있을 때 자발적으로 공부를 시작한다.
- 어떤 결과가 나타날 때까지 일이나 놀이를 끝까지 한다.
- 무언가를 말할 때 평범하지 않은 표현을 사용한다.
- 스스로 프로젝트를 시작하고 결과물을 만들어낸다.
- 새로운 방법으로 주어진 자료를 활용한다.
- 또래에 비해 자주 유머와 이벤트를 만들어 낸다.
- 문제에 접근하는 방식이 새롭다.

3. 동료 추천

학급의 친구는 영재학생들의 행동을 가장 많이 접하는 이들이다. 따라서 동료에 의한 추천은 훌륭한 판별자료로 활용할 수 있다. 동료 추천은 한 학급 내에서 그들 스스로 어떤 질문에 대해 가장 적합한 인물을 기록하여 그 결과로부터 영재학생을 찾아낼 수 있는 방법이다. 그러나 어떤 추천서 양식으로 작성된다면 학생들은 부담을 느끼고 또한 그것을 제대로 이해하기 어려워 영재학생들을 거론하기 힘들다. 이런 어려움을 피하는 요령으로는 "Let's Make Believe(Jenkins, 1979)"가 있다. 이 방법은 학생들에게 배로 수학여행을 가다가 좌초하여 무인도로 가게 되었을 때, 학급 구성원 중 누가 지도자, 수리공, 예술가, 발명가, 판관, 연예인의 역할을 하면 좋을지를 적게 하는 것이다. 따라서 다양하게 학생들의 눈높이에서 질문을 만들어 학생들이 생각하는 영재는 누구인지 확인해 볼 수 있다.

4. 자기 추천

일부 학생들은 강한 욕구가 있어 스스로 특별 프로그램에 참여하기를 원한다. 이런 학생들의 재능과 창조성에 대해서 교사가 인지하지 못하고 있는 경우이다. 사실 자기 추천은 고등학교 학생의 경우에 적합하다. 왜냐하면 친구들과의 관계 때문에 자신의 재능을 숨기고 있는 학생들에게 스스로 영재성을 판별할 수 있게 해주는 유일한 방법이기 때문이다(Renzulli, 1987).

3 표준화 검사

과학의 과정과 지식의 통합을 강조하기 이전에 학문으로서 과학적 개념을 정확히 이해하는 것은 무엇보다도 중요하다. 이를 위한 도구로 학생의 과학 학습 평가 시 지적능력을 측정하기 위해 표준화 검사를 실시할 수 있다.

표준화된 검사지가 선다형의 형태로 주어지면 지식/기억 범주 평가에 매우 유용하고 시험 시간당 지식의 평가 범위가 매우 넓으며 평가 대상 학생 수를 많이 선정할 수 있고, 이후에도 검사 문항을 재이용할 수 있으며 채점 시 객관성이 보장되므로 몇 가지 단점에도 불구하고 현실적으로 유용하게 사용된다. 검사지에 측정 가능한 행동적 특성이 유도될 수 있도록 제작된다면 학생이 가지고 있는 과학 지식을 평가할 수 있는 중요한 수단을 제공받을 수 있다. 선다형 문항을 이용하더라도 문항을 작성하기에 따라 분석력이나 종합력 등과 같은 고등정신 기능의 평가도 가능하다.

7차 교육과정에서는 과학의 내용 영역을 지식과 탐구로 구분하고 있다. 지식 영역은 에너지, 물질, 생명, 지구의 네 영역으로 나누어 각 학년마다 3～4개의 작은 단원이 포함되도록 구성되어 있다. 탐구 영역은 탐구 과정과 탐구활동으로 구분하였으며, 탐구 과정은 기초 탐구 과정인 '관찰, 분류, 측정, 예상, 추리'와 복합 탐구 과정인 '문제 인식, 가설 설정, 변인 통제, 자료 변환, 자료 해석, 결론 도출, 일반화'로 구성되어 있고, 탐구활동은 '토의, 실험, 조사, 견학, 과제 연구'로 구성되어 있다.

개발된 표준화 검사도구는 문제은행식으로 축적되어 있으므로, 앞으로 계속 개발된다면 충분히 문제은행으로서의 역할을 할 수 있다. 또한 영재 판별뿐만 아니라 정규 교육과정에서도 학생들의 지식수준을 검사할 수 있는 도구로도 활용 가능하다. 연도별 개발문항은 다음과 같다.

영역	지식 영역			탐구 영역			창의 영역		
학년	4–6	7–8	9–10	4–6	7–8	9–10	4–6	7–8	9–10
1차년		257							
2차년	240			78					
3차년					54		27	14	
4차년			155			32			24
합계	652			164			65		

1. 지식 검사 형태의 표준화 검사

학생들이 이해해야 할 목표에 대한 기준은 교육부에서 개발한 '제7차 교육과정에 따른 성취 기준과 평가 기준'을 참고하였다.

(1) 4–6학년 문항의 예

문 항 카 드				
내용요소	학교급	초등 4	예상 정답률	60 %
	단 원	수평잡기		
평가목표	여러 가지 물체를 수평으로 만들 수 있다.			

[문제 1] 그림에서 오른쪽 끝의 줄에는 추가 하나밖에 없다. 수평이 되게 하려면 오른쪽 끝의 줄에는 추를 몇 개 더 달아야 할까?

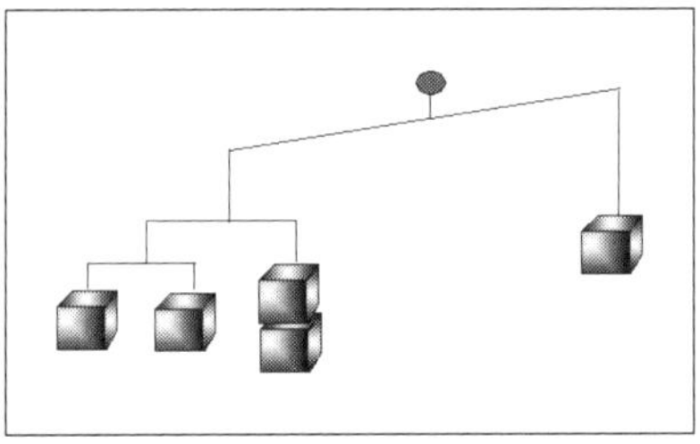

① 1개 ② 2개
③ 3개 ④ 4개
⑤ 5개

정답 ③

해설 좌우에 매달린 추의 개수가 같아야 수평이 된다. 왼쪽의 추들은 모두 수평을 이루고 있으므로, 왼쪽의 추들이 한곳에 모인 것과 같은 효과를 나타낸다.

<table>
<tr><td colspan="5" align="center">문 항 카 드</td></tr>
<tr><td rowspan="2">내용요소</td><td>학교급</td><td>초등 5</td><td rowspan="2">예상
정답률</td><td rowspan="2">50 %</td></tr>
<tr><td>단 원</td><td>물의 여행</td></tr>
<tr><td>평가목표</td><td colspan="4">습도계의 원리를 안다.</td></tr>
</table>

[문제 67] 공기 중의 수증기가 많은 습한 날의 건습구습도계에 대한 설명으로 옳은 것은?

① 습구의 물이 많이 증발한다.

② 건구와 습구의 온도 차이가 크다.

③ 건조한 날보다 물이 증발하면서 열을 많이 빼앗아 간다.

④ 건구와 습구의 온도 차이가 작다.

⑤ 건조한 날보다 습한 날은 습도가 낮다.

정답 ④

해설 습한 날은 공기 중의 수증기가 많아서 증발이 잘 안 되어 습구와 건구의 온도차가 작다.

<table>
<tr><td colspan="5" align="center">문 항 카 드</td></tr>
<tr><td rowspan="2">내용요소</td><td>학교급</td><td>초등 6</td><td rowspan="2">예상
정답률</td><td rowspan="2">30 %</td></tr>
<tr><td>단 원</td><td>여러 가지 기체</td></tr>
<tr><td>평가목표</td><td colspan="4">이산화탄소의 성질을 알 수 있다.</td></tr>
</table>

* 다음 그림은 이산화탄소 발생 장치이다. 물음에 답하시오.

[문제 29] 다음 중 이산화탄소를 발생시킬 때 필요 없는 것은 무엇인가?

① 달걀껍데기 또는 조개껍데기

② 묽은 염산 또는 묽은 황산

③ 고무관

④ 깔때기

⑤ 이산화망간

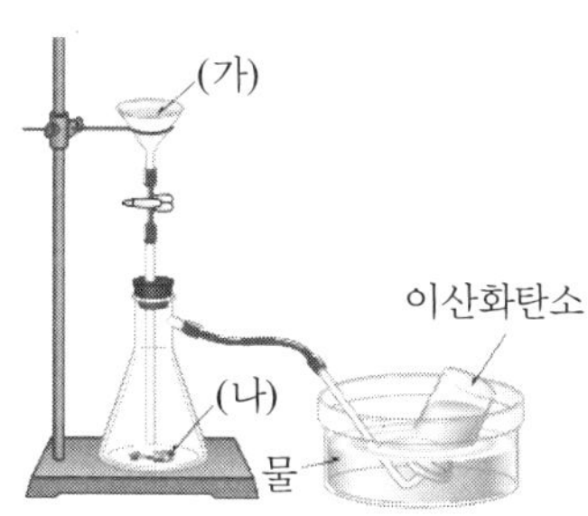

정답 ⑤

해설 이산화망간은 산소 발생 실험 시 필요한 물질이다.

[문제 30] 실험에서 발생한 이산화탄소를 확인하기 위한 방법으로 옳은 것을 모두 고르면?

① 색깔을 확인한다.

② 냄새를 맡아 본다.

③ 공기와 섞어, 어느 것이 무거운지 본다.

④ 석회수를 통과시켜 본다.

⑤ 이산화탄소가 모아진 집기병에 타고 있는 촛불을 넣어 본다.

정답 ④, ⑤

해설 이산화탄소는 석회수를 뿌옇게 흐리는 성질과, 불을 끄게 하는 성질을 가지고 있다.

(2) 7-8학년 문항의 예

<table>
<tr><th colspan="5">문 항 카 드</th></tr>
<tr><td rowspan="2">내용요소</td><td>학교급</td><td>중 1</td><td rowspan="2">예상 정답률</td><td rowspan="2">70 %</td></tr>
<tr><td>단 원</td><td>힘</td></tr>
<tr><td>평가목표</td><td colspan="4">여러 가지 힘의 종류를 안다.</td></tr>
</table>

※ [문제 10~12]는 다음 [보기]와 관련이 있다. 각 문제에 가장 적합한 것을 [보기]에서 골라 답안지에 표시하라.

[보기]

(A) 마찰력 (B) 중력 (C) 탄성력 (D) 전기력 (E) 자기력

[문제 10] 책상 위의 물체를 끌 때 물체의 운동을 방해하는 힘

[문제 11] 늘어난 고무줄이 원래의 모양으로 되돌아가려고 하는 힘

[문제 12] 마찰한 두 물체 사이에 작용하는 힘

정답 1. A 2. C 3. D

<table>
<tr><th colspan="5">문 항 카 드</th></tr>
<tr><td rowspan="2">내용요소</td><td>학교급</td><td>중 2</td><td rowspan="2">예상 정답률</td><td rowspan="2">50 %</td></tr>
<tr><td>단 원</td><td>전기</td></tr>
<tr><td>평가목표</td><td colspan="4">저항의 병렬연결을 이해한다.</td></tr>
</table>

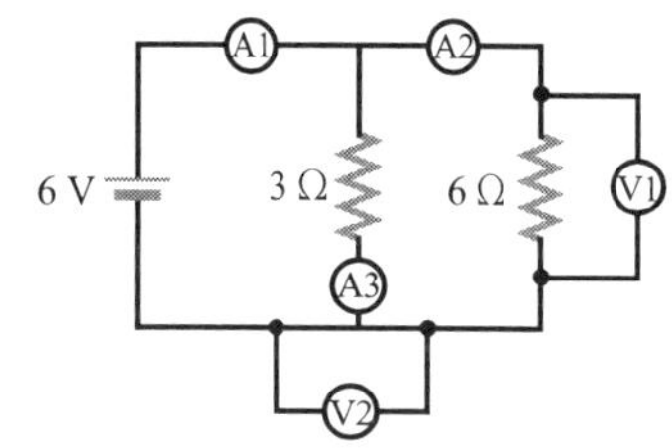

[문제 27] 3 Ω과 6 Ω의 두 개의 저항이 6 V의 전원에 병렬로 연결되어 있다. 세 개의 전류계와 두 개의 전압계가 그림과 같이 연결되어 있다.

다음 중 옳은 것은?

(A) 전압계1과 전압계2의 전압은 같다.

(B) 전압계1은 6 V이다.

(C) 전압계2는 6 V이다.

(D) 전압계2의 전압은 3 Ω의 저항의 양단의 전압을 정확하게 측정한 것이다

(E) 두 전압계 모두 6 Ω의 저항의 양단의 전압을 정확하게 측정한 것이다.

정답 B

(3) 9–10학년 문항의 예

<table>
<tr><th colspan="5">문 항 카 드</th></tr>
<tr><td rowspan="2">내용요소</td><td>학교급</td><td>중 3</td><td rowspan="2">예상 정답률</td><td rowspan="2">70 %</td></tr>
<tr><td>단 원</td><td>물질 변화의 규칙성</td></tr>
<tr><td>평가목표</td><td colspan="4">혼합물과 화합물의 특징에 대해 설명할 수 있다.</td></tr>
</table>

[문제 31] 다음은 철가루와 황가루를 섞어 황화철을 생성하는 그림이다. 다음 설명 중 옳지 않은 것은?

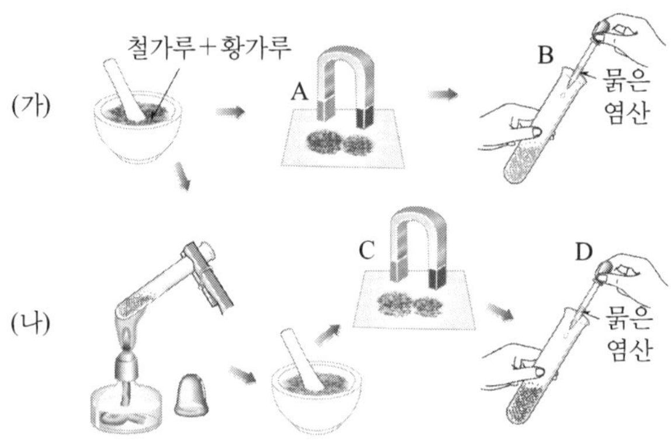

① (가) 과정의 물질은 철과 황의 성질을 그대로 가지고 있는 혼합물이다.
② (나) 과정의 물질은 철과 황이 화학 변화하여 생성된 화합물이다.
③ (가) 과정의 물질에 묽은 염산을 떨어뜨리면 수소 기체가 생긴다.
④ (나) 과정의 물질에 자석을 가까이 하면 달라붙는다.
⑤ (나) 과정의 물질은 흑갈색을 띤다.

정답 ④

해설 (가)는 철과 황의 혼합물이고, (나)는 화합물인 황화철이다.

물질	혼합물(철+황)	화합물(황화철)
색깔	노란 회색	흑갈색
묽은 염산과의 반응	수소 발생	황화수소 발생
자석을 가까이 했을 때	철가루가 끌려옴	끌려오지 않음

<table>
<tr><th colspan="5">문 항 카 드</th></tr>
<tr><td rowspan="2">내용요소</td><td>학교급</td><td>고 1</td><td rowspan="2">예상
정답률</td><td rowspan="2">40 %</td></tr>
<tr><td>단 원</td><td>물질대사</td></tr>
<tr><td>평가목표</td><td colspan="4">효소의 특성에 대하여 안다.</td></tr>
</table>

[문제 42] 다음 그림은 열쇠로 자물쇠를 여는 모양과 소화 기관에서 엿당이 말타아제라는 효소의 작용을 받아 포도당으로 분해되는 모습을 나타낸 것이다. 이 그림에서는 효소의 어떤 특성을 말하는 것인가?

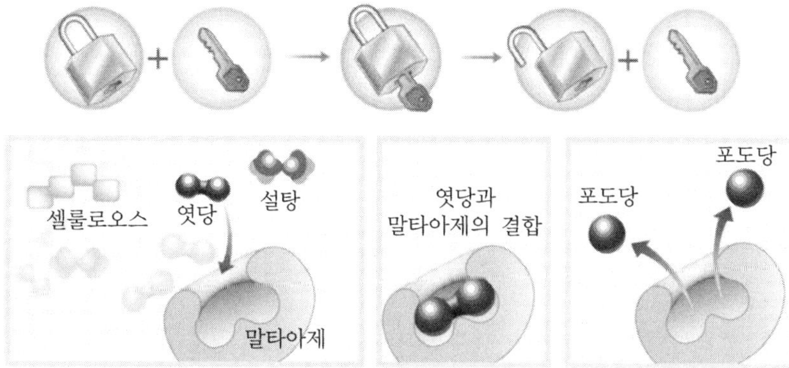

① 효소는 자신과 반응할 수 있는 특정한 한 가지 물질과 반응한다.
② 효소는 특정한 모양을 가지고 있다.
③ 효소는 복사할 수 없으면 다시 만들어지지 않는다.
④ 모든 효소는 한 가지 종류로 만들어져 있기 때문에 그 구조는 기본적으로 같다.
⑤ 효소를 분해하기 위해서는 특정한 열쇠 역할을 하는 물질이 필요하다.

정답 ①

해설 효소가 갖는 특징으로 효소는 자신과 반응할 수 있는 특정한 한 가지 물질과 반응한다.

2. 탐구 검사 형태의 표준화 검사

과학적 탐구란 과학자들이 자연 세계를 연구하고 자신들의 활동을 통해 얻어진 증거를 토대로 설명을 제안하는 다양한 방법을 뜻한다. 탐구는 또한, 자연 세계에 대한 과학자들의 연구 방법을 이해하고 과학적인 아이디어에 대한 지식과 이해를 증진시키기 위한 학생들의 활동을 의미한다. 탐구는 관찰, 문제 제기, 책이나 다른 정보원을 통해 이미 알려진 지식의 확인, 탐구의 설계, 실험적 증거에 따른 기존 지식에 대한 재고, 도구를 사용한 자료의 수집과 분석 및 해석, 해답의 제안, 설명, 예측, 결과에 대한 의사소통과 같은 다양한 활동들을 수반하고 있는 다면적인 활동이다. 탐구는 가정의 확인, 비판적이고 논리적인 사고, 대안적인 설명에 대한 고려를 요구한다.

제7차 교육과정에서는 앞에서 밝힌 바와 같이 기본적 탐구 과정, 통합적 탐구 과정, 탐구활동 등으로 탐구에 대하여 규정하고 있는데, 이에 대한 정의는 다음과 같다.

기본적 탐구 과정

- **관찰** : 보기, 듣기, 만지기, 냄새 맡기, 맛보기의 오감으로 사물, 현상, 사건에 관한 정성적 정보를 수집하는 기능. 도구를 사용하여 정성적 자료를 수집하는 어림(estimation)
- **분류** : 유사점에 따른 장소, 사물, 관념 등의 범주화. 준거속성(criterial attributes)에 따라 나누고, 나눈 것을 더욱 세분화하여 개체를 확인할 수 있을 때까지 나누어 사물들 사이의 위계적 단계를 체계화하는 활동
- **측정** : 도구나 기계를 사용하여 길이, 넓이, 부피, 무게 등 단위를 붙여야 하는 정량적 자료를 모으는 활동. 도구나 기계를 사용하지 않고 정량적 자료를 수집하는 어림
- **예상** : 차후에 관찰해야 할 사실에 대한 예언(forecast). 몇 가지 변인들 사이의 상관관계, 독립변인과 종속변인 사이의 인과관계, 외삽 · 내삽 등에 대하여 진술하는 과정
- **추리** : 관찰자료나 이미 알고 있는 몇 가지의 구체적인 지식으로부터 포괄적인 결론을 이끌어 내는 귀납적 일반화 과정, 또는 과학적 법칙이나 이론으로부터 특정한 사실이나 법칙을 도출하는 연역적 정신 활동

통합적 탐구 과정

- **문제 인식** : 연구의 주제를 결정하고 그에 따라 해결할 문제를 확인하여 조작적으로 진술하는 과정
- **가설 설정** : 자연 현상에 나타나는 규칙성, 그 현상들 사이의 관계, 이미 일어났거나 앞으로 일어날 행동과 사건 등에 대한 잠정적 설명으로 진술하는 과정
- **변인 통제** : 변인을 모두 확인하여 완벽하게 통제하고, 자세하게 조절하는 활동
- **자료 변환** : 한 형태의 자료를 다른 형태로 표현하는 행위
- **자료 해석** : 자료를 이해하여 다른 형태와 자신의 말로 표현하는 과정
- **결론 도출** : 연구에서 던진 질문 또는 검증하기 위해 설정된 가설에 대한 확정적 언급인 결론을 도출하는 과정
- **일반화** : 귀납적 과정을 통해 포괄적인 진술을 이끌어 내는 과정

탐구활동

- **토의** : 집단 구성원들 사이의 상호 작용과 의견 교환
- **실험** : 문제를 진술하고 그 문제의 답을 예상하여 가설의 형태로 제시한 다음, 그 가설을 검증하기 위하여 변인을 통제 · 조절하며, 관찰과 측정을 통해 자료를 수집하며, 자료를 정리 · 분석하여 그 결과를 설명하거나 결론을 이끌어내는 등의 단계에 따라 이루어지는 과정. 변인 사이의 인과관계를 찾는 과정

• **조사** : 자연을 이해하고 자연에 관한 법칙을 발견하거나 그것을 설명하는 이론을 구성하기 위해 자연의 현상 · 사건 · 사물을 탐색하고 조사하는 과정. 변인 사이의 인과관계나 상관관계, 또는 실태를 조사하는 과정
• **견학** : 지역의 자연 · 기관 · 조직 · 시설 등의 계획된 직접적 방문
• **과제 연구** : 학생 스스로 계획 · 구안하여 문제를 해결하는 과정

(1) 4–6학년

본 연구에서는 초등학생들의 기본적인 탐구 기능을 평가하기 위하여 기본적 탐구 과정의 5개 영역인 관찰, 분류, 측정, 예상, 추리와 의사소통을 위한 그래프 항목에 문항을 개발하였다. 탐구 기능을 평가하는 문항들은 내용에 대한 선지식이 없어도 가능하기 때문에 초등학교 4학년부터 6학년까지 공통으로 사용할 수 있도록 구성되어 있다. 각 평가항목에 대한 문항 수는 다음과 같다.

평가항목	문항 수	평가항목	문항 수
관찰	17	예상	9
분류	10	추리	16
측정	17	그래프	9

문 항 카 드			
평가항목	관찰	**예상 정답률**	50 %

[문제 6] 철수는 비커에 담긴 성질이 다른 두 용액을 섞었다. 그 결과가 아래 그림과 같다. 이 실험에서 관찰한 사실 중 맞는 것은 어느 것인가?

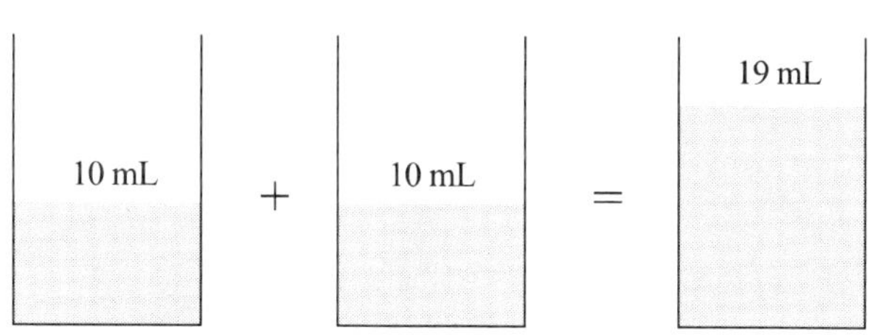

① 액체를 섞는 과정에서 증발이 일어나 부피가 줄어들었다.

② 성질이 다른 액체를 섞었더니 부피가 1 mL 줄어들었다.

③ 두 액체의 분자 간의 간격이 다르기 때문에 부피가 줄어들었다.

④ 만약 두 용액을 20 mL씩 섞는다면 섞은 후의 부피는 38 mL가 될 것이다.

⑤ 실험의 결과로 미루어 보아 두 액체는 물과 알코올일 것이다.

정답 ②

해설 추론과 예상으로 알 수 있는 것과 관찰한 것은 다르기 때문에 위 보기에서 관찰한 것은 ②뿐이다.

문 항 카 드			
평가항목	분류	예상 정답률	70 %

[문제 23] 다음은 여러 학생들의 옷 색깔과 신발 색깔을 적은 표이다.

	철수	영희	선용	민아	강호
옷 색깔	회색	빨간색	흰색	파란색	검정색
신발 색깔	검정색	노란색	빨간색	흰색	녹색

아래의 분류표에서 A에 들어갈 학생은 누구인가?

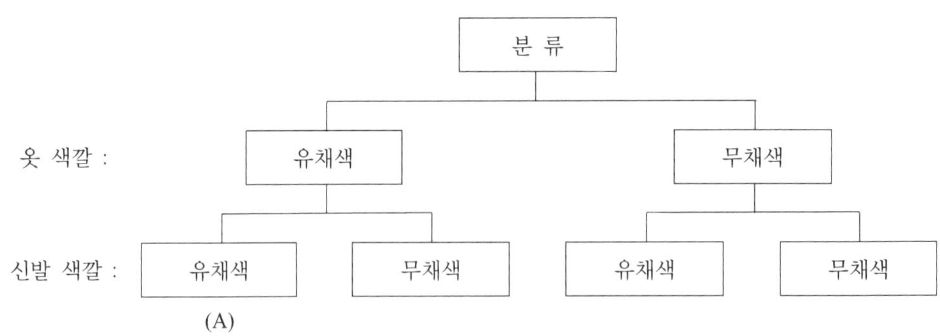

① 철수　② 영희　③ 선용

④ 민아　⑤ 강호

정답 ②

문 항 카 드			
평가항목	그래프	예상 정답률	60 %

[문제 77] 철수는 물의 온도를 높여 가며 물에 최대로 녹일 수 있는 설탕의 양을 측정하여, 오른쪽과 같은 그래프를 얻었다.

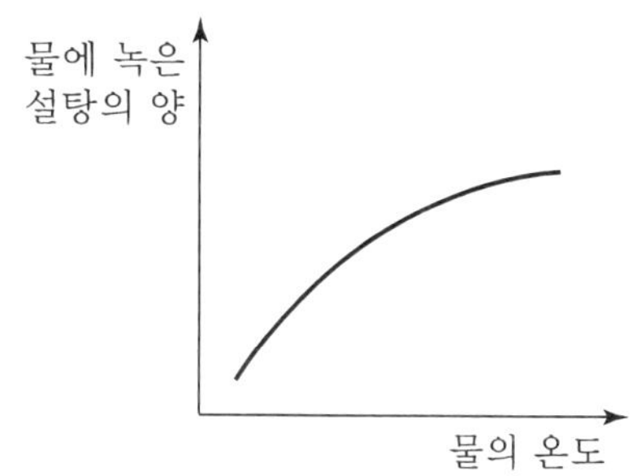

이 그래프로부터 알 수 있는 것은?

① 물의 온도는 녹일 수 있는 설탕의 양에 큰 영향을 주지 않는다.

② 물의 온도를 계속 높이면 녹일 수 있는 설탕의 양도 계속 증가할 것이다.

③ 물이 중간 정도의 온도일 때 설탕이 가장 많이 녹는다.

④ 물의 온도가 낮을 때보다는 높을 때 더 많은 설탕을 녹일 수 있다.

⑤ 설탕을 물에 넣고 세게 저어주면 더 많이 녹일 수 있다.

정답 ④

(2) 7–8학년

7–8학년은 기초탐구를 포함하여 복합탐구 능력에 해당하는 문항을 개발하였다. 기초 및 복합탐구 능력의 하위 영역은 7차 교육과정 해설서를 참고하였다. 개발된 문항의 평가항목 및 문항 수는 다음과 같다.

평가항목	문항 수	평가항목	문항 수
관찰	4	문제 인식 및 가설 설정	7
분류	4	변인 통제	6
측정	4	자료 해석	7
예상	4	자료 변환	7
추리	3	결론 도출 및 일반화	8

문 항 카 드			
평가항목	변인 통제	예상 정답률	70 %

[문제 21] 마라톤은 “올림픽의 꽃”이라 불리기도 하고 “인간 한계에 대한 도전”이라 불리기도 한다. 사람이 2시간 동안 자동차 등 다른 기구를 이용하지 않고 신체의 능력으로 얼마나 빨리 달릴 수 있는가를 겨루는 경기이다. 그런데 곰곰이 생각해 보면 신체 능력의 차이에 따라 등수가 결정되는 것만은 아닌 것을 알 수 있다. 다음 중 신체 능력의 차이 이외에 마라톤 기록을 변화시킬 수 있는 것으로 가장 먼 것은?

① 신발 바닥의 탄력성 ② 운동복의 색깔
③ 달리는 중에 마시는 음료수 ④ 손목 시계의 사용
⑤ 운동복의 땀 흡수 능력

정답 ②

문 항 카 드			
평가항목	자료 해석	예상 정답률	60 %

[문제] 두 개의 샤프심 A, B에 대해 아래 그림과 같이 전압과 전류를 측정하여, 각 샤프심에서의 전압과 전류 그래프를 그렸다. 샤프심의 저항 값은 전압 값을 전류 값으로 나눈 값이다. 두 그래프를 보고 옳지 <u>않은</u> 설명을 골라라.

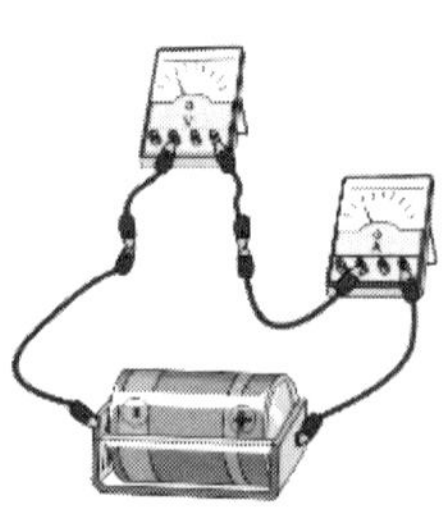

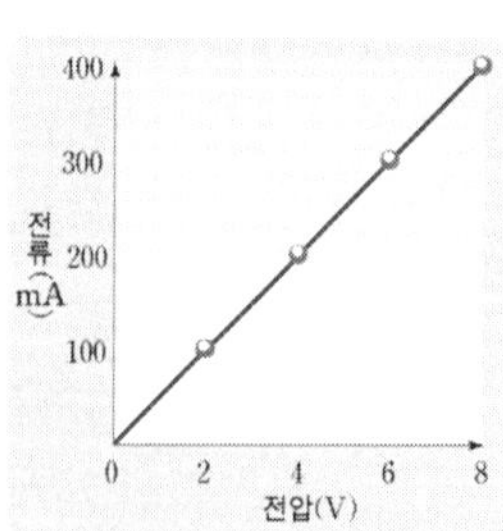

샤프심 A의 그래프

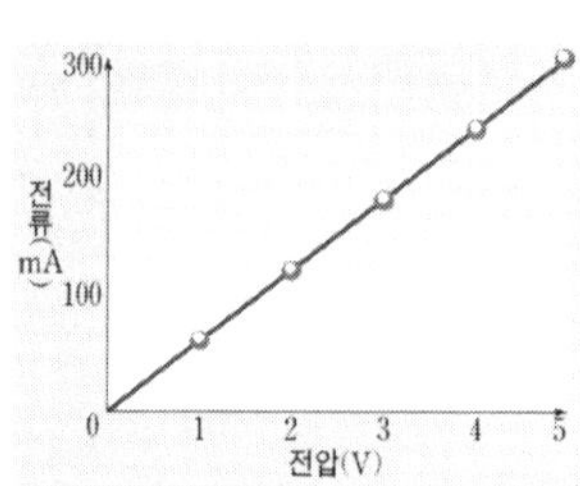

샤프심 B의 그래프

① 샤프심 A의 저항은 20 Ω이다.
② 샤프심 B의 저항은 약 16.7 Ω이다.

③ 샤프심 A와 B에 같은 전압을 걸어주면 샤프심 B에 더 많은 전류가 흐른다.
④ 샤프심 A와 B는 서로 다른 종류의 샤프심이다.
⑤ 샤프심 A와 B에 같은 전류가 흐르게 하려면 샤프심 B에 더 많은 전압을 걸어주어야 한다.

정답 ⑤

문 항 카 드			
평가항목	결론 도출 및 일반화	예상 정답률	60 %

[문제 51] 다음은 신문지 위에 버스 토큰을 두고, 버스 토큰의 중앙에 뚫린 부분에 물을 조금 부어 찍은 사진이다. 이 사진에 대한 설명으로 옳은 것을 [보기]에서 모두 고른 것은?

(가)

(나)

[보기]
가. (가)보다 (나) 사진의 토큰 속에 물을 더 많이 넣었다.
나. 물이 렌즈 역할을 해서 글씨가 커 보이기도 하고 작아 보이기도 한다.
다. (가) 사진의 토큰 속에는 물이 볼록하게 올라오도록 물을 부었다.
라. (나) 사진에서는 토큰 속 물 때문에 신문의 글씨 크기가 작아 보인다.

① 가, 나, 다　② 가, 나, 라　③ 가, 다, 라
④ 나, 다, 라　⑤ 가, 나, 다, 라

정답 ④

(3) 9–10학년

본 연구에서는 중학교 3학년과 고등학교 1학년 학생들의 기본적인 탐구 기능과 통합적 탐구 기능을 평가하기 위한 탐구 문항을 개발하였다. 탐구 문항은 가능한 모든 영역에 골고루 배분하여 개발하고자 하였다. 그러나 탐구 기능 사이의 관계가 완전히 독립적이지 않기 때문에 문항을 특정한 탐구 기능에 해당하는 문항으로 분류하기가 어려워 탐구 문항의 평가 내용을 대표할 수 있는 탐구 기능으로 분류하였다. 이러한 이유로 특정한 영역의 문항 수가 매우 적게 나타났다. 탐구 문항은 모두 32문항을 개발하였다.

평가항목	문항 수	평가항목	문항 수
관찰	4	문제 인식 및 가설 설정	2
측정	6	변인 통제	3
예상	3	자료 해석	6
추리	5	자료 변환	1
실험설계	1	결론 도출 및 일반화	1

문 항 카 드			
평가항목	관찰	예상 정답률	60 %

[문제 3] 다음은 달의 표면을 찍은 사진으로, 왼쪽부터 차례로 상현달, 보름달, 하현달이다. 다음 설명 중 옳은 것으로 바르게 짝지은 것은?

[보기]

가. 위 사진의 상현달과 보름달은 달의 같은 면이다.
나. 위 사진의 상현달과 하현달은 달의 같은 면이다.
다. 어두운 부분은 표면보다 움푹 들어가 있을 것이다.
라. 사진으로 보아 달에는 건축물이 없음을 알 수 있다.
마. 달도 지구처럼 구형이다.

① 가, 다, 마 ② 가, 다, 라 ③ 가, 라, 마
④ 가, 나, 다, 마 ⑤ 가, 나, 다, 라

정답 ④

문 항 카 드			
평가항목	측정	예상 정답률	40 %

[문제 10] 지구상에서 소리의 속도는 보통 340 m/s라고 한다. 그러나 이 값은 실험 당시의 공기 상태와 시간과 거리 측정값의 정확도에 따라 다르다. 바람이 잔잔한 날 운동장에서 소리의 속도를 알아보기 위해, 초시계를 이용하여 150 m 떨어진 곳까지 소리가 도착하는 데 걸리는 시간을 경수네 모둠과 상희네 모둠은 5회씩, 미화네 모둠은 2회 측정하였고, 그 결과는 다음과 같았다.

	1회	2회	3회	4회	5회	평균
경수네 모둠(초)	2.45	2.32	2.18	2.20	2.30	2.29
상희네 모둠(초)	2.37	2.38	2.40	2.35	2.42	2.38
미화네 모둠(초)	2.20	2.38				2.29

만약 실험하던 상황에서 소리가 150 m를 가는 데 걸리는 시간의 참값이 2.30초라면, 다음 중 3개조의 실험결과에 대한 평가로 바른 것은?

① 상희네 모둠과 비교할 때 평균값이 참값과 더 가까운 경수네 모둠이 측정을 더 잘한 것이다.
② 평균값이 같으므로 미화네 모둠과 경수네 모둠의 실험결과의 신뢰성은 같다.
③ 경수네 모둠이 가장 믿을 만한 실험값을 얻었다.
④ 상희네 모둠과 비교할 때 평균값이 참값과 더 가까운 미화네 모둠이 측정을 더 잘한 것이다.

⑤ 실험할 때 발생한 오차의 원인을 찾아 수정하기 쉬운 조는 상희네 모둠이다.

정답 ⑤

문 항 카 드			
평가항목	자료 해석	예상 정답률	50 %

[문제 30] 자극의 전달 속도를 알아보기 위하여 아래 그림과 같이 초시계를 든 한 사람과 손을 잡은 남녀 합하여 7명의 학생이 실험을 하였다. 초시계를 든 사람이 초시계를 누르면서 깃발을 내리면, 첫 번째 사람이 그것을 보고 왼손을 꼭 잡아 신호를 전달하고 그 신호를 받은 두 번째 사람 역시 왼손을 꼭 잡아 신호를 전달한다. 이런 방법으로 진행하여 마지막 사람은 신호를 느꼈을 때 "끝" 하고 외치고, 이 소리를 듣고 초시계를 눌러 시간을 측정한다. 이와 같은 실험을 5번 했을 때 결과가 다음 표와 같았다.

실험 횟수	1	2	3	4	5
걸린 시간(초)	2.4	2.2	1.5	1.4	1.5

다음 중 이 실험에 대한 해석으로 옳은 것은?

① 5회 실험값을 평균하여 평균적인 전달 속도라고 하는 것은 타당하다.

② 이 실험에서 측정한 시간은 신호가 7명을 지나는 데 걸린 시간이다.

③ 팔을 옆으로 길게 펴서 손을 잡고 실험하면 시간이 더 오래 걸릴 것이다.

④ 실험결과를 남자들에게서 신호가 전달되는 시간이라고 볼 수 있다.

⑤ 이 실험에서 측정한 시간에는 시각, 촉각, 청각의 3가지 감각에 걸리는 시간이 포함되어 있다.

정답 ⑤

3. 창의 검사 형태의 표준화 검사

국내에서는 창의성과 관련되어 두 가지의 과학영재의 판별 준거가 제시되었다. 하나는, 박종원(2004)이 제시한 과학적 창의성의 인지적 모델(CMSC; Cognitive Model of Scientific Creativity)이고, 다른 하나는 신지은 등(2002)이 개발한 과학에서의 창의적 문제 해결력 및 문제 발견력 검사(CPSF; the test of Creative Problem Solving and Finding in science)이다.

CMSC는 과학적 창의성을 창의적 사고와 과학적 지식 내용, 과학적 탐구 기능의 공집합으로 정의한다. 특정 영역에서의 지식 내용은 창의적 활동에 필수적 요소라는 보고(Walberg and Stariha, 1992; Feldhusen, 1995)를 바탕으로 과학적 지식 내용을 고려했으며, 과학적 창의성은 구체적인 과학 탐구활동에서 발현되기 마련이라는 직관에 의거하여 과학적 탐구 기능을 고려했다.

- 발산적 사고(divergent thinking) : 유창성, 융통성, 비관습적 사고
- 수렴적 사고(convergent thinking) : 정합성, 통합성, 단순성
- 연관적 사고(associational thinking) : 유사성 사고(비유/은유/귀추), 비유사성 사고(결합/조합/연결)

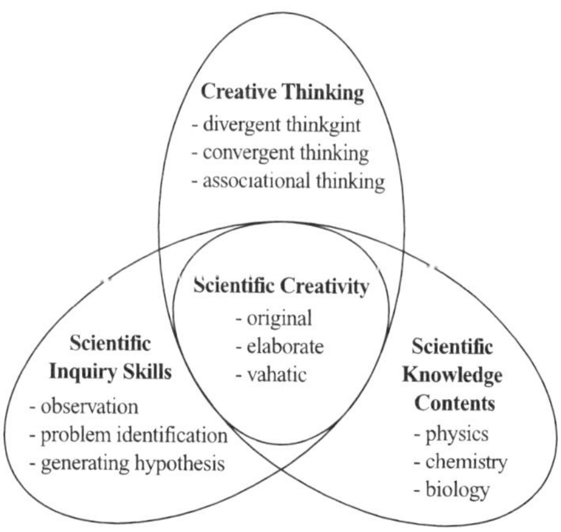

Fig. 1. Cognitive model of scientific creativity(CMSC)

많은 용도를(유창성) 다양하게(융통성), 남들이 미처 생각지 못한 용도를(독창성), 가능하면 구체적이고 자세하게 진술(정교성).

독창성과 정교성은 위 3가지 사고유형에 모두 해당된다고 하였음.

정합성은 구성물(ex, 개념이나 지식)들이 논리적이고 합리적이며 일관성 있게 연결되어 모순이 없음을 의미. 통합성은 구조를 이루고 있는 구성물들의 수가 얼마나 많은가를 의미. 단순성은 하나의 커다란 구조로 묶이면서도 그 구조 속에 질서가 내재되어 있어 복잡하지 않음을 의미.

과학적 탐구 기능이 어떤 과학 탐구활동에서 발휘되는가를 이야기하기 위해, 그는 과학활동의 유형을 크게 3가지로 요약하기도 했다.

- 자연 현상에 대한 관찰을 통해 가설이 제안되면 실험적 검증을 통해 과학 이론으로 만들이지는 과정

- 관찰을 통해 특정 사실이나 규칙성을 찾아내거나 일반화된 법칙을 제안하는 과정
- 과학 이론과 법칙을 이용하여 자연 현상이나 또 다른 이론과 법칙을 설명하거나 예측하는 과정 그리고 과학 법칙들을 여러 상황에 적용하거나, 새로운 것을 개발하는 과정, 그리고 의미론적으로 재해석하고 형식화된 형태로 구조화하는 과정

다음은 CMSC에서 기반하여 개발한 과학적 창의성 평가문항 예시이다.

(2) 전자기파의 편광

- 과학 내용 : 전자기파, 편광
- 과학적 탐구 기능 : (인과적) 질문하기
- 창의성 : 수렴적(정합적) 사고, 발산적 사고

다음은 전자기파에 대한 그림과 빛이 수직 편광판을 통과해서 수직으로 편광되는 것을 나타낸 그림이다.

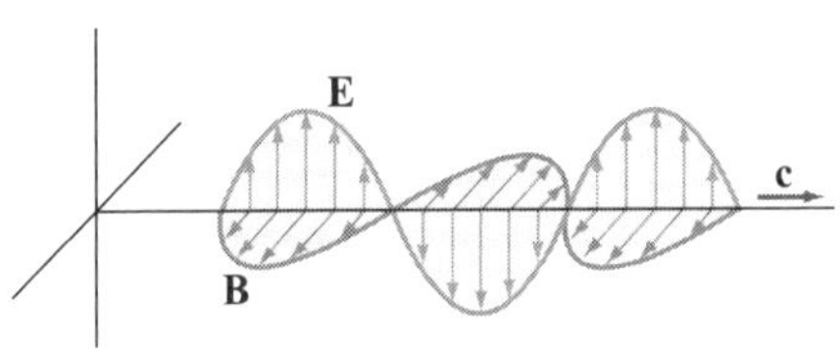

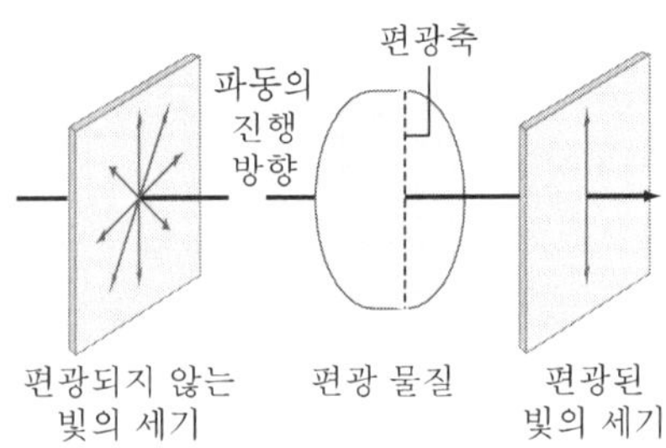

두 그림들로부터 알아볼 가치가 있다고 생각되는 질문을 있는 대로 만들어 보아라. 이때 질문을 제안한 근거를 가능하면 과학적으로 제시하여라.

한편 과학에서의 창의적 문제 해결력 및 문제 발견력 검사(CPSF; the test of Creative Problem Solving and Finding in science)의 경우는, 기존 연구보고들을 바탕으로 과학적 창의성을 설정했다. 즉, 과학의 경우 창의성은 관찰을 통해 문제를 발견하는 과정, 관찰결과를 설명할 수 있는 다양한 가설을 발전시키는 과정(Lipps, 1999), 현상을 새로운 방식으로 해석하는 과정(Standler, 1998), 그리고 새로운 기술을 발명하는 과정(Standler, 1998) 등에서 효과적으로 나타날 수 있다는 연구를 종합하여, 과학 창의성의 측정을 위해 과학에서의 문제 발견력과 과학적 추론 능력, 가설 설정 능력, 실험 설계 능력, 기구 고안 능력의 5가지 하위 영역을 설정하였다. 각 영역별로 1문항씩 개발하였는데, 다음은 문항 예시이다.

| 평가 영역 : 과학적 추론 능력(유창성, 독창성) |

2. 다음은 어떤 미지의 행성을 탐사한 결과 얻은 자료들입니다.

- 행성의 중력은 지구 중력의 8배이다.
- 행성의 평균 기온은 20 °C 정도이고, 일교차는 10 °C 정도로 약간 큰 편이다.
- 행성 전체의 대기 중 80 %가 산소로, 산소가 매우 풍부한 편이다.
- 참고1 : 지표 부근에 있는 물체를 행성의 중심 방향으로 끌어당기는 힘을 중력이라 한다.
- 참고2 : 지구의 평균 기온은 약 15 °C이다.
- 참고3 : 기후학자 마르톤은 연평균 기온 20 °C 이상을 열대 기후라고 했고, 쾨펜이란 사람은 최한월 평균 기온 18 °C 이상의 기후를 열대 기후라고 했다.
- 참고4 : 지구의 대기는 질소 79 %, 산소 20 %, 그 밖의 기체 1 %로 구성되어 있다.

지구상의 따뜻한 곳에 사는 여우는 열을 많이 발산하기 위해 귀가 큰 반면, 추운 곳에 사는 여우는 열의 손실을 막기 위해 귀가 작습니다. 이처럼 다양한 환경에 의해 동물의 각 신체적 부분의 특징은 달라질 수 있답니다. 그렇다면 이 행성에서 살고 있을 동물의 모습은 어떠할까요? <u>위의 주어진 자료와 여러분의 과학적 지식 및 상상력을 바탕으로</u> 이 행성에서 살고 있을 <u>동물의 모습을 그려보세요</u>. 그리고 여러분이 그런 동물의 각 신체적 부분의 특징이 그렇게 나타난다고 생각한 <u>과학적 근거</u>도 함께 써 보세요.

CPSF의 5가지 하위 영역들이 독립적인 영역인지는 밝히지 않았으며, 창의적 사고 유형도 발산적 사고에 한정되어 있다. 또, CMSC와 비교할 때, CPSF에서는 과학 내용(지식)이 빠졌으며, 과학의 모든 탐구 기능이 아니라 창의성이 드러난다고 생각되는 탐구 기능을 준거로 삼았다.

본 연구에서 창의 영역 표준화 문항 개발은 기본적으로 3차원 평가틀에 의거했다. 각 축은 과학 지식/클로퍼의 과학교육목표/창의성으로 한다. 이때 클로퍼의 과학교육목표에서는 탐구에 해당되는 하위 항목들(B–E)만 추출하여 사용한다.

창의성의 하위 영역은 다음과 같다.

- **발산적 사고** – 유창성, 융통성, 비관습적 사고
- **수렴적 사고** – 정합성, 통합성, 단순성
- **연관적 사고** – 유사성 사고(비유/은유/귀추), 비유사성 사고(결합/조합/연결)

많은 용도를(유창성) 다양하게(융통성), 남들이 미처 생각지 못한 용도를(독창성), 가능하면 구체적이고 자세하게 진술(정교성)하는 것이 창의적인 것이다. 한편, 정합성은 구성

물(ex, 개념이나 지식)들이 논리적이고 합리적이며 일관성 있게 연결되어 모순이 없음을 의미하며, 통합성은 구조를 이루고 있는 구성물들의 수가 얼마나 많은가를 의미한다. 단순성은 하나의 커다란 구조로 묶이면서도 그 구조 속에 질서가 내재되어 있어 복잡하지 않음을 의미한다. 독창성과 정교성은 위 3가지 사고 유형에 모두 해당된다.

한편 클로퍼의 과학교육목표에서 탐구에 해당되는 하위 항목들(B-E)은 다음과 같다.

- B.0 과학 탐구 과정 I – 관찰과 측정
  - B.1 사물과 현상의 관찰
  - B.2 관찰한 내용을 적합한 언어로 표현
  - B.3 물체와 변화의 측정
  - B.4 적합한 측정 도구의 선택
  - B.5 측정의 어림과 정확성 한계의 인식
- C.0 과학적 탐구 과정 II – 문제 인식과 해결 방법의 모색
  - C.1 문제의 인식
  - C.2 적절한 가설의 설정
  - C.3 적합한 가설 검정 방법의 선택
  - C.4 적합한 실험 과정의 설계(기구 고안 능력은 여기에 포함될 듯)
- D.0 과학 탐구 과정 III – 자료의 해석과 일반화
  - D.1 실험 자료의 처리
  - D.2 자료를 함수 관계의 형태로 제시함
  - D.3 실험 자료와 관찰 내용의 해석
  - D.4 외삽과 내삽
  - D.5 수집한 자료에 근거해서 가설을 평가함
  - D.6 일반화
- E.0 과학 탐구 과정 IV – 이론적 모델의 형성, 검증 및 수정
  - E.1 이론적 모델의 필요에 대한 인식
  - E.2 알려진 현상과 원리를 수용하는 이론적 모델의 형성
  - E.3 이론적 모델로 설명되는 현상과 원리의 열거
  - E.4 이론적 모델로부터 새로운 가설의 연역적 추론
  - E.5 이론적 모델 검증을 위한 시험 결과의 해석과 평가
  - E.6 수정, 보완, 세련된 이론적 모델의 형성

(1) 4-6학년 문항의 예

문 항 카 드			
평가항목	발산적 사고(유창성, 융통성)	예상 정답률	40 %

[문제 27] 친구 세 명이 자신의 몸무게를 재어 누가 가장 가벼운지 알아보기로 하였다. 그런데 집에 있는 저울은 불과 20 kg까지밖에 잴 수 없는 것이었다. 누가 가장 가벼운지 어떻게 알 수 있을까? 가능한 방법을 고안해 보시오.

[예시답안]

1. (저울을 이용하는 방법) 긴 널빤지를 지렛대로 생각해서 한쪽 끝을 저울 위에 걸쳐 놓고 다른 한쪽을 바닥이나 다른 받침대에 걸친 후 올라서면 올라서는 사람의 몸무게가 분산이 된다. 세 명이 각각 널빤지의 '같은 위치에 올라서서' 저울의 눈금을 보면 몸무게를 비교할 수 있다.
2. (저울을 이용하지 않는 방법) 가장 쉽게 생각할 수 있는 것은 넓은 널빤지를 구해 널빤지를 받침점 위에 놓고 균형을 맞춘 후에 양팔저울과 같이 비교하는 방법이 가능하다.

[채점기준] 예시답안 이외에 합리적이라고 생각하는 답안에 대해서는 점수를 부여한다. 예시답안 2번과 같이 너무나 일반적인 경우에 대해서는 1/3만 인정한다.

(2) 7-8학년 문항의 예

문 항 카 드			
평가항목	수렴적 사고(정교성), 독창적 사고	예상 정답률	60 %

[문제 8] 다음은 "식물이 없어지면 어떻게 될까?"라는 제목으로 쓴 중학교 2학년 어느 학생의 글이다.

> 식물이 없다면 우리도 없다. 그 이윤 식물이 있을 때 인간도 있고 동물도 있다. 식물이 먼저 태어난 후 인간과 동물이 생겨났기 때문이다. 요즘에는 식물을 하찮게 생각하지만 식물도 인간들에게 꼭 필요한 것이다. 식물은 우리에게 양식도 주고 공기도 주기 때문이다. 그렇기 때문에 인간에게 식물이 없다는 것은 공기가 없다는 것과 같은 것이다. 공기를 만들 수 있는 것이 식물이기 때문이다. 그래서 식물이 없으면 인간과 동물도 없어지게 된다.

위 글의 내용을 과학적 시각에서 평가하시오.

[예시답안] 식물이 공기를 만든다는 것은 정확하지 않다. 현재 지구의 공기에는 질소가 약 80 %, 산소가 약 20 %, 나머지 기체가 약간 섞여 있다. 이 중에서 식물이 만들어 내는 것은 산소이다. 광합성을 통해서 산소를 만들어 내며, 이것은 사람을 포함한 동물, 식물의 호흡에 사용된다. 따라서 식물이 없으면 호흡할 수 없으므로 동식물이 죽는다는 것은 옳지만 공기가 없어진다는 것은 옳지 않다.

[채점기준] 위 예시답안 이외에도 옳은 과학적 내용을 사용하여 논리적으로 평가한 것이 한 가지 이상 있으면 만점을 부여한다. 일부 불충분한 경우에는 채점자가 재량껏 부분 점수를 부여한다.

(3) 9–10학년 문항의 예

문 항 카 드			
평가항목	발산적 사고(유창성, 융통성, 독창성), 수렴적 사고(정교성)	**예상 정답률**	80 %

[문제 10] 다음 ● 표시와 × 표시를 이용하여 눈의 맹점에 대해 알아보는 실험을 하였다. 그 결과 알아낸 사실을 아래 네모 안에 적어 놓았다.

가. 왼쪽 눈만 뜨고 ● 표시를 보면 × 표시가 항상 보인다.
나. 왼쪽 눈만 뜨고 × 표시를 보면 ● 표시가 보이지 않는 때가 있다.
다. ● 표시와 × 표시 사이의 간격이 클수록 눈을 종이에서 멀리 해야 한다.

(가) 다른 실험 4가지를 추가로 더 수행하여 알아낸 것들을 기록하시오.

(나) 그 결과 눈의 맹점에 대해 알아낸 사실을 자세히 기록하시오.

[예시답안]

(가)
- 오른쪽 눈만 뜨고 ● 표시를 보면 × 표시가 보이지 않는 때가 있다.
- 오른쪽 눈만 뜨고 × 표시를 보면 ● 표시가 항상 보인다.
- 하나가 보이지 않을 때 얼굴을 시계 방향 또는 반시계 방향으로 돌리면 보이게 된다.
- 두 표시 사이의 간격이 작을수록 눈을 종이에 더 가까이 해야 한다.

(나) 맹점은 눈알의 정면 뒤쪽이 아니라 정면 뒤쪽에서 반대편 눈 쪽으로 치우친 곳에 있다.

[채점기준]

(가)의 답안 : 추가로 알아낸 각각에 대하여 만점의 10 %의 점수 부여
독창성이나 정교성이 탁월하면 10 %를 추가로 부여
(최대 50 %를 넘지 않도록 한다.)

(나)의 답안 : "가"를 근거로 바르게 결론 내린 내용이면 만점의 40 % 부여
독창성이나 정교성이 탁월하면 10 %를 추가로 부여

4 과학캠프 검사

영재의 판별은 영재교육의 목표와 영재 대상 프로그램의 목표의 성취 여부로써 판별이 가능하다. 그러므로 영재교육의 목표를 성취하기 위한 준거를 이용하여 판별도구를 개발할 수 있다. 영재집단의 경우, 지식, 지능, 과학에 대한 태도 등의 세 검사가 매우 낮은 상관을 보이고 있기 때문에, 일반적으로 영재 선발의 주요 준거로 활용되는 지능과 창의성 검사와 같은 인지 능력 검사만으로는 영재들의 다양한 측면을 판별하기 어렵다(양태연 등, 2003). 그래서 영재성을 구성하는 여러 가지 요인을 이용하여 영재성의 판별에 이용할 필요가 있다. Nicholls(1972)는 창의적 결과물의 분석이 창의적 잠재력을 잘 예언할 수 있으며, Wallach(1976)도 창의적 성취에 관한 학생의 자기-보고가 유용한 방법이라고 하였듯이 영재아를 선발하기 위해서 산출물을 평가하는 방법이 필요하다. 하지만 일반적으로 탐구 능력을 확인하기 위해 실시하는 보고서 형태의 평가는 지적 영역 중 창의적인 영역과 정의적인 영역의 과학에 대한 태도 등을 고려할 수 없고, 한번 사용하면 재사용하기 어려운 단점이 있다. 그래서 실제 영재아의 선발 과정에서 영재의 특성을 모두 고려하지 못하고 인지 능력 검사에 의존하는 것이 현실이다. 이렇게 교육과 판별을 분리하면서 생기는 영재교육 목표의 불일치를 극복하기 위해 교육이 진행되는 과정에 평가할 수 있는 교육과 판별의 일체화 모형이 필요하며, 최근 이러한 선발과 교육에서의 문제를 해결하는 방법 중 하나로 과학캠프가 도입되어 과학영재학교에서는 신입생 선발 전형에서 과학캠프를 통한 과학적 문제 해결력과 창의성, 인성 등을 평가하고 있다.

4.1 과학영재아를 위한 과학캠프의 목표

영재교육의 목표 및 영재교육 프로그램의 방향에 관한 이론적 연구를 바탕으로 과학영재교육의 목표 설정을 위한 기초를 마련하였다. 그리고 중·고등학교의 과학 동아리에 참여하는 학생들의 과학에 대한 흥미와 지적인 능력은 중고생 평균적인 학생들보다 높은 경향이 있고(최원호, 2005), 과학마니아인 중고등학교 과학 동아리를 대상으로 실시하는 과학캠프와 유사한 형태로 진행되는 본 과학캠프 프로그램의 목표 진술방식을 사이언스 잼버리의 목표 진술방식을 참고하여 완성하였다.

목표 1. 자율적 탐구에서 얻는 구조화된 지식을 통해 창의적 문제 해결력을 키운다.
목표 2. 동일한 흥미를 갖는 학생들 사이의 협동적 활동으로 의사소통 능력을 향상시킨다.
목표 3. 과학활동에 능동적으로 참여하면서 자기 주도적 학습 능력과 지도력을 향상시킨다.
목표 4. 탐구적 사고를 자극하여 과학 현상 및 원리를 올바로 이해하고 설명할 수 있다.

4.2 과학캠프 검사도구

과학캠프 검사도구를 만들기 위해 먼저 검사도구 개발 지침을 마련하였다. 과학캠프 검사도구는 활동 자료에 근거한 학생들의 다양한 활동을 평가하는 것으로, 활동 자료의 준거에 따른 개발 지침이 만들어진다. 과학캠프 검사도구의 개발 지침은 〈표 I-6〉과 같다.

|표 I-6| 과학영재아를 위한 과학활동 자료 준거 및 검사도구 개발 지침

목표	활동 자료의 준거	검사도구 개발 지침
기초 자료	활동 영역의 관련 과학 과목은?	이 활동 자료는 어떤 과목의 특성으로 개발할지 정하라.
	활동 영역의 수준은?	참가자들의 학교급 교육과정을 넘지 않도록 활동 내용의 수준을 일관성 있게 유지하라.
	생각 모으기의 수준은?	내용적인 면이 아닌 탐구적인 측면에서 활동 영역의 수준을 넘도록 구성하라.

목표 1	해당 분야에 관한 흥미 있는 소재를 이용하였나?	해당 과목과 분야에서 학생들의 흥미를 끌 만한 최근 내용을 포함시켜라.
	한 주제를 이해하기 위한 체계적인 방법을 취하고 있나?	이 활동에서 원하는 목표를 성취하기 위한 방법 이외의 군더더기 활동은 최소화하라.
	도출된 결과가 또 다른 활동을 유발할 수 있는가?	활동 후 새로운 의문을 갖거나 활동욕구를 가질 수 있도록 구성하라.
	활동 자료에 실험자가 창의적 문제를 발견할 수 있도록 유도하는가?	참가자들이 활동 영역보다 더 높은 수준에서 새로운 문제를 창의적으로 발견할 수 있도록 상황을 제한하여 문제를 제시하라.
목표 2	활동에서 토론이나 논쟁의 여지가 있는 문제를 가지고 있는가?	논쟁의 여지가 있는 실험적 요소를 포함하라.
	협동을 해야만 가능한 활동요소를 포함하고 있는가?	물리적으로 개별적 활동으로는 해결할 수 없도록 방법적인 면을 고려하라.
목표 3	학생들이 활동이 유용하다고 생각할 요소가 있는가?	학생들의 입장에서 축제, 진로, 공부에 이용될 수 있는 유익한 정보가 포함되도록 구성하라.
	활동목표가 명료하게 서술되는가?	목표에 애매한 표현이 없도록 구성하라.
	자료집에 제시된 표현이 명확하고 구체적인가?	명확하고 구체적인 표현으로 활동을 전개하라.
	발표 학생들이 주도적으로 활동을 이끌어 나갈 수 있는 수준의 내용과 소재를 이용하였나?	발표자의 학교급 수준을 무리하게 뛰어넘는 내용이나 소재는 피하고 도전적인 과제를 포함하라.
목표 4	실험자에 의해 좌우되는 탐구요소를 가지고 있는가?	심화탐구요소를 가지고 있어야 하며, 참가학생들의 활동이 결과에 영향을 줄 수 있도록 구성하라.
	목표와 활동 내용이 부합하는가?	개발할 활동의 목표와 일관성 있는 활동이 되도록 하라.
	새로운 실험 설계의 요소를 포함하고 있는가?	새로운 실험을 정교하게 설계해 보는 경험을 제공하라.
	자율적인 탐구가 가능한 부분이 포함되었는가?	제한된 범위이지만 참가학생이 자율적으로 탐구할 수 있도록 문제를 제시하거나 그러한 여지가 있도록 활동을 구성하라.

1. 검사도구의 선정

활동자료의 준거를 이용하여 중학교 수준의 과학영재아들이 수행하기에 적당하다고 판단된 8개의 과학활동은 '페트병과 링거줄을 이용한 사이펀 타이머 만들기', '필름통을 이용하여 물온도계 만들기', '밀도에 관한 여러 실험과 밀도 측정기 만들기', '구리관을 이용한 증기 보트 만들기', '작은 유리병과 페트병을 이용하여 갈릴레이 온도계 만들기', '소금과 얼음을 이용하여 아이스바 만들기', '우드락을 이용하여 손바닥 부메랑 만들기', '기체가 발생하는 화학반응을 이용한 오르락내리락 움직이는 타이타닉 만들기'였다. 선정된 과학활동은 목표를 구성하는 준거 중 최소한 하나의 준거가 최고 점수를 받으며, 모든 항목이 보통(5점 척도 중 3점) 이상이 되도록 활동지를 변형하였다.

2. 검사도구의 타당성(수행 용이성, 성취 정도, 개발지침 만족도)

개발한 검사도구들이 중학교 수준의 과학영재아들이 수행하기에 적당한가를 물어본 설문에서는 모든 검사도구가 3.9~4.6 사이의 점수를 받았다. 즉 과학영재용으로 개발된 과학활동은 중학교 수준의 과학영재아들이 수행하기에 적당함을 알 수 있다.

그리고 각 검사도구들이 중학교 수준의 과학영재아들이 각 목표를 성취할 정도로 잘 개발되었는지를 물은 항목에서는 목표 1의 경우는 5점 척도의 평균이 3.9~4.4 사이였고, 목표 2는 4~4.6 사이, 목표 3은 4.1~4.9 사이, 목표 4는 4.3~4.9 사이로 모든 검사도구들이 목표 1~4를 성취하는 데 긍정적일 것이라 예상하였다.

또한 개발된 검사도구들이 개발지침을 잘 준수하는지를 물은 항목에서는 목표 1의 경우는 5점 척도의 평균이 3.8~4.9 사이, 목표 2는 3.5~4.9 사이, 목표 3은 3.5~4.5 사이, 목표 4는 3.6~4.8 사이로 모든 활동들이 각 목표를 성취하는 데 보통 이상의 수준으로 만족하고 있음을 알 수 있다.

3. 검사도구의 영재아 평가 기준

과학영재아 대상의 과학캠프에서 영재성을 판별하기 위한 평가기준은 발표학생과 참가학생용 각각으로 제작하였다.

발표학생에 대한 평가

자신이 연구한 내용을 남에게 전하고 지도하는 능력은 현재 과학적 능력을 평가하는 훌륭한 방법이다. 남에게 설명할 수 있기 위해서는 완벽하게 알아야만 가능하다. 그리고 남에게 설명해보는 경험은 그 분야의 과학을 더 열심히 공부할 수 있는 기회가 되기 때문에 이런 유형의 평가 방법이 공개되더라도 학생들이 긍정적인 방향으로 시험 준비를 하도록 유도할 수 있기 때문에 교육적으로 유익하다.

영재 대상 과학캠프에서 학생이 직접 실험을 진행하게 되면 실험 주제와 관련된 창의적 문제를 발견하고 그 해결과정을 미리 생각해볼 수 있다. 그리고 그 결과를 비슷한 관심을 가진 학생들 앞에서 발표하면서 발표 학생들은 1) 실험목적에 맞게 탐구를 했거나 진행하고 있는지, 2) 실험을 완전히 이해하고 발표 및 진행하는지, 3) 그 실험에 관련된 창의적 문제를 발견하거나 해결했는지, 4) 발표학생들 사이에 협동적 의사소통이 이루어지는지를 평가받을 수 있다.

참가학생에 대한 평가

비슷한 흥미를 가진 학생들이 진행하는 실험에 참가하면서 학생들은 비슷한 또래의 학생들이 진행하기 때문에 좀더 적극적으로 토론하며 실험에 참가할 수 있다. 비슷한 수준의 또래 영재학생들과 협동적으로 실험에 참여할 때 1) 의사소통의 수준과 질문의 수준을 통해 참가한 학생들이 얼마나 주도적으로 참여하며, 2) 주어진 시간 동안에 실험의 완성도를 통해 그 실험에 관해 얼마나 이해했는지를 평가받을 수 있다. 다른 사람이 준비한 실험에 참가하는 형태의 실험은 학생들이 학교에서 흔하게 경험하는 형태의 실험이지만 다른 사람이 준비한 실험에 참가하는 성실한 태도는 과학을 하는 중요한 자세이다.

발표와 참가 학생에 대한 평가 기준은 공통적으로 〈표 I-7〉의 평가 기준에 따라 만들어졌다. 그리고 〈표 I-8〉은 검사도구 중 '사이펀 만들기'의 평가 기준이다.

|표 I-7| 과학영재아를 위한 평가 기준

목표	평가 기준	점수
목표 1	활동에 필요한 핵심 내용을 구조화하여 이해하고 있는가?	
	핵심 내용을 구조화하여 표현하는가?	
	창의적으로 문제를 발견하고, 해결 방법을 아는가?	
	창의적으로 문제를 해결하는가?	
목표 2	새로운 문제를 제기하고 논쟁이나 토론을 유도하는가?	
	조원들과 정보의 교류가 있는가?	

	협동하여 활동을 구성하는가?	
목표 3	발표나 활동 참가에 열정이 보이는가?	
	활동의 목표를 정확히 알거나 전달하는가?	
	정해진 시간 내에 목표에 이르렀는가?	
	활동에 자발적 참여와 집중을 하였는가?	
목표 4	새로운 문제상황의 원리를 이해하고 있는가?	
	새로운 문제상황의 실험을 해결하였는가?	
	새로운 문제상황의 해결이 과학적 원리에 근거한 것인가?	

| 표 I-8 | '사이펀 만들기' 발표 및 참가 학생들에 대한 평가 기준

목표	활동준거	활동 기준		활동 세부 기준		
		사이펀 발표	사이펀 참가	1단계	2단계	3단계
목표 1	활동에 필요한 핵심 내용을 구조화하여 이해하고 있는가?		데이터 처리	연속적 주기 측정 안 함	2주기 관찰	2주기 이상 측정해야 하는 이유를 앎
	핵심 내용을 구조화하여 표현하는가?		데이터 표현	규칙 없이 기록함	주기를 나름대로의 형식으로 나타냄	평균에서 벗어나는 데이터는 버리고 평균 주기를 사용함
	창의적으로 문제를 발견하고, 해결 방법을 아는가?		물 빠지는 시간을 줄이는 요인	요인 말하기(빨대 길이/빨대 각도)	요인이 어떻게 영향을 주는가(빨대가 짧을수록 빨리/각도가 클수록 빨리)	요인을 어떻게 실험하나(자르거나 끼워 길게 하기/각도 조절하여 테이프로 다시 고정)
	창의적으로 문제를 해결하는가?		물 빠지는 요인 조절하기	교사의 힌트를 따르거나 옆 조의 방법을 따름	자신이 생각한 대로 해봄	시행착오를 인정하여 다시 시도/잘 수행했더라도 개선을 위해 다시 시도
	창의적으로 문제를 발견하고, 해결 방법을 아는가?		물 채워지는 시간을 줄이는 요인	요인 말하기(분별 깔때기에서 물 떨어지는 속도 또는 휘어진 빨대 길이)	요인이 어떻게 영향을 주는가(빠를수록 빨리 또는 짧을수록 빨리)	요인을 어떻게 실험하나(콕 조절 또는 자름)
	창의적으로 문제를 해결하는가?		물 채워지는 요인 조절하기	교사의 힌트를 따르거나 옆 조의 방법을 따름	자신이 생각한 대로 해봄	시행착오를 인정하여 다시 시도/잘 수행했더라도 개선을 위해 다시 시도
	창의적으로 문제를 발견하고, 해결 방법을 아는가?		빨대 꼭대기까지 물이 안 차는 이유	현상 발견과 의문 가짐(기포가 차서)	논리적 이유 제시(물과 빨대의 응집력/물의 결합력이 커서)	해결 방법 제시(기름을 넣어 응집력 줄여/물 온도 높여 결합력 줄여)

목표 2	새로운 문제를 제기하고 논쟁이나 토론을 유도하는가?	발표자의 역할이 실험 참가자들의 목표 성취를 이끄는 것임을 이해하여 문제 해결을 유도		실험의 목표는 이해하나 발표자의 역할을 이해하지 못하고 답을 제시하는 등 실험과정에 자주 개입함	실험의 목표와 발표자의 역할을 이해하나 참가자에게 실험의 힌트를 자주 제공함	실험의 목표가 참가학생들이 변인 통제 과정을 거쳐 사이펀의 주기를 맞추는 것임을 깨닫고 문제 해결을 유도할 뿐, 활동에는 직접 개입하지 않음
	조원들과 정보의 교류가 있는가?		문제 해결을 위해 토론	일방적으로 한 사람이 말하고 나머지 조원은 듣기만 하기	조원은 예/아니오 등의 간단한 대답만 하기	조원의 의사를 적극적으로 묻거나 서로 상호 작용
	협동하여 활동을 구성하는가?		협동실험	지시하고 따름	역할은 협조적이나 돌발적 상황에서 역할 변경이 안 이뤄짐	자발적 역할 변경이 수시로 발생하나 조화로움
목표 3	발표나 활동 참가에 열정이 보이는가?	참가자들의 활동을 눈여겨봄		가끔 가까이에서 함께 관찰함	가끔 멀리서 보며, 대부분 가까이에서 지켜봄	참가자들의 활동을 가까이에서 눈여겨봄
	활동의 목표를 정확히 알거나 전달하는가?		목표 인식	주기 맞추기	원리를 이해하고 원리를 이용하여 주기 맞추기	주기를 맞추기 위해 탐구 요인을 찾아 조절
	활동의 목표를 정확히 알거나 전달하는가?	목표 제공		실험 초기에 교재의 목표를 그대로 읽었음	실험 초기에 교재의 목표를 그대로 읽고 실험 과정 소개	실험 초기에 교재의 목표를 실험 과정과 관련지어 소개하고 주의사항 안내
	정해진 시간 내에 목표에 이르렀는가?		시간 내 주기 맞추기	2시간 안에 주기는 맞추지 못했지만 활동지 작성을 끝냈는가?	2시간 안에 한 개의 주기를 맞추고 활동지 작성을 끝냈는가?	2시간 안에 감점 없이 두 개의 주기를 맞추고 활동지 작성을 끝냈는가?
	활동에 자발적 참여와 집중을 하였는가?		능동적 문제 해결	답을 요구하는 질문이 2회 이하	힌트 요구	힌트와 정답을 묻지 않고 스스로(조 내에서) 문제 해결 시도
목표 4	새로운 문제상황의 원리를 이해하고 있는가?		알코올의 사용	물질이 달라졌으므로 두 용액이 다름을 인식하는가?	달라지는 이유를 제시하는가?	달라지는 이유와 주기와의 관련성을 함께 제시하는가?
	새로운 문제상황의 실험을 해결하였는가?		알코올 사용 실험 실시 여부	알코올 사용 실험을 시도하지 않았다.	알코올 사용 실험을 시도하였는가?	알코올 사용 실험을 시도하여 예상과 비교하거나 예상대로 실험되었는가?
	새로운 문제상황의 해결이 과학적 원리에 근거한 것인가?		물의 자동 공급 창의적 해결	계속 수동으로 분별 깔때기에 물을 붓는다.	자동 공급 속도가 조절이 안 되어 가끔 비커로 물을 부음	완전 자동으로 물 공급(사이펀 원리 이용)

4. 검사도구의 예

사이펀 만들기

역사소설 '상도(商道)'에 등장하는 묘한 술잔이 있다. 이 술자우 따른 술이 잔의 10%를 넘으면 술이 사라져 버린다. 이 술잔은 사이펀의 원리를 이용한 것으로 70% 이상의 술이 차면 잔의 중앙에 있는 관으로 술이 밀려 올라갔다가 아래로 빠지도록 만들어져 있다.

백자구룡계영배

이 활동을 하면

(탐구) • 사이펀 타이머에서의 물이 떨어지는 시간과 그 주기(물이 떨어지는 시간 간격)를 조절할 수 있다.

(지식) • 사이펀의 원리를 이해할 수 있다.

(태도) • 주기를 조절하여 사이펀 타이머를 제작할 수 있다.

A. 사이펀은 무엇일까?

무엇이 필요한가?

수조 2개, 고무 호수와 핀치콕(또는 링거 줄), 칼

어떻게 할까?

1. 그릇 한 개에 물을 넣고 높은 곳에 올려놓는다.
2. 이 그릇의 물속에 링거 줄의 한쪽을 담근다.
3. 낮은 곳에 빈 그릇을 놓는다.
4. 링거 줄의 반대쪽을 입으로 빨아 물이 아래로 내려오게 한 후 링거 줄을 빈 그릇에 넣어 물이 흘러내리도록 한다.

왜 그럴까?

높은 곳에 있는 액체를 용기를 기울이지 않고 낮은 곳으로 옮기는 데 쓰는 구부러진 관을 "사이펀(siphon)"이라고 부른다. 사이펀을 통하여 물이 떨어지는 이유가 무엇일까?

B. 사이펀 타이머 만들기

무엇이 필요한가?

분별 깔때기, 깔때기, 굽어지는 빨대, 투명 테이프, 고무찰흙, 칼, 초시계, 스탠드, 링클램프 2, 식용색소, 수조

어떻게 할까?

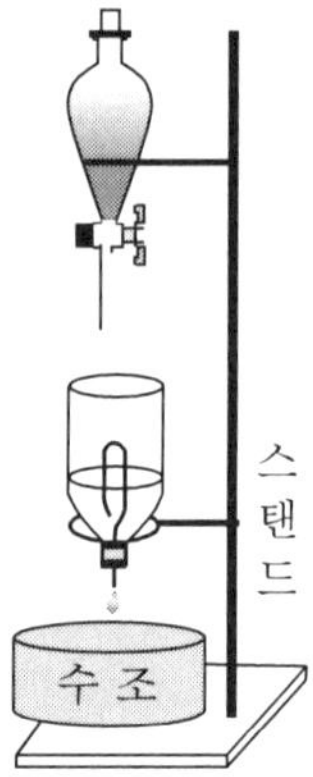

1. 2인 1조로 나눈다.
2. 분별 깔때기에 물을 넣고 스탠드의 링클램프 위에 올려놓는다.
3. 페트병을 깔때기처럼 만들거나 실제 깔때기에 빨대를 휘어 넣는다.
4. 휜 빨대가 다시 펴지지 않도록 테이프로 고정하고 깔때기에서 물이 빠지지 않도록 고무찰흙으로 막는다.
5. 분별 깔때기에서 물이 나오게 한다.
6. 처음 주기의 시간은 버리고 아래쪽의 깔때기에서 물이 빠지는 시간과 물이 차오르는 시간을 측정한다.
7. 사이펀 타이머의 주기를 원하는 시간에 맞추기 위해 여러 요인을 조절해 보자.

왜 그럴까?

1. 타이머로 쓰이는 아래의 깔때기에 물이 빠지는 시간과 물이 차오르는 시간을 측정해 보자.

2. 측정한 시간이 아래의 기준에 맞춰지는지 확인해 보자.

기준점수 10점	기준시간	채점기준	평균시간	감점	점수
물이 빠지는 시간	30초	±5초에 -1점			
주기	30초	±5초에 -1점			

3. 처음 주기의 시간을 버리는 이유가 무엇인가?
4. 물이 빠지는 시간과 차오르는 시간에 영향을 주는 요인이 무엇이며 그 요인이 어떻게 영향을 주는지 말해 보자.

한 걸음 더

1. 물 대신 50 % 알코올 수용액을 사용하여 만든 사이펀 다이버의 주기가 어떻게 달라지는지 알아보고 싶다. 어떻게 실험할지 설계해 보자.

2. 설계한 대로 실험하여 알코올 수용액이 빠지거나 차오르는 주기를 정해 보자.
3. 알코올 수용액이 빠지거나 차오르는 시간이 물과 어떻게 달라졌으며 그 이유는 무엇인가?

5. 검사도구의 활용

영재아와 일반아에 대한 '사이펀 만들기'에 대한 평가 점수를 비교한 결과, 18개 항목 중 7개가 일치하여 일치도가 39 %였다. 즉 개발한 평가기준은 중학생 수준의 과학영재아와 일반아를 판별하는 데 이용 가능하다.

이 평가기준은 과학영재아를 대상으로 실시하는 과학캠프의 4가지 목표(창의적 문제해결력, 의사소통 능력, 자기 주도적 학습 능력, 과학 현상의 올바른 이해)의 성취 여부에 관한 정보를 제공할 수 있다. 이 평가기준을 통해 과학캠프 실험활동에 참여한 과학영재아들의 교육적 성취 여부의 확인과 함께 의미 있는 과학활동의 수행 여부, 그리고 의미 있는 과학활동의 수준을 판별하여 과학영재아들을 이해하는 정보를 제공할 수 있다.

Part II

과학영재 표준화 검사

과제 책임자 : 손 정 우
공동연구원 : 이 봉 우·이 인 호·최 원 호

1 과학 지식 검사도구

과학영재가 일반 학생들과 구별되는 특징으로 창의력 및 과제 집착력을 많이 이야기한다. 따라서 과학영재의 판별도 이러한 측면에 바탕을 두고 많이 시행되고 있다. 그러나 많은 연구자들은 창의력이 무(無)에서 유(有)를 창조하는 것이 아니고, 유에서 새로운 유를 창조하는 과정이라고 말하고 있다. 즉, 과학영재의 효과적인 교육을 위해서는 기본적인 과학 지식을 갖추고 있어야 한다. 국민공통기본교육과정인 '과학'에서도 과학의 내용 영역에서 가장 중요한 항목으로 지식 영역을 다루고 있다.

현재 많은 과학영재교육기관에서는 과학영재를 선발함에 있어 매번 새로운 문항을 개발하는 데 많은 노력과 자원을 낭비하고 있다. HASA 연구에서 개발된 영재의 판별은 1회성 판별이 아닌 다단계 판별로, 이 중에서 표준화 지식 검사는 최소한의 과학 지식을 습득하고 있는지를 판별하는 과정이다. 문제은행식으로 축적된 자료는 많은 영재 선발은 물론 정규 교육과정에서도 학생들의 과학 지식수준을 검사하는 데 활용될 수 있을 것이다.

본 책에서는 개발된 지식 영역 중에서 중급 영역으로 중학교 1학년부터 고등학교 1학년까지 4개년 학생들에 대한 지식 내용을 측정하는 내용으로 총 412문항을 제시하였다.

표준화 검사 문항 (지식)

중학교 1학년

<table>
<tr><td colspan="3">[영재 판별을 위한 표준화 검사도구 개발]
문 항 카 드</td></tr>
<tr><td rowspan="2">내용요소</td><td>학교급</td><td>중 1</td></tr>
<tr><td>단 원</td><td>빛</td></tr>
</table>

[문제 1] 다음 중 광원의 성질이 나머지와 <u>다른</u> 하나는?

① 태양 ② 달 ③ 번개
④ 반딧불이 ⑤ 전구

[문제 2] 전등 아래에 놓여 있는 사과를 우리가 보게 되는 과정을 올바르게 설명한 것은?

① 전등 빛이 방 안에 꽉 차기 때문에 물체가 저절로 보인다.
② 빛은 사과로 가고 우리 눈에서 시력이 나와 사과를 보게 된다.
③ 전등에서 나온 빛이 사과에서 반사되어 우리 눈으로 들어오기 때문이다.
④ 우리 눈에서 광선이 나와서 사과를 비출 때 사과가 보인다.
⑤ 사과에서 나온 빛이 전등으로 가서 반사되어 우리 눈으로 들어오기 때문이다.

※ [문제 3~6]은 다음 [보기]와 관련이 있다. 각 문제에 가장 적합한 것을 [보기]에서 골라 답안지에 표시하라.

[보기]
(A) 크다 (B) 작다 (C) 같다

[문제 3] 거울에 비추는 빛의 입사각이 30°일 때 반사각은 30°보다(와) ( ).

[문제 4] 공기 중에서 물속으로 입사하는 빛의 굴절각은 30°보다(와) ( ).

[문제 5] 평면거울에 의한 상의 크기는 물체의 크기보다(와) ( ).

[문제 6] 볼록 거울에 의한 상의 크기는 물체의 크기보다(와) ( ).

[문제 7] 다음은 눈의 이상에 관한 내용이다.

Ⅰ. 상이 망막의 앞쪽에 맺힌다.	Ⅱ. 원시이다.
Ⅲ. 볼록 렌즈 안경을 사용한다.	

수정체가 두꺼워지는 것과 관계있는 것은?

① Ⅰ　② Ⅱ　③ Ⅲ
④ Ⅰ과 Ⅱ　⑤ Ⅱ와 Ⅲ

[문제 8] 다음은 빛의 성질을 나타낸 것이다.

Ⅰ. 반사	Ⅱ. 굴절	Ⅲ. 회절

비온 후 하늘에 생기는 무지개와 관계있는 빛의 성질은?

① Ⅰ　② Ⅱ　③ Ⅰ과 Ⅱ
④ Ⅱ와 Ⅲ　⑤ Ⅰ과 Ⅱ와 Ⅲ

[문제 9] 빛의 삼원색을 합하면?

① 빨간색　② 녹색　③ 파란색
④ 노란색　⑤ 백색

내용요소	학교급	중 1
	단　원	힘

※ [문제 10~12]는 다음 [보기]와 관련이 있다. 각 문제에 가장 적합한 것을 [보기]에서 골라 답안지에 표시하라.

[보기]

(A) 마찰력	(B) 중력	(C) 탄성력	(D) 전기력	(E) 자기력

[문제 10] 책상 위의 물체를 끌 때 물체의 운동을 방해하는 힘

[문제 11] 늘어난 고무줄이 원래의 모양으로 되돌아가려고 하는 힘

[문제 12] 마찰한 두 물체 사이에 작용하는 힘

[문제 13] 몸무게가 600 N인 사람에 대해 바르게 설명한 것을 모두 고르라.

① 질량은 600 kg이다.

② 달에서의 몸무게는 600 N이다.

③ 지구가 이 사람을 600 N의 힘으로 끌어당기고 있다.

④ 이 사람의 달에서의 질량은 100 kg이다.

⑤ 이 사람은 지구를 600 N으로 끌어당기고 있다.

※ [문제 14~15] 용수철에 추를 매달고 추의 개수에 따른 용수철의 길이를 표로 나타내었다.

추의 개수(개)	1개	2개	3개	4개
용수철의 길이	10 cm	13 cm	(가)	19 cm

[문제 14] 용수철에 추를 걸지 않은 원래 용수철의 길이는 얼마이겠는가?

① 6 cm ② 7 cm ③ 8 cm

④ 9 cm ⑤ 10 cm

[문제 15] 용수철에 추를 3개 달았을 때의 전체 용수철의 길이 (가)는 얼마가 되겠는가?

① 14 cm ② 15 cm ③ 16 cm

④ 17 cm ⑤ 18 cm

[문제 16] 그림과 같이 물체에 작용하고 있는 힘을 표현할 때, 이 힘의 크기는?(단, 모눈종이 한 칸의 길이를 10 N으로 한다.)

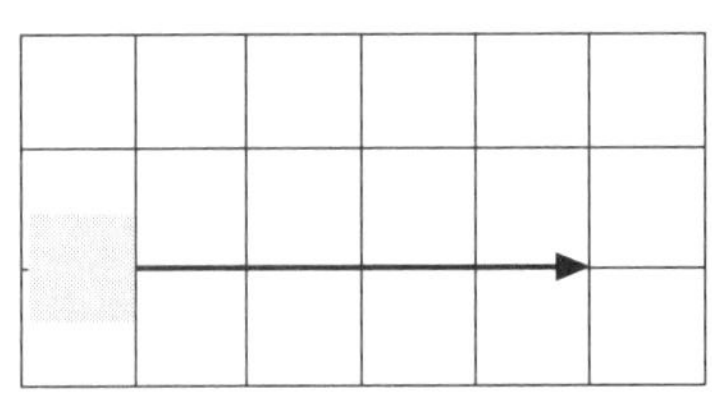

① 10 N ② 20 N

③ 30 N ④ 40 N

⑤ 50 N

[문제 17] 5 N과 10 N의 두 힘의 합력이 될 수 없는 값을 모두 고르면?

① 4 N ② 5 N ③ 8 N

④ 10 N ⑤ 16 N

[문제 18] 5 N과 10 N, 15 N의 세 힘의 합력이 될 수 <u>없는</u> 값을 고르면?

① 0 N　　② 10 N　　③ 20 N
④ 30 N　　⑤ 35 N

[문제 19] 두 힘이 평형을 이루고 있을 때, 다음 중 같아야 하는 것은?

Ⅰ. 두 힘의 크기　Ⅱ. 두 힘의 방향　Ⅲ. 두 힘의 작용점

① Ⅰ　　② Ⅰ과 Ⅱ　　③ Ⅲ만
④ Ⅰ과 Ⅲ　　⑤ Ⅰ과 Ⅱ와 Ⅲ

내용요소	학교급	중 1
	단　원	파동

※ **[문제 20～22]**는 다음 [보기]와 관련이 있다. 각 문제에 가장 적합한 것을 [보기]에서 골라 답안지에 표시하라.

[보기]

(A) 주기	(B) 진동수	(C) 진폭
(D) 파의 진행 방향	(E) 매질의 진동 방향	

[문제 20] 횡파와 종파를 구분하는 기준과 관련이 있는 항을 모두 고르면?

[문제 21] 위의 항 중 서로 역수의 관계에 있는 항은?

[문제 22] 파동의 진행 속도에 관련 있는 항은?

[문제 23] 다음 파동 중 파동의 진행 방향과 매질의 진동 방향이 수직인 파동을 모두 골라라.

Ⅰ. 소리	Ⅱ. 물결파
Ⅲ. 빛	Ⅳ. 지진파의 P파

① Ⅰ과 Ⅲ　　② Ⅱ와 Ⅲ　　③ Ⅲ과 Ⅳ
④ Ⅰ과 Ⅱ와 Ⅲ　　⑤ Ⅱ와 Ⅲ과 Ⅳ

[문제 24] 진동수가 60 Hz인 파동의 주기는?

① 1/600초　　② 1/300초　　③ 1/60초
④ 1/30초　　⑤ 60초

[문제 25] 소리에 대한 설명으로 옳지 않은 것은?

① 소리는 물체가 진동할 때 발생한다.
② 소리는 기체에서뿐만 아니라 액체나 고체에서도 전달된다.
③ 소리가 나아가는 방향과 공기가 진동하는 방향은 서로 나란하다.
④ 사람은 모든 진동수의 소리를 들을 수 있다.
⑤ 소리의 파동을 음파라고 한다.

[문제 26] 다음 그림은 두 소리의 파형을 나타낸 것이다.

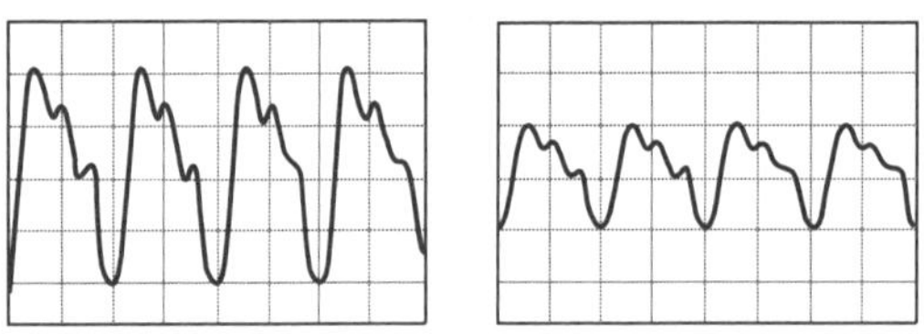
(가)　　(나)

Ⅰ. 소리의 세기
Ⅱ. 소리의 높낮이
Ⅲ. 소리의 맵시

위의 항 중 두 소리의 같은 점은?

① Ⅰ　　② Ⅲ　　③ Ⅰ과 Ⅲ
④ Ⅱ와 Ⅲ　　⑤ Ⅰ과 Ⅱ와 Ⅲ

※ [문제 27~28]은 다음 [보기]와 관련이 있다. 각 문제에 가장 적합한 것을 [보기]에서 골라 답안지에 표시하라.

[보기]
(A) 직진　(B) 반사　(C) 굴절　(D) 회절　(E) 간섭

[문제 27] 물결파가 진행할 때 물의 깊이가 다른 경계면에서 물결파는 (　)한다.

[문제 28] 박쥐는 초음파를 발생시켜 곤충에서 (　)된 파에 의해 곤충의 위치와 이동 속도를 알아낸다.

내용요소	학교급	중 1
	단 원	물질의 세 가지 상태

※ [문제 29~32] 다음 질문에 가장 적합한 것을 [보기]에서 골라라.

[보기]

ㄱ. 응고 ㄴ. 융해 ㄷ. 기화 ㄹ. 액화 ㅁ. 승화

[문제 29] 대부분의 액체는 이 과정에서 부피가 감소하지만 물은 예외로 이 과정에서 부피가 증가한다.

[문제 30] 분자들이 분자 사이의 인력을 완전히 끊고 공기 중으로 날아가는 과정이다.

[문제 31] 드라이아이스나 요오드는 이러한 상태 변화를 하는 성질이 있다.

[문제 32] 규칙적으로 배열되어 있던 분자들이 이 과정에서 분자 사이의 인력이 약해지고 불규칙적인 배열을 하게 된다.

※ [문제 33~35] 다음의 (I)과 (II)는 내용이 옳은지를 판단하여 각각 ○, ×를 표시하고, (II)가 (I)이 이유로 옳으면 ◎로 표시하여라.

[문제 33]

I		II
고체 상태에서 물질의 모양과 부피는 일정하게 유지된다.	왜냐하면	고체 상태에서 분자 사이의 인력이 약하여 분자가 불규칙적으로 배열되어 있기 때문이다.

[문제 34]

I		II
물질은 상태가 변해도 질량은 변하지 않는다.	왜냐하면	상태가 변해도 분자 자체의 성질이나 수는 변하지 않기 때문이다.

[문제 35]

I		II
기화가 일어나려면 냉각시켜야 한다.	왜냐하면	기체 분자의 운동은 액체 분자에 비해 매우 활발하기 때문이다.

[문제 36] 액체 물질을 가열할 때 일어나는 상태 변화는?

① 응고 ② 융해 ③ 기화
④ 액화 ⑤ 승화

[문제 37] 일반적으로 액체가 응고할 때 일어나는 변화로 옳지 않는 것은?

① 분자 사이의 인력이 커진다. ② 분자의 크기가 작아진다.
③ 분자의 운동이 둔해진다. ④ 분자들이 규칙적인 배열을 한다.
⑤ 분자들이 차지하는 공간이 작아진다.

[문제 38] 다음 상태 변화 중 가열해야 하는 과정은?

[보기]

ㄱ. 응고 ㄴ. 융해 ㄷ. 기화 ㄹ. 액화

① ㄱ, ㄴ ② ㄱ, ㄷ ③ ㄴ, ㄷ
④ ㄴ, ㄹ ⑤ ㄷ, ㄹ

※ [문제 39~40] 비닐봉지에 액체 상태의 아세톤을 조금 넣고 비닐 속의 공기를 빼내고 입구를 실로 단단히 묶은 다음, 뜨거운 물에 넣었더니 그림 (나)와 같이 비닐봉지가 부풀어 올랐다.

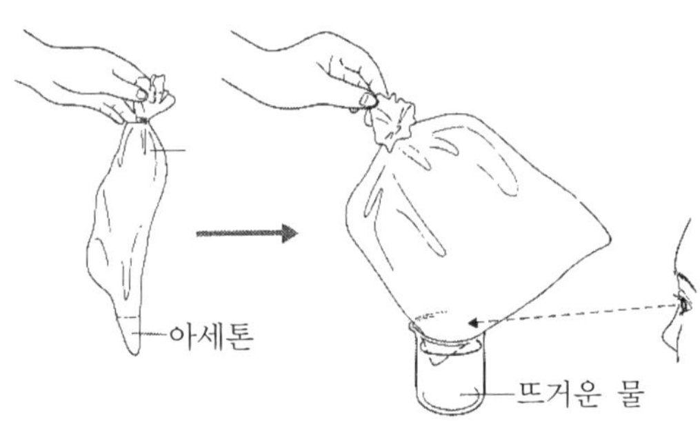

(가) (나)

[문제 39] 뜨거운 물에 넣었을 때 비닐봉지 안에 들어 있는 아세톤의 상태 변화는?

① 응고 ② 융해
③ 기화 ④ 액화 ⑤ 승화

[문제 40] (나)에서 부풀어 오른 비닐봉지 속에 들어 있는 아세톤은?

① 분자의 배열이 (가)보다 더 규칙적이다.
② 분자의 크기가 (가)보다 크다.
③ 분자의 질량이 (가)보다 무겁다.
④ 분자들 사이에 작용하는 인력이 (가)보다 작다.
⑤ 분자의 개수가 (가)보다 많다.

내용요소	학교급	중 1
	단　원	분자 운동

※ [문제 41~44] 다음의 질문에 가장 적합한 것을 [보기]에서 골라라.

[보기]
ㄱ. 증발　　ㄴ. 확산　　ㄷ. 분자 운동　　ㄹ. 샤를의 법칙　　ㅁ. 보일의 법칙

[문제 41] 교실 한쪽에 놓아둔 꽃의 향기가 교실 전체에 퍼지는 것은 이 현상에 의한 것이다.

[문제 42] 열기구는 이 원리를 이용한 것이다.

[문제 43] 온도가 일정할 때, 일정량의 기체의 부피는 압력에 반비례한다.

[문제 44] 이것을 이용하면 기체의 부피, 압력, 온도의 관계를 설명할 수 있다.

※ [문제 45~47] 다음의 (I)과 (II)는 내용이 옳은지를 판단하여 각각 ○, ×를 표시하고, (II)가 (I)의 이유로 옳으면 ◎로 표시하여라.

[문제 45]

I		II
온도가 일정할 때 압력이 커지면 기체의 부피가 작아진다.	왜냐하면	온도가 일정할 때 압력이 커지면 기체 분자의 크기가 작아지기 때문이다.

[문제 46]

I		II
풍선에 공기를 넣으면 풍선이 팽팽해진다.	왜냐하면	기체 분자들은 끊임없이 활발하게 운동하면서 풍선의 벽에 충돌하면서 압력을 작용하기 때문이다.

[문제 47]

I		II
압력이 일정할 때 온도가 높아지면 기체의 부피가 감소한다.	왜냐하면	온도가 높아지면 기체 분자의 운동이 활발해지기 때문이다.

[문제 48] 25 °C, 1기압에서 주사기에 공기 60 mL가 들어 있다. 온도를 일정하게 유지하면서, 주사기의 끝을 한 손으로 막고 다른 손으로 피스톤을 눌러 부피를 30 mL가 되게 하였다. 주사기 속의 공기의 압력은 얼마인가?

① 0.5기압　② 1기압　③ 1.5기압
④ 2기압　⑤ 3기압

[문제 49] 다음 중 기체의 부피를 결정하는 요인이 <u>아닌</u> 것은?

① 기체 분자의 종류　② 기체의 온도
③ 기체의 압력　④ 기체 분자의 개수
⑤ 기체가 들어 있는 용기의 부피

[문제 50] 다음은 물질의 상태를 모형으로 나타낸 것이다. 외부에서 압력을 가해도 부피가 거의 변하지 <u>않는</u> 상태는?

[보기]

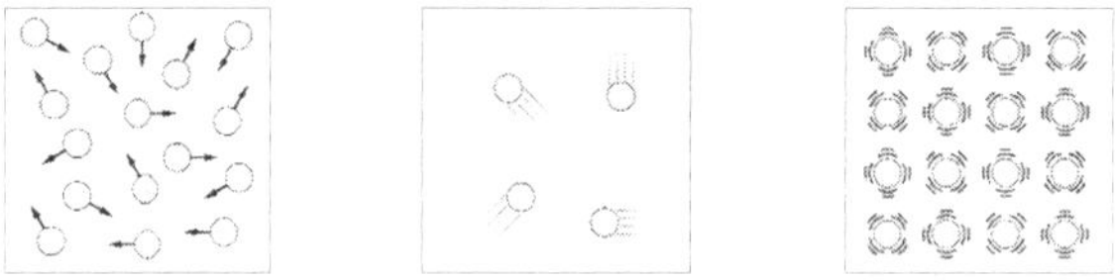

ㄱ　ㄴ　ㄷ

① ㄱ　② ㄱ, ㄴ　③ ㄱ, ㄷ
④ ㄴ　⑤ ㄴ, ㄷ

※ **[문제 51~52]** 그림과 같이 찌그러진 탁구공을 더운물에 넣었더니 처음의 크기로 돌아왔다.

(가)

(나)

[문제 51] 찌그러져 있던 탁구공을 더운물에 넣었더니 원래의 크기로 돌아온 이유는?

① 온도가 높아지면 분자 운동이 활발해진다.
② 온도가 높아지면 분자의 크기가 커진다.
③ 온도가 높아지면 분자의 개수가 많아진다.
④ 온도가 높아지면 분자 사이의 인력이 커진다.
⑤ 온도가 높아지면 분자의 질량이 커진다.

[문제 52] 1기압, 0 °C에서 27.3 mL의 이산화탄소가 들어 있는 주사기의 끝을 고무마개로 막은 다음 100 °C의 끓는 물속에 넣는다면 공기의 부피는 얼마가 될까? (단, 물의 압력은 무시하며, 피스톤은 자유롭게 움직일 수 있다.)

① 17.3 mL ② 27.3 mL ③ 37.3 mL
④ 273 mL ⑤ 373 mL

※ **[문제 53~54]** 그림과 같이 긴 유리관의 양쪽 끝에 진한 염산을 붇힌 솜과 진한 암모니아수를 묻힌 솜으로 동시에 막았더니, 잠시 후 유리관의 중간에 흰색 연기가 생겼다.

[문제 53] 이러한 현상을 무엇이라고 하는가?

① 증발 ② 용해 ③ 확산
④ 브라운 운동 ⑤ 액화

[문제 54] 온도가 낮은 곳에서 위의 실험을 하면, 흰 연기가 생길 때까지 걸리는 시간이 어떻게 될까?

① 더 짧아진다. ② 변하시 않는다.
③ 더 길어진다. ④ 확산이 일어나지 않는다.
⑤ 알 수 없다.

※ **[문제 55~56]** 그림과 같이 공기가 들어 있는 작은 풍선을 주사기에 넣고, 주사기의 끝을 손가락으로 막은 다음 다른 손으로 피스톤을 세게 누르는 실험을 하였다.

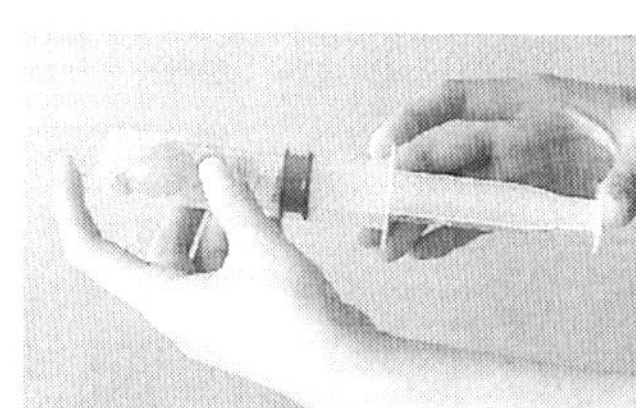

[문제 55] 다음 중 피스톤을 세게 누를 때 감소하는 것은?(단, 온도는 일정하게 유지된다.)

① 주사기 속의 분자의 운동 정도
② 주사기 속에 든 공기의 압력
③ 풍선 속에 든 공기 분자의 크기
④ 풍선 속의 공기 분자의 수
⑤ 풍선 속의 공기 분자 사이의 간격

[문제 56] 압력이 일정할 때 풍선 속 공기의 압력과 부피의 관계를 옳게 나타낸 그래프는?

①
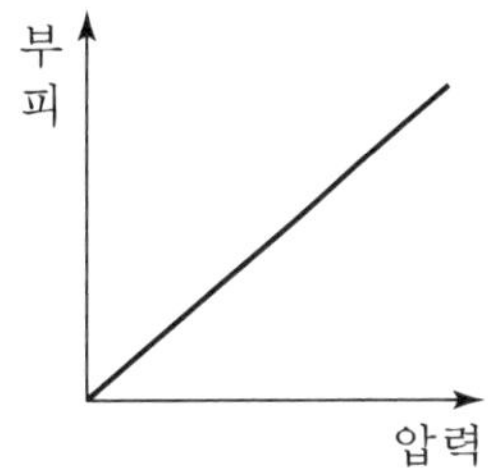

②
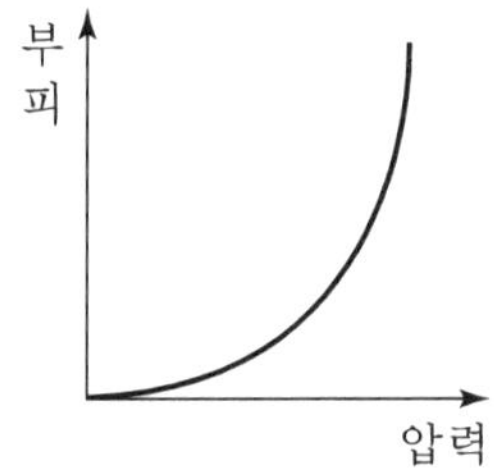

③
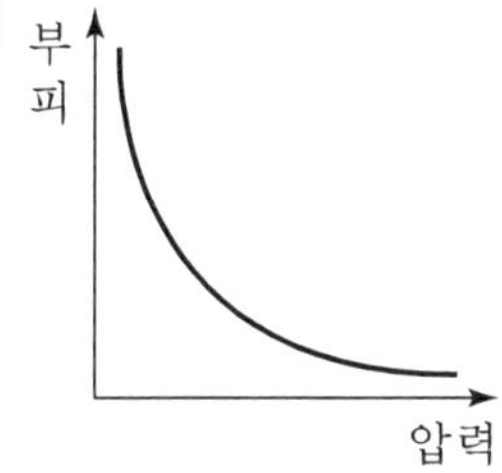

④
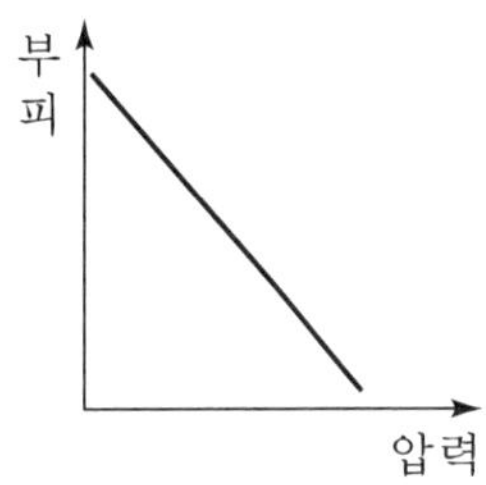

⑤
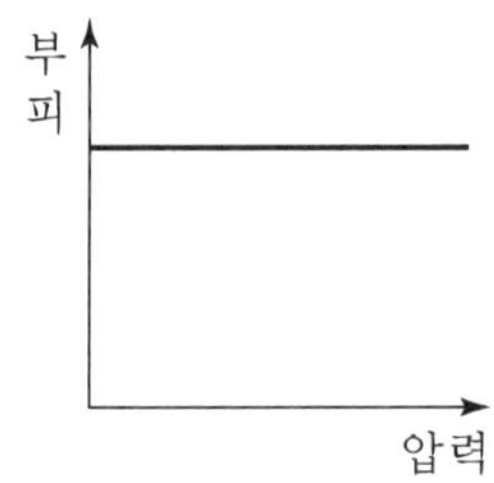

내용요소	학교급	중 1
	단 원	상태 변화와 에너지

※ [문제 57~59] 다음 질문에 가장 적합한 것을 [보기] 중에서 골라라.

[보기]

ㄱ. 분자 간의 인력　　ㄴ. 융해열　　ㄷ. 기화열

[문제 57] 이것은 고체 분자 사이의 강한 인력을 부분적으로 끊어주는 데 사용된다.

[문제 58] 상태가 변하는 동안 온도가 일정하게 유지되는 것은 가해준 열에너지가 이것을 변화시키는 데 이용되기 때문이다.

[문제 59] 더운 여름에 마당에 물을 뿌리면 시원해지는 것은 이것 때문이다.

※ [문제 60～62] 다음의 (I)과 (II)는 내용이 옳은지를 판단하여 각각 ○, ×를 표시하고, (II)가 (I)의 이유로 옳으면 ◎로 표시하여라.

[문제 60]

I		II
물이 끓고 있는 동안 온도가 일정하게 유지된다.	왜냐하면	물 분자 사이의 인력을 완전히 끊어내고 수증기가 되는 데 열에너지가 필요하기 때문이다.

[문제 61]

I		II
고체가 액체로 변하는 동안 온도는 계속해서 올라간다.	왜냐하면	고체가 액체로 변하면 분자 운동이 활발해지기 때문에, 온도가 높아진다.

[문제 62]

I		II
드라이아이스를 함께 넣으면 아이스크림이 녹지 않게 보관할 수 있다.	왜냐하면	드라이아이스가 승화되어 기체가 되면서 열에너지를 방출하기 때문이다.

[문제 63] 냉동실에서 꺼낸 얼음을 컵에 넣어 두었더니, 잠시 후 얼음이 녹아 물 위에 떠 있었다. 이 얼음물의 온도는 몇 ℃일까?

① 0 ℃보다 낮다.
② 0 ℃이다.
③ 0 ℃보다 높다.
④ 얼음이 물보다 많을 때는 0 ℃보다 낮고, 물이 더 많을 때는 0 ℃보다 높다.
⑤ 처음 얼음의 온도에 따라 다르다.

[문제 64] 다음 중 물질을 가열할 때 변하는 것이 아닌 것은?

① 분자 운동의 정도　　② 분자 간의 인력
③ 분자의 크기　　④ 분자 간의 간격
⑤ 분자의 배열

[문제 65] 다음은 물질의 상태 변화에 관한 내용을 모식적으로 나타낸 것이다. 분자 간의 인력이 작아지는 과정은?

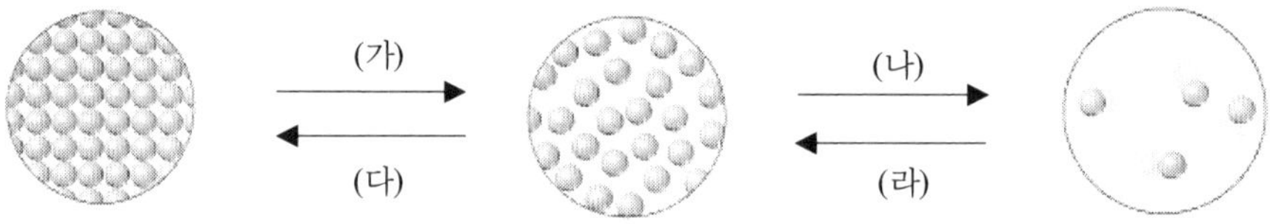

① (가), (다) ② (가), (라) ③ (나), (다)
④ (나), (라) ⑤ (가), (나), (다), (라)

※ **[문제 66~67]** 다음은 20 ℃의 어떤 액체 40 g을 가열할 때의 온도 변화를 나타낸 그래프이다.

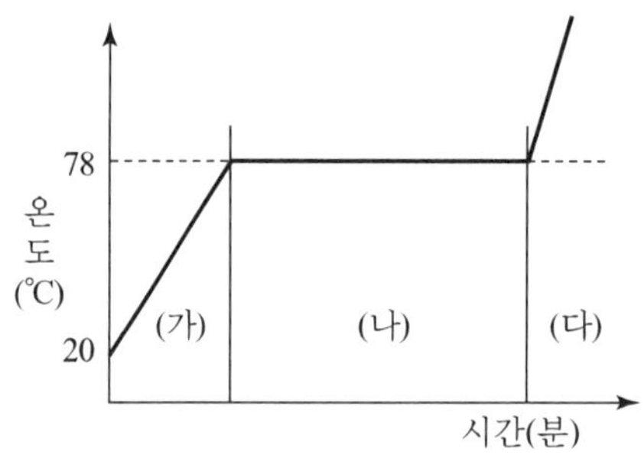

[문제 66] (나) 구간에서 온도가 일정하게 유지되는 이유는?

① 분자의 운동을 활발하게 만드는 데 열에너지가 이용되기 때문
② 분자의 크기를 크게 만드는 데 열에너지가 이용되기 때문
③ 분자 간의 인력을 끊는 데 열에너지가 이용되기 때문
④ 분자의 종류를 변화시키는 데 열에너지가 이용되기 때문
⑤ 분자 간의 거리를 좁게 만드는 데 열에너지가 이용되기 때문

[문제 67] 이 액체 80 g으로 같은 실험을 할 때, 다음 중 변하지 <u>않는</u> 것은?

① (가) 구간의 길이(시간) ② (가) 구간의 기울기
③ (나) 구간의 길이(시간) ④ (나) 구간의 온도
⑤ (다) 구간의 기울기

내용요소	학교급	중 1
	단 원	호흡과 배설

※ [문제 68~72] [보기] (A)~(E)는 다음 문제와 관련되어 있다. 각 문제에 가장 적합한 선택지를 골라 답안지에 표시하시오.

[보기]

(A) 산소　　(B) 이산화탄소　　(C) 암모니아　　(D) 요소　　(E) 포도당

[문제 68] 조직 세포에서 생성되며 혈액에 의해 운반되어 폐에서 배출되는 기체

[문제 69] 질소를 포함한 단백질 분해 결과 생성된 독성 물질

[문제 70] 세뇨관에서 모세혈관으로 100 % 재흡수되는 물질

[문제 71] 간에서 생성되며 혈액을 통해 운반되어 신장에서 배설되는 물질

[문제 72] 영양소는 세포에서 이 기체와 결합하여 에너지를 발생시킨다.

[문제 73] 대기의 산소가 혈액으로 확산되는 곳은?

① 폐동맥　　② 폐정맥　　③ 폐포
④ 기관　　⑤ 코

[문제 74] 다음 중 정상적인 사람의 오줌 성분을 모두 고른 것은?

ㄱ. 물　　ㄴ. 포도당　　ㄷ. 아미노산　　ㄹ. 무기염류　　ㅁ. 요소

① ㄱ, ㄴ　　② ㄱ, ㄷ　　③ ㄴ, ㄷ
④ ㄷ, ㄹ, ㅁ　　⑤ ㄱ, ㄹ, ㅁ

※ [문제 75~76] 다음 그림은 호흡기를 모형화한 장치이다. 밑면을 고무막으로 만든 유리병에 고무풍선을 그림과 같이 장치하였다.

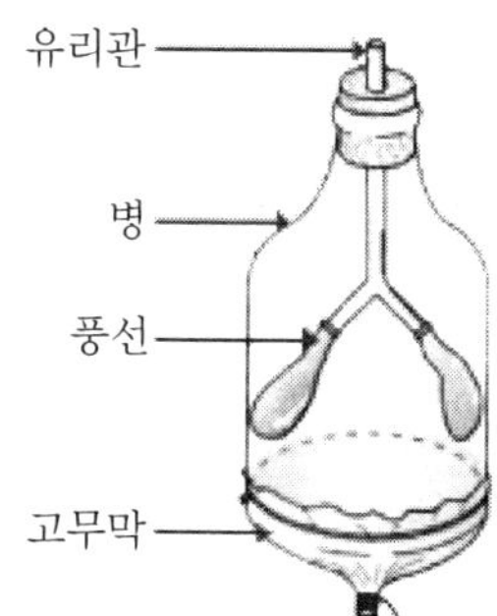

[문제 75] 고무막이 나타내는 기관은?

① 기관　　② 기관지
③ 폐　　④ 늑골
⑤ 횡격막

[문제 76] 고무막을 잡아당겼을 때에 대한 설명으로 옳은 것은?

① 유리관을 통해 공기가 풍선에서 외부로 배출된다.

② 고무풍선이 쭈그러든다.

③ 유리병 내의 기압이 높아진다.

④ 흡기(들숨)에 나타나는 현상을 설명할 수 있다.

⑤ 유리병 내부의 압력 변화는 없다.

※ [문제 77~78] 혈장과 원뇨, 오줌의 성분을 비교한 표이다. (단위 : %)

성분	혈장	원뇨	오줌
요소	0.03	0.03	1.80
물	90.92	98.92	94.6~97.3
포도당	0.10	0.10	0.00
아미노산	0.05	0.05	0.00
무기 염류	0.90	0.90	0.9~3.6
단백질	8.00	0.00	0.00

[문제 77] 세뇨관에서 모세혈관으로 100 % 재흡수되는 물질은?

① 요소 ② 물 ③ 포도당

④ 무기염류 ⑤ 단백질

[문제 78] 다음 중 사구체에서 보먼주머니로 여과되지 않는 물질은?

① 요소 ② 물 ③ 포도당

④ 무기염류 ⑤ 단백질

내용요소	학교급	중 1
	단 원	소화와 순환

※ [문제 79~83] [보기] (A)~(E)는 다음 문제와 관련되어 있다. 각 문제에 가장 적합한 선택지를 골라 답안지에 표시하시오.

[보기]

(A) 탄수화물 (B) 단백질 (C) 지방 (D) 비타민 (E) 무기염류

[문제 79] 포도당, 설탕, 녹말 등이며 주로 에너지를 공급한다.

[문제 80] 나트륨, 칼륨 등으로 몸의 여러 가지 생리 작용을 조절한다.

[문제 81] 몸을 구성하고 특히 에너지 함량이 높으며 과다하면 건강에 좋지 않은 영향을 미친다.

[문제 82] 아미노산으로 구성되어 있으며 몸의 주요 구성 성분이다.

[문제 83] 미량으로 생리 작용을 조절하며 부족할 때는 각기병, 야맹증 등을 나타낸다.

[문제 84] 다음 중 혈액의 흐름이 정상적인 것은?

① 우심방 → 대동맥 ② 좌심방 → 폐동맥 ③ 폐동맥 → 좌심실
④ 폐정맥 → 좌심방 ⑤ 우심실 → 우심방

[문제 85] 이자에서 만들어지는 소화 효소를 모두 고른 것은?

Ⅰ. 펩신	Ⅱ. 아밀라아제	Ⅲ. 트립신	Ⅳ. 리파아제	Ⅴ. 쓸개즙

① Ⅰ, Ⅱ ② Ⅱ, Ⅲ ③ Ⅲ, Ⅳ
④ Ⅱ, Ⅲ, Ⅳ ⑤ Ⅲ, Ⅳ, Ⅴ

※ [문제 86~87] 오른쪽 그림은 심장 모식도이다.

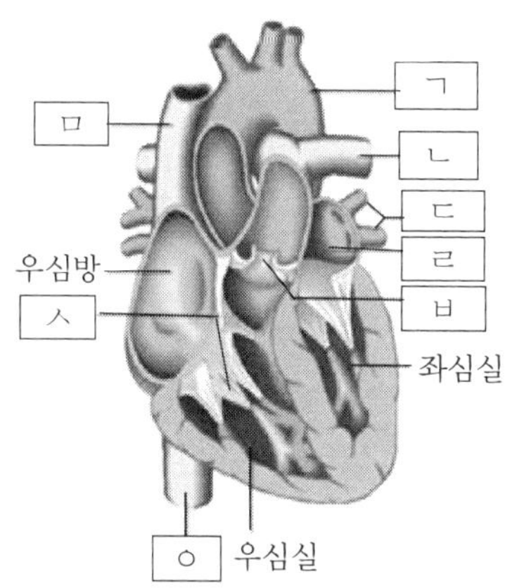

[문제 86] 가장 산소가 풍부한 혈액이 흐르는 부분은?

① ㄱ ② ㄴ
③ ㄷ ④ ㅁ
⑤ ㅇ

[문제 87] ㅂ, ㅅ의 역할을 바르게 설명한 것은?

① 혈액이 거꾸로 흐르는 것을 방지한다.
② 혈압을 높이는 역할을 한다.
③ 심장 박동의 원동력이다.
④ 동맥혈과 정맥혈이 섞이지 않도록 한다.
⑤ 심장의 규칙적인 수축과 이완을 일으킨다.

※ **[문제 88~89]** 침의 소화 작용에 영향을 미치는 요인을 알아보는 실험이다.

	시험관 A	시험관 B	시험관 C	시험관 D	시험관 E
녹말 용액	1 mL	1 mL	1 mL	1 mL	1 mL
첨가물	묽은 침 1 mL	묽은 침 1 mL	묽은 침 1 mL	증류수 1 mL	묽은 침 1 mL
온도	0 °C	18 °C	36 °C	36 °C	100 °C

[문제 88] 위의 표와 같이 실험 장치를 했을 때 녹말의 분해가 가장 활발한 시험관은?

① 시험관 A ② 시험관 B ③ 시험관 C
④ 시험관 D ⑤ 시험관 E

[문제 89] 녹말의 분해가 일어났는지 확인하기 위해 필요한 시약은?

① 요오드-요오드화칼륨 용액 ② 수단 Ⅲ 용액
③ 수산화나트륨 용액 ④ 황산구리 용액
⑤ 벤젠 용액

내용요소	학교급	중 1
	단 원	생물의 구성

※ **[문제 90~94]** [보기] (A)~(E)는 다음 문제와 관련되어 있다. 각 문제에 가장 적합한 선택지를 골라 답안지에 표시하시오.

[보기]
(A) 볼록 렌즈 (B) 조동나사 (C) 미동나사 (D) 조리개 (E) 프레파라트

[문제 90] 초점을 정확히 맞출 때 사용한다.

[문제 91] 시야로 들어오는 빛의 양을 조절한다.

[문제 92] 현미경의 경통을 위아래로 움직여 상을 찾는 데 사용한다.

[문제 93] 생물체의 세포나 조직을 현미경으로 관찰하기 위해 준비한 것

[문제 94] 현미경에서 물체를 확대하는 역할을 한다.

[문제 95] 현미경 을 현미경으로 관찰하였을 때 보이는 상은?

① 현미경
② 
③ 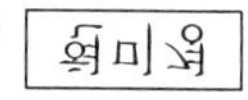
④ 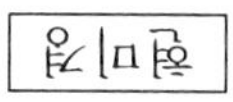
⑤ 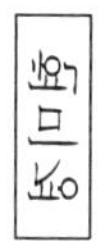

[문제 96] 접안렌즈 배율이 ×10, 대물렌즈 배율이 ×10으로 초점을 맞추었을 때 관찰되는 세포의 수가 100개이다. 접안렌즈만 ×20인 배율로 바꾸었을 때 관찰되는 세포의 수는?

① 25개
② 50개
③ 100개
④ 200개
⑤ 400개

[문제 97] 현미경에 대한 설명으로 옳은 것을 모두 고르면?

Ⅰ. 배율은 접안렌즈의 배율과 대물렌즈의 배율을 곱한 값이다. Ⅱ. 대물렌즈는 고배율일수록 길이가 짧다. Ⅲ. 시야는 180° 거꾸로 나타난다. Ⅳ. 미동나사로 상을 찾은 후 조동나사로 초점을 맞춘다. Ⅴ. 보통 고배율로 관찰한 후 저배율로 관찰한다.

① Ⅰ, Ⅱ
② Ⅰ, Ⅲ
③ Ⅱ, Ⅲ
④ Ⅱ, Ⅳ
⑤ Ⅳ, Ⅴ

[문제 98] 양파의 표피 세포와 입안 상피 세포에 공통으로 존재하는 세포 소기관을 모두 고른 것은?

Ⅰ. 핵	Ⅱ. 세포벽	Ⅲ. 액포	Ⅳ. 엽록체	Ⅴ. 세포막

① Ⅰ, Ⅱ
② Ⅰ, Ⅴ
③ Ⅱ, Ⅲ
④ Ⅲ, Ⅳ
⑤ Ⅳ, Ⅴ

내용요소	학교급	중 1
	단 원	지구의 구조

※ [문제 99~102] 각 물음에 가장 적합한 [보기]를 골라 답안지에 표하여라.

[보기]

(A) 대류권 (B) 성층권 (C) 중간권 (D) 열권

[문제 99] 오존층이 있어 유해한 자외선을 흡수하며, 안정한 층으로 비행기의 항로로 이용된다.

[문제 100] 높이 올라갈수록 기온이 높아지며 밤낮의 기온차가 심하며, 오로라 현상이 나타나고 전리층이 있다.

[문제 101] 높이 올라갈수록 기온이 낮아지며 수증기를 포함한 공기가 대류하면서 기상 현상이 나타난다.

[문제 102] 대기의 대류가 나타나지만 수증기가 없으므로 기상 현상이 나타나지 않는다.

※ [문제 103~104] 다음의 (I)과 (II)는 내용이 옳은지를 판단하여 각각 ○, ×를 표시하고, (II)가 (I)의 이유로 옳으면 ◎로 표시하여라.

[문제 103]

I		II
대기권에서 위로 올라갈수록 공기가 희박해진다.	왜냐하면	올라갈수록 지구의 중력이 작아지기 때문이다.

[문제 104]

I		II
성층권은 높이 올라갈수록 온도가 높아진다.	왜냐하면	태양과 가까워지기 때문이다.

[문제 105] (가)와 (나)에 도달하는 지진파의 종류로 옳은 것은?

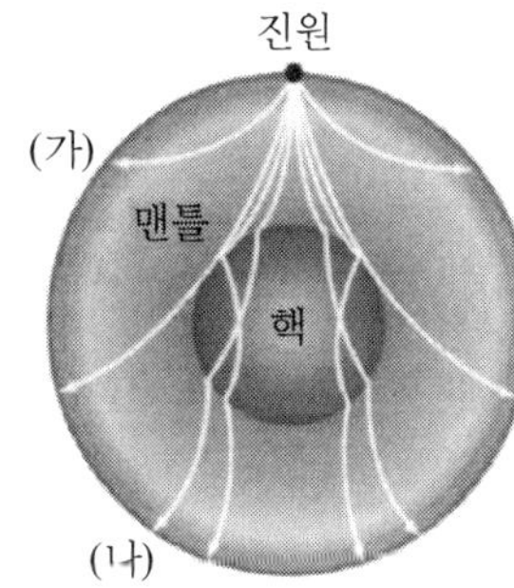

① (가) - P파, (나) - S파
② (가) - S파, (나) - P파
③ (가) - P파와 S파, (나) - P파
④ (가) - P파, (나) - P파와 S파
⑤ 정답 없음

[문제 106] 지구의 내부 구조를 연구하는 방법으로 지진파를 이용한다. P파와 S파에 대한 설명으로 옳은 것을 모두 고르면?

Ⅰ. P파는 먼저 도달하고, S파는 나중에 도달한다. Ⅱ. P파는 진행 방향과 진동 방향이 수직이고, S파는 일치한다. Ⅲ. P파는 고체, 액체, 기체 모두 통과하나, S파는 고체만 통과한다. Ⅳ. P파의 진폭은 S파의 진폭보다 크다.

① Ⅰ과 Ⅱ ② Ⅰ과 Ⅲ ③ Ⅱ와 Ⅲ
④ Ⅱ와 Ⅳ ⑤ Ⅲ과 Ⅳ

[문제 107] 지구 내부 구조에 대한 설명으로 옳은 것은?

① 대륙지각은 현무암질, 해양지각은 화강암질 암석으로 되어 있다.
② 맨틀은 지구 전체 부피의 약 80 %를 차지하며, P파와 S파 모두 통과한다.
③ 지하 약 35 km에는 지진파의 속도가 갑자기 증가하는 구텐베르크 불연속면이 나타난다.
④ 외핵은 지하 2900～5100 km이며, 고체로 되어 있다.
⑤ 정답 없음

<table>
<tr><td rowspan="2">내용요소</td><td>학교급</td><td>중 1</td></tr>
<tr><td>단 원</td><td>지각의 물질</td></tr>
</table>

※ [문제 108～112] 각 물음에 가장 적합한 보기를 골라 답안지에 표하여라.

(A) 유수의 작용	(B) 해수의 작용	(C) 빙하의 작용
(D) 바람의 작용	(E) 지하수의 작용	

[문제 108] 용해와 침전 작용에 의해 석회 동굴, 종유석, 석순, 석주, 카르스트 지형이 형성된다.

[문제 109] 침식 작용으로 형성된 지형에는 V자곡, 곡류, 우각호가 있고, 퇴적 작용으로 형성된 지형에는 선상지, 삼각주가 있다.

[문제 110] 서서히 이동하며 침식 작용으로 만들어낸 U자곡, 날카롭게 침식된 혼, 암석부스러기가 쌓인 빙퇴석이 있다.

[문제 111] 침식 작용으로 형성된 지형에는 해식 동굴, 해식 절벽, 해식 대지가 있고, 퇴적 작용으로 형성된 지형에는 연안사주, 사취, 육계도, 석호가 있다.

[문제 112] 건조한 사막 지역에서 모래에 의해 침식과 퇴적 작용이 일어나며 삼릉석, 버섯바위, 사구가 형성된다.

※ [문제 113~114] 다음의 (I)과 (II)는 내용이 옳은지를 판단하여 각각 ○, ×를 표시하고, (II)가 (I)의 이유로 옳으면 ◎로 표시하여라.

[문제 113]

I		II
암석을 이루는 알갱이인 광물은 고유의 겉모양인 결정형을 갖게 된다.	왜냐하면	광물을 이루는 성분 원소의 종류나 결합 방식이 다르기 때문이다.

[문제 114]

I		II
현무암은 어두운 색깔을 지녔으며 세립질 화성암이다.	왜냐하면	감람석, 휘석을 많이 포함하고 있으며 서서히 식었기 때문이다.

[문제 115] 오른쪽 그림은 암석의 순환을 나타낸 것이다. 암석의 종류로 옳게 나타낸 것은?

① A－셰일, B－편암, C－화강암
② A－규암, B－편마암, C－현무암
③ A－사암, B－암염, C－각섬암
④ A－유문암, B－석회암, C－반려암
⑤ A－안산암, B－역암, C－대리암

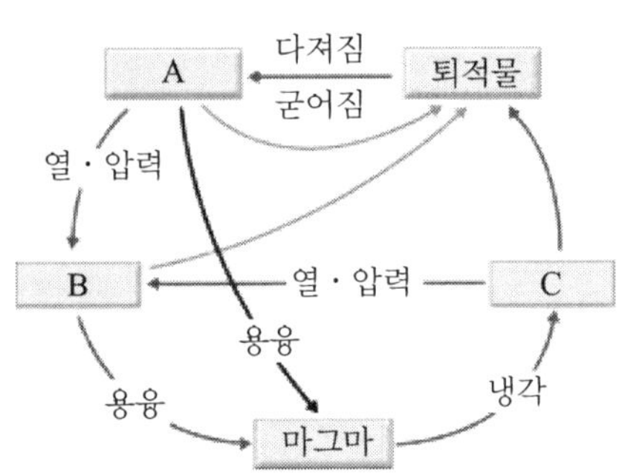

[문제 116] 광물과 암석에 대한 설명이다. 옳은 설명을 모두 고르면?

Ⅰ. 광물을 구별하는 방법에는 결정형, 쪼개짐, 깨짐, 굳기, 색, 조흔색, 밀도 등이 있는데, 그 중 표본의 손상 없이 알아볼 수 있는 것은 밀도와 조흔색이다. Ⅱ. 광물의 색은 무색이며 조흔색은 흰색이며 세 방향의 쪼개짐을 갖고 염산과 반응하는 것은 방해석이다. Ⅲ. 퇴적암에 나타나는 줄무늬는 층리라고 하고, 화성암에 나타나는 줄무늬는 편리라고 한다. Ⅳ. 지각은 암석으로 이루어져 있고, 암석은 광물로 이루어져 있고, 광물은 원소들이 모여서 이루어진 것인데, 가장 많은 원소는 산소와 규소이다.

① Ⅰ과 Ⅱ　② Ⅱ와 Ⅳ　③ Ⅰ, Ⅱ, Ⅲ
④ Ⅱ, Ⅲ, Ⅳ　⑤ Ⅰ, Ⅱ, Ⅲ, Ⅳ

[문제 117] 다음은 지표의 변화에 대한 설명이다. 옳은 설명을 모두 고르면?

Ⅰ. 암석이 풍화되어 생긴 흙이 지표에 쌓인 토양의 생성 과정은 기반암 → 모질물 → 심토 → 표토 순이다. Ⅱ. 해안이 돌출된 부분(곶)은 해파의 에너지가 집중되어 침식 작용이 우세하다. Ⅲ. "석회암 + 물 + 이산화탄소 → 탄산수소칼슘" 과정으로 형성된 것은 종유석, 석순, 석주이다. Ⅳ. 삼각주의 퇴적물은 모가 나고 거칠며, 선상지의 퇴적물은 둥글고 매끄러우며 보다 세립질의 모래나 점토를 포함한다.

① Ⅱ　② Ⅰ과 Ⅲ　③ Ⅰ, Ⅱ, Ⅲ
④ Ⅱ, Ⅲ, Ⅳ　⑤ 정답 없음

내용요소	학교급	중 1
	단 원	해수의 성분과 운동

※ [문제 118~120] 각 물음에 가장 적합한 보기를 골라 답안지에 표하여라.

(A) 혼합층	(B) 수온약층	(C) 심해층

[문제 118] 태양복사 에너지의 영향을 받지 않기 때문에 수온이 낮고 연중 수온의 변화가 거의 없다.

[문제 119] 깊이에 따라 수온이 급격하게 낮아지는 안정한 층으로 물질과 에너지 교환을 차단하는 역할을 한다.

[문제 120] 태양복사 에너지의 대부분을 흡수하며 바람과 파도의 혼합 작용과 대류 작용으로 골고루 섞인다.

※ **[문제 121~122]** 다음의 (I)과 (II)는 내용이 옳은지를 판단하여 각각 ○, ×를 표시하고, (II)가 (I)의 이유로 옳으면 ◎로 표시하여라.

[문제 121]

I		II
우리나라의 황해는 동해에 비해 염분이 낮게 나타난다.	왜냐하면	황해는 강으로부터 유입되는 강물의 영향을 받기 때문이다.

[문제 122]

I		II
밀물과 썰물에 의해 나타나는 해수면의 높이차가 가장 클 때는 달의 모양은 상현과 하현이다.	왜냐하면	태양과 달의 인력의 차이가 크기 때문이다.

[문제 123] 다음 표는 우리나라 근해의 해수 1 kg을 분석한 결과이다. 이 해수의 염분은 얼마인가?

염류	질량(g)
염화나트륨	25.6
염화마그네슘	3.6
황산마그네슘	1.5
황산칼슘	1.2
황산칼륨	0.8
기타	0.2

① 25.6 ‰　② 29.2 ‰　③ 30.7 ‰
④ 32.9 ‰　⑤ 35 ‰

[문제 124] 앞의 문제에서 염분이 40 ‰일 때 염화나트륨의 양은?

① 약 25.60 g ② 약 27.21 g ③ 약 32.12 g
④ 약 35.00 g ⑤ 정답 없음

[문제 125] 다음 지역 중 해수의 염분이 상대적으로 높은 곳을 모두 고르면?

Ⅰ. 하천수의 유입이 풍부한 해안가
Ⅱ. 강수량이 많은 지역
Ⅲ. 겨울 동안 얼었던 해수가 녹을 때의 항구
Ⅳ. 연중 맑은 날씨를 보이는 지역

① Ⅰ ② Ⅲ ③ Ⅱ와 Ⅲ
④ Ⅳ ⑤ 정답 없음

[문제 126] 그림은 우리나라에 영향을 주는 해류를 나타낸 것이다. 우리나라 주변 해류의 근간을 이루며 기후와 수산업에 가장 큰 영향을 끼치는 해류는?

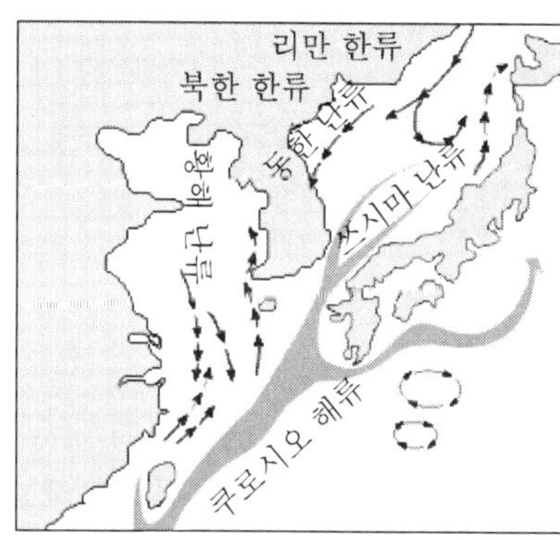

① 쿠로시오 해류
② 황해 난류
③ 동한 난류
④ 리만 한류
⑤ 북한 한류

[문제 127] 다음은 해수의 운동의 특징을 나타낸 것이다. 옳은 것을 모두 고르면?

Ⅰ. 바닷물이 일정한 방향으로 이동하는 것은 "해류"이다.
Ⅱ. 바닷물이 하루에 두 번씩 주기적으로 방향이 변하는 것은 "조류"이다.
Ⅲ. 표층 해류는 바람에 의해 발생하며, 심층 해류는 수온과 염분 변화에 따른 밀도 차이에 의해 발생한다.
Ⅳ. 밀물과 썰물은 달과 태양의 인력에 의해 발생한다.

① Ⅰ과 Ⅱ ② Ⅱ와 Ⅲ ③ Ⅲ과 Ⅳ
④ Ⅱ와 Ⅳ ⑤ 모두 다 맞음

표준화 검사 문항 (지식)

중학교 2학년

[영재 판별을 위한 표준화 검사도구 개발]

문 항 카 드

내용요소	학교급	중 2
	단 원	여러 가지 운동

[문제 1] 일정한 속력으로 5초 동안 14 m를 운동한 물체의 속력은?

① 5 m/s ② 14 m/s ③ 1.4 m/s
④ 2.8 m/s ⑤ 70 m/s

※ **[문제 2～3]** 아래 그림은 진동수가 60 Hz인 시간기록계로 움직이는 물체의 운동을 기록한 것이다.

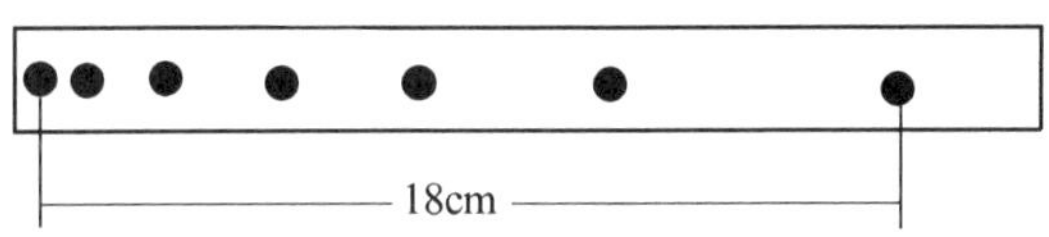

[문제 2] 한 타점 사이의 시간 간격은?

① 60초 ② 6초 ③ 0.6초
④ 1/60초 ⑤ 600초

[문제 3] 이 물체의 평균 속력은?

① 0.3 m/s ② 0.6 m/s ③ 1.8 m/s
④ 3 m/s ⑤ 18 m/s

[문제 4] 어떤 사람이 3 km를 0.3시간 동안 달린 다음, 7 km를 0.7시간 달렸다. 이 사람의 평균 속력은?

① 10 km/h ② 3 km/h ③ 1 km/h
④ 0.1 km/h ⑤ 100 km/h

※ **[문제 5～6]** 정지해 있던 오토바이가 일정한 비율로 속력이 증가하여 5초 후에 20 m/s가 되었다.

[문제 5] 이 오토바이의 평균 속력은?

① 100 m/s ② 50 m/s ③ 20 m/s
④ 10 m/s ⑤ 4 m/s

[문제 6] 5초 동안 오토바이가 이동한 거리는?

① 100 m ② 50 m ③ 40 m
④ 20 m ⑤ 10 m

[문제 7] 다음은 서로 쌍을 이루는 그래프이다. 서로 같은 물체의 운동을 나타내는 그래프의 쌍은 어느 것인가?

①
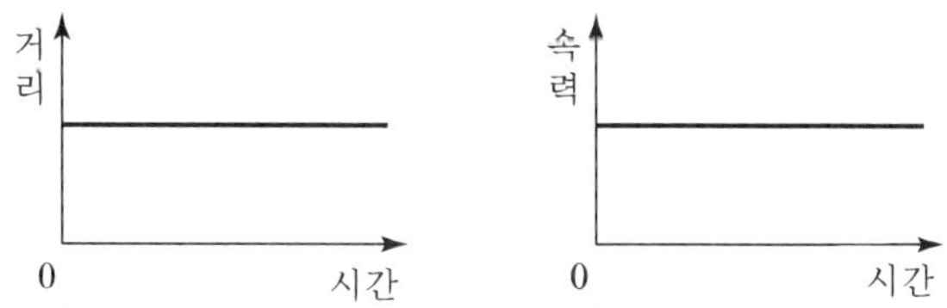

②
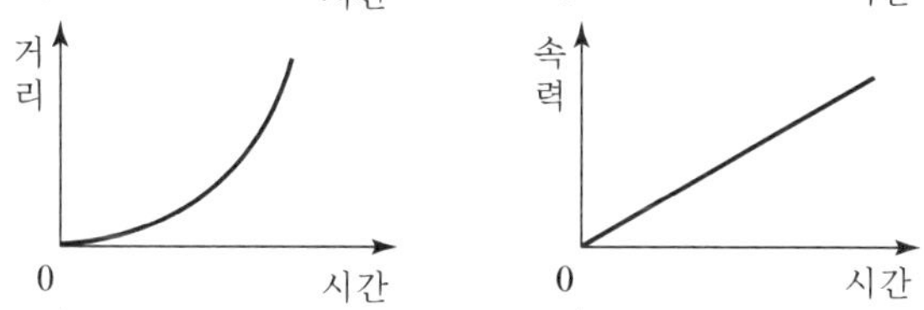

③
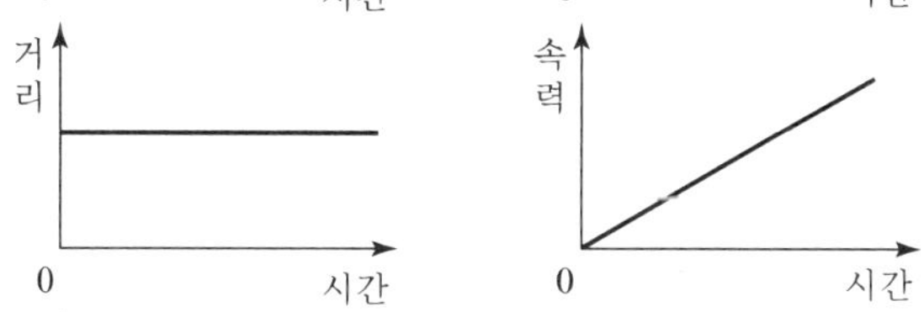

④
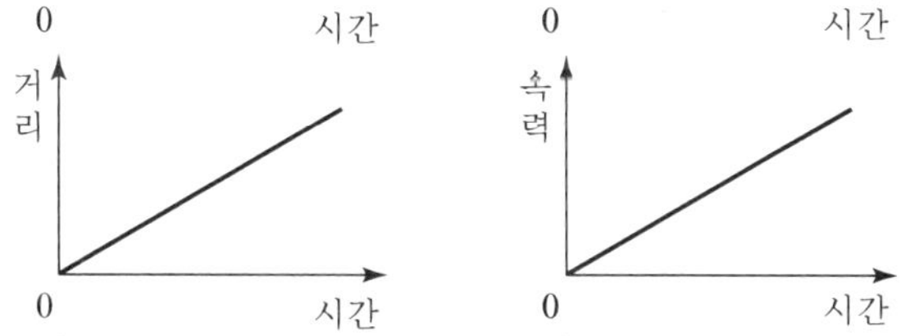

⑤
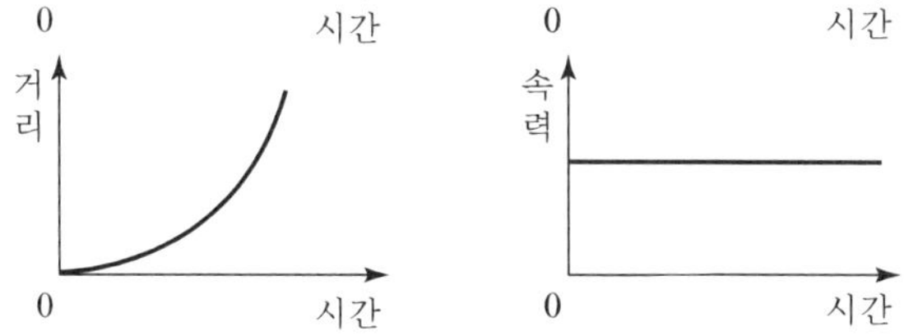

※ [문제 8~10] 다음 그래프는 속력이 일정한 두 자동차 A, B의 시간과 거리의 관계를 나타낸 것이다.

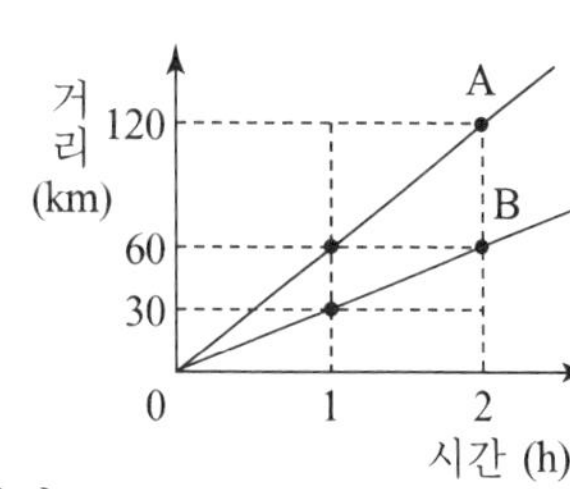

[문제 8] 자동차 A와 B의 공통점은?

① 질량이 같다. ② 속력이 같다.
③ 속력이 일정하게 증가한다. ④ 운동 방향이 같다.
⑤ 이동 거리가 같다.

[문제 9] 자동차 A의 속력은 B의 몇 배인가?

① 4배 ② 2배 ③ 1배
④ 0.5배 ⑤ 0.25배

[문제 10] 자동차 A의 속력은?

① 120 m/s ② 60 m/s ③ 30 m/s
④ 15 m/s ⑤ 5 m/s

※ [문제 11～12] 오른쪽의 시간-속도 그래프를 보고 물음에 답하라.

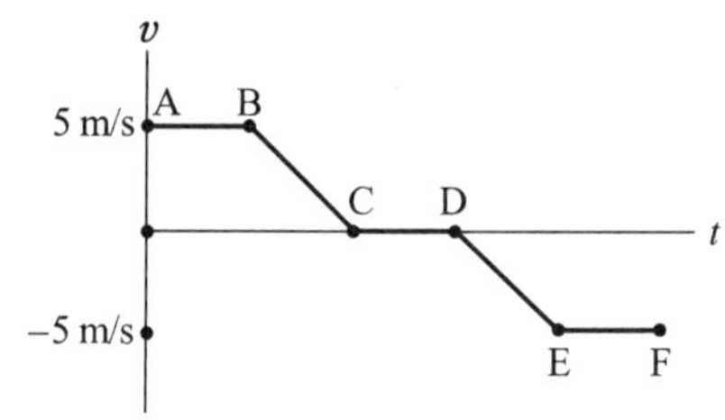

[문제 11] 물체가 정지하고 있는 구간은?

① AB ② BC
③ CD ④ DE
⑤ EF

[문제 12] 물체의 속력이 증가하고 있는 구간은?

① AB ② BC ③ CD
④ DE ⑤ EF

[문제 13] 공기 저항을 무시할 때, 그림과 같이 비스듬히 던져 올린 물체의 운동에 대하여 바르게 설명한 것은?

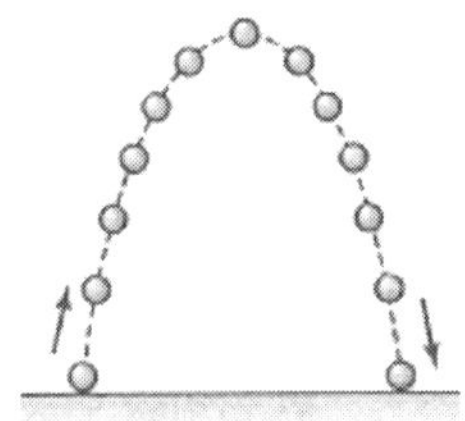

① 물체의 속력이 일정하게 유지된다.
② 물체의 운동 방향이 일정하게 유지된다.
③ 물체의 이동 거리는 시간에 비례하여 증가한다.
④ 물체의 속력은 증가하였다가 감소한다.
⑤ 물체의 운동 상태를 변화시키는 힘은 중력이다.

※ **[문제 14~15]** 다음 그래프는 어떤 자동차가 출발 후 다시 정지할 때까지의 속력의 변화를 나타낸 그래프이다.

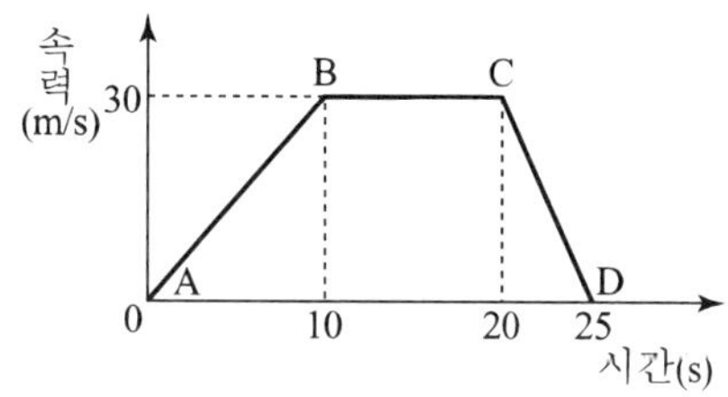

[문제 14] 속력이 일정한 구간에서 자동차의 이동 거리는?

① 600 m　　② 300 m　　③ 150 m
④ 75 m　　⑤ 30 m

[문제 15] 속력이 감소하는 구간에서 자동차의 이동 거리는?

① 600 m　　② 300 m　　③ 150 m
④ 75 m　　⑤ 30 m

[문제 16] 작은 각도로 운동하는 진자에서 신자의 주기에 영향을 미치는 요소는?

① 질량　　② 진폭　　③ 길이
④ 평형점　　⑤ 복원력

내용요소	학교급	중 2
	단　원	전기

※ **[문제 17~19]** 각 문제에 가장 적합한 것을 [보기]에서 골라 답안지에 표시하라.

[보기]

(A) 대전　　(B) 전자　　(C) 양성자　　(D) 인력　　(E) 척력

[문제 17] 물체를 마찰할 때 이동하여 전기를 띠게 하는 입자는?

[문제 18] 같은 전기를 띠고 있는 물체 사이에 작용하는 힘은?

[문제 19] 물체가 전기를 띠게 되는 현상은?

[문제 20] 같은 크기의 도체구가 각각 −3C과 +1C의 전하로 대전되었다. 두 도체구를 전선으로 연결하면 각각의 도체구의 전하는?

① −4C ② +4C ③ −1C
④ +1C ⑤ 0

※ [문제 21~22] 그림 (가)와 같이 대전된 유리막대를 서로 붙어 있는 A, B 두 도체구 가까이 가져갔다. 잠시 후 그림 (나)와 같이 도체구를 떼고 유리막대를 치웠다.

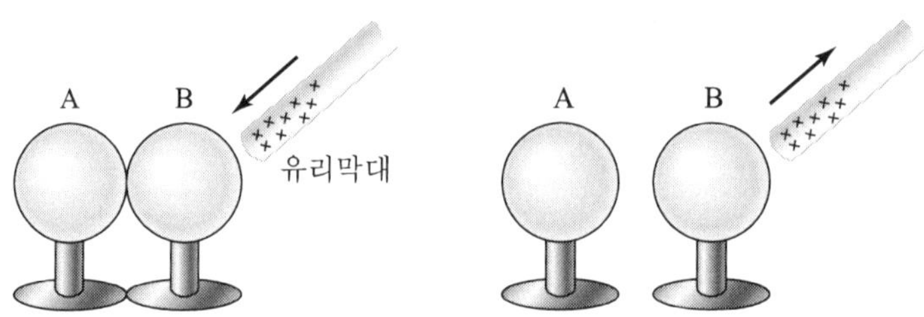

(가) (나)

[문제 21] 그림 (가)에서 도체구 A의 맨 왼쪽의 전하 분포는?

① 대전되지 않았다. ② 양으로 대전되었다.
③ 음으로 대전되었다. ④ 양전하와 음전하가 같은 양으로 분포
⑤ 반은 양전하, 반은 음전하로 대전되었다.

[문제 22] 그림 (나)에서 도체구 B의 전하 분포는?

① 대전되지 않았다. ② 양으로 대전되었다.
③ 음으로 대전되었다. ④ 양전하와 음전하가 같은 양으로 분포
⑤ 반은 양전하, 반은 음전하로 대전되었다.

[문제 23] 그림과 같이 검전기의 금속판에 (+) 대전체를 가까이 할 때의 설명으로 옳은 것은?

① 금속판은 양전하로 대전된다.
② 금속판의 전자들이 금속박으로 이동한다.
③ 금속박은 벌어진다.
④ 금속박의 왼쪽은 양전하를, 오른쪽은 음전하를 띤다.
⑤ 금속박은 모두 음의 전하로 대전된다.

※ **[문제 24~26]** 2 Ω과 4 Ω의 두 개의 저항이 12 V의 전지에 직렬연결되어 있다.

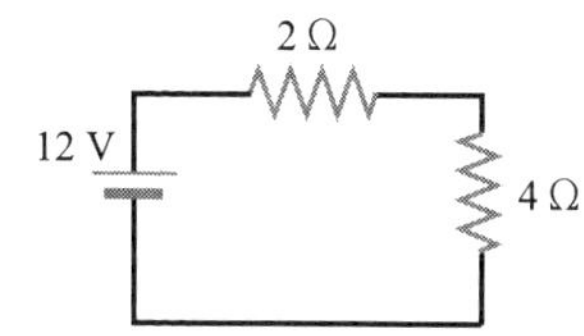

[문제 24] 다음 중 옳은 것은?

① 2 Ω의 저항은 4 Ω보다 작으므로 더 많은 전류가 흐를 것이다.
② 4 Ω의 저항은 2 Ω보다 크므로 더 많은 전류가 흐를 것이다.
③ 2 Ω과 4 Ω의 저항에 걸리는 전압은 같다.
④ 2 Ω의 저항에 걸리는 전압이 4 Ω의 저항에 걸리는 전압보다 크다.
⑤ 4 Ω의 저항에 걸리는 전압이 2 Ω의 저항에 걸리는 전압보다 크다.

[문제 25] 2 Ω의 저항에 흐르는 전류는?

① 6 A ② 4 A ③ 3 A
④ 2 A ⑤ 1 A

[문제 26] 4 Ω의 저항에 걸리는 전압은?

① 2 V ② 4 V ③ 6 V
④ 8 V ⑤ 12 V

※ **[문제 27~29]** 3 Ω과 6 Ω의 두 개의 저항이 6 V의 전원에 병렬로 연결되어 있다. 세 개의 전류계와 두 개의 전압계가 그림과 같이 연결되어 있다.

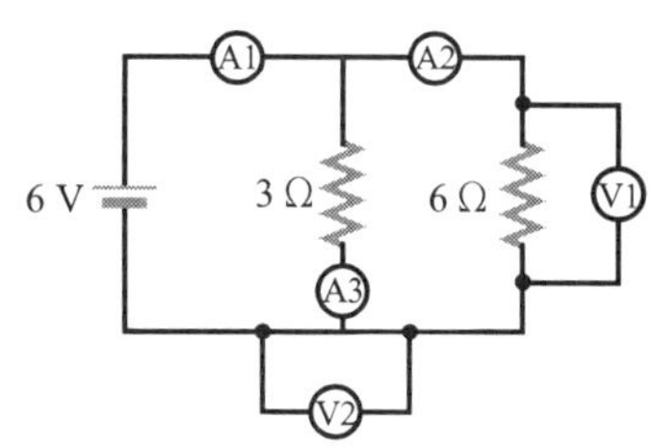

[문제 27] 다음 중 옳은 것은?

① 전압계1과 전압계2의 전압은 같다.
② 전압계1은 6 V이다.
③ 전압계2는 6 V이다.
④ 전압계2의 전압은 3 Ω의 저항의 양단의 전압을 정확하게 측정한 것이다.
⑤ 두 전압계 모두 6 Ω의 저항의 양단의 전압을 정확하게 측정한 것이다.

[문제 28] 어떤 전류계에서 가장 센 전류가 측정되는가?

① 전류계1　② 전류계2
③ 전류계3　④ 세 개의 전류계의 값이 모두 0이다.
⑤ 세 개의 전류계가 모두 같은 값이다.

[문제 29] 전류계2의 전류값은?

① 0　② 1 A　③ 2 A
④ 3 A　⑤ 6 A

※ [문제 30~32] 다음 그림과 같은 회로에서 스위치 S_1만 닫으면 전류계에는 5 A의 전류가 흐르고, 스위치 S_2만 닫으면 8 A의 전류가 흐른다.

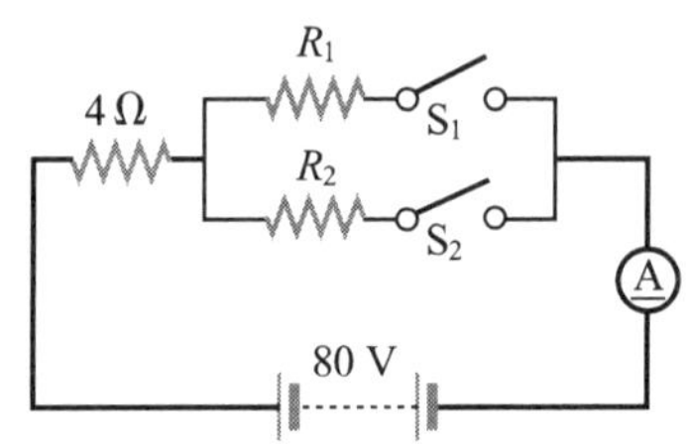

[문제 30] R_1은 얼마인가?

① 20 Ω　② 16 Ω　③ 12 Ω
④ 6 Ω　⑤ 4 Ω

[문제 31] R_2는 얼마인가?

① 20 Ω　② 16 Ω　③ 12 Ω
④ 6 Ω　⑤ 4 Ω

[문제 32] 스위치 S_1, S_2를 모두 닫으면 전류계에는 몇 A의 전류가 흐르겠는가?

① 20 Ω　② 12 Ω　③ 10 Ω
④ 6 Ω　⑤ 2 Ω

내용요소	학교급	중 2
	단 원	물질의 특성

※ [문제 33~36] 질문에 가장 적합한 것을 [보기]에서 골라라.

[보기]

(가) 밀도　(나)겉보기 성질　(다) 용해도　(라) 끓는점　(마) 농도

[문제 33] 인간의 감각으로 쉽게 알 수 있는 물질의 성질로 색, 냄새가 이에 속한다.

[문제 34] 단위 부피당 물질의 가볍고 무거운 정도를 나타내는 성질이다.

[문제 35] 액체가 기체로 변하는 동안 일정하게 유지되는 온도이다.

[문제 36] 일반적으로 물 100 g에 최대한으로 녹을 수 있는 고체 물질의 질량을 나타낸다.

※ [문제 37~40] 나음의 (I)과 (II)는 내용이 옳은지를 판단하여 각각 ○, ×를 표시하고, (II)가 (I)의 이유로 옳으면 ◎로 표시하여라.

[문제 37]

I		II
물이 수증기가 되면 밀도가 작아진다.	왜냐하면	물이 수증기가 되면 물 분자의 크기가 작아지기 때문이다.

[문제 38]

I		II
소금이 물에 녹으면 질량이 줄어든다.	왜냐하면	소금이 물에 녹으면 눈에 보이지 않는 작은 입자로 존재하기 때문이다.

[문제 39]

I		II
사이다의 뚜껑을 열면 거품이 나온다.	왜냐하면	압력이 작아지면 사이다에 녹아 있던 기체의 용해도가 작아지기 때문이다.

[문제 40]

I		II
액체 물질인 경우 분자 간의 인력이 크면 끓는점이 높다.	왜냐하면	기체 분자들 사이에는 인력이 작용하지 않기 때문이다.

[문제 41] 51.7 mL의 물이 들어 있는 눈금실린더에 질량 63.0 g인 고체 덩어리를 조심스럽게 넣었더니 눈금실린더의 눈금이 58.7 mL가 되었다. 이 고체의 밀도는?

① 0.11 g/mL ② 0.43 g/mL ③ 7.0 g/mL
④ 9.0 g/mL ⑤ 63 g/mL

[문제 42] 20 °C의 물에 대한 소금의 용해도는 36이다. 20 °C의 물 50 g에 최대로 녹을 수 있는 소금의 양은 얼마인가?

① 9 g ② 18 g ③ 36 g
④ 50 g ⑤ 72 g

[문제 43] 20 °C의 물 100 g에 대해 다음의 성질을 구하였다. 물의 양을 200 g으로 변화시켜도 달라지지 않는 것은?

① 질량 ② 부피
③ 끓는점 ④ 소금 10 g을 녹일 때의 농도
⑤ 최대로 녹을 수 있는 설탕의 양

[문제 44] 다음 중 물질을 구별할 수 있는 특성은?

[보기]
ㄱ. 부피 ㄴ. 질량 ㄷ. 끓는점 ㄹ. 밀도 ㅁ. 물에 대한 용해도

① ㄱ, ㄴ ② ㄱ, ㄷ, ㄹ ③ ㄷ, ㄹ
④ ㄷ, ㄹ, ㅁ ⑤ ㄱ, ㄴ, ㄷ, ㄹ, ㅁ

※ [문제 45~46] 그림은 물에 녹지 않는 균일한 고체 A, B, C, D, E의 질량과 부피를 그래프로 나타낸 것이다.

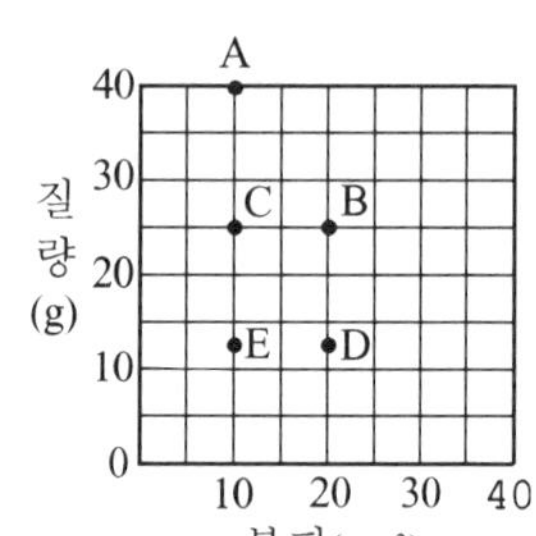

[문제 45] 고체 B와 같은 물질로 이루어진 것은?

① A ② C
③ D ④ E
⑤ 없음

[문제 46] 고체 A-E를 물에 넣을 때 물에 뜨는 것은?

① A ② B ③ C
④ D ⑤ E

※ [문제 47~48] 그림은 물과 에탄올을 각각 가열할 때의 온도 변화를 나타낸 그래프이다.

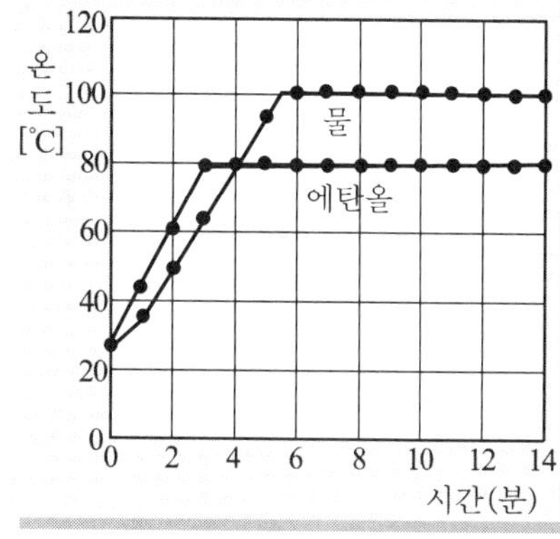

[문제 47] 그래프에서 수평한 부분의 온도는?

① 액체가 처음으로 기체가 될 때의 온도이다.
② 액체의 내부에서부터 기포가 발생할 때의 온도이다.
③ 액체의 표면에서 기체가 발생할 때의 온도이다.
④ 액체의 녹는점이다.
⑤ 액체의 양을 증가시키면 이때의 온도가 높아진다.

[문제 48] 위의 그래프를 보고 알 수 있는 것은?

① 물의 양이 에탄올의 양보다 많다.
② 물 분자의 크기가 에탄올 분자보다 크다.
③ 물 분자의 질량이 에탄올 분자보다 크다.
④ 물 분자 사이의 간격이 에탄올 분자 사이의 간격보다 크나.
⑤ 물 분자 사이의 인력이 에탄올 분자 사이의 인력보다 크다.

내용요소	학교급	중 2
	단 원	물질의 특성

※ [문제 49~52] 다음 질문에 가장 적합한 것을 [보기]에서 골라라.

[보기]
ㄱ. 분별 증류　ㄴ. 분별 결정　ㄷ. 추출　ㄹ. 크로마토그래피　ㅁ. 거름

[문제 49] 여러 가지 물질이 섞여 있는 혼합물에서 특정한 성분만을 녹이는 용매를 이용하여 그 성분만을 녹여내어 분리하는 방법이다.

[문제 50] 물과 에탄올의 혼합물은 이 방법으로 분리할 수 있다.

[문제 51] 어떤 용매에 녹는 고체 물질과 녹지 않는 고체 물질이 섞여 있을 때 이 방법으로 분리할 수 있다.

[문제 52] 운동선수들이 약물 복용 여부를 검사하는 도핑 테스트에서 이 방법을 이용하고 있다.

※ [문제 53~56] 다음의 (I)과 (II)는 내용이 옳은지를 판단하여 각각 ○, ×를 표시하고, (II)가 (I)의 이유로 옳으면 ◎로 표시하여라.

[문제 53]

I		II
소금물은 불균일 혼합물이다.	왜냐하면	소금물은 어느 곳이나 농도가 같기 때문이다.

[문제 54]

I		II
물과 기름의 혼합물은 분별 깔때기를 이용하여 분리할 수 있다.	왜냐하면	물과 기름은 서로 섞이지 않고, 물은 기름보다 밀도가 작기 때문이다.

[문제 55]

I		II
소금물은 끓고 있는 동안 온도가 일정하게 유지된다.	왜냐하면	순물질의 끓는점은 일정하기 때문이다.

[문제 56]

I		II
거름종이를 이용하면 설탕물 속에 들어 있는 설탕을 분리할 수 없다.	왜냐하면	설탕물 속에서 설탕은 분자 크기로 존재하므로 거름종이의 틈을 통과하기 때문이다.

[문제 57] 물과 에탄올의 혼합물은 다음 어떤 성질의 차이를 이용하여 분리할 수 있는가?

① 녹는점 ② 밀도 ③ 끓는점
④ 물에 대한 용해도 ⑤ 농도

[문제 58] 혼합물을 분리하기 위해서 거름종이가 필요 없는 것은?

① 수성 사인펜 속의 색소 ② 흙탕물
③ 설탕물 ④ 붕산과 소금의 혼합물
⑤ 소금과 모래의 혼합물

[문제 59] 다음 [보기] 중 균일 혼합물을 모두 고르면?

[보기]

ㄱ. 공기　　ㄴ. 화강암　　ㄷ. 에탄올　　ㄹ. 우유　　ㅁ. 설탕물

① ㅁ　　② ㄱ, ㅁ, ㄱ　　③ ㄱ, ㄷ, ㄹ

④ ㄱ, ㄴ, ㅁ　　⑤ ㄱ, ㄴ, ㄹ, ㅁ

※ [문제 60-61] 그림은 서로 잘 섞이는 액체 A(끓는점 78 °C)와 액체 B(끓는점 100 °C)의 혼합 용액의 가열 곡선이다.

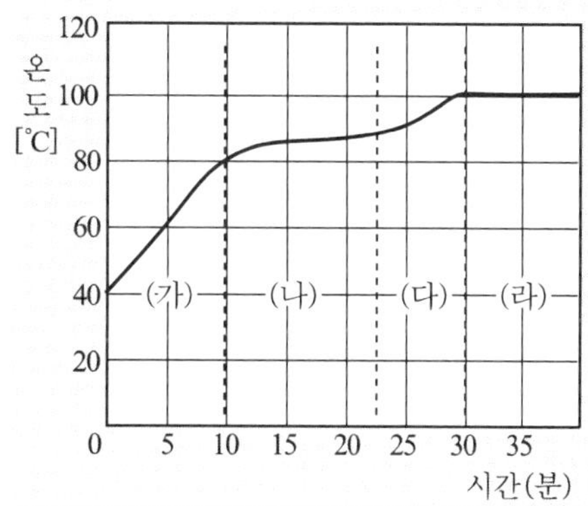

[문제 60] 액체 B를 얻기 위해서는 어떤 구간에서 나오는 액체를 받아야 할까?

① A　　② B

③ C　　④ D

⑤ 정답 없음

[문제 61] 액체 A와 B의 혼합 용액에서 액체 A와 B를 분리하는 방법은?

① 재결정　　② 분별 증류　　③ 추출

④ 거름　　⑤ 크로마토그래피

※ [문제 62~64] 그림은 고체 물질 A, B, C, D가 물 100 g에 최대로 녹을 수 있는 양이 온도에 따라 변하는 정도를 나타낸 그래프이다.

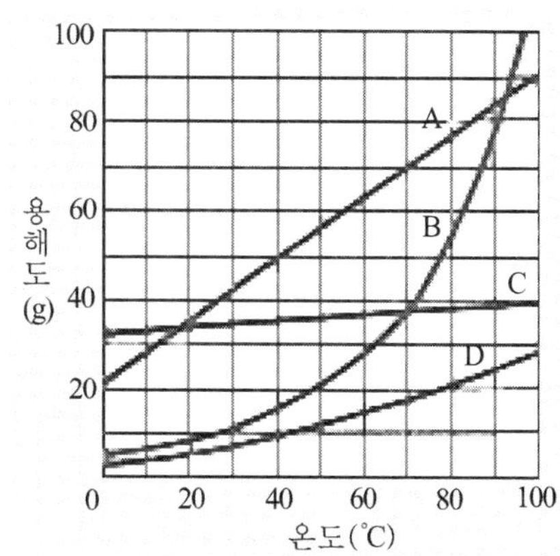

[문제 62] 80 °C의 물 100 g에 A, B, C, D를 녹여 포화 용액으로 만들 때, 용액의 농도가 가장 진한 것은?

① A　　② B

③ C　　④ D

⑤ 모두 같다.

[문제 63] 80 °C의 물 100 g에 A, B, C, D를 각각 30 g씩 넣을 때 전부 녹지 않고 남는 것은?

① A ② B ③ C
④ D ⑤ 없음

[문제 64] C와 D의 혼합물을 분리하는 방법은?

① 분별 결정 ② 분별 증류 ③ 추출
④ 거름 ⑤ 크로마토그래피

※ [문제 65~66] 다음은 소금, 물, 활성탄소, 에탄올의 혼합물에서 각 성분 물질을 분리하는 과정을 모식적으로 나타낸 것이다.

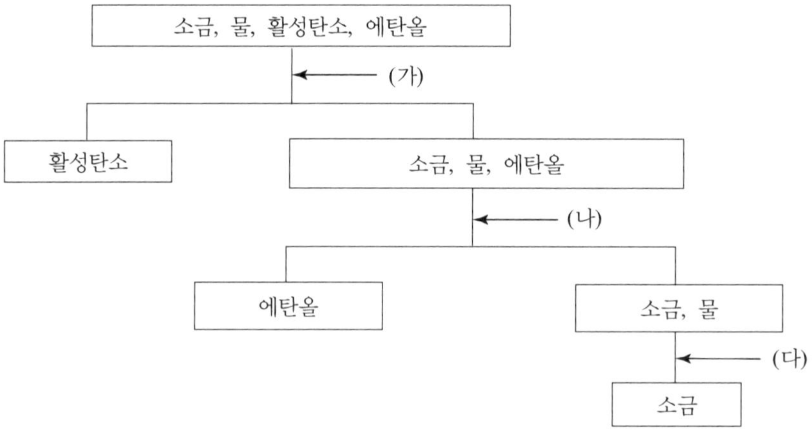

[문제 65] (가)의 조작에서 꼭 필요한 실험 기구는?

① 온도계 ② 가열기구 ③ 스탠드
④ 거름종이 ⑤ 끓임쪽

[문제 66] (나)에서는 어떤 조작을 했을까?

① 가열하여 에탄올을 기화시켜 증류한다.
② 물에 녹여 거름종이로 걸러낸다.
③ 거름종이를 이용하여 크로마토그래피를 한다.
④ 사염화탄소를 넣고 잘 흔들어 위층의 액체를 덜어낸다.
⑤ 뜨거운 물에 녹인 다음 얼음에 넣어 냉각시킨다.

※ [문제 67~69] 그림은 거름종이에 몇 가지 물질을 녹인 수용액을 찍고, 한쪽 끝을 물에 담가 두었을 때 나타난 결과이다.

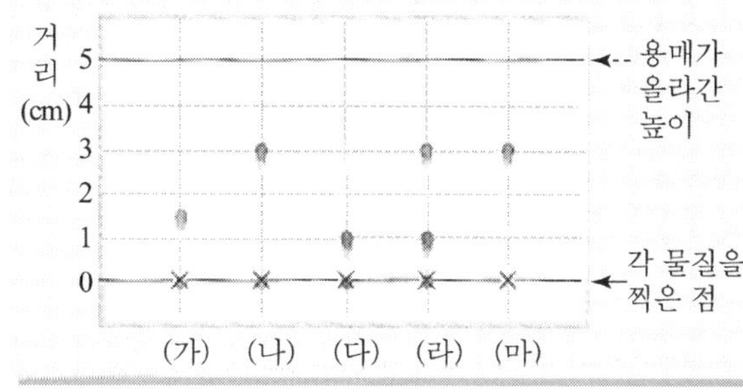

[문제 67] 물질 (가)~(마) 중에서 같은 물질은 무엇인가?

① (가)와 (라) ② (나)와 (라) ③ (나)와 (마)
④ (나), (라), (마) ⑤ (다)와 (라)

[문제 68] 위와 같은 혼합물의 분리 방법을 무엇이라고 하는가?

① 분별 증류 ② 추출 ③ 거름
④ 크로마토그래피 ⑤ 분별 결정

[문제 69] 위와 같은 방법으로 분리할 수 있는 혼합물은?

① 와인 속에 들어 있는 에탄올
② 모래 속에 들어 있는 철가루
③ 사인펜 잉크 속에 들어 있는 여러 가지 색소
④ 콜라에 들어 있는 카페인
⑤ 공기 속에 섞여 있는 부탄

내용요소	학교급	중 2
	단 원	자극과 반응

※ [문제 70~73] (A)~(D)는 다음 문제와 관련되어 있다. 각 문제에 가장 적합한 선택지를 골라 답안지에 표시하시오.

(A) 홍채	(B) 수정체	(C) 시세포	(D) 망막

[문제 70] 물체의 원근에 따라 두께가 조절되는 부분으로 카메라의 렌즈에 해당함

[문제 71] 물체의 상이 맺히는 곳이며 카메라의 필름 역할

[문제 72] 눈으로 들어오는 빛의 양을 조절하는 부분

[문제 73] 빛의 자극을 받아 흥분하여 시신경으로 자극을 전달하는 감각세포

[문제 74] 이자에서 분비되며 글루카곤과 반대로 혈당량을 낮추는 작용을 하는 호르몬은?

① 생장 호르몬 ② 티록신 ③ 아드레날린
④ 인슐린 ⑤ 여성호르몬

[문제 75] 호흡, 심장 박동, 소화 운동의 조절 중추는?

① 대뇌 ② 소뇌 ③ 간뇌
④ 중뇌 ⑤ 연수

[문제 76] 다음 중 평형 감각 기관은?

① 고막 ② 유스타키오관 ③ 달팽이관
④ 청소골 ⑤ 전정기관

[문제 77] 다음 중 무조건 반사의 예를 모두 고른 것은?

[보기]
(ㄱ) 신 것을 먹으면 침이 나온다.
(ㄴ) 장애물을 발견하고 자동차의 브레이크를 밟는다.
(ㄷ) 귤을 보고 입에 침이 고인다.
(ㄹ) 무릎 반사

① ㄱ, ㄴ ② ㄱ, ㄹ ③ ㄴ, ㄷ
④ ㄴ, ㄹ ⑤ ㄷ, ㄹ

[문제 78] 간뇌의 기능을 모두 고른 것은?

[보기]
(ㄱ) 근육 운동과 자세 조절 (ㄴ) 항상성 조절 중추
(ㄷ) 기억, 추리 등 정신 작용 중추 (ㄹ) 체온 조절의 중추

① ㄱ, ㄴ ② ㄱ, ㄹ ③ ㄴ, ㄷ
④ ㄴ, ㄹ ⑤ ㄷ, ㄹ

[문제 79] 다음 중 내분비 물질을 모두 고른 것은?

[보기]
(ㄱ) 위액 (ㄴ) 인슐린 (ㄷ) 생장 호르몬 (ㄹ) 침

① ㄱ, ㄴ ② ㄱ, ㄹ ③ ㄴ, ㄷ
④ ㄴ, ㄹ ⑤ ㄷ, ㄹ

※ [문제 80~81] 다음 모식도를 보고 물음에 답하라.

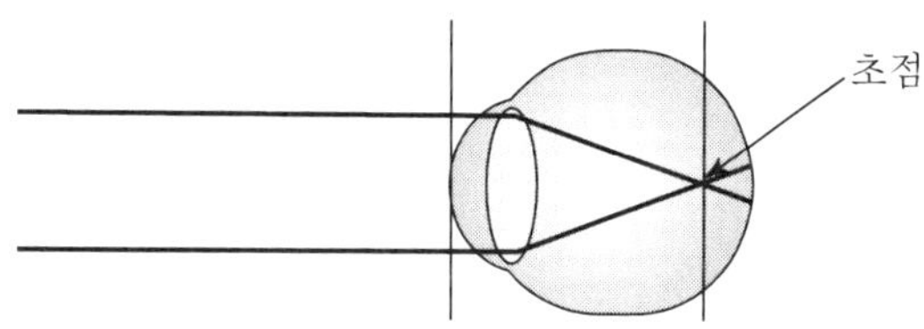

[문제 80] 위와 같은 눈의 이상을 무엇이라 하는가?

① 원시 ② 난시 ③ 근시
④ 색맹 ⑤ 색약

[문제 81] 위와 같은 눈에 대한 설명으로 옳은 것은?

① 오목 렌즈를 사용하여 교정한다.
② 선천적으로 수정체의 두께가 얇아 먼 곳이 잘 보이지 않는다.
③ 선천적으로 안구의 길이가 짧아 상이 망막 뒤에 맺힌다.
④ 노안이라고도 한다.
⑤ 적색과 녹색을 구별하지 못한다.

[문제 82] 그림에 대한 설명으로 옳은 것은?

① 조건 반사의 경로이다.
② 대뇌를 거치는 반사 경로이다.
③ 내분비 물질의 전달로 반응이 일어난다.
④ 반응 속도가 의식적 반응에 비해 느리다.
⑤ 반사 중추는 척수이다.

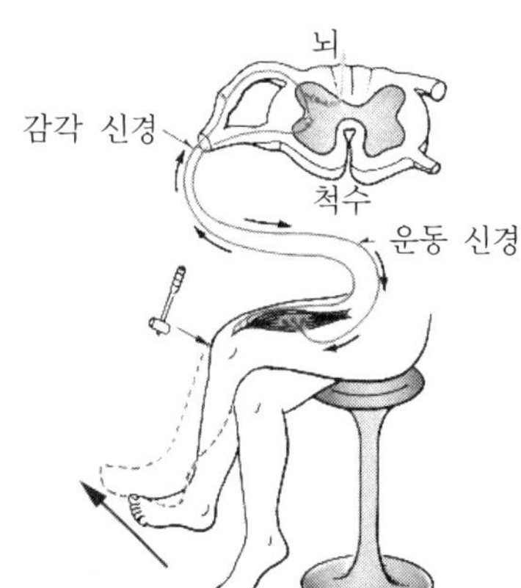

※ [문제 83~84] 다음 그래프를 보고 물음에 답하라.

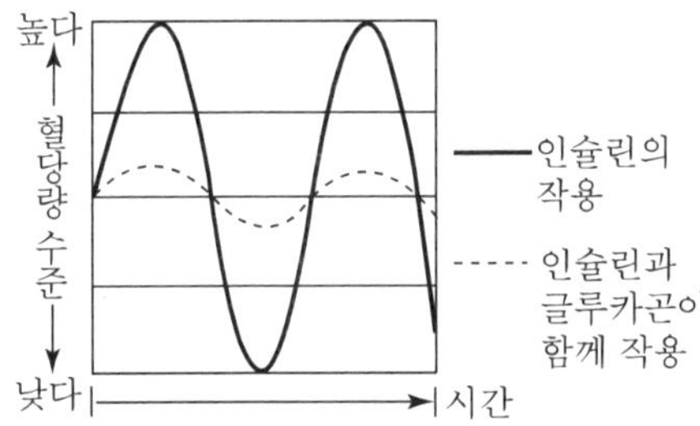

[문제 83] 위의 두 가지 호르몬이 분비되는 내분비샘은?

① 간　② 신장　③ 이자
④ 위장　⑤ 십이지장

[문제 84] 위 그래프에 대한 설명으로 가장 타당한 것은?

① 인슐린은 혈당의 변화 폭을 크게 한다.
② 인슐린의 혈당 조절 효과가 글루카곤보다 크다.
③ 글루카곤은 혈당 조절 기능이 없다.
④ 인슐린만으로 혈당 조절이 가능하다.
⑤ 인슐린과 글루카곤이 함께 작용하면 혈당의 변화 폭이 작다.

내용요소	학교급	중 2
	단　원	식물

※ [문제 85~88] (A)~(D)는 다음 문제와 관련되어 있다. 각 문제에 가장 적합한 선택지를 골라 답안지에 표시하시오.

[보기]
(A) 호흡　(B) 증산 작용　(C) 광합성　(D) 삼투 현상

[문제 85] 뿌리 밖에서 뿌리 안으로 물이 흡수되는 원리

[문제 86] 식물 잎의 기공을 통해 수분이 증발하는 현상

[문제 87] 식물이 빛 에너지와 무기물을 이용하여 유기물을 만드는 과정

[문제 88] 생물이 산소를 이용하여 유기물을 분해하고 에너지를 발생시키는 과정

[문제 89] 세포 분열이 왕성하게 일어나는 조직은?

① 뿌리털 ② 생장점 ③ 표피
④ 물관 ⑤ 뿌리골무

[문제 90] 식물이 낮에 기공으로 흡수하는 물질은?

① 포도당 ② 무기 영양소 ③ 질소
④ 이산화탄소 ⑤ 물

[문제 91] 광합성이 가장 활발하게 일어나는 조직은?

① 표피 조직 ② 책상 조직 ③ 형성층
④ 해면 조직 ⑤ 저장 조직

[문제 92] 식물의 증산 작용에 의해 일어나는 현상을 모두 고른 것은?

[보기]
(ㄱ) 식물의 생활에 필요한 에너지 공급
(ㄴ) 필수 무기 염류의 흡수
(ㄷ) 뿌리에서 흡수한 물을 끌어올리는 원동력
(ㄹ) 식물체의 온도 조절 기능

① ㄱ, ㄴ ② ㄱ, ㄷ ③ ㄴ, ㄷ
④ ㄴ, ㄹ ⑤ ㄷ, ㄹ

[문제 93] 식물 줄기의 기능을 모두 고른 것은?

[보기]
(ㄱ) 양분을 저장하는 저장줄기
(ㄴ) 물과 양분의 이동 통로 역할
(ㄷ) 광합성과 호흡에 필요한 공기의 교환
(ㄹ) 물과 무기 염류의 흡수

① ㄱ, ㄴ ② ㄱ, ㄷ ③ ㄴ, ㄷ
④ ㄴ, ㄹ ⑤ ㄷ, ㄹ

※ [문제 94~95] 꽃의 모식도를 보고 다음 물음에 답하라.

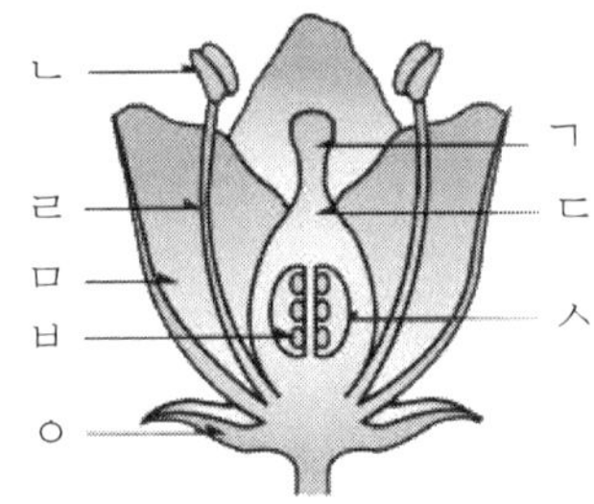

[문제 94] 화분이 만들어지는 장소는?

① ㄱ ② ㄴ
③ ㄷ ④ ㅂ
⑤ ㅅ

[문제 95] 수정 후 종자가 될 부분은?

① ㄱ ② ㄴ ③ ㄷ
④ ㅂ ⑤ ㅅ

※ [문제 96~98] 그림을 보고 물음에 답하라.

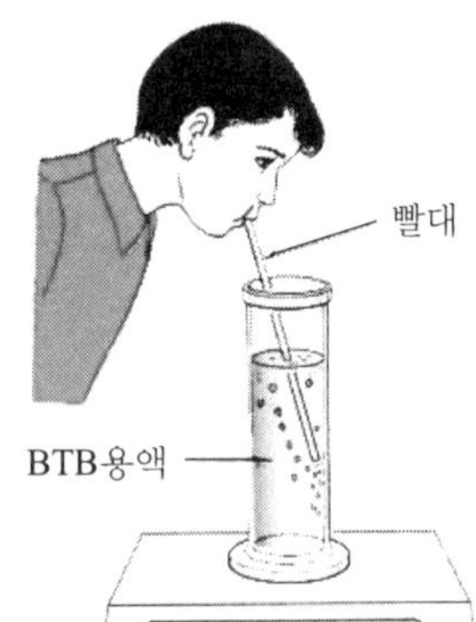

[문제 96] 푸른색 BTB용액에 날숨을 불어넣으면 시험관의 색은 어떻게 변하는가?

① 노란색 ② 초록색
③ 푸른색 ④ 붉은색
⑤ 오렌지색

[문제 97] 문제 96과 같이 색깔이 변화한 이유는?

① 날숨의 이산화탄소는 물에 녹아 염기성이 되기 때문
② 날숨의 이산화탄소는 물에 녹아 산성이 되기 때문
③ 날숨의 이산화탄소는 물에 녹아 중성이 되기 때문
④ 날숨의 산소는 물에 녹아 염기성이 되기 때문
⑤ 날숨의 산소는 물에 녹아 산성이 되기 때문

[문제 98] 이 시험관에 검정말을 넣고 3시간가량 햇빛을 비추면 용액은 초록색으로 변한다. 이유는?

① 광합성에 이산화탄소가 생성되기 때문
② 광합성에 이산화탄소가 소모되기 때문
③ 호흡에 산소가 생성되기 때문
④ 호흡에 산소가 소모되기 때문
⑤ 광합성과 호흡이 동시에 일어나기 때문

※ **[문제 99~100]** 다음 그림과 같이 광합성 장치를 만들고 발생하는 기포의 수를 측정하여 그래프로 나타내었다. 실험결과를 보고 물음에 답하라.

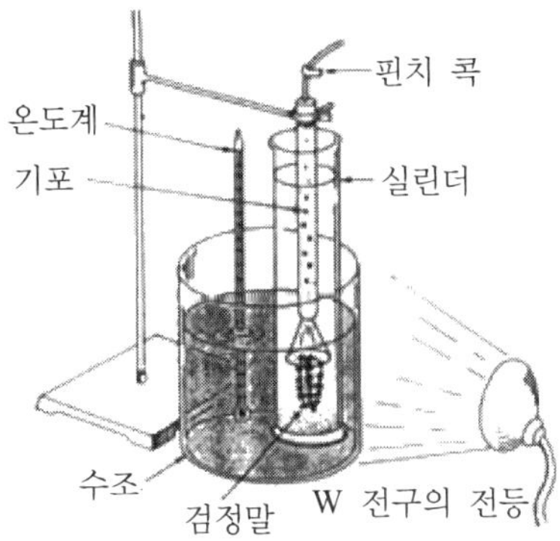

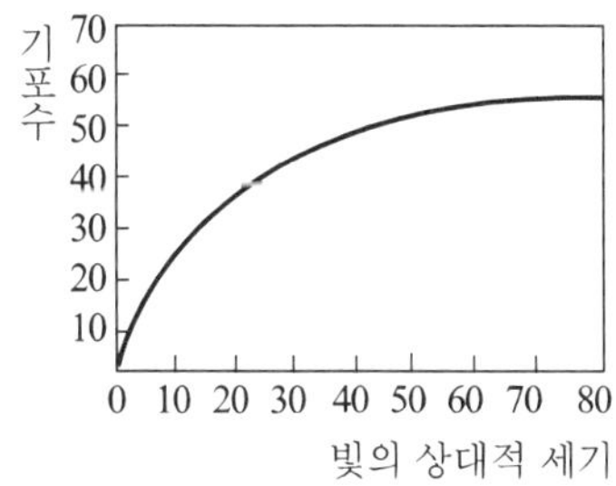

[문제 99] 시험관 속에 모인 기체는 무엇인가?

① 질소 ② 수소 ③ 수증기
④ 산소 ⑤ 이산화탄소

[문제 100] 위 실험의 결과로 알 수 있는 사실은?

① 전구와 광합성 장치와의 거리가 멀수록 광합성량이 증가한다.
② 온도가 높을수록 광합성량이 증가한다.
③ 빛의 세기가 증가할수록 광합성량이 증가한다.
④ 기포수가 증가하면 광합성량이 감소한다.
⑤ 빛의 세기가 증가하면 광합성량이 무한히 증가한다.

내용요소	학교급	중 2
	단 원	지구의 역사와 지각 변동

※ **[문제 101~104]** 각 물음에 가장 적합한 것을 [보기]에서 골라 답안지에 표하여라.

[보기]
(A) 선캄브리아대 (B) 고생대 (C) 중생대 (D) 신생대

[문제 101] 대서양과 인도양이 확장되었고 히말라야 산맥이 형성되었으며 화폐석, 매머드 번성, 인류가 출현하였다.

[문제 102] 후기에 초대륙이 형성되었으며 삼엽충과 완족류, 필석, 갑주어, 푸줄리나, 양서류 번성, 파충류가 출현하였다.

[문제 103] 각 대륙의 중앙부에 순상지가 분포하고 있으며 스트로마톨라이트, 박테리아, 무척추동물 화석들이 나타났다.

[문제 104] 초대륙이 분리되기 시작하여 대서양이 형성되었고, 안데스, 로키 산맥이 생성되었으며 공룡, 암모나이트, 벨렘나이트가 번성하였고 시조새가 출현하였다.

※ [문제 105~106] 다음의 (I)과 (II)는 내용이 옳은지를 판단하여 각각 ○, ×를 표시하고, (II)가 (I)의 이유로 옳으면 ◎로 표시하여라.

[문제 105]

I		II
지질시대를 선캄브리아대, 고생대, 중생대, 신생대로 구분한다.	왜냐하면	지질시대를 구분하는 기준이 생물계의 큰 변화이기 때문이다.

[문제 106]

I		II
지진이 발생하는 지역과 화산이 발생하는 지역은 거의 일치한다.	왜냐하면	지진과 화산은 판의 경계면에서 발생하기 때문이다.

[문제 107] 그림은 지층의 선후관계를 나타내는 것이다. [보기]에서 옳은 것을 모두 고르면?

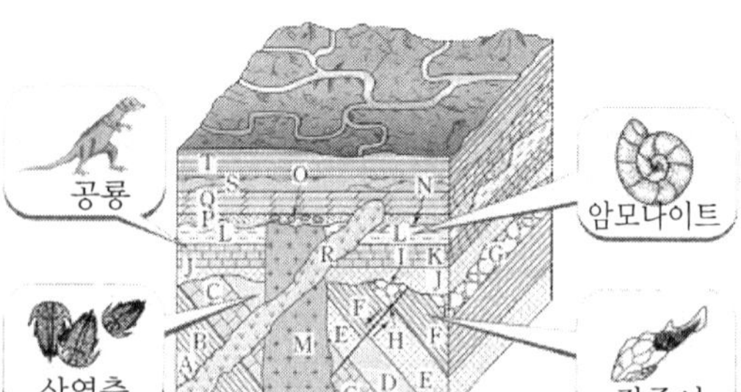

지질 단면도와 산출된 화석

[보기]
- Ⅰ. 부정합은 최소 2회 이상이다.
- Ⅱ. 습곡 구조가 보인다.
- Ⅲ. 단층의 종류는 정단층이다.
- Ⅳ. F지층은 고생대이다.
- Ⅴ. M지층은 R지층 이후에 관입하였다.

① Ⅰ과 Ⅱ ② Ⅱ와 Ⅲ ③ Ⅰ, Ⅱ, Ⅲ
④ Ⅰ, Ⅱ, Ⅲ, Ⅳ ⑤ 정답 없음

[문제 108] 화석의 생성 조건으로 맞는 것을 모두 고르면?

[보기]
Ⅰ. 뼈나 껍데기 같은 단단한 부분이 있다.
Ⅱ. 생물의 크기가 커야 한다.
Ⅲ. 쉽게 썩지 않을 환경에 놓여야 한다.
Ⅳ. 화석화 작용을 받아야 한다.
Ⅴ. 생물의 유해가 급히 매몰되어야 한다.

① Ⅰ, Ⅱ, Ⅲ ② Ⅰ, Ⅱ, Ⅲ, Ⅳ ③ Ⅰ, Ⅲ, Ⅳ, Ⅴ
④ Ⅱ, Ⅲ, Ⅳ ⑤ Ⅱ, Ⅲ, Ⅳ, Ⅴ

[문제 109] 양쪽에서 미는 힘에 의해 형성된 지층을 모두 고르면?

[보기]
Ⅰ. 정단층 Ⅱ. 역단층 Ⅲ. 습곡 Ⅳ. 부정합 Ⅴ. 절리

① Ⅰ과 Ⅱ ② Ⅱ와 Ⅲ ③ Ⅲ과 Ⅳ
④ Ⅳ와 Ⅴ ⑤ 정답 없음

[문제 110] 다음 [보기]는 조륙 운동의 증거들이다. 조륙 운동의 증거를 모두 고르면?

[보기]
Ⅰ. 우리나라 서해안의 리아스식 해안
Ⅱ. 우리나라 동해안의 해안단구
Ⅲ. 이탈리아 세라피스 사원 돌기둥의 조개
Ⅳ. 스칸디나비아 반도의 융기
Ⅴ. 히말라야 산맥의 대습곡

① Ⅰ, Ⅱ, Ⅲ ② Ⅱ, Ⅲ, Ⅳ ③ Ⅲ, Ⅳ, Ⅴ
④ Ⅰ, Ⅱ, Ⅲ, Ⅳ ⑤ 정답 없음

[문제 111] 다음 [보기]에서 대륙 이동의 증거를 모두 고르면?

[보기]
Ⅰ. 멀리 떨어진 두 대륙의 해안선 일치 Ⅱ. 글로소프테리스 화석의 분포
Ⅲ. 대륙 주변의 지질 구조의 일치 Ⅳ. 화산의 분포
Ⅴ. 빙하의 흔적과 분포

① Ⅰ, Ⅱ, Ⅲ ② Ⅱ, Ⅲ, Ⅳ ③ Ⅰ, Ⅱ, Ⅲ, Ⅴ
④ Ⅱ, Ⅲ, Ⅳ, Ⅴ ⑤ Ⅰ, Ⅱ, Ⅲ, Ⅳ, Ⅴ

[문제 112] 다음 중 지진과 화산 활동을 일으키는 에너지는 무엇인가?

① 태양 에너지 ② 석탄 에너지
③ 석유 에너지 ④ 기조력 에너지
⑤ 지구내부 에너지

[문제 113] 대륙 이동의 원인은 무엇인가?

① 지구의 중력 ② 운석의 충돌
③ 지구의 자전 ④ 지구의 공전
⑤ 맨틀의 대류

※ **[문제 114~115]** 다음 지층 그림을 보고 답하시오. (가)는 석회암층, (나)는 석탄층이다.

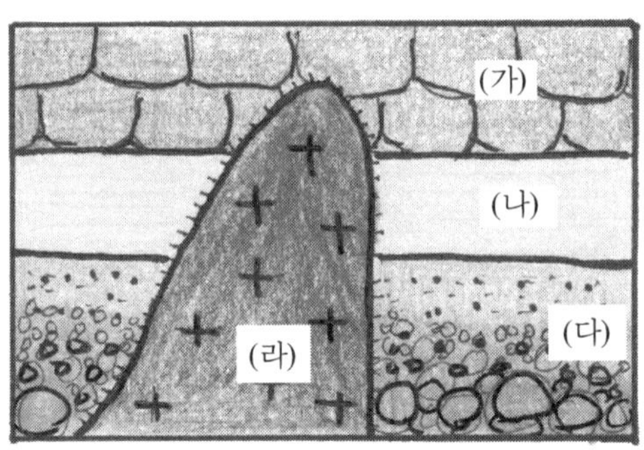

[문제 114] 퇴적 당시 온난 습윤한 기후를 알 수 있는 지층은?

① 가 ② 나 ③ 다
④ 라 ⑤ 정답 없음

[문제 115] 퇴적 당시 따뜻한 바다였을 것으로 생각되는 지층은?

① 가 ② 나 ③ 다
④ 라 ⑤ 정답 없음

내용요소	학교급	중 2
	단 원	지구와 별

※ [문제 116~120] 각 물음에 가장 적합한 [보기]를 골라 답안지에 표하여라.

[보기]

(A) 수성　(B) 금성　(C) 화성　(D) 목성　(E) 토성

[문제 116] 태양계에서 가장 큰 행성이며, 표면에 줄무늬와 대기의 소용돌이인 대적점을 볼 수 있다.

[문제 117] 두꺼운 이산화탄소의 대기층으로 덮여 있으며 표면 온도가 높고 달과 같은 위상 변화를 하며, 새벽에 동쪽 하늘이나 초저녁에 서쪽 하늘에서 관측할 수 있다.

[문제 118] 대기가 없어 일교차가 크고, 표면에는 달처럼 많은 운석구덩이가 있다.

[문제 119] 태양계 행성 중 2번째로 크고, 아름다운 고리를 가지고 있으며 밀도는 가장 작고, 편평도는 가장 크다.

[문제 120] 표면은 붉고, 화신 활동과 물이 흐른 흔적이 있으며 양극에 있는 극관의 크기 변화로 계절 변화를 알 수 있다.

※ [문제 121~123] 다음의 (I)과 (II)는 내용이 옳은지를 판단하여 각각 ○, ×를 표시하고, (II)가 (I)의 이유로 옳으면 ◎로 표시하여라.

[문제 121]

I	II
태양의 표면에는 쌀알 무늬와 흑점이 나타난다.	쌀알 무늬는 광구 아래의 대류 운동 때문에 나타나고, 흑점은 주위보다 온도가 낮아서 어둡게 보이는 것이다.

[문제 122]

I	II
절대등급은 거리를 32.6광년의 거리에 있다고 가정할 때의 등급이고, 1등성은 6등성보다 100배 더 어둡다.	왜냐하면 한 등급의 차이는 2.5배의 밝기 차이를 나타내기 때문이다.

[문제 123]

I	II
계절에 따라 우리 눈에 보이는 별자리는 달라진다.	왜냐하면 지구가 공전하기 때문이다.

[문제 124] 다음 중 지구가 둥글다는 증거를 모두 고른 것은?

[보기]

Ⅰ. 월식 때 달에 비친 지구의 그림자가 둥글다.
Ⅱ. 북반구에서는 북극성의 고도가 북쪽으로 갈수록 높아진다.
Ⅲ. 해안에 접근하는 배가 돛대부터 보인다.
Ⅳ. 한 방향으로 계속 가면 다시 출발점으로 되돌아온다.

① Ⅰ과 Ⅲ ② Ⅰ과 Ⅳ ③ Ⅱ와 Ⅳ
④ Ⅰ, Ⅱ, Ⅲ ⑤ Ⅰ, Ⅱ, Ⅲ, Ⅳ

[문제 125] 지구 모형의 크기를 구하기 위해 필요한 가정을 모두 고르면?

[보기]

Ⅰ. 두 막대의 길이는 같아야 한다. Ⅱ. 지구 모형은 완전한 구형이다.
Ⅲ. 햇빛은 지구 모형에 나란히 들어온다. Ⅳ. 지구는 자전하면서 공전한다.

① Ⅰ과 Ⅱ ② Ⅱ와 Ⅲ ③ Ⅱ와 Ⅳ
④ Ⅲ과 Ⅳ ⑤ 정답 없음

[문제 126] [보기]의 물리량 중에서 지구형 행성이 목성형 행성보다 큰 값을 갖는 물리량을 모두 고르면?

[보기]

Ⅰ. 질량 Ⅱ. 반지름 Ⅲ. 평균 밀도 Ⅳ. 위성 수 Ⅴ. 자전 주기

① Ⅰ과 Ⅱ ② Ⅱ와 Ⅳ ③ Ⅲ과 Ⅳ
④ Ⅰ과 Ⅴ ⑤ Ⅲ과 Ⅴ

[문제 127] 우리 은하에 대한 설명으로 옳은 것은?

① 우리 은하의 반지름은 10만 광년이고, 중심부의 두께는 약 1.5천만 광년이다.
② 우리 은하는 막대나선은하이다.
③ 태양계는 은하 중심으로부터 약 3만 광년 떨어진 나선팔에 위치한다.

④ 우리 은하는 성간 물질, 성단과 성운, 퀘이사로 이루어져 있다.

⑤ 구상성단은 수십만 개 이상의 별들이 구형으로 모인 것으로 비교적 푸른색을 띠고 있다.

※ [문제 128~130] 다음은 A~E 별의 실시 등급과 절대 등급을 나타낸 것이다.

별	A	B	C	D	E
실시 등급(m)	5.2	1.2	1.4	−0.3	2.3
절대 등급(M)	4.2	−2.2	1.4	2.6	1.2

[문제 128] 우리 눈에 가장 밝게 보이는 별은?

① A　② B　③ C
④ D　⑤ E

[문제 129] 위의 문제에서 실제 밝기가 가장 밝은 별은?

① A　② B　③ C
④ D　⑤ E

[문제 130] 위의 문제에서 거리가 10 pc인 별은?

① A　② B　③ C
④ D　⑤ E

표준화 검사 문항 (지식)

중학교 3학년

[영재 판별을 위한 표준화 검사도구 개발]

문 항 카 드

내용요소	학교급	중 3	예상 정답률	80 %
	단 원	일과 일률		

[문제 1] 다음 중 일을 가장 많이 하는 경우는?

① 무게 2 N의 물체를 5 m 들어올린다. ② 무게 2 N의 물체를 3 m 들어올린다.
③ 무게 3 N의 물체를 5 m 들어올린다. ④ 무게 3 N의 물체를 4 m 들어올린다.
⑤ 무게 5 N의 물체를 4 m 들어올린다.

정답 ⑤

해설 중력에 대한 일은 무게와 이동 거리의 곱으로 나타낸다. 그 값이 가장 큰 경우는 ⑤ 20 J이다.

내용요소	학교급	중 3	예상 정답률	50 %
	단 원	일과 일률		

[문제 2] 정민이가 질량 50 kg의 쌀가마니를 2 m 높이까지 일정한 속도로 끌어올리는 데 10초가 걸렸다. 이때, 정민이의 일률은? (단, 중력 가속도는 10 m/s^2이다.)

① 0 W ② 10 W ③ 50 W
④ 100 W ⑤ 200 W

정답 ④

해설 정민이가 중력에 대해 한 일은 500 N × 2 m = 1000 J이다. 1000 J ÷ 10 s = 100 J/s = 100 W이다.

내용요소	학교급	중 3	예상 정답률	50 %
	단 원	일과 일률		

[문제 3] 다음 중 받침점이 힘점과 작용점 사이에 있는 지레가 아닌 것은?

① 손톱깎이 ② 펜치 ③ 시소
④ 병따개 ⑤ 접시저울

정답 ④

해설 병따개는 작용점이 받침점과 힘점 사이에 있는 지레다.

내용요소	학교급	중 3	예상 정답률	70 %
	단 원	일과 일률		

[문제 4] 다음 중 힘의 이득이나 이동 거리의 이득을 얻을 수 없는 도구는?

① 고정 도르래 ② 움직 도르래 ③ 지레
④ 빗면 ⑤ 축바퀴

정답 ①

해설 고정 도르래를 사용하면 힘을 작용하는 방향을 바꿀 수 있어 편리하지만 힘이나 이동 거리의 이득은 없다.

내용요소	학교급	중 3	예상 정답률	70 %
	단 원	역학적 에너지		

[문제 5] 그림과 같이 교실 바닥에서 1 m 높이의 책상으로부터 1 m 높이의 선반 위에 질량이 0.5 kg인 공이 놓여 있다. 책상면을 기준으로 할 때, 공의 위치 에너지는 몇 J인가? (단, 중력 가속도는 9.8 m/s^2이다.)

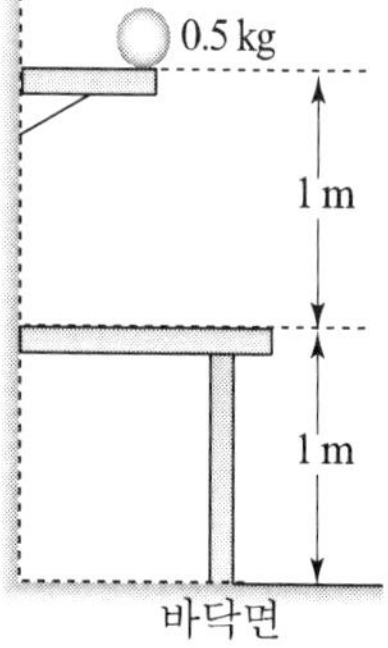

① 0.5 J ② 2.45 J
③ 4.9 J ④ 9.8 J
⑤ 19.6 J

정답 ③

해설 $9.8 \times 0.5 \times 1 = 4.9$ J

내용요소	학교급	중 3	예상 정답률	50 %
	단 원	역학적 에너지		

[문제 6] 다음 중 운동 에너지와 질량 및 속력의 관계를 잘못 나타낸 그래프는?

①
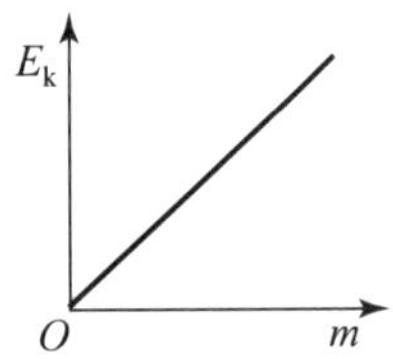

②
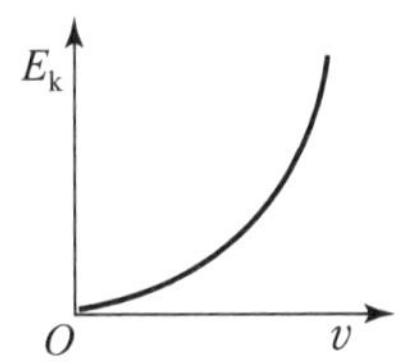

③
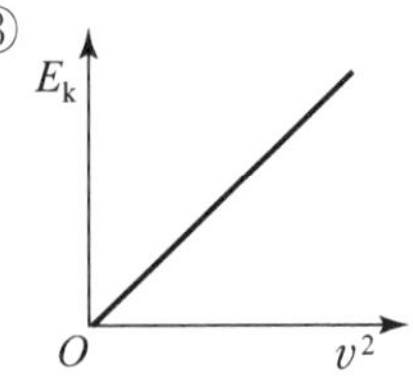

④
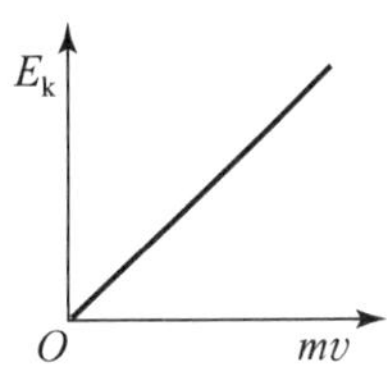

⑤
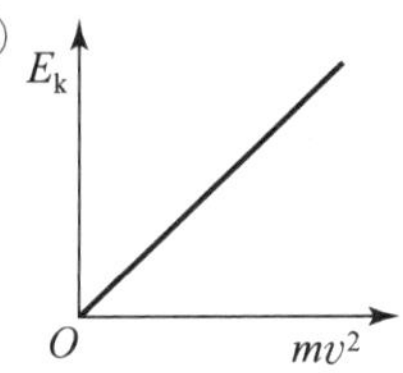

정답 ④

해설 운동 에너지 $\frac{1}{2}mv^2$은 물체의 질량에 비례하고 속력의 제곱에 비례한다.

내용요소	학교급	중 3	예상 정답률	60 %
	단 원	역학적 에너지의 전환과 보존		

[문제 7] 어떤 물체를 14 m/s의 속력으로 연직 위로 던져 올렸다. 이 물체가 올라갈 수 있는 최고 높이는 몇 m인가? (단, 공기의 저항과 마찰은 무시한다.)

① 5 m ② 10 m ③ 14 m
④ 20 m ⑤ 28 m

정답 ②

해설 공기의 저항과 마찰을 무시할 경우, 최고점에서의 위치 에너지는 처음의 운동 에너지와 같다.

$$\frac{1}{2}mv^2 = mgh$$

$$\frac{1}{2} \times m \times 14^2 = 9.8 \times m \times h, \quad h = 10\text{ m}$$

내용요소	학교급	중 3	예상 정답률	80 %
	단 원	역학적 에너지의 전환과 보존		

[문제 8] 그림과 같은 단진자의 운동에서 운동 에너지가 가장 큰 곳과 위치 에너지가 가장 큰 곳을 각각 바르게 나타낸 것은? (단, 공기의 저항은 무시한다.)

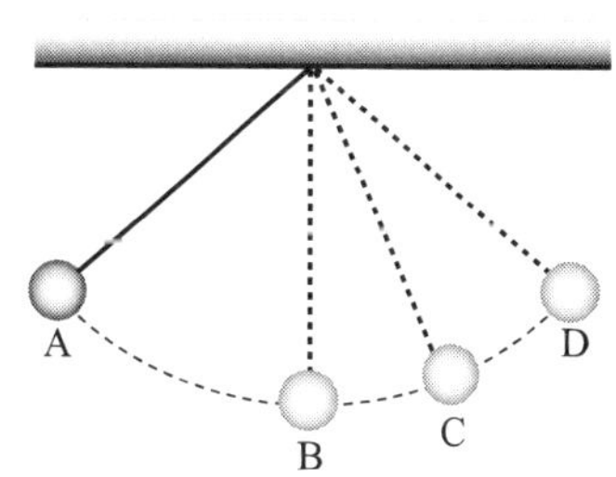

	운동 에너지	위치 에너지
①	C	B
②	B	C
③	A, D	B
④	A	D
⑤	B	A, D

정답 ⑤

해설 공기 저항이 없는 경우, 단진자의 역학적 에너지는 보존되며 운동 에너지는 최저점에서, 위치 에너지는 최고점에서 가장 크다.

내용요소	학교급	중 3	예상 정답률	70 %
	단 원	역학적 에너지의 전환과 보존		

[문제 9] 그림은 줄의 실험 장치를 나타낸 것이다. 실험 장치에서의 에너지 전환 과정을 바르게 나타낸 것은?

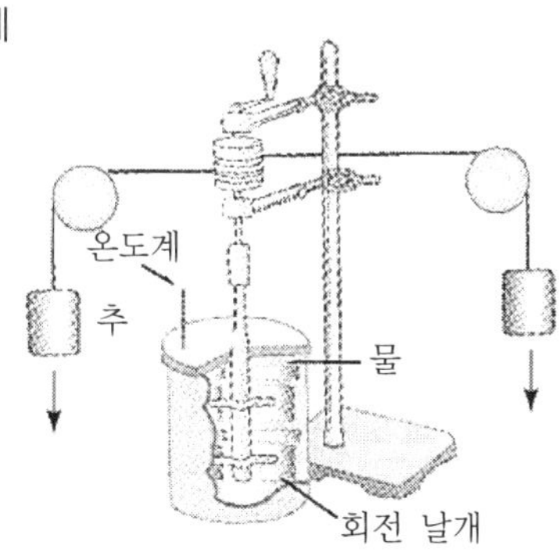

① 위치 에너지 → 운동 에너지 → 열에너지
② 운동 에너지 → 열에너지 → 위치 에너지
③ 열에너지 → 운동 에너지 → 위치 에너지
④ 열에너지 → 위치 에너지 → 운동 에너지
⑤ 위치 에너지 → 열에너지 → 운동 에너지

정답 ①

해설 추의 위치 에너지는 낙하하면서 운동 에너지로 전환되어 통 속의 날개를 돌리고, 날개의 회전 운동은 물과의 마찰에 의해 열에너지로 전환된다.

내용요소	학교급	중 3	예상 정답률	80 %
	단 원	전기 에너지		

[문제 10] 아래 그림과 같이 100 V−200 W로 표시되어 있는 전구를 50 V 전원에 연결했을 때 실제 소비전력은 몇 W인가?

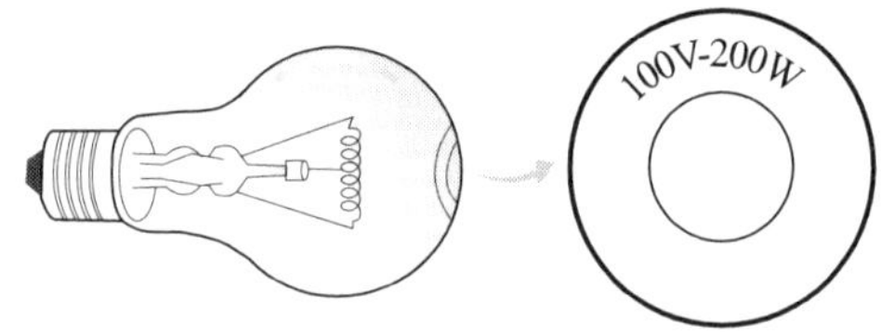

① 50 W　② 100 W　③ 200 W
④ 400 W　⑤ 800 W

정답 ①

해설 $P=\frac{V^2}{R}$에서 $P \propto V^2$이므로 전압이 100 V에서 50 V로 $\frac{1}{2}$배가 되면 소비전력은 $\frac{1}{4}$배로 줄어든다. 즉, 50 W가 된다.

내용요소	학교급	중 3	예상 정답률	60 %
	단 원	전기 에너지		

[문제 11] 220 V−60 W인 백열전구를 200 V의 전원에 연결하였다. 전구를 10시간 사용하였을 때 전력량은?

① 300 Wh　② 600 Wh
③ 900 Wh　④ 1800 Wh
⑤ 2100 Wh

정답 ②

해설 전력량은 전력×시간이다. 220 V에 연결했을 때 매초 60 W의 전력을 사용하는 전구를 200 V에 10시간 사용하였으므로 600 Wh의 전력량을 사용하였다.

내용요소	학교급	중 3	예상 정답률	80 %
	단 원	전기 에너지		

[문제 12] 반도체를 이용하여 태양 빛을 직접 전기 에너지로 바꾸는 발전 방식은?

① 수력 발전
② 화력 발전
③ 원자력 발전
④ 태양열 발전
⑤ 태양광 발전

정답 ⑤

해설 태양열 발전은 반사경으로 태양 빛을 모으고 그 열로 물을 끓여 발전하는 방식이다.

내용요소	학교급	중 3	예상 정답률	40 %
	단 원	전기 에너지		

[문제 13] 100 V−100 W 전구 A, C와 100 V−200 W 전구 B, D를 아래 그림 (가), (나)와 같이 연결하고 각각 100 V의 전압을 걸었다. 전구의 밝기가 큰 순서대로 나열된 것은?

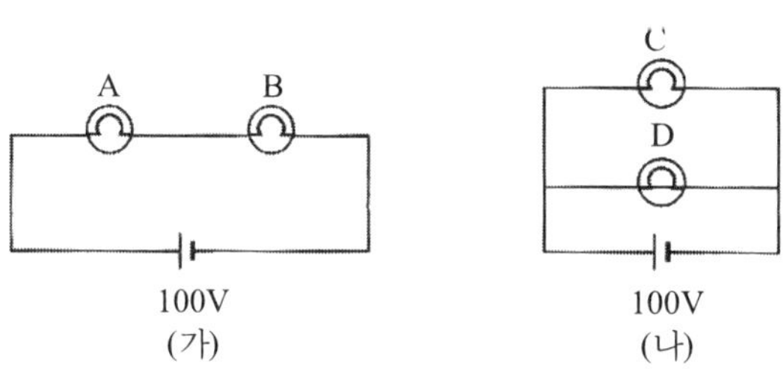

① D > C > A > B
② C > D > A > B
③ D > C = B > A
④ C > D = A > B
⑤ C > A > C > B

정답 ①

해설 병렬로 연결하면 합성 저항은 저항 중 가장 작은 값보다 작아지고 직렬로 연결하면 큰 값보다 더 커진다. 따라서 병렬로 연결할 때의 전력이 직렬로 연결할 때보다 더 크다. 또, 병렬로 연결할 때는 저항이 작을수록 전력량이 크고 직렬로 연결할 때는 클수록 전력량이 크다.

내용요소	학교급	중 3	예상 정답률	80 %
	단 원	전류가 만드는 자기장		

[문제 14] 막대자석을 둘로 쪼개면 자석이 어떻게 될까?

① 자기력이 없어진다.

② N극과 S극이 분리된다.

③ 자기력이 약한 두 개의 자석이 된다.

④ 자기력이 강한 두 개의 자석이 된다.

⑤ 한쪽만 자석이 되고 다른 쪽은 자기력을 잃는다.

정답 ③

해설 막대자석을 둘로 쪼개면 N극과 S극이 있는 두 개의 자석이 된다. 이때 자기력의 세기는 줄어들지만 N극과 S극은 분리되지 않는다.

내용요소	학교급	중 3	예상 정답률	60 %
	단 원	전류가 만드는 자기장		

[문제 15] 그림과 같이 코일에 전지를 연결하고, 코일의 왼쪽에 나침반의 N극이 북쪽을 향하도록 두었다. 스위치를 닫았을 때 나침반의 N극은 어느 방향으로 회전하겠는가?

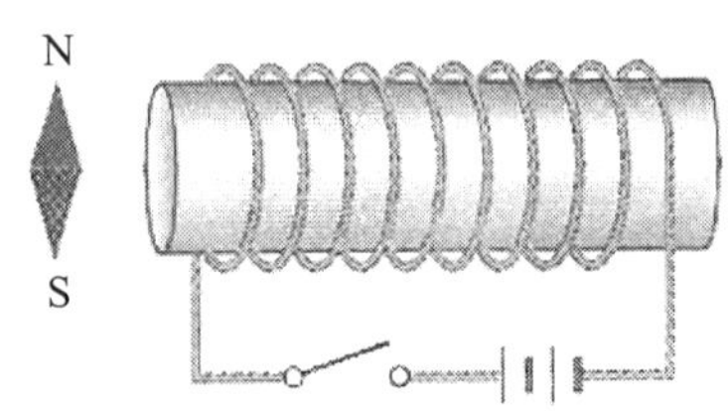

① 동쪽 ② 서쪽

③ 남쪽 ④ 북쪽

⑤ 움직이지 않는다.

정답 ①

해설 코일에서 오른손의 네 손가락을 전류의 방향으로 감아쥐었을 때 엄지손가락의 방향이 자기장의 N극을 가리키므로 코일의 왼쪽이 S극, 오른쪽이 N극이 된다. 그러므로 코일의 왼쪽에 놓인 나침반의 N극은 동쪽으로 회전하게 된다.

<table>
<tr><td rowspan="2">내용요소</td><td>학교급</td><td>중 3</td><td rowspan="2">예상 정답률</td><td rowspan="2">70 %</td></tr>
<tr><td>단 원</td><td>전류가 만드는 자기장</td></tr>
</table>

[문제 16] 그림과 같이 남북으로 놓인 도선 아래에 자침을 놓고 화살표 방향으로 충분히 센 전류를 흐르게 하였다. 이때 자침의 N극은 어느 쪽으로 움직이겠는가?

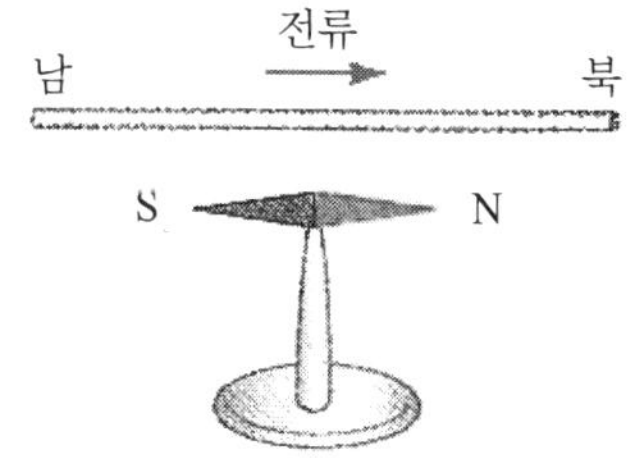

① 북쏙 ② 남쪽
③ 동쪽 ④ 서쪽
⑤ 남서쪽

정답 ④

해설 자침의 N극은 전류에 의한 자기장의 방향으로 움직인다. 전류가 남쪽에서 북쪽으로 흐르므로 자침이 있는 도선의 아래쪽에는 서쪽으로 자기장이 생기고, 도선의 위쪽에는 동쪽으로 자기장이 생긴다. 따라서 자침의 N극은 서쪽을 가리킨다.

<table>
<tr><td rowspan="2">내용요소</td><td>학교급</td><td>중 3</td><td rowspan="2">예상 정답률</td><td rowspan="2">80 %</td></tr>
<tr><td>단 원</td><td>자기장에서 전류가 받는 힘</td></tr>
</table>

[문제 17] 아래 그림과 같이 자석 사이에 있는 도선에 전류가 흐를 때, A~D 중 도선이 받는 힘의 방향은?

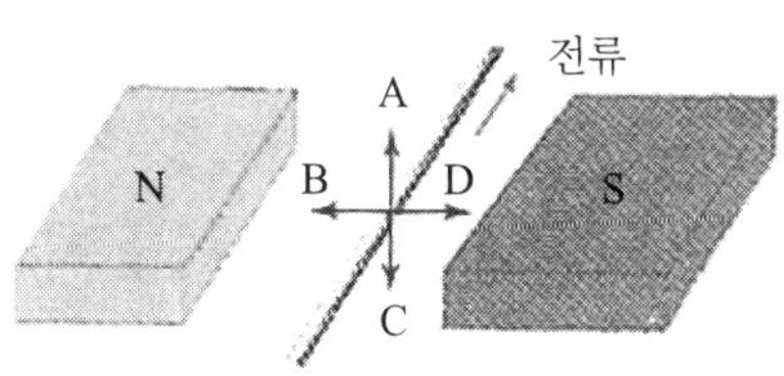

정답 C

해설 플레밍의 왼손 법칙을 이용하면 전자기력의 방향을 쉽게 알 수 있다. 검지(집게손가락)를 자기장의 방향과, 중지(가운뎃손가락)를 전류의 방향과 일치시킬 때 엄지(손가락)의 방향이 힘의 방향이 된다. 따라서 전자기력의 방향은 C이다.

<table>
<tr><td rowspan="2">내용요소</td><td>학교급</td><td>중 3</td><td rowspan="2">예상
정답률</td><td rowspan="2">60 %</td></tr>
<tr><td>단 원</td><td>자기장에서 전류가 받는 힘</td></tr>
</table>

[문제 18] 그림과 같이 자석의 두 극 사이에 직사각형 도선을 넣고 화살표 방향으로 전류를 흐르게 하였다. 이때 도선 BC 부분이 받는 힘의 방향은?

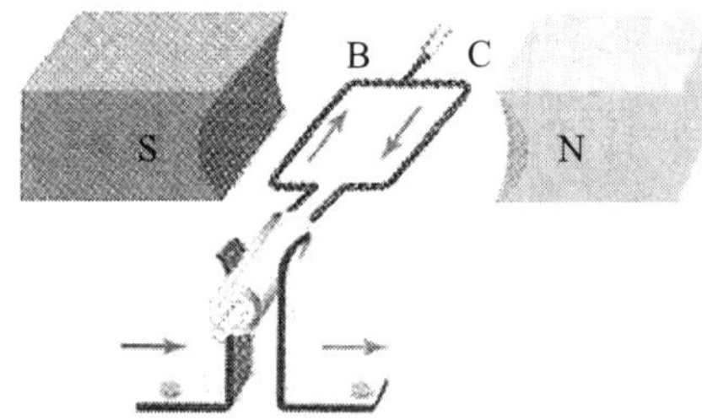

① 왼쪽 ② 오른쪽
③ 위쪽 ④ 아래쪽
⑤ 힘을 받지 않음

정답 ⑤

해설 도선 BC 부분에 흐르는 전류의 방향은 자기장의 방향과 나란하므로 힘을 받지 않는다.

<table>
<tr><td rowspan="2">내용요소</td><td>학교급</td><td>중 3</td><td rowspan="2">예상
정답률</td><td rowspan="2">70 %</td></tr>
<tr><td>단 원</td><td>물질의 구성</td></tr>
<tr><td>평가목표</td><td colspan="4">고대의 물질관에 대해 이해할 수 있다.</td></tr>
</table>

[문제 19] 다음 중 고대의 물질관에 대한 설명으로 옳지 <u>않은</u> 것은?

① 엠페도클레스는 물, 불, 공기, 흙의 4가지 요소가 만물의 근원이라고 하였다.
② 연금술사는 물이 모든 물질의 근원이라고 주장하였다.
③ 아리스토텔레스는 물, 불, 공기, 흙의 4원소가 변환하여 모든 물질이 이루어진다고 생각했다.
④ 데모크리토스는 물질이 입자로 이루어져 있다고 생각했다.
⑤ 동양의 철학자들은 물질이 화, 수, 목, 금, 토의 5가지로 구성되어 있다고 생각했다.

정답 ②

해설 그리스의 철학자 탈레스는 물이 모든 물질의 근원이라고 주장하였다. 연금술사들은 값싼 금속으로 금을 만들기 위한 방법을 연구하였다.

내용요소	학교급	중 3	예상 정답률	60 %
	단 원	물질의 구성		
평가목표	돌턴의 원자설에 대해 설명할 수 있다.			

[문제 20] 돌턴이 주장한 원자설에 대한 설명으로 옳은 것은?

① 모든 물질은 더 이상 쪼갤 수 없는 분자로 되어 있다.

② 화학 반응에서 원자의 종류와 수가 변한다.

③ 원자의 종류가 같으면 질량은 같지만 크기는 다르다.

④ 서로 다른 원자들이 일정한 비율로 모여 혼합물을 만든다.

⑤ 화학 반응에서 원자는 없어지거나 새로 생기지 않는다.

정답 ⑤

해설 돌턴의 원자설은 다음과 같다.

- 자연계의 모든 물질은 더 이상 쪼갤 수 없는 원자로 이루어져 있다.
- 같은 종류의 원자는 같은 크기와 질량을 가지며, 다른 종류의 원자는 크기와 질량이 다르다.
- 한 종류의 화합물은 항상 일정한 종류와 수의 원자로 이루어진다.
- 화학 변화가 일어날 때 원자는 서로 자리바꿈을 할 뿐, 새로 생기거나 없어지지 않는다.

내용요소	학교급	중 3	예상 정답률	60 %
	단 원	물질의 구성		
평가목표	원소의 특성을 설명할 수 있다.			

[문제 21] 원소에 대한 설명 중 옳지 않은 것은?

① 현재까지 알려진 원소는 100가지가 넘는다.

② 두 가지 이상의 원소가 화합하면 화합물이 생성된다.

③ 화합물을 구성하는 기본 성분이다.

④ 화학 변화 후 다른 종류의 원소로 변한다.

⑤ 더 이상 다른 종류의 원소로 분해되지 않는다.

정답 ④

해설 화학 변화가 일어날 때 원자는 서로 자리바꿈을 할 뿐, 새로 생겨나거나 없어지지 않는다.

<table>
<tr><td rowspan="2">내용요소</td><td>학교급</td><td>중 3</td><td rowspan="2">예상
정답률</td><td rowspan="2">70 %</td></tr>
<tr><td>단 원</td><td>물질의 구성</td></tr>
<tr><td>평가목표</td><td colspan="4">금속의 이용과 불꽃 반응 색을 설명할 수 있다.</td></tr>
</table>

[문제 22] 밤에 거리에 있는 가로등의 불빛은 노란색을 띤다. 어떤 금속을 이용한 것인가?

① 리튬　② 구리　③ 칼슘
④ 칼륨　⑤ 나트륨

정답 ⑤

해설 금속의 불꽃 반응 색은 다음과 같다.
리튬 : 붉은색　구리 : 청록색　칼슘 : 주황색　칼륨 : 보라색

<table>
<tr><td rowspan="2">내용요소</td><td>학교급</td><td>중 3</td><td rowspan="2">예상
정답률</td><td rowspan="2">60 %</td></tr>
<tr><td>단 원</td><td>물질의 구성</td></tr>
<tr><td>평가목표</td><td colspan="4">선스펙트럼으로 원소의 종류를 알 수 있다.</td></tr>
</table>

[문제 23] 다음은 불꽃 반응으로 구별하기 어려운 원소들을 분석하기 위해 각 물질의 불꽃을 분광기로 분산시켜 얻은 선스펙트럼이다. 이미 알고 있는 원소 A, B의 선스펙트럼과 비교하여 분석하면 화합물 (가)~(라) 중 원소 A 또는 B가 들어 있지 않은 것은 무엇인가?

① (가)　② (나)　③ (다)
④ (라)　⑤ 없다.

정답 ②

해설 선스펙트럼에서 나타나는 선의 종류와 굵기를 비교하면 된다.
(가), (다)에는 A, B가 모두 들어 있고, (라)에는 B가 들어 있다.

내용요소	학교급	중 3	예상 정답률	60 %
	단 원	물질의 구성		
평가목표	아보가드로의 분자설이 나오게 된 배경을 설명할 수 있다.			

[문제 24] 수소 기체와 산소 기체가 반응하여 수증기가 생성될 때 부피비가 2 : 1 : 2가 된다는 사실을 돌턴의 원자설로 증명하려고 한다. 모순되는 것은?

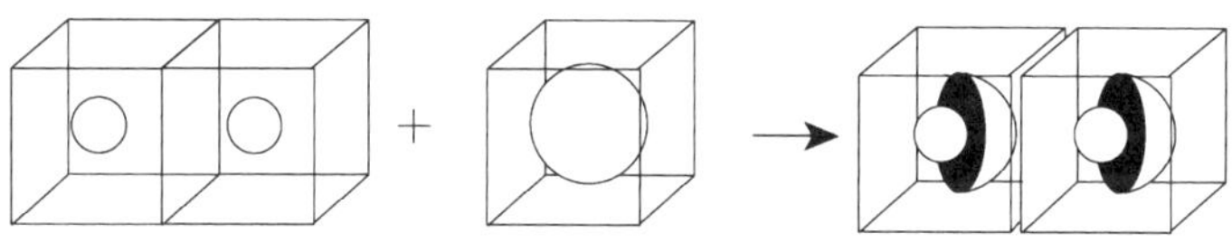

① 수소 2부피와 산소 1부피가 만나면 수증기는 3부피가 되어야 한다.

② 일정 성분비의 법칙에 위배된다.

③ 일정한 부피 속에 들어 있는 입자의 개수가 같다.

④ 질량 보존의 법칙에 위배된다.

⑤ 부피비를 만족시키기 위해 산소 원자가 깨져야 한다.

정답 ⑤

해설 돌턴의 원자설에서는 원자는 더 이상 쪼갤 수 없다고 하였다.

내용요소	학교급	중 3	예상 정답률	70 %
	단 원	물질의 구성		
평가목표	아보가드로의 분자설로 화학 반응을 설명할 수 있다.			

[문제 25] 다음 그림은 질소와 수소 기체가 반응하여 암모니아가 생성될 때의 반응을 분자 모형으로 나타낸 것이다. (단, 온도와 압력은 일정하다.)

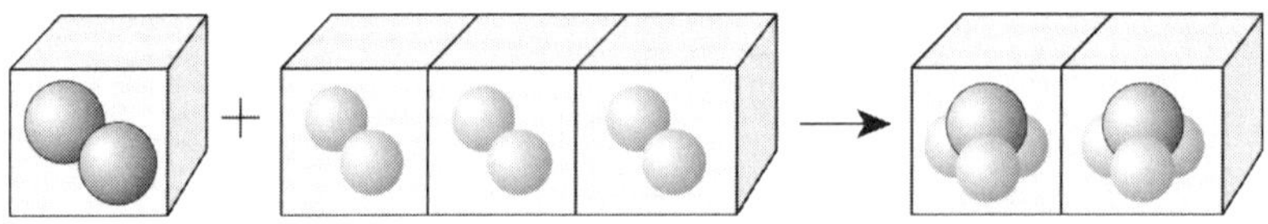

위 분자 모형에 대한 설명으로 옳지 <u>않은</u> 것은?

① 기체의 종류가 다르더라도 같은 부피에는 같은 수의 분자를 포함한다.

② 질소 분자는 질소 원자 2개로 되어 있다.

③ 암모니아 분자는 두 종류의 원소로 되어 있다.

④ 질소와 수소 기체의 반응 부피비는 1 : 3이다.

⑤ 반응 전후의 분자 수는 변화하지 않는다.

정답 ⑤

해설 반응 전의 분자 수와 반응 후의 분자 수의 비는 2 : 1이다.

내용요소	학교급	중 3	예상 정답률	50 %
	단 원	물질의 구성		
평가목표	원자 모형으로 질량 보존의 법칙에 대해 설명할 수 있다.			

[문제 26] 다음 그림은 마그네슘이 산소와 결합하여 산화마그네슘이 되는 과정을 원자 모형을 이용하여 나타낸 것이다.

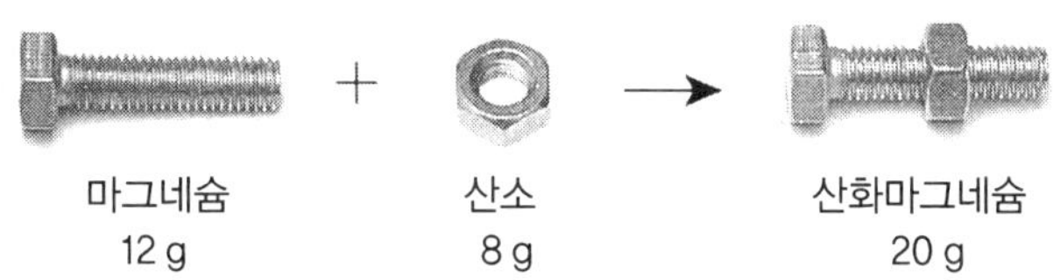

위 모형에 대한 설명으로 옳은 것은?

① 화학 반응을 통해 새로운 원자가 생성된다.

② 산화마그네슘은 마그네슘과 산소가 일정한 질량비로 결합되어 생성된다.

③ 반응 전과 후의 원자의 종류가 변한다.

④ 마그네슘과 반응한 산소의 부피를 알 수 있다.

⑤ 마그네슘 24 g과 산소 16 g이 반응하면 산화마그네슘 24 g이 생성된다.

정답 ②

해설 화학 반응을 통해 원자의 종류는 변하지 않고, 새로운 화합물이 생성된다.
위의 원자 모형으로 마그네슘과 반응한 산소의 질량을 알 수 있다.
마그네슘 24 g과 산소 16 g이 반응하면 산화마그네슘 40 g이 생성된다.

<table>
<tr><td rowspan="2">내용요소</td><td>학교급</td><td>중 3</td><td rowspan="2">예상 정답률</td><td rowspan="2">50 %</td></tr>
<tr><td>단 원</td><td>물질의 구성</td></tr>
<tr><td>평가목표</td><td colspan="4">분자식이 의미하는 바를 설명할 수 있다.</td></tr>
</table>

[문제 27] 다음은 어떤 물질의 분자식을 나타낸 것이다. 다음 설명 중 옳지 않은 것은?

$5H_2O$

① 총 분자 수는 5개이다.

② 총 원자의 수는 15개이다.

③ 한 분자는 2종류의 원소로 구성되어 있다.

④ 한 분자는 3개의 원자로 되어 있다.

⑤ $5H_2O$를 구성하는 수소 원자의 총수는 2개이다.

정답 ⑤

해설 $5H_2O$를 구성하는 수소 원자의 총 수는 10개이다.

<table>
<tr><td rowspan="2">내용요소</td><td>학교급</td><td>중 3</td><td rowspan="2">예상 정답률</td><td rowspan="2">50 %</td></tr>
<tr><td>단 원</td><td>물질의 구성</td></tr>
<tr><td>평가목표</td><td colspan="4">일정 성분비의 법칙으로 암모니아를 구성하는 수소와 질소의 비를 구할 수 있다.</td></tr>
</table>

[문제 28] 질소 원자와 수소 원자의 비가 1 : 3으로 결합하여 암모니아라는 화합물을 만든다면, A개의 수소 원자가 남김없이 질소 원자와 모두 결합하여 만들어진 암모니아 속에는 모두 몇 개의 원자가 들어 있겠는가?

① $3A+A$ ② $3A-A$ ③ $\frac{3A+A}{3}$

④ $\frac{3A-A}{3}$ ⑤ $A+A$

정답 ③

해설 수소가 A개 반응하므로, 질소는 $\frac{A}{3}$개 반응한다.

따라서 암모니아 속에는 모두 $A+\frac{A}{3}=\frac{3A+A}{3}$개의 원자가 들어 있다.

<table>
<tr><td rowspan="2">내용요소</td><td>학교급</td><td>중 3</td><td rowspan="2">예상
정답률</td><td rowspan="2">60 %</td></tr>
<tr><td>단 원</td><td>물질 변화의 규칙성</td></tr>
<tr><td>평가목표</td><td colspan="4">물리 변화와 화학 변화를 구분할 수 있다.</td></tr>
</table>

[문제 29] 다음 [보기]의 현상을 물리 변화와 화학 변화로 바르게 분류한 것은?

[보기]

(가) 김치가 시어 먹을 수 없게 되었다.
(나) 달군 프라이팬에 버터를 넣었더니 녹았다.
(다) 나무에 단풍이 들었다.
(라) 수박을 썰어서 과일 화채를 만들었다.
(마) 먹다 남긴 우유에서 이상한 냄새가 났다.

	물리 변화	화학 변화
①	(가), (나)	(다), (라), (마)
②	(나), (다), (마)	(가), (라)
③	(나), (라)	(가), (다), (마)
④	(가), (라), (마)	(나), (다)
⑤	(가), (다)	(나), (라), (마)

정답 ③

해설 물리 변화는 물질의 성질은 변하지 않으면서 겉모양이나 상태만 변하는 현상이고, 화학 변화는 어떤 물질이 본래의 성질과는 전혀 다른 새로운 물질로 변하는 현상이다.
(나), (라)는 물리 변화이고, (가), (다), (마)는 화학 변화이다.

<table>
<tr><td rowspan="2">내용요소</td><td>학교급</td><td>중 3</td><td rowspan="2">예상
정답률</td><td rowspan="2">70 %</td></tr>
<tr><td>단 원</td><td>물질 변화의 규칙성</td></tr>
<tr><td>평가목표</td><td colspan="4">화학 반응 전과 후의 질량 변화에 대해 설명할 수 있다.</td></tr>
</table>

[문제 30] 다음은 화학 반응 전과 후의 질량 변화를 알아보기 위한 실험이다.

[보기]

(가) 고무풍선에 약 0.5 g의 아연 조각을 넣는다.

(나) 삼각 플라스크에 약 5 mL의 묽은 염산을 넣는다.

(다) 그림과 같이 고무풍선을 삼각 플라스크의 입구에 끼운 다음, 전체의 질량을 측정한다.

(라) 고무풍선을 들어 올려 두 물질을 반응시킨다.

(마) 반응이 끝난 후 다시 전체의 질량을 측정한다.

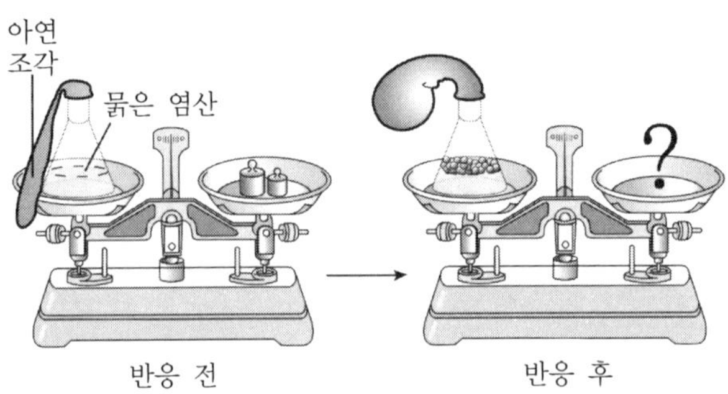

위 실험에서 반응 후의 질량은 어떻게 되겠는가?

① 반응 전의 질량과 같다.

② 수소 기체가 발생하므로 질량이 감소한다.

③ 새로운 물질이 생성되므로 질량이 증가한다.

④ 고무풍선을 끼우지 않고 실험을 해도 결과는 같다.

⑤ 아연 조각이 묽은 염산에 녹으므로 질량이 감소한다.

정답 ①

해설 닫힌 계에서 실험하였으므로 반응 전과 후의 질량은 같다.

<table>
<tr><td rowspan="2">내용요소</td><td>학교급</td><td>중 3</td><td rowspan="2">예상
정답률</td><td rowspan="2">70 %</td></tr>
<tr><td>단 원</td><td>물질 변화의 규칙성</td></tr>
<tr><td>평가목표</td><td colspan="4">혼합물과 화합물의 특징에 대해 설명할 수 있다.</td></tr>
</table>

[문제 31] 다음은 철가루와 황가루를 섞어 황화철을 생성하는 그림이다. 다음 설명 중 옳지 않은 것은?

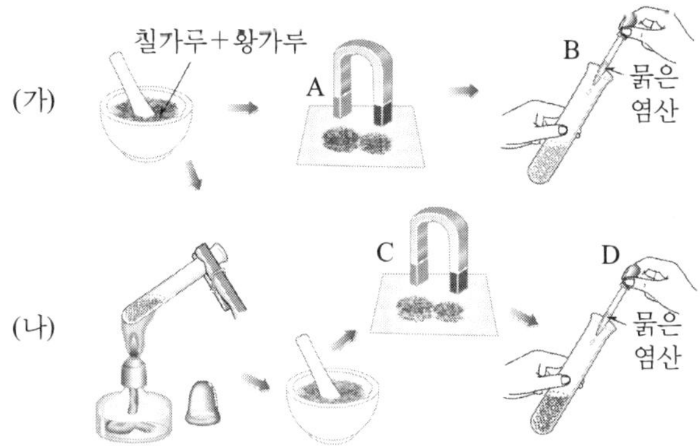

① (가) 과정의 물질은 철과 황의 성질을 그대로 가지고 있는 혼합물이다.

② (나) 과정의 물질은 철과 황이 화학 변화하여 생성된 화합물이다.

③ (가) 과정의 물질에 묽은 염산을 떨어뜨리면 수소 기체가 생긴다.

④ (니) 과정의 물실에 자석을 가까이 하면 달라붙는다.

⑤ (나) 과정의 물질은 흑갈색을 띤다.

정답 ④

해설 (가)는 철과 황의 혼합물이고, (나)는 화합물인 황화철이다.

물질	혼합물(철 + 황)	화합물(황화철)
색깔	노란 회색	흑갈색
묽은 염산과의 반응	수소 발생	황화수소 발생
자석을 가까이 했을 때	철가루가 끌려옴	끌려오지 않음

<table>
<tr><td rowspan="2">내용요소</td><td>학교급</td><td>중 3</td><td rowspan="2">예상 정답률</td><td rowspan="2">50 %</td></tr>
<tr><td>단 원</td><td>물질 변화의 규칙성</td></tr>
<tr><td>평가목표</td><td colspan="4">화학 반응식의 의미를 설명할 수 있다.</td></tr>
</table>

[문제 32] 다음 화학 반응식에 대한 설명 중 틀린 것은?

$$2H_2 + O_2 \rightarrow 2H_2O$$

① 화살표의 왼쪽이 반응 물질이고, 오른쪽이 생성 물질이다.
② 수소 : 산소 : 수증기의 분자 수의 비는 2 : 1 : 2이다.
③ 반응 전과 반응 후의 질량은 같다.
④ 수소 : 산소 : 수증기의 부피비는 2 : 1 : 2이다.
⑤ 수소 : 산소 : 수증기의 질량비는 2 : 1 : 2이다.

정답 ⑤

해설 수소 : 산소 : 수증기의 질량비는 1 : 8 : 9이다.

내용요소	학교급	중 3	예상 정답률	70 %
	단 원	물질 변화의 규칙성		
평가목표	일정 성분비의 법칙으로 화학 반응을 설명할 수 있다.			

[문제 33] 다음은 요오드화칼륨 수용액과 질산납 수용액의 반응에 대한 실험을 설명한 것이다.

[보기]

크기가 같은 6개의 시험관에 요오드화칼륨 수용액을 6 mL씩 넣는다. 질산납 수용액을 A, B, C, D, E, F의 시험관에 각각 0, 2, 4, 6, 8, 10 mL씩 넣고 잘 흔들어 준 후 생성되는 앙금의 높이를 기록하여 그래프로 나타내었다.

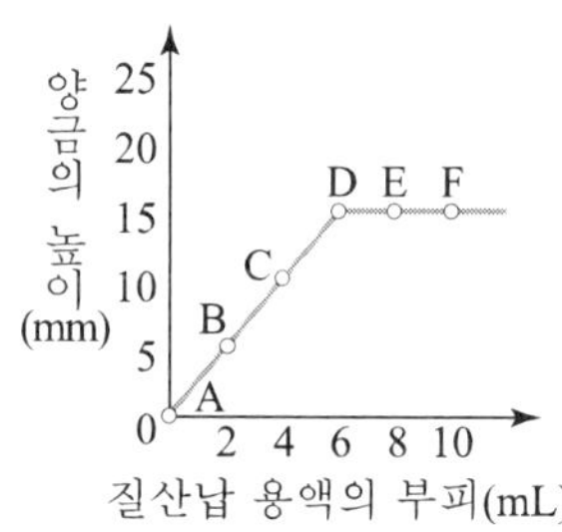

질산납 수용액의 양이 증가해도 앙금의 높이가 계속 증가하지 않는 이유와 관계 깊은 법칙은?

① 일정 성분비의 법칙　② 보일의 법칙
③ 기체 반응의 법칙　④ 아보가드로의 법칙
⑤ 질량 보존의 법칙

정답 ①

해설 화합물이 만들어질 때 성분 물질 사이에는 일정한 질량비가 성립하는데, 이것이 일정 성분비의 법칙이다.

내용요소	학교급	중 3	예상 정답률	60 %
	단 원	물질 변화의 규칙성		
평가목표	질량 보존의 법칙으로 화학 반응을 설명할 수 있다.			

[문제 34] 다음은 메탄을 집기병에 넣고 연소시킬 때의 화학 반응식이다.

$$CH_4 + 2O_2 \rightarrow CO_2 + 2H_2O$$

메탄 16 g과 산소 64 g을 집기병 속에 넣고 연소시켰더니 44 g의 이산화탄소가 발생했다. 이때 발생한 수증기의 양은 몇 g인가?

① 12 g ② 18 g ③ 24 g
④ 36 g ⑤ 44 g

정답 ④

해설 반응 물질과 생성 물질의 질량은 보존된다.
따라서 16 + 64 = 44 + (수증기의 양)이다.

내용요소	학교급	중 3	예상 정답률	50 %
	단 원	물질 변화의 규칙성		
평가목표	화학 반응식을 완결할 수 있다.			

[문제 35] 탄산수소나트륨의 열분해 반응식을 완결하고자 한다. a, b, c, d에 알맞은 계수는?

$$aNaHCO_3 \rightarrow bNa_2CO_3 + cH_2O + dCO_2$$

	a	b	c	d
①	1	1	1	1
②	1	2	1	1
③	2	1	1	1
④	2	1	2	1
⑤	2	1	2	2

정답 ③

해설 반응 전과 후의 원소의 개수가 같도록 해준다.

내용요소	학교급	중 3	예상 정답률	50 %
	단 원	물질 변화의 규칙성		
평가목표	연소 반응의 생성물에 대해 설명할 수 있다.			

[문제 36] 그림 (가), (나)와 같은 실험 장치를 이용하여 양초의 연소 실험을 하였다. 이 실험의 결과에 대한 설명으로 옳지 않은 것은?

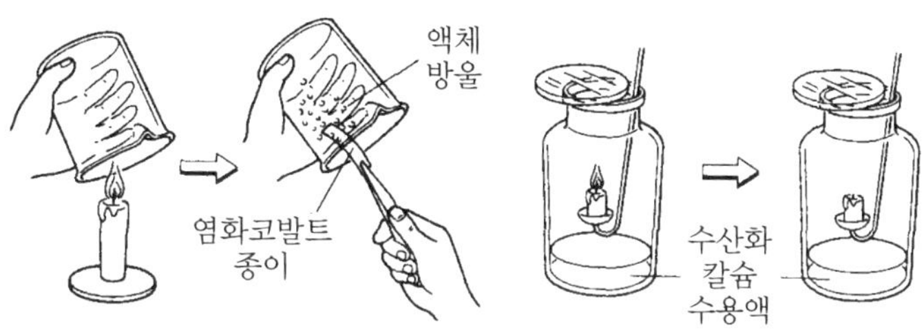

(가) (나)

① 양초가 타는 것은 화학 변화에 속한다.

② 실험 (가)에서 푸른색 염화코발트 종이가 붉은색으로 변한다.

③ 실험 (나)에서 투명했던 수산화칼슘 수용액이 뿌옇게 흐려졌다.

④ 실험 (가)와 (나)에서 확인된 생성 물질은 각각 물과 이산화탄소이다.

⑤ 실험 (가)와 (나)의 결과로부터 양초의 구성 성분이 탄소, 수소, 산소라는 것을 알 수 있다.

정답 ⑤

해설 실험 (가)로부터 양초의 구성 성분이 수소라는 것을 알 수 있고, 실험 (나)로부터 양초의 구성 성분이 탄소라는 것을 알 수 있다.
즉, 양초의 구성 성분은 탄소와 수소이며, 산소는 연소 과정에서 결합한다.

내용요소	학교급	중 3	예상 정답률	60 %
	단 원	물질 변화의 규칙성		
평가목표	생성물을 통해 반응물의 성분비를 계산할 수 있다.			

[문제 37] 다음 그래프는 구리의 질량을 달리하여 연소시켰을 때 생성된 산화구리(II)의 질량을 나타낸 것이다.

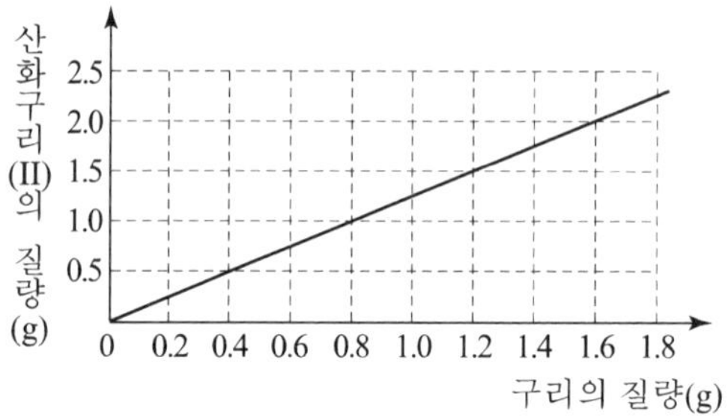

반응한 구리와 산소의 질량비는 얼마인가?

① 1 : 1　　② 2 : 1　　③ 3 : 1

④ 4 : 1　　⑤ 5 : 1

정답 ④

해설 구리 0.8 g이 반응하여 산화구리(II) 1.0 g이 생성되었다.
이때 반응한 산소는 0.2 g이므로 반응한 구리와 산소의 질량비는 4 : 1이 된다.

<table>
<tr><td rowspan="2">내용요소</td><td>학교급</td><td>중 3</td><td rowspan="2">예상
정답률</td><td rowspan="2">60 %</td></tr>
<tr><td>단 원</td><td>물질 변화의 규칙성</td></tr>
<tr><td>평가목표</td><td colspan="4">물의 전기 분해 반응에서 반응물과 생성물의 질량비 사이의 관계에 대해 설명할 수 있다.</td></tr>
</table>

[문제 38] 다음 그림과 같은 장치로 물을 전기 분해하여 그 결과를 표에 나타내었다.

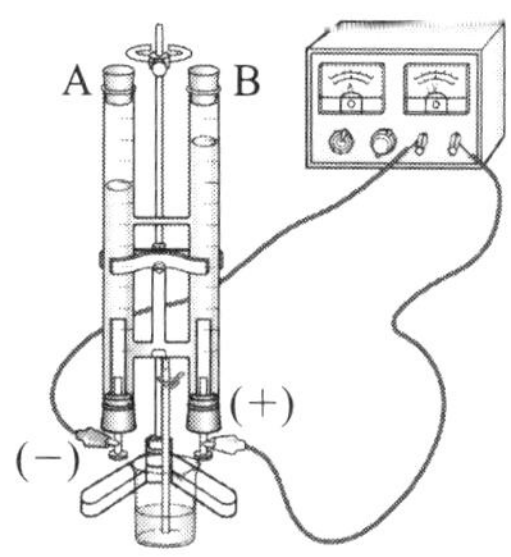

실험	전기 분해한 물의 질량	생성된 물질의 질량	
		수소(g)	산소(g)
1	18.9	2.1	16.8
2	39.6	4.4	35.2
3	61.2	6.8	54.4

40 g의 산소를 얻고자 할 때 전기 분해하여야 하는 최소한의 물의 질량은 몇 g인가?

① 15 g ② 30 g ③ 45 g
④ 60 g ⑤ 75 g

정답 ③

해설 반응물인 물과 생성물인 산소 사이에는 9 : 8의 질량비가 성립한다.

<table>
<tr><td rowspan="2">내용요소</td><td>학교급</td><td>중 3</td><td rowspan="2">예상
정답률</td><td rowspan="2">60 %</td></tr>
<tr><td>단 원</td><td>생식과 발생</td></tr>
<tr><td>평가목표</td><td colspan="4">세포의 특징을 설명할 수 있다.</td></tr>
</table>

[문제 39] 세포에 관한 설명이다. 바르게 설명된 것은?

① 한 개체를 이루는 세포는 그 크기가 모두 같다.
② 한 개체를 이루는 세포는 그 모양이 모두 같다.
③ 어른이 되면서 세포의 크기도 점점 성장한다.
④ 쥐의 세포의 수는 코끼리보다 적다.
⑤ 태어나면서 가지고 태어난 세포는 죽을 때 같이 죽는다.

정답 ④

해설 같은 개체를 이루고 있는 세포라 하더라도 그 크기나 모양은 다를 수 있다. 또 세포는 끊임없이 새로 태어나고 죽는다. 개체의 크기 차이는 세포의 크기 차이이기보다는 세포 수의 차이로 나타난다.

내용요소	학교급	중 3	예상 정답률	50 %
	단 원	생식과 발생		
평가목표	체세포 분열이 일어나는 곳을 찾을 수 있다.			

[문제 40] 염색체를 관찰할 수 있는 것은?

① 목련 잎
② 백합의 줄기
③ 장미의 꽃잎
④ 사과의 씨
⑤ 양파의 뿌리 끝

정답 ⑤

해설 염색체는 세포 분열이 일어나는 동안 관찰할 수 있는데 체세포 분열은 식물의 뿌리 끝이나 줄기 끝, 생식세포 분열은 생식 기관에서만 일어난다.

내용요소	학교급	중 3	예상 정답률	50 %
	단 원	생식과 발생		
평가목표	염색체의 특징을 설명할 수 있다.			

[문제 41] 염색체에 관한 설명이다. 맞는 것은?

① 유전정보를 갖고 있다.
② 언제나 핵 속에 들어 있다.
③ 고등 동물일수록 염색체의 수가 많다.
④ 현미경으로 관찰하면 항상 관찰할 수 있다.
⑤ 사람의 몸속의 세포는 모두 같은 수의 염색체를 가지고 있다.

정답 ①

해설 ② 염색체는 보통은 핵 속에 들어 있지만 세포 분열을 하는 동안에는 풀어져서 세포 안으로 보이게 된다.
③ 염색체의 수는 생물마다 다르지만, 그 수가 고등 동물일수록 많은 것은 아니다.
④ 보통은 핵 속에 들어 있어서 현미경으로 관찰해도 잘 보이지 않고, 세포 분열할 때만 관찰할 수 있다.
⑤ 사람의 몸속 세포는 보통 46개의 염색체를 갖고 있지만, 생식세포는 23개의 염색체만 가지고 있다.

내용요소	학교급	중 3	예상 정답률	60 %
	단 원	생식과 발생		
평가목표	감수 분열의 특징을 설명할 수 있다.			

[문제 42] 감수 분열에 관한 설명이다. 바르지 않은 것은?

① 모두 네 단계로 이루어진다.

② 난자는 감수 분열로 만들어진다.

③ 생식기관에서 일어나는 세포 분열이다.

④ 모든 세포가 감수 분열을 하는 것은 아니다.

⑤ 감수 분열이 일어나면 염색체의 수가 반으로 줄어든다.

정답 ①

해설 네 단계의 과정을 두 번 거치므로 8단계로 이루어진다.

내용요소	학교급	중 3	예상 정답률	60 %
	단 원	생식과 발생		
평가목표	체세포 분열이 단계별로 일어남을 설명할 수 있다.			

[문제 43] 세포 분열의 각 단계에 관련된 설명이다. 설명이 사실과 다른 것은?

① 전기에 핵물질이 두 배로 증가한다.

② 중기가 되면 염색체가 일렬로 선다.

③ 후기가 되면 염색체가 반으로 갈라져 이동하기 시작한다.

④ 말기가 되면 핵막이 나타난다.

⑤ 모든 세포 분열이 끝나면 두 개의 딸세포가 생긴다.

정답 ①

해설 핵물질은 간기에 두 배로 증가하여 세포 분열을 준비한다.

<table>
<tr><td rowspan="2">내용요소</td><td>학교급</td><td>중 3</td><td rowspan="2">예상
정답률</td><td rowspan="2">50 %</td></tr>
<tr><td>단 원</td><td>생식과 발생</td></tr>
<tr><td>평가목표</td><td colspan="4">무성 생식을 하는 생물의 종류와 방법을 설명할 수 있다.</td></tr>
</table>

[문제 44] 산호와 같은 방법으로 자손을 만드는 생물은?

① 버섯 ② 개나리 ③ 백합
④ 히드라 ⑤ 아메바

정답 ④

해설 산호는 출아법으로 번식한다.
버섯은 포자, 개나리는 줄기를 이용한 영양 생식, 백합은 뿌리를 이용한 영양 생식, 히드라는 출아법, 아메바는 이분법으로 번식한다.

<table>
<tr><td rowspan="2">내용요소</td><td>학교급</td><td>중 3</td><td rowspan="2">예상
정답률</td><td rowspan="2">60 %</td></tr>
<tr><td>단 원</td><td>생식과 발생</td></tr>
<tr><td>평가목표</td><td colspan="4">식물의 수정 과정을 단계별로 설명할 수 있다.</td></tr>
</table>

[문제 45] 식물이 자손을 만드는 과정을 설명한 것이다. 맞는 설명은?

① 모든 꽃에는 암술과 수술이 함께 있다.
② 꽃가루가 암술머리에 붙는 과정을 수정이라고 한다.
③ 꽃가루가 암술머리에 붙으면 2개의 극핵이 만들어진다.
④ 난세포와 정핵이 만나서 밑씨를 만드는 수정이 일어난다.
⑤ 난세포는 또 다른 정핵과 만나서 배젖을 만든다.

정답 ④

해설 ① 꽃에 따라서 암술과 수술을 다 갖추고 있지 않을 수도 있다.
② 꽃가루가 암술머리에 붙는 과정을 수분이라고 한다.
③ 꽃가루가 암술머리에 붙으면 2개의 정핵이 만들어진다.
⑤ 극핵과 정핵이 만나서 배젖을 만든다.

내용요소	학교급	중 3	예상 정답률	50 %
	단 원	생식과 발생		
평가목표	동물의 수정 과정을 단계별로 설명할 수 있다.			

[문제 46] 동물의 수정에 관한 설명이다. 그 설명이 사실과 다른 것은?

① 난자는 정자에 비해 크기가 커서 잘 움직이지 못한다.

② 정자는 운동성이 있어서 난자를 찾아갈 수 있다.

③ 난자와 정자의 수정은 암컷의 몸속에서만 일어난다.

④ 난자와 정자의 핵이 만나면 수정란이 된다.

⑤ 수정란은 수가 늘고, 모양도 바뀌면서 하나의 완전한 개체가 된다.

정답 ③

해설 어류와 양서류 등 체외 수정을 하는 동물도 있다.

내용요소	학교급	중 3	예상 정답률	50 %
	단 원	생식과 발생		
평가목표	수정막의 역할을 설명할 수 있다.			

[문제 47] 수정하는 과정에서 생기는 수정막의 역할을 정확하게 설명한 것은?

① 정자가 난자를 찾아오기 쉽도록 한다.

② 난자가 한 개의 정자와 수정하도록 한다.

③ 정자의 머리 부분만 난자 속으로 들어오도록 한다.

④ 수정란을 보호한다.

⑤ 수정란에 영양분을 공급한다.

정답 ②

해설 1개의 정자가 난자 속으로 들어가면 수정막이 생겨서 다른 정자가 난자로 들어오지 못하도록 하는 것이 수정막의 역할로 난자가 1개의 정자와 결합하도록 한다.

내용요소	학교급	중 3	예상 정답률	60 %
	단 원	생식과 발생		
평가목표	사람의 임신과 출산 과정을 순서에 맞게 나열할 수 있다.			

[문제 48] 사람의 출산까지에 관련된 용어들이다. 순서에 맞게 나열한 것은?

[보기]

㉮ 수정	㉯ 출산	㉰ 배란
㉱ 생식세포 형성	㉲ 착상	㉳ 태반 형성

① ㉰ – ㉱ – ㉮ – ㉲ – ㉳ – ㉯
② ㉱ – ㉰ – ㉲ – ㉮ – ㉳ – ㉯
③ ㉱ – ㉰ – ㉳ – ㉮ – ㉲ – ㉯
④ ㉱ – ㉰ – ㉮ – ㉲ – ㉳ – ㉯
⑤ ㉰ – ㉱ – ㉲ – ㉳ – ㉮ – ㉯

정답 ④

해설 난소와 정소에서 생식세포가 형성되고, 배란되면 나팔관에서 정자와 수정되고, 수정된 수정란은 이동하여 자궁에 착상을 하게 된다. 수정란이 착상하면 태반이 형성되고, 시간이 지나 다 자라게 되면 출산하게 된다.

내용요소	학교급	중 3	예상 정답률	50 %
	단 원	유전과 진화		
평가목표	우성과 열성을 구분할 수 있다.			

[문제 49] 순종의 키 큰 완두의 꽃가루를 순종의 키 작은 완두의 암술머리에 수분시키고 수술은 모두 잘라버리고 잡종 1대를 얻었다. 씨를 심었더니 모두 키 큰 완두가 나왔다. 이 사실에 관해 맞게 설명한 것은?

① 키 큰 완두가 우성이다.
② 키 작은 완두가 우성이다.
③ 키 작은 완두의 꽃가루를 키 큰 완두의 암술머리에 수정시켰다면 키 작은 완두를 얻을 수 있었을 것이다.
④ 수술을 제거하지 않아도 결과는 같았을 것이다.
⑤ 완두에서만 가능한 실험이다.

정답 ①

해설 멘델의 우열의 법칙에 관한 설명이다.

<table>
<tr><td rowspan="2">내용요소</td><td>학교급</td><td>중 3</td><td rowspan="2">예상
정답률</td><td rowspan="2">50 %</td></tr>
<tr><td>단 원</td><td>유전과 진화</td></tr>
<tr><td>평가목표</td><td colspan="4">우성 형질을 찾을 수 있다.</td></tr>
</table>

[문제 50] 완두의 교배 결과, 다음과 같은 잡종 1세대를 얻었다. 우성 형질을 모두 고르면?

순종의 둥근 콩의 완두와 순종의 주름진 콩의 완두를 교배하였더니 모두 둥근 콩의 자손을 만들었다. 순종의 황색 콩의 완두와 순종의 녹색 콩의 완두를 교배하였더니 모두 황색 콩의 자손을 만들었다.

① 둥근 콩
② 황색 콩
③ 둥근 콩, 황색 콩
④ 주름진 콩
⑤ 주름진 콩, 녹색 콩

정답 ③

해설 순종을 교배하여 자손 1대에 표현되는 형질이 우성이다.

<table>
<tr><td rowspan="2">내용요소</td><td>학교급</td><td>중 3</td><td rowspan="2">예상
정답률</td><td rowspan="2">50 %</td></tr>
<tr><td>단 원</td><td>유전과 진화</td></tr>
<tr><td>평가목표</td><td colspan="4">분리의 법칙에 따른 자손의 비율을 구할 수 있다.</td></tr>
</table>

[문제 51] 키 큰 완두와 키 작은 완두를 교배시켜 얻은 자손을 다시 자가 수분시켜 자손 2대를 얻어 그 비율을 계산해 보았더니 키 큰 완두와 작은 완두의 비가 3 : 1 정도가 되었다.
황색 완두와 녹색 완두를 교배시켜 자손 1대에 황색 완두를 얻고 이 황색 완두를 자화 수분시켜 자손 2대를 얻었을 때 400개의 완두가 생산되었다면 그 중 녹색 완두의 숫자는 어느 정도일까?

① 400개
② 300개
③ 200개
④ 100개
⑤ 50개

정답 ④

해설 황색 완두와 녹색 완두 사이에는 황색 완두가 우성이고 자손 2대가 되면 우성 : 열성 = 3 : 1 정도가 되어 열성인 녹색의 완두는 100개 정도가 된다.

내용요소	학교급	중 3	예상 정답률	50 %
	단 원	유전과 진화		
평가목표	생물을 형질을 유전자형으로 나타낼 수 있다.			

[문제 52] 키 큰 완두와 키 작은 완두를 교배하여 키 큰 완두가 나타나는 것을 유전자형으로 나타낸 것이다. A에 알맞은 유전자형은?

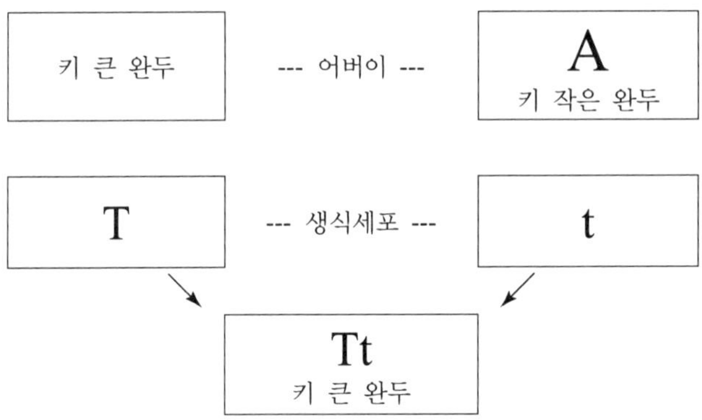

① TT　　② Tt　　③ tt

④ T　　⑤ t

정답 ③

해설 키 작은 완두의 유전자형은 tt이다.

내용요소	학교급	중 3	예상 정답률	50 %
	단 원	유전과 진화		
평가목표	독립의 법칙을 정확하게 이해하고 있다.			

[문제 53] 둥글고 황색인 완두와 주름지고 녹색인 완두를 교배하여 자손 1대를 얻고 이 완두를 다시 자가 수분시켜 자손 2대를 얻었더니 그 수의 비율이 다음과 같았다.

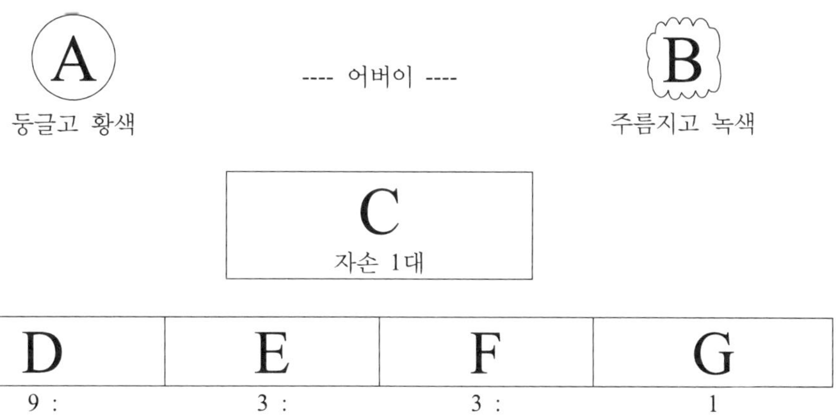

표현형과 유전자형이 모두 같은 것은?

① A와 C ② A와 D ③ C와 D
④ B와 G ⑤ C와 G

정답 ④

해설 A : RRYY
B : rryy
C : RrYy(둥글고 노랑)
D : 둥글고 노랑(RRYY, RrYY, RrYy)
E : 둥글고 녹색(RRyy, Rryy)
F : 주름지고 노랑(rrYY, rrYy)
G : 주름지고 녹색(rryy)

내용요소	학교급	중 3	예상 정답률	50 %
	단 원	유전과 진화		
평가목표	불완전 우성에 의한 유전을 설명할 수 있다.			

[문제 54] 붉은색 분꽃과 흰색 분꽃을 교배하여 분홍색 분꽃을 얻었다.
붉은색 분꽃과 분홍색 분꽃을 교배시키면 자손은 어떤 꽃이 필까?

① 모두 빨간색 꽃이 핀다.
② 모두 분홍색 꽃이 핀다.
③ 빨간색 꽃과 분홍색 꽃이 1 : 1의 비율로 핀다.
④ 빨간색 꽃과 분홍색 꽃이 3 : 1의 비율로 핀다.
⑤ 빨간색 꽃과 분홍색 꽃과 흰색의 꽃이 1 : 2 : 1의 비율로 핀다.

정답 ③

해설 분꽃이 분홍색 꽃을 피운 것은 붉은색이 불완전 우성이기 때문이다.
붉은색 꽃(RR)과 분홍색 꽃(Rr)을 교배하면 자손의 비율은 붉은색 꽃(RR)과 분홍색 꽃(Rr)이 1 : 1로 나타나게 된다.

내용요소	학교급	중 3	예상 정답률	70 %
	단 원	유전과 진화		
평가목표	유전에서 열성의 성질을 찾아낼 수 있다.			

[문제 55] 귓불이 없는 부모 사이에서 귓불이 있는 아이가 태어났다. 귓불에 관한 설명으로 맞는 것은?

① 귓불이 있는 것이 우성이다.
② 귓불이 있는 것은 열성이다.
③ 귓불은 돌연변이에 의해서 나타난 것이다.
④ 귓불은 유전과 관계없다.
⑤ 아이가 크면 부모처럼 귓불이 없어질 것이다.

정답 ②

해설 부모에게서 없는 형질이 나타날 수도 있다. 열성의 경우 부모에게서는 나타나지 않지만 자손에게서 나타날 수 있다.

내용요소	학교급	중 3	예상 정답률	50 %
	단 원	유전과 진화		
평가목표	혈액형의 유전을 설명할 수 있다.			

[문제 56] 다음과 같은 가계도를 가진 집안의 아빠와 엄마가 결혼해서 아이를 낳을 때 B형의 딸이 태어날 확률은 얼마일까? (단, 밑줄이 그어진 것은 남자를 뜻함.)

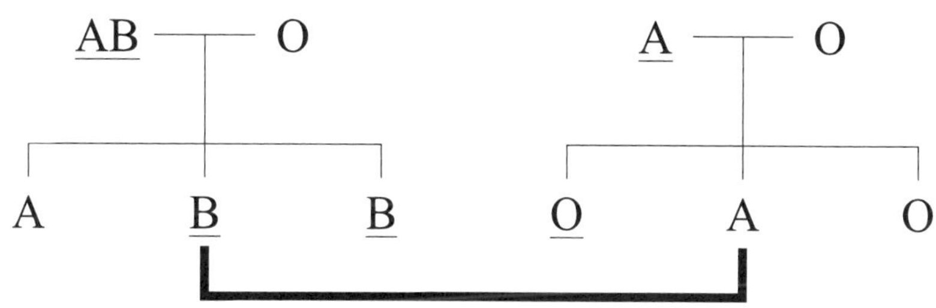

① 1　　② $\frac{1}{2}$　　③ $\frac{1}{4}$

④ $\frac{1}{8}$　　⑤ 0

정답 ④

해설 가계도를 통해 볼 때 아빠의 혈액형은 BO이고, 엄마의 혈액형은 AO이다.
이 사이에서 딸이 태어날 확률은 $\frac{1}{2}$이고 B형이 태어날 확률은 $\frac{1}{4}$이 된다.
따라서 B형의 딸이 태어날 확률은 $\frac{1}{8}$이 된다.

내용요소	학교급	중 3	예상 정답률	60 %
	단 원	유전과 진화		
평가목표	색맹의 유전을 설명할 수 있다.			

[문제 57] 색맹에 관한 가계도이다. 가계도를 보고 생각할 수 있는 것 중 사실과 다른 것은?

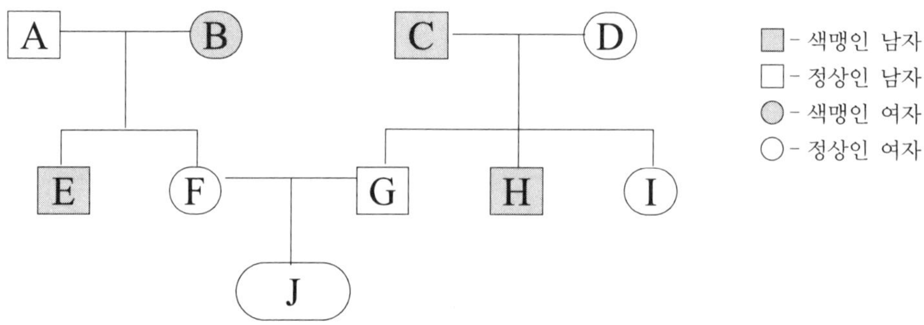

① 색맹은 성별과 관계있다.

② F는 보인자라고 한다.

③ H의 색맹은 C의 아빠에게서 유전된 것이다.

④ J가 딸일 경우 색맹이 될 수 없다.

⑤ J가 아들이 경우 색맹일 확률은 50 %이다.

정답 ③

해설 색맹은 성염색체 중 X염색체에 의한 것으로, 아들에게서 색맹이 나타날 경우 아버지가 색맹이더라도 아버지에게 물려받은 염색체에 의한 것이 아니고, 어머니에게서 받은 형질에 의한 것이다.

내용요소	학교급	중 3	예상 정답률	50 %
	단 원	유전과 진화		
평가목표	자연선택설로 기린이 긴 목을 갖게 된 까닭을 설명할 수 있다.			

[문제 58] 영국의 맨체스터 지방에서는 산업혁명이 일어나기 전 대부분의 나방의 색이 흰색이었다고 한다. 그러나 석탄 소비 증가로 나무가 짙은 색을 띠게 되면서 나방의 95 %가 검은색이 되었다고 한다. 이러한 사례에 맞게 기린이 목이 길어진 것을 설명한 것은?

① 기린은 높이 있는 나무의 잎을 따 먹기 위해서 목이 점점 길어졌다.
② 목이 긴 기린이 높은 곳의 잎을 따 먹으면서 생존경쟁에서 유리하게 된다.
③ 기린 중에서 돌연변이로 태어난 목이 긴 기린이 번성하게 되었다.
④ 아프리카에 떨어져서 살게 된 기린이 그곳에 적응하게 되었다.
⑤ 목이 짧은 기린이 사자 등의 동물에게 많이 잡아먹혔다.

정답 ②

해설 나방의 예는 자연선택설에 의한 것으로, 밝은 곳에서는 밝은 나방이, 어두운 곳에서는 어두운 나방이 살기 편하다는 것이다.

내용요소	학교급	중 3	예상 정답률	60 %
	단 원	물의 순환과 날씨 변화		
평가목표	온도에 따른 포화수증기량을 이용하여 응결되는 물방울의 양 구하기			

[문제 59] 표는 온도에 따른 포화수증기량을 나타낸 것이다.

온도(°C)	5	10	15	20	25	30	35
포화수증기량(g/m^3)	6.8	9.4	12.8	17.3	23.1	30.4	39.6

현재 25 °C의 공기 1 m^3 속에 18.9 g의 수증기가 들어 있다면 이 공기 1 m^3를 5 °C로 냉각시킬 때 몇 g의 수증기가 물방울로 응결하는가?

① 1.6 g ② 10.5 g ③ 12.1 g
④ 16.3 g ⑤ 23.1 g

정답 ③

해설 응결량은 (현재 수증기량 − 냉각된 온도의 포화수증기량)이므로 18.9 − 6.8 = 12.1 g이다.

내용요소	학교급	중 3	예상 정답률	30 %
	단 원	물의 순환과 날씨 변화		
평가목표	포화수증기압 곡선에 대한 이해			

[문제 60] 그래프는 온도에 다른 포화수증기량의 변화를 나타낸 것이다. 옳은 설명은?

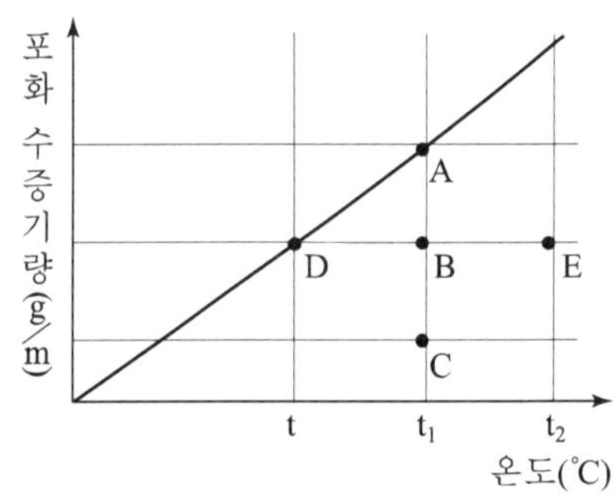

① D의 이슬점이 가장 높다.

② A와 D의 상대 습도는 같다.

③ B, D, E의 습도는 모두 같다.

④ E의 현재 수증기량이 가장 많다.

⑤ A, B, C의 이슬점이 모두 같다.

정답 ②

해설 이슬점이 가장 높은 것은 A이고 A와 D의 상대 습도는 100 %로 같다.
B, D, E의 습도는 모두 다르다. A, B, C의 이슬점은 모두 다르며 A의 습도가 가장 높다.

내용요소	학교급	중 3	예상 정답률	60 %
	단 원	물의 순환과 날씨 변화		
평가목표	공기의 팽창과 수축에 따른 구름 발생 과정 알기			

[문제 61] 그림은 구름 발생기를 나타낸 것이다.

둥근 플라스크에 물과 향의 연기를 조금 넣고 공기 펌프로 공기를 주입하였다가 공기 펌프의 바개를 열었을 때 플라스크 내부에서 일어나는 변화로 옳은 것은?

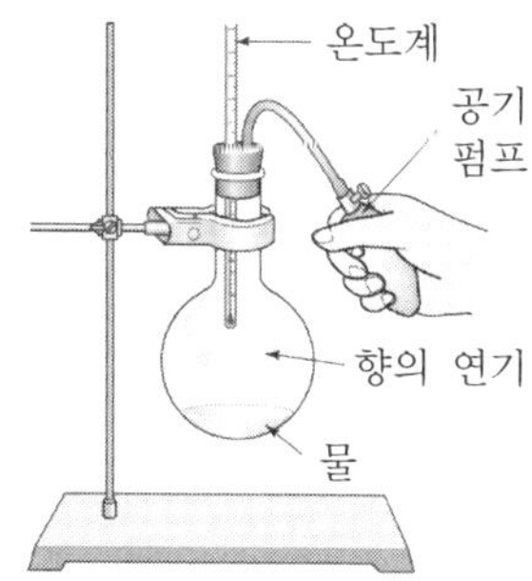

① 온도가 내려가고 맑아진다.

② 온도가 내려가고 흐려진다.

③ 온도가 올라가고 맑아진다.

④ 온도가 올라가고 흐려진다.

⑤ 아무 변화도 일어나지 않는다.

정답 ②

해설 공기를 주입하면 플라스크 내부의 공기는 압축된다. 그 상태에서 공기 펌프를 열어주면 플라스크 내부의 공기 부피는 팽창하게 되는데 이때 온도가 내려가면서 수증기의 응결이 일어나 플라스크 내부는 뿌옇게 흐려진다.

내용요소	학교급	중 3	예상 정답률	90 %
	단 원	물의 순환과 날씨 변화		
평가목표	기압의 크기와 수은 기둥의 높이 관계 알기			

[문제 62] 그림과 같이 길이가 1 m인 유리관에 수은을 가득 채우고 수은이 담긴 그릇에 거꾸로 세웠더니 유리관 속의 수은은 일정한 높이에서 정지하고 더 이상 내려오지 않았다. 이와 같은 실험을 백두산 꼭대기에서 한다면 수은주의 높이는 어떻게 되겠는가?

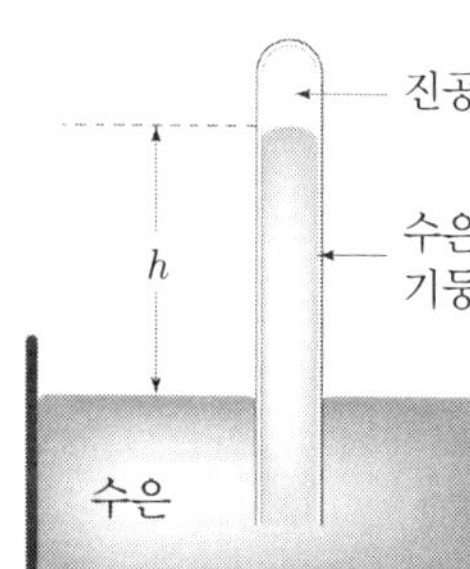

① 더 낮아진다.　　② 더 높아진다.

③ 변함없다.　　④ 낮아지다가 높아진다.

⑤ 높아지다가 낮아진다.

정답 ①

해설 수은 기둥의 높이가 일정한 곳에서 멈추는 것은 기압이 작용하기 때문인데, 지표면에서는 위로 올라갈수록 기압이 낮아지므로 수은주의 높이도 낮아지게 된다.

내용요소	학교급	중 3	예상 정답률	90 %
	단 원	물의 순환과 날씨 변화		
평가목표	우리나라 주변의 기단 성질 이해			

[문제 63] 그림은 우리나라에 영향을 주는 기단을 나타낸 것이다. 초여름의 장마 현상을 나타나게 하는 주된 기단을 고르면?

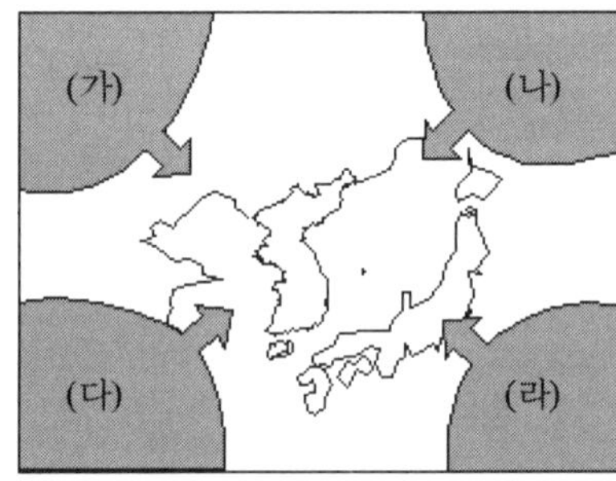

① 가, 나 ② 가, 다
③ 나, 다 ④ 나, 라
⑤ 다, 라

정답 ④

해설 장마를 가져오는 기단은 오호츠크해 기단과 북태평양 기단으로서 나와 라에 해당한다.

내용요소	학교급	중 3	예상 정답률	60 %
	단 원	물의 순환과 날씨 변화		
평가목표	일기도에 나타난 일기도 기호 이해하기			

[문제 64] 그림은 우리나라 주변의 일기도이다. 다음과 같은 기상 상태가 나타나는 지역은?

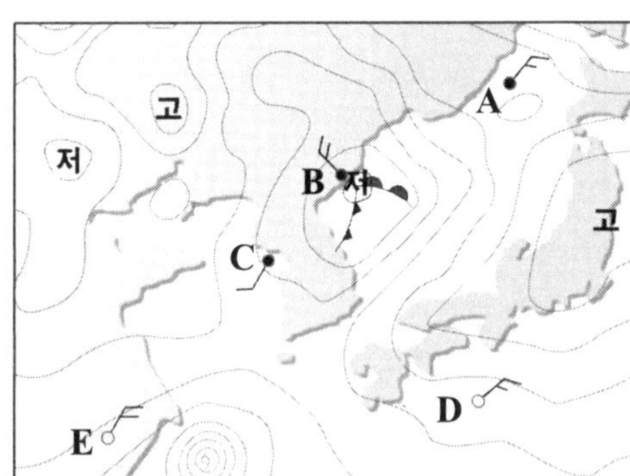

> 구름이 없이 맑으며, 북동풍이 7 m/s의 속력으로 불고 있다.

① A ② B
③ C ④ D
⑤ E

정답 ④

해설 구름의 양은 원을 검게 채운 정도로 나타내며 주어진 풍향과 풍속에 알맞은 기호는 D이다.

<table>
<tr><td rowspan="2">내용요소</td><td>학교급</td><td>중 3</td><td rowspan="2">예상
정답률</td><td rowspan="2">60 %</td></tr>
<tr><td>단 원</td><td>물의 순환과 날씨 변화</td></tr>
<tr><td>평가목표</td><td colspan="4">전선의 단면도를 보고 구역별 날씨 이해하기</td></tr>
</table>

[문제 65] 다음과 같은 특징이 나타날 수 있는 지역은?

> 현재는 대체로 맑고 따뜻하지만, 강한 바람이 불면서 천둥과 번개를 동반한 소나기가 내린 후 기온이 내려가 현재보다 추워질 것이다.

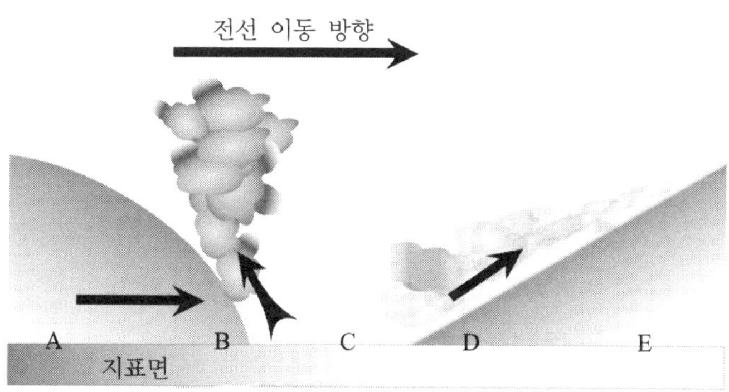

① A ② B ③ C
④ D ⑤ E

정답 ③

해설 한랭 전선과 온난 전선 사이에 위치한 C 지역은 현재 구름이 없어 날씨가 맑고 기온이 높으나, 앞으로 한랭 전선의 영향을 받아 적운형의 구름이 발달하고 천둥 번개를 동반한 소나기가 내릴 수 있으며, 한랭 전선이 통과한 후 차가운 공기의 영향을 받아 기온이 하강해 추워진다.

<table>
<tr><td rowspan="2">내용요소</td><td>학교급</td><td>중 3</td><td rowspan="2">예상
정답률</td><td rowspan="2">90 %</td></tr>
<tr><td>단 원</td><td>물의 순환과 날씨 변화</td></tr>
<tr><td>평가목표</td><td colspan="4">계절풍의 방향으로 계절을 판단하여 그 특징 알기</td></tr>
</table>

[문제 66] 그림은 우리나라 주변에 부는 계절풍의 방향을 모식적으로 나타낸 것이다. 이와 같은 방향의 바람이 부는 계절의 일기 특징으로 옳지 않은 것은?

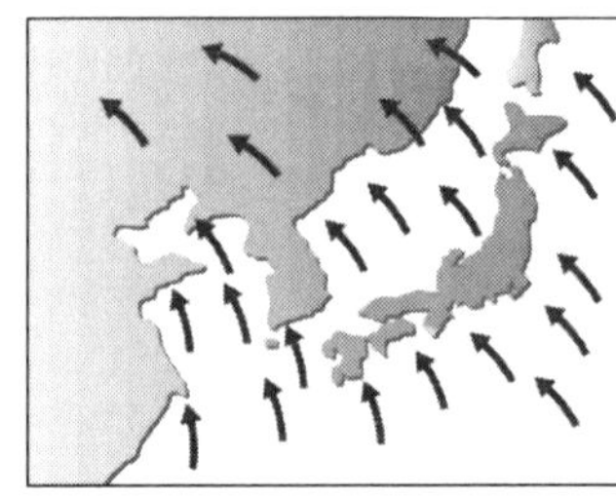

① 무더위가 나타난다.
② 북서 계절풍이 분다.
③ 북태평양 기단의 영향을 받는다.
④ 해양에서 대륙으로 바람이 불어온다.
⑤ 전형적인 남고북저형의 기압 배치이다.

정답 ②

해설 그림과 같은 바람이 부는 계절은 여름철로서 여름철의 계절적 특징으로는 남동 계절풍이 불며 북태평양 고기압의 영향을 받아 해양에서 대륙 쪽으로 덥고 습한 바람이 불어온다.

<table>
<tr><td rowspan="2">내용요소</td><td>학교급</td><td>중 3</td><td rowspan="2">예상
정답률</td><td rowspan="2">60 %</td></tr>
<tr><td>단 원</td><td>물의 순환과 날씨 변화</td></tr>
<tr><td>평가목표</td><td colspan="4">일기도 해석하기</td></tr>
</table>

[문제 67] 그림은 우리나라 부근의 일기도를 나타낸 것이다. 기온이 낮고 소나기가 내리며 북서풍이 불고 있는 곳으로 알맞은 곳은?

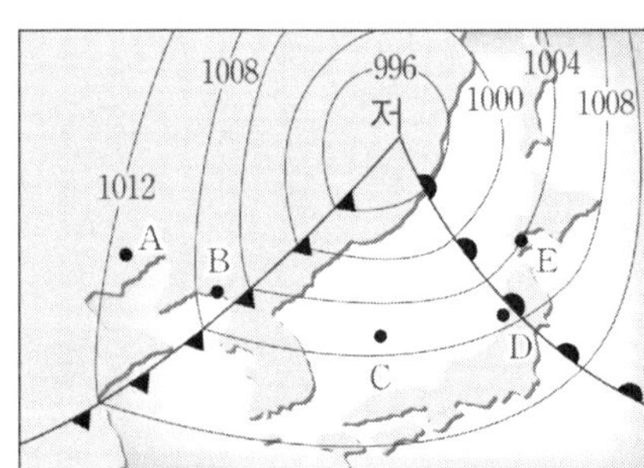

① A ② B
③ C ④ D
⑤ E

정답 ②

해설 문제에서 제시하고 있는 특징은 한랭 전선의 뒤쪽에 나타나므로 B 구역에 해당한다.

내용요소	학교급	중 3	예상 정답률	60 %
	단 원	태양계의 운동		
평가목표	일주권의 모습 알기			

[문제 68] 그림은 북반구의 중위도 지방에서 밤하늘의 별을 향하여 사진기를 고정시켜 놓고 촬영한 사진이다. 어느 방향의 하늘을 촬영한 것인가?

① 동쪽 하늘　② 서쪽 하늘
③ 북쪽 하늘　④ 남쪽 하늘
⑤ 어느 곳이나 같다

정답 ②

해설 지구 자전으로 인하여 별들은 일주 운동을 하게 되는데 북반구에서 별들의 일주 운동은 방향에 따라 다르게 보이게 된다. 사진에 제시된 일주권은 서쪽 하늘의 모습이다.

내용요소	학교급	중 3	예상 정답률	30 %
	단 원	태양계의 운동		
평가목표	별의 일주 운동의 이해			

[문제 69] 그림은 북반구에서 북두칠성을 향하여 사진기를 고정시켜 놓고 촬영한 사진을 나타낸 것이다. 별의 회전 방향과 회전하는 데 걸린 시간을 바르게 나타낸 것은?

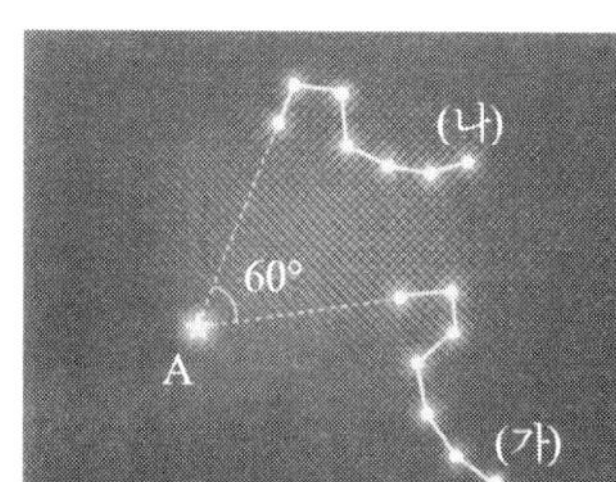

① (가) → (나), 1시간
② (가) → (나), 2시간
③ (가) → (나), 4시간
④ (나) → (가), 2시간
⑤ (나) → (가), 4시간

정답 ③

해설 지구의 자전으로 인하여 별들은 일주 운동을 하게 되는데 1시간에 15°씩 움직이게 된다. 북쪽 하늘의 경우, 반시계 방향으로 움직인다.

<table>
<tr><td rowspan="2">내용요소</td><td>학교급</td><td>중 3</td><td rowspan="2">예상
정답률</td><td rowspan="2">30 %</td></tr>
<tr><td>단 원</td><td>태양계의 운동</td></tr>
<tr><td>평가목표</td><td colspan="4">별의 연주 운동 이해</td></tr>
</table>

[문제 70] 어느 겨울밤 10시 무렵에 A 지점에 위치한 오리온자리를 관측하였다. 30일 후 천구상의 같은 위치에서 이 별자리를 볼 수 있는 시각은?

① 자정 무렵
② 저녁 8시 무렵
③ 저녁 9시 무렵
④ 저녁 10시 무렵
⑤ 저녁 11시 무렵

정답 ③

해설 별자리는 지구가 서→동으로 공전하기 때문에 하루에 1°씩 동→서로 이동한다. 따라서 15일이 지난 후 별자리는 서쪽으로 15° 이동한 곳에 위치하게 되며, 천구상의 같은 자리에서 별자리를 관측하려면 지구가 15°를 자전하기 전에 관측하여야 한다. 결국 1시간쯤 전에 관측하여야 한다.

<table>
<tr><td rowspan="2">내용요소</td><td>학교급</td><td>중 3</td><td rowspan="2">예상
정답률</td><td rowspan="2">90 %</td></tr>
<tr><td>단 원</td><td>태양계의 운동</td></tr>
<tr><td>평가목표</td><td colspan="4">지구 자전의 증거 알기</td></tr>
</table>

[문제 71] 다음 중 지구의 자전으로 인해 나타나는 현상으로 볼 수 없는 것은?

① 낮과 밤이 생긴다.
② 낮과 밤의 길이가 달라진다.
③ 태양이 매일 동쪽에서 떠오른다.
④ 인공위성의 궤도가 서쪽으로 옮겨진다.
⑤ 별이 북극성을 중심으로 일주 운동을 한다.

정답 ②

해설 지구의 자전으로 인해 천체들의 일주 운동이 나타난다. 태양이나 별은 동쪽에서 떠서 서쪽으로 지는 운동을 하며, 낮과 밤이 주기적으로 바뀐다. 그리고 인공위성의 궤도는 자전과 반대 방향인 서쪽으로 조금씩 옮겨진 곳에서 관측된다. 낮과 밤의 길이가 달라지는 것은 지구 공전에 의한 현상이다.

<table>
<tr><td rowspan="2">내용요소</td><td>학교급</td><td>중 3</td><td rowspan="2">예상 정답률</td><td rowspan="2">60 %</td></tr>
<tr><td>단 원</td><td>태양계의 운동</td></tr>
<tr><td>평가목표</td><td colspan="4">지구의 위치에 따른 밤하늘 별자리 찾기</td></tr>
</table>

[문제 72] 그림은 황도 12궁과 지구와 태양의 위치를 나타낸 것이다. 지구의 A–B–C–D 각 지점에서 밤하늘 별자리로 옳은 것은?

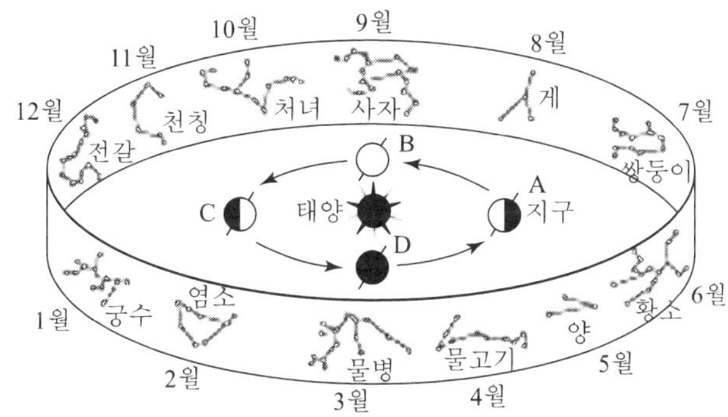

	①	②	③	④	⑤
A 위치	궁수	쌍둥이	사자	전갈	게
B 위치	물병	사자	처녀	사자	천칭
C 위치	쌍둥이	궁수	물병	황소	염소
D 위치	사자	물병	물고기	물병	양

정답 ②

해설 A, B, C, D 위치에서 밤하늘 별자리는 각각 쌍둥이, 사자, 궁수, 물병자리이다.

<table>
<tr><td rowspan="2">내용요소</td><td>학교급</td><td>중 3</td><td rowspan="2">예상 정답률</td><td rowspan="2">90 %</td></tr>
<tr><td>단 원</td><td>태양계의 운동</td></tr>
<tr><td>평가목표</td><td colspan="4">태양의 입사각과 남중 고도에 따른 태양복사 에너지량 차이 알기</td></tr>
</table>

[문제 73] 그림 I은 중위도 지방에서 계절에 따른 태양의 일주 운동을 나타낸 것이고, 그림 II는 위도에 따라 태양 빛이 지표면에 비춰지는 것을 나타낸 것이다.

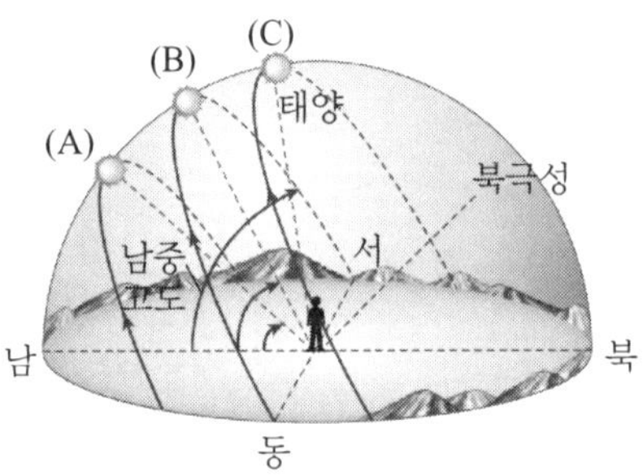

그림 I

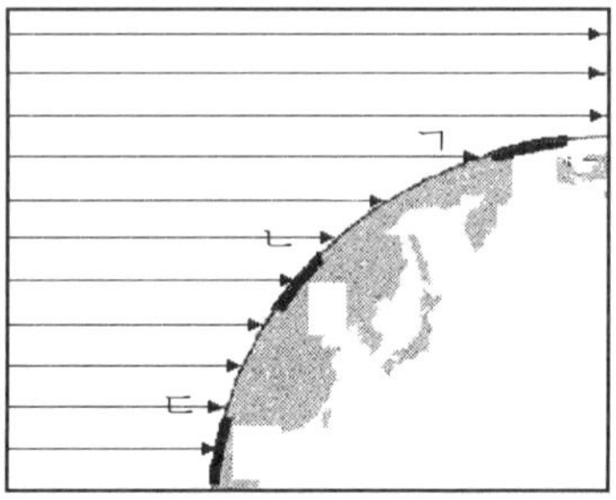

그림 II

같은 시간 동안 같은 면적의 지표면이 받는 태양복사 에너지량이 가장 많은 경우끼리 바르게 묶은 것은?

① A, ㄱ ② A, ㄷ ③ B, ㄴ
④ C, ㄱ ⑤ C, ㄷ

정답 ⑤

해설 그림 I에서는 태양의 남중 고도가 가장 높은 C가, 그림 II에서는 태양광선이 지표면에 가장 큰 각으로 입사하는 ㄷ에서 지표면이 받은 태양복사 에너지량이 가장 많다.

내용요소	학교급	중 3	예상 정답률	90 %
	단 원	태양계의 운동		
평가목표	달의 위상 명칭 알기			

[문제 74] 그림과 같은 달은 음력 7~8일경에 볼 수 있으며 우리가 흔히 반달이라고 부른다. 이 달의 이름은 무엇인가?

① 보름달　② 상현달
③ 하현달　④ 초승달
⑤ 그믐달

정답 ②

해설 사진에 나타나는 달의 위상은 상현달이다.

내용요소	학교급	중 3	예상 정답률	90 %
	단 원	태양계의 운동		
평가목표	개기 일식과 개기 월식이 일어나는 태양, 달, 지구의 위치 관계 알기			

[문제 75] 다음은 일식과 월식이 일어나는 원리를 나타낸 그림이다. 개기 일식이 일어나는 위치와, 개기 월식이 일어나는 때의 달의 위치를 찾아 순서대로 기호를 쓰시오.

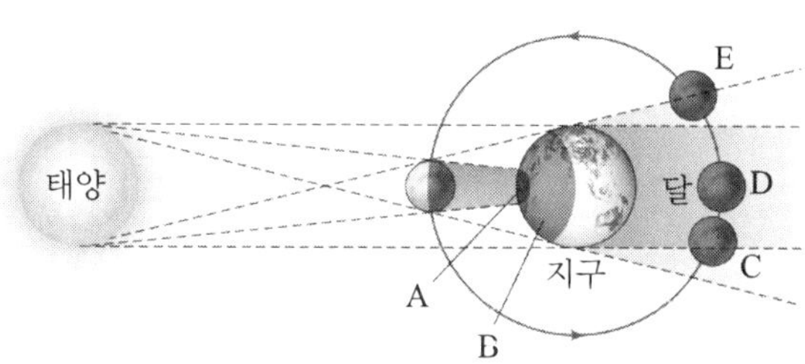

① A, C　② A, D　③ B, C
④ B, D　⑤ B, E

정답 ②

해설 개기 일식은 달에 의해 태양이 완전히 가려지는 때로 달의 본그림자가 형성된 A 지역에서 관측되며, 개기 월식은 달이 지구의 본그림자 속에 들어가 달이 보이지 않게 되는 때로 달이 D에 위치할 때 관측된다.

내용요소	학교급	중 3	예상 정답률	30 %
	단 원	태양계의 운동		
평가목표	전파를 이용한 금성 궤도 반지름 구하기			

[문제 76] 그림은 금성의 공전 궤도를 나타낸 것이다. 금성이 지구에 가장 가까이 접근했을 때, 금성을 향해 전파를 발사하였더니 270초 만에 되돌아왔다. 태양과 지구 사이의 거리는 약 몇 km인가? (단, 전파의 속력은 3×10^5 km/s이다.)

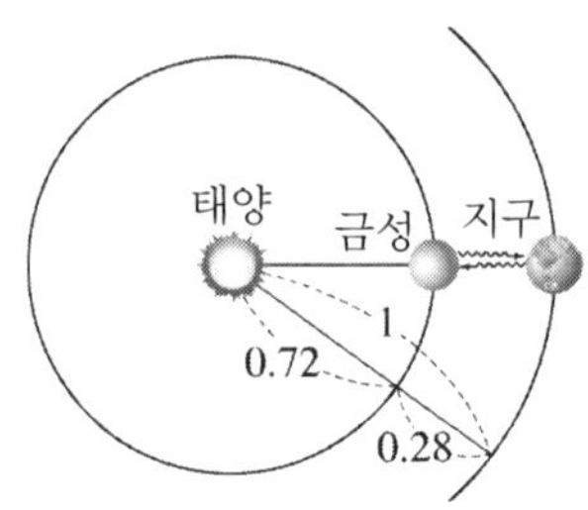

① 0.75×10^8 km　② 1.5×10^8 km
③ 3×10^8 km　④ 5.63×10^8 km
⑤ 11.26×10^8 km

정답 ②

해설 전파를 보냈을 때 되돌아오는 데 걸린 왕복 시간의 절반이 실제 금성까지 도달하는 데 걸린 시간이다. 거리는 속력×시간이므로 금성에서 지구까지의 거리는 $1/2 \times 270\ s \times 3 \times 10^5\ km/s = 4.05 \times 10^7\ km$가 된다. 그러므로 태양에서 지구까지의 거리는 $0.28 : 4.05 \times 10^7\ km = 1 : X$의 식에 의해 구해진다. X값은 약 1.5×10^8 km가 된다.

<table>
<tr><td rowspan="2">내용요소</td><td>학교급</td><td>중 3</td><td rowspan="2">예상
정답률</td><td rowspan="2">60 %</td></tr>
<tr><td>단 원</td><td>태양계의 운동</td></tr>
<tr><td>평가목표</td><td colspan="4">행성들의 공전 주기와 궤도 반지름에 대한 자료 해석하기</td></tr>
</table>

[문제 77] 다음은 행성의 공전 주기와 궤도 반지름을 나타낸 표이다.

	궤도 반지름	공전 주기
수성	0.4	88일
금성	0.7	225일
지구	1.0	365일
화성	1.5	687일
목성	5.2	11.9년
토성	9.6	29.5년
천왕성	19	84년
해왕성	30	165년

표에 대한 해석으로 옳지 않은 것은?

① 수성이 가장 빠르게 공전한다.

② 화성이 지구에서 가장 가깝다.

③ 태양 둘레의 공전 시간은 명왕성이 가장 길다.

④ 해왕성이 한 바퀴 공전할 때 지구는 165회 공전한다.

⑤ 천왕성의 궤도 반지름은 지구 궤도 반지름의 19배이다.

정답 ②

해설 지구에서 가장 가까운 행성은 금성이다.

표준화 검사 문항 (지식)

고등학교 1학년

<table>
<tr><td colspan="5">[영재 판별을 위한 표준화 검사도구 개발]
문 항 카 드</td></tr>
<tr><td rowspan="2">내용요소</td><td>학교급</td><td>고 1</td><td rowspan="2">예상
정답률</td><td rowspan="2">80 %</td></tr>
<tr><td>단 원</td><td>운동의 표현</td></tr>
<tr><td>평가목표</td><td colspan="4">물리량</td></tr>
</table>

[문제 1] 다음 [보기]에서 크기만으로 나타낼 수 있는 물리량을 모두 고르시오.

[보기]

ㄱ. 속도	ㄴ. 거리	ㄷ. 가속도
ㄹ. 에너지	ㅁ. 힘	ㅂ. 질량

① ㄱ, ㄹ ② ㄴ, ㅁ ③ ㄷ, ㅂ
④ ㄴ, ㄹ, ㅂ ⑤ ㄱ, ㄷ, ㄹ, ㅁ

정답 ④

해설 크기만으로 나타낼 수 있는 물리량을 스칼라양이라 하며, 거리, 속력, 질량, 시간, 에너지 등이 있다. 변위, 속도, 가속도, 힘, 운동량, 충격량 등은 크기와 방향을 함께 나타내야 하는 벡터양이다.

<table>
<tr><td rowspan="2">내용요소</td><td>학교급</td><td>고 1</td><td rowspan="2">예상
정답률</td><td rowspan="2">70 %</td></tr>
<tr><td>단 원</td><td>운동의 표현</td></tr>
<tr><td>평가목표</td><td colspan="4">평균 속력, 평균 속도</td></tr>
</table>

[문제 2] 달리기 선수가 200 m 트랙을 한 바퀴 돌아서 제자리까지 오는 데 25초 걸렸다고 한다. 이 선수의 평균 속력과 평균 속도는 각각 얼마인가?

① 0, 0 ② 0, 8 m/s ③ 8 m/s, 0
④ 8 m/s, 8 m/s ⑤ 10 m/s, 0

정답 ③

해설 평균 속력 $= \frac{\text{이동 거리}}{\text{시간}}$, 평균 속도 $= \frac{\text{변위}}{\text{시간}}$ 이다. 200 m 트랙을 한 바퀴 돈 경우, 이동 거리는 실제 이동한 거리인 200 m지만, 변위(위치 변화)는 0이다.

따라서 평균 속력 $= \frac{200\,\text{m}}{25\,\text{s}} = 8\,\text{m/s}$, 평균 속도는 0이다.

내용요소	학교급	고 1	예상 정답률	60 %
	단 원	운동의 표현		
평가목표	관성			

[문제 3] 관성에 대한 설명으로 옳은 것을 다음 [보기]에서 모두 고른 것은?

[보기]

ㄱ. 관성은 질량이 큰 물체일수록 크다.
ㄴ. 관성이 클수록 운동 상태를 변화시키기 쉽다.
ㄷ. 지진계가 지진을 기록하는 것은 무거운 추의 관성을 이용한 것이다.

① ㄱ ② ㄴ ③ ㄷ
④ ㄱ, ㄷ ⑤ ㄴ, ㄷ

정답 ④

해설 관성은 자신의 운동 상태를 계속 유지하려는 성질로, 크기는 질량에 비례한다. 따라서 관성이 클수록 운동 상태를 변화시키기 어렵다.

내용요소	학교급	고 1	예상 정답률	60 %
	단 원	운동의 표현		
평가목표	가속도의 법칙			

[문제 4] 2 m/s의 속력으로 움직이고 있는 물체에 6 N의 힘을 2초 동안 가했더니 물체의 속력이 6 m/s가 되었다. 이 물체의 질량은 얼마인가?

① 1 kg ② 2 kg ③ 3 kg
④ 4 kg ⑤ 5 kg

정답 ③

해설 물체의 속력이 변화했으므로 물체는 가속도 운동을 하고 있다. 물체의 가속도 $a = \frac{v - v_0}{t} = \frac{6\,\mathrm{m/s} - 2\,\mathrm{m/s}}{2\mathrm{s}} = 2\,\mathrm{m/s^2}$, 그러므로 물체의 질량 $m = \frac{F}{a} = \frac{6\,\mathrm{N}}{2\,\mathrm{m/s^2}} = 3\,\mathrm{kg}$이다.

내용요소	학교급	고 1	예상 정답률	70 %
	단 원	운동의 표현		
평가목표	작용 · 반작용의 법칙			

[문제 5] 다음 중 작용·반작용에 의한 현상이 아닌 것은?

① 노를 저어 배를 움직인다.

② 대포를 쏘면 포신도 뒤로 밀린다.

③ 책상을 손으로 치면 내 손도 아프다.

④ 육상 선수가 결승선에서 멈추기가 어렵다.

⑤ 로켓이 가스를 분출하며 앞으로 날아간다.

정답 ④

해설 ④는 관성에 의한 현상이다.

내용요소	학교급	고 1	예상 정답률	50 %
	단 원	여러 가지 힘		
평가목표	중력			

[문제 6] 다음 그림과 같이 모양, 크기가 같은 두 상자 A, B 중 A는 속이 비어 있고, B에는 모래가 가득 담겨 있다. 두 상자를 같은 높이에서 자유 낙하시켰을 때에 대한 설명으로 옳은 것을 [보기]에서 모두 고른 것은? (단, 공기의 저항은 무시한다.)

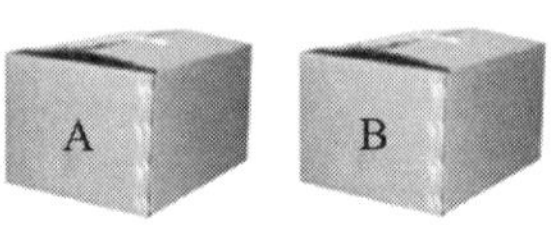

[보기]

ㄱ. A에 작용하는 중력의 크기와 B에 작용하는 중력의 크기는 같다.
ㄴ. A와 B가 바닥에 도달하는 데 걸린 시간은 같다.
ㄷ. 바닥에 닿은 순간의 속력은 A보다 B가 더 빠르다.

① ㄱ　② ㄴ　③ ㄱ, ㄴ
④ ㄱ, ㄷ　⑤ ㄴ, ㄷ

정답 ②

해설 두 물체 A, B의 질량은 다르므로 같은 중력 가속도를 곱한 중력의 크기는 모래가 담긴 B가 크다. 그러나 중력 가속도가 일정할 때 같은 높이를 떨어지는 데 걸리는 시간과 바닥에 닿는 순간의 속력은 같다.

내용요소	학교급	고 1	예상 정답률	50 %
	단 원	여러 가지 힘		
평가목표	탄성력			

[문제 7] 탄성계수가 100 N/m이고 길이가 10 cm인 용수철에 물체 A를 매달았더니 용수철의 길이가 15 cm로 늘어났다. 이 용수철의 탄성력은 몇 N인가?

① 2 N　② 5 N　③ 10 N
④ 15 N　⑤ 25 N

정답 ②

해설 용수철의 늘어난 길이는 5 cm = 0.05 m이고 탄성계수는 100 N/m이므로 용수철의 탄성력 $F = kx = 100\,\text{N/m} \times 0.05\,\text{m} = 5\,\text{N}$이다.

내용요소	학교급	고 1	예상 정답률	30 %
	단 원	여러 가지 힘		
평가목표	마찰력			

[문제 8] 그림과 같이 수평면 위에 놓인 물체의 질량이 5 kg이고, 정지마찰계수가 0.7, 운동마찰계수가 0.6일 때, 물체를 20 N과 40 N의 힘으로 밀 때 마찰력은 각각 얼마인가? (단, 중력 가속도는 10 m/s^{2}으로 한다.)

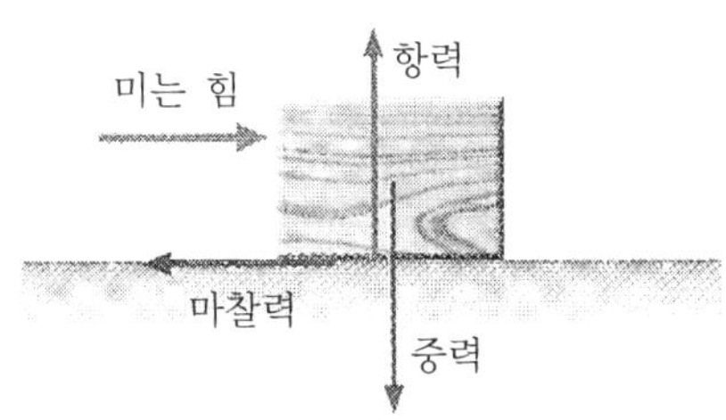

① 20 N, 20 N　② 20 N, 30 N
③ 20 N, 40 N　④ 30 N, 40 N
⑤ 40 N, 40 N

정답 ②

해설 중력과 수직항력은 50 N이므로, 최대정지마찰력과 운동마찰력은 각각 $F_s = \mu_s N = 0.7 \times 50\,\text{N} = 35\,\text{N}$과 $F_k = \mu_k N = 0.6 \times 50\,\text{N} = 30\,\text{N}$이다. 20 N의 힘으로 민 경우는 최대정지마찰력보다 작으므로, 물체는 움직이지 않고 마찰력은 외력과 같은 20 N이다. 40 N의 경우는 최대정지마찰력보다 크므로 물체가 미끄러지고 운동마찰력인 30 N의 마찰력이 작용한다.

<table>
<tr><td rowspan="2">내용요소</td><td>학교급</td><td>고 1</td><td rowspan="2">예상
정답률</td><td rowspan="2">30 %</td></tr>
<tr><td>단 원</td><td>물체들의 충돌</td></tr>
<tr><td>평가목표</td><td colspan="4">운동량과 충격량</td></tr>
</table>

[문제 9] 그림은 달걀을 같은 높이에서 시멘트 바닥과 푹신한 방석 위에 떨어뜨렸을 때 달걀에 작용하는 힘의 크기를 시간에 따라 나타낸 그래프이다.

이 자료에 대한 설명으로 옳은 것을 모두 고르면? (단, 공기의 저항은 무시한다.)

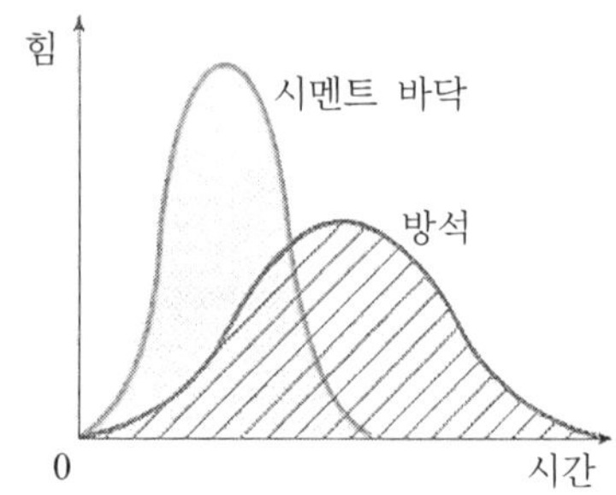

① 두 그래프의 밑넓이는 같다.

② 시멘트 바닥과 방석 위에 떨어졌을 때 달걀이 받은 충격량은 같다.

③ 시멘트 바닥 위에 떨어졌을 때 달걀의 운동량의 변화량은 방석 위에 떨어졌을 때보다 크다.

④ 달걀에 힘이 작용한 시간이 길수록 달걀이 받는 힘의 크기는 커진다.

⑤ 달걀에 힘이 작용하는 시간은 두 경우 모두 같다.

⑥ 이와 같은 원리를 이용한 것으로 자동차의 안전벨트, 자동차 범퍼 등을 들 수 있다.

⑦ 충돌 시간이 짧을수록 충돌 후 운동량이 커짐을 알 수 있다.

정답 ①, ②, ⑥

해설 ③ 운동량의 변화량은 충격량과 같다.

④ 충격량의 크기가 같을 때, 힘을 받는 시간이 길어지면 힘의 크기는 작아진다.

⑤ 그래프를 보면 방석에 떨어졌을 때 달걀에 힘이 작용한 시간이 더 길다.

⑦ 충돌 시간이 짧아도 충격량은 변함없으므로 운동량의 변화량도 변함이 없다.

<table>
<tr><td rowspan="2">내용요소</td><td>학교급</td><td>고 1</td><td rowspan="2">예상
정답률</td><td rowspan="2">40 %</td></tr>
<tr><td>단 원</td><td>물체들의 충돌</td></tr>
<tr><td>평가목표</td><td colspan="4">운동량과 충격량</td></tr>
</table>

[문제 10] 동쪽으로 10 m/s로 운동하는 질량 60 kg인 물체의 속도가 5초 후 같은 방향으로 15 m/s가 되었다. 이때 작용한 평균 힘의 크기는 몇 N인가?

① 5 N ② 10 N ③ 15 N

④ 25 N ⑤ 60 N

정답 ⑤

해설 $F\Delta t = m\Delta v$에서 $F\times 5 = 60\times(15-10)$이므로 $F=60$(N)이다.

<table>
<tr><td rowspan="2">내용요소</td><td>학교급</td><td>고 1</td><td rowspan="2">예상
정답률</td><td rowspan="2">60 %</td></tr>
<tr><td>단 원</td><td>전류와 전기 에너지</td></tr>
<tr><td>평가목표</td><td colspan="4">전류</td></tr>
</table>

[문제 11] 다음 중 도선을 전지에 연결했을 때 도선 내의 전지와 도신을 흐르는 전류에 대한 설명으로 옳지 <u>않은</u> 것은?

① 전자는 (−)극에서 (+)으로 이동한다.

② 전류는 (+)극에서 (−)극으로 흐른다.

③ 전류의 흐름을 방해하는 성질을 전기 저항이라고 한다.

④ 전류의 세기는 도선의 한 단면을 단위 시간 동안 지나는 전하량과 같다.

⑤ 전기 저항이 생기는 원인은 전자와 전류가 서로 충돌하기 때문이다.

정답 ⑤

해설 전기 저항이 생기는 원인은 전자가 이동하면서 물질을 구성하는 원자와 충돌하기 때문이다.

내용요소	학교급	고 1	예상 정답률	60 %
	단 원	전류와 전기 에너지		
평가목표	전력			

[문제 12] 220 V−440 W로 표시된 전기 기구의 저항은 몇 Ω인가?

① 100 Ω ② 110 Ω ③ 220 Ω

④ 330 Ω ⑤ 440 Ω

정답 ②

해설 220 V−440 W라는 것은 정격 전압 220 V의 전원에 연결하면 정격 전력 440 W를 소비한다는 의미이다. $P=\frac{V^2}{R}$에서 $R=\frac{V^2}{P}$을 이용하면, $R=\frac{220^2}{440}=110(\Omega)$이다.

내용요소	학교급	고 1	예상 정답률	50 %
	단 원	전류와 전기 에너지		
평가목표	전기 에너지의 이용			

[문제 13] 하나의 콘센트에 여러 개의 전기 기구를 문어발식으로 연결하여 사용하면 화재의 위험이 있다고 한다. 그 이유를 바르게 설명한 것은?

① 각 전기 기구에 걸리는 전압이 높아져서 전기 기구에 발생하는 열이 증가하기 때문

② 각 전기 기구에 흐르는 전류가 증가하여 전기 기구에 발생하는 열이 증가하기 때문

③ 콘센트에 걸리는 전압이 높아져서 콘센트에 발생하는 열이 증가하기 때문

④ 콘센트에 흐르는 전류가 증가하여 콘센트에 발생하는 열이 증가하기 때문

⑤ 각 전기 기구와 콘센트에 걸리는 전압과 전류가 모두 증가하여 전기 기구와 콘센트에 발생하는 열이 증가하기 때문

정답 ④

해설 가정에서 사용하는 전기 기구는 병렬로 연결되며, 병렬연결일 경우에는 사용하는 전기 기구의 수가 증가해도 각 전기 기구에 걸리는 전압이나 각 전기 기구에 흐르는 전류는 증가하지 않는다.

<table>
<tr><td rowspan="2">내용요소</td><td>학교급</td><td>고 1</td><td rowspan="2">예상 정답률</td><td rowspan="2">60 %</td></tr>
<tr><td>단 원</td><td>전자기 유도</td></tr>
<tr><td>평가목표</td><td colspan="4">전자기 유도</td></tr>
</table>

[문제 14] 다음 중 전자기 유도 현상이 일어나지 <u>않는</u> 경우는?

① 도선이 자기장에 나란하게 운동할 때

② 자석이 코일에 접근하거나 멀어질 때

③ 코일을 지나는 자기장의 세기가 변할 때

④ 코일을 지나는 자기력선의 수가 변할 때

⑤ 자기장의 세기는 일정하지만 코일의 넓이가 변할 때

정답 ①

해설 도선이 자기장에 나란하게 움직이면 도선을 지나는 자속이 변하지 않으므로 유도 전류가 흐르지 않는다.

<table>
<tr><td rowspan="2">내용요소</td><td>학교급</td><td>고 1</td><td rowspan="2">예상 정답률</td><td rowspan="2">80 %</td></tr>
<tr><td>단 원</td><td>파동의 발생</td></tr>
<tr><td>평가목표</td><td colspan="4">파동이란?</td></tr>
</table>

[문제 15] 다음 중 파동이 전파될 때 함께 이동하는 것은?

① 에너지 ② 질량 ③ 매질

④ 파원 ⑤ 온도

정답 ①

해설 파동이 전파될 때 매질은 제자리를 중심으로 진동하고, 전파되는 것은 에너지다.

내용요소	학교급	고 1	예상 정답률	60 %
	단 원	파동의 발생		
평가목표	파동의 전파			

[문제 16] 그림은 파동이 전파되어 나가는 어느 순간의 모습을 나타낸 것이다. 다음 순간 P점과 Q점의 운동 방향을 옳게 짝지은 것은?

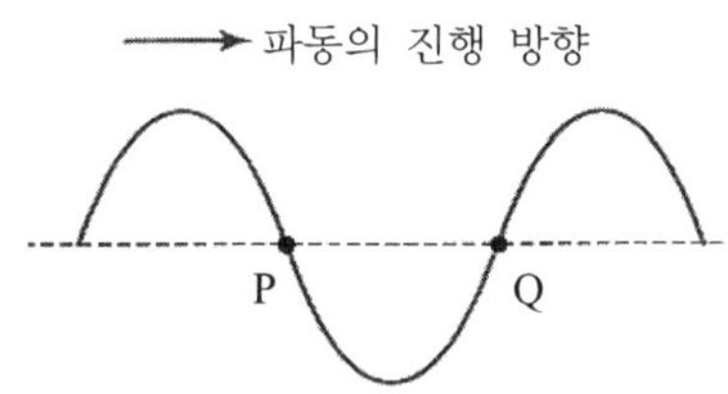

	P점	Q점		P점	Q점
①	↑	↑	②	↑	↓
③	↓	↑	④	↓	↓
⑤	→	←			

정답 ②

해설 매질의 각 부분은 진행 방향의 반대쪽에 위치한 매질의 변위 방향으로 운동한다.

내용요소	학교급	고 1	예상 정답률	60 %
	단 원	파동 에너지		
평가목표	파동 에너지의 이용			

[문제 17] 다음 중 파장이 짧은 것부터 순서대로 옳게 나열한 것은?

① γ선 – 가시광선 – X선 – 적외선 – 전파
② 전파 – 적외선 – 가시광선 – X선 – γ선
③ 전파 – 가시광선 – 적외선 – X선 – γ선
④ γ선 – X선 – 가시광선 – 적외선 – 전파
⑤ 전파 – 적외선 – X선 – 가시광선 – γ선

정답 ④

해설 전자기파는 파장에 따라 구분하며, 파장이 짧은 순서로 나열하면 γ선–X선–가시광선–적외선–전파이며, 이것은 또한 진동수가 큰 순서이기도 하다.

내용요소	학교급	고 1	예상 정답률	80 %
	단 원	에너지 전환		
평가목표	대체 에너지			

[문제 18] 화석 연료는 보유량이 한정되어 있기 때문에 시간이 지남에 따라 고갈될 것이다. 이에 따라 인류는 화석 연료를 대체할 에너지원을 찾고 있다. 다음 중 대체 에너지원이 될 수 없는 것은?

① 태양 에너지
② 밀물과 썰물의 움직임
③ 풍력 발전
④ 땅속의 열에너지
⑤ 천연가스의 에너지

정답 ⑤

해설 천연가스는 석유와 같이 지하에 매장되어 있는 화석 연료이므로 대체 에너지원이 아니다.

내용요소	학교급	고 1	예상 정답률	70 %
	단 원	전해질과 이온		
평가목표	원자가 이온이 되는 과정에서 전자의 이동을 안다.			

[문제 19] 다음 그림은 마그네슘과 산소 원자가 전자를 주고받아 이온이 되는 변화를 모형으로 나타낸 것이다. 마그네슘 원자와 마그네슘 이온의 전자 개수의 차이는 얼마인가?

① 마그네슘 원자가 마그네슘 이온보다 전자가 1개 더 많다.
② 마그네슘 원자가 마그네슘 이온보다 전자가 1개 더 적다.
③ 마그네슘 원자가 마그네슘 이온보다 전자가 2개 더 많다.
④ 마그네슘 원자가 마그네슘 이온보다 전자가 2개 더 적다.
⑤ 마그네슘 원자와 마그네슘 이온의 전자 개수는 같다.

정답 ③

해설 마그네슘 원자는 전자 2개를 잃고 마그네슘 이온이 된다. 따라서 마그네슘 원자는 마그네슘 이온보다 전자 2개가 더 많다.

내용요소	학교급	고 1	예상 정답률	60 %
	단 원	전해질과 이온		
평가목표	염화나트륨을 용융시킨 액체의 이온 상태를 안다.			

[문제 20] 소금을 물에 녹인 액체에 전극을 꽂고 전원을 연결하면 전류가 통한다. 이때 액체에서 소금은 어떤 상태로 존재하는가?

① 염화나트륨의 염 상태로 존재한다.

② 염화 이온(Na^+)과 나트륨 이온(Cl^-)으로 나누어져 존재한다.

③ 나트륨 이온(Na^+)과 염화 이온(Cl^-)으로 나누어져 존재한다.

④ 염화나트륨 이온($NaCl^+$) 상태로 존재한다.

⑤ 염화나트륨 이온($NaCl^-$) 상태로 존재한다.

정답 ③

해설 소금(염화나트륨)이 물에 녹아 전기를 흐르게 하는 것은 염화나트륨이 나트륨 이온(Na^+)과 염화 이온(Cl^-)으로 나누어져서 이들 이온이 이동하기 때문이다.

내용요소	학교급	고 1	예상 정답률	50 %
	단 원	전해질과 이온		
평가목표	전해질 용액의 성질을 안다.			

[문제 21] 다음은 두 명의 학생이 전자 제품의 설명서에서 젖은 손으로 전원 플러그를 꽂지 말라는 주의사항을 읽고 이야기한 것이다.

[보기]

A : 물도 철이나 구리처럼 전류가 흐를 수 있는 물질인 것 같아.
B : 글쎄 물이 아니라 물에 녹아 있는 다른 물질 때문이 아닐까?
A : 그러면 어느 물질이라도 물에 녹기만 하면 전류가 흐를 수 있다고?
B : 물에 녹는 물질 중에도 전류를 흐르게 하는 것과 그렇지 않은 것이 있는 것이 아닐까?
A : 글쎄 설명서의 주의 사항에 '젖은 손'이라고만 적혀 있는 것으로 보아 물이 전류를 흐르게 하는 것 같아.

두 학생 중에서 어느 학생의 생각이 옳을까?

① A 학생의 생각이 옳다.
② B 학생의 생각이 옳다.
③ 두 학생 모두 생각이 옳다.
④ 두 학생의 생각이 모두 옳지 않다.
⑤ 이 이야기로는 알 수 없다.

정답 ②

해설 순수한 물은 전류를 흐르게 하지 않으며, 물에 녹는 물질 중에도 전류를 흐르게 하는 것과 흐르지 않게 하는 것이 있다. 따라서 B 학생의 의견이 옳다.

내용요소	학교급	고 1	예상 정답률	80 %
	단 원	전해질과 이온		
평가목표	전해질과 비전해질이 무엇인지 안다.			

[문제 22] 다음 설명에서 빈칸에 들어갈 말을 바르게 연결한 것은 어느 것인가?

> 물질 중에는 물에 녹았을 때 전류를 흐르게 하는 것과 흐르지 않게 하는 것이 있다. 물에 녹아 전류를 흐르게 하는 물질을 (A)라고 하고 전류를 흐르지 않게 하는 물질을 (B)이라고 한다. 우리 주위에서 쉽게 볼 수 있는 (A)에는 소금, 탄산음료, 식초, 간장 등이 있으며 (B)에는 설탕, 녹말, 포도당, 알코올 등이 있다.

	A	B
①	전해질	비전해질
②	비전해질	전해질
③	강한 전해질	약한 전해질
④	약한 전해질	강한 전해질
⑤	도체	비도체

정답 ①

내용요소	학교급	고 1	예상 정답률	40 %
	단 원	전해질과 이온		
평가목표	이온이 하는 역할이 무엇인지 안다.			

[문제 23] 다음 표는 사람의 체액과 바닷물에 들어 있는 이온의 농도를 나타낸 것이다.

사람의 체액 이온	농도(mg/L)	바닷물 이온	농도(mg/L)
나트륨 이온	3.1 ~ 3.54	염화 이온	19.50
칼륨 이온	0.136 ~ 0.214	나트륨 이온	10.77
칼슘 이온	0.32 ~ 0.48	마그네슘 이온	1.29
염화 이온	3.47 ~ 3.75	칼슘 이온	0.41
		칼륨 이온	0.38

갈증이 난다고 바닷물을 계속 마시게 되면 오히려 탈수 증상이 일어나는 이유는 무엇인가?

① 체액의 이온에는 마그네슘 이온이 없기 때문이다.

② 체액의 이온 농도는 사람에 따라서 다르기 때문이다.

③ 체액의 칼슘 이온 농도와 바닷물의 칼슘 이온 농도가 비슷하기 때문이다.

④ 바닷물을 마시면 체액에 있는 이온이 빠져나오기 때문이다.

⑤ 사람의 체액 이온 농도보다 바닷물 이온 농도가 더 높기 때문이다.

정답 ⑤

해설 체액보다 바닷물에 들어 있는 전해질의 농도가 더 크다. 따라서 갈증이 난다고 바닷물을 마시게 되면 체액의 전해질 농도가 증가하게 된다. 이때 우리 몸은 전해질 농도를 낮추기 위해서 더 많은 양의 물이 필요하므로 탈수 증상이 나타나게 된다.

<table>
<tr><td rowspan="2">내용요소</td><td>학교급</td><td>고 1</td><td rowspan="2">예상 정답률</td><td rowspan="2">70 %</td></tr>
<tr><td>단 원</td><td>전해질과 이온</td></tr>
<tr><td>평가목표</td><td colspan="4">이온이 들어 있는지를 확인하는 방법에 대해서 안다.</td></tr>
</table>

[문제 24] 다음 중에서 앙금 생성 반응을 이용한 이온의 검출 방법이 아닌 것은 어느 것인가?

① 칼슘 이온+탄산 이온
② 바륨 이온+황산 이온
③ 납 이온+요오드화 이온
④ 구리 이온+황화 이온
⑤ 염화 이온+나트륨 이온

정답 ⑤

해설 특정 이온이 결합하면 물에 녹지 않는 앙금이 생겨서 이를 통해서 이온을 검출할 수 있다. 칼슘 이온과 탄산 이온이 합쳐지면 탄산칼슘의 흰색 앙금이 생기고, 바륨 이온과 황산 이온은 황산바륨의 흰색 앙금이, 납 이온과 요오드화 이온은 요오드화납의 노란색 앙금이, 구리 이온과 황화 이온은 황화구리의 검은색 앙금이 생성된다.

<table>
<tr><td rowspan="2">내용요소</td><td>학교급</td><td>고 1</td><td rowspan="2">예상 정답률</td><td rowspan="2">80 %</td></tr>
<tr><td>단 원</td><td>산과 염기의 반응</td></tr>
<tr><td>평가목표</td><td colspan="4">산의 성질을 안다.</td></tr>
</table>

[문제 25] 다음 중에서 산의 공통적인 성질이 아닌 것은 어느 것인가?

① 신맛이 난다.
② 붉은색 리트머스 종이를 푸르게 만든다.
③ 물에 녹아 수소 이온을 발생시킨다.
④ 금속과 반응하여 수소를 발생한다.
⑤ 전류를 흐르게 한다.

정답 ②

해설 산성은 푸른색 리트머스 종이를 붉게 만든다.

<table>
<tr><td rowspan="2">내용요소</td><td>학교급</td><td>고 1</td><td rowspan="2">예상 정답률</td><td rowspan="2">80 %</td></tr>
<tr><td>단 원</td><td>산과 염기의 반응</td></tr>
<tr><td>평가목표</td><td colspan="4">산의 성질을 안다.</td></tr>
</table>

[문제 26] 다음 중에서 빈칸에 공통적으로 들어갈 말은 무엇인가?

> 염화수소는 물에 녹으면 거의 모든 분자가 (   )을(를) 내지만, 아세트산은 일부분지만 (   )을(를) 낸다. 수용액에서 (   )을(를) 많이 내는 염산, 황산 등은 강한 산이고, (   )을(를) 적게 내는 아세트산은 약한 산이다.

① 수소 이온　② 기포　③ 염화 이온
④ 물　⑤ 전자

정답 ①

해설 산이 산의 특성을 나타내는 이유는 산 속에 들어 있는 수소 이온 때문이다.

<table>
<tr><td rowspan="2">내용요소</td><td>학교급</td><td>고 1</td><td rowspan="2">예상 정답률</td><td rowspan="2">50 %</td></tr>
<tr><td>단 원</td><td>산과 염기의 반응</td></tr>
<tr><td>평가목표</td><td colspan="4">산성 물질의 특징을 안다.</td></tr>
</table>

[문제 27] 다음 표는 산성 또는 염기성 물질에 대한 성질을 조사한 결과이다. 이 중에서 산성인 것을 모두 고르시오.

물질	①	②	③	④	⑤
붉은색 리트머스 종이	변화 없음	푸른색	변화 없음	푸른색	푸른색
푸른색 리트머스 종이	붉은색	변화 없음	붉은색	변화 없음	변화 없음
페놀프탈레인	무색	붉은색	무색	붉은색	붉은색
마그네슘과의 반응	반응함	변화 없음	반응함	변화 없음	변화 없음
수용액에서 전류의 세기	크다	크다	작다	크다	작다

정답 ①, ③

해설 산성 물질은 푸른색 리트머스 종이를 붉게 변화시키며 금속(마그네슘)을 만나면 수소를 발생시킨다.

내용요소	학교급	고 1	예상 정답률	80 %
	단 원	산과 염기의 반응		
평가목표	염기의 공통적인 특징을 안다.			

[문제 28] 다음 중에서 염기의 공통적인 성질이 아닌 것은 어느 것인가?

① 미끈미끈하다.

② 물에 녹아 수산화 이온을 발생시킨다.

③ 붉은색 리트머스 종이를 푸르게 만든다.

④ 전류를 흐르게 한다.

⑤ 페놀프탈레인 용액을 푸르게 한다.

정답 ⑤

해설 염기는 페놀프탈레인 용액을 붉게 한다.

내용요소	학교급	고 1	예상 정답률	60 %
	단 원	산과 염기의 반응		
평가목표	지시약의 종류와 반응을 안다.			

[문제 29] 다음의 지시약 중에서 산성과 중성 용액을 구분할 수 없는 것은 어느 것인가?

① 메틸오렌지 ② BTB

③ 페놀프탈레인 ④ 리트머스 종이

⑤ 붉은 양배추 용액

정답 ③

해설 페놀프탈레인 용액은 산성과 중성에서는 무색이고 염기성에서만 붉은색이다.

내용요소	학교급	고 1	예상 정답률	40 %
	단 원	산과 염기의 반응		
평가목표	지시약의 종류와 반응을 안다.			

[문제 30] 다음은 지시약이 산성, 중성, 염기성에서 어떻게 색을 나타내는지 나타내는 표이다. 표의 빈칸에 공통적으로 들어갈 색을 바르게 연결한 것은 어느 것인지 고르시오.

지시약	산성	중성	염기성
페놀프탈레인 용액			가
메틸오렌지 용액	가		
리트머스 용액	가		나
BTB 용액			나

	가	나		가	나
①	붉은색	푸른색	②	붉은색	초록색
③	초록색	노란색	④	노란색	주황색
⑤	푸른색	붉은색			

정답 ①

해설

지시약	산성	중성	염기성
페놀프탈레인 용액	무색	무색	붉은색
메틸오렌지 용액	붉은색	주황색	노란색
리트머스 용액	붉은색	보라색	푸른색
BTB 용액	노란색	녹색	푸른색

내용요소	학교급	고 1	예상 정답률	80 %
	단 원	산과 염기의 반응		
평가목표	중화 반응이 무엇인지 안다.			

[문제 31] 농도가 같은 염산과 수산화나트륨 수용액을 같은 양씩 섞으면 염화나트륨과 이것이 생긴다. 이것은 염산의 수소 이온과 수산화나트륨의 수산화 이온이 결합한 것이다. 이것은 무엇인가?

① 수소　② 이산화탄소　③ 오존
④ 물　⑤ 산소

정답 ④

해설 산성과 염기성이 만나면 물과 염이 생긴다.

<table>
<tr><td rowspan="2">내용요소</td><td>학교급</td><td>고 1</td><td rowspan="2">예상
정답률</td><td rowspan="2">70 %</td></tr>
<tr><td>단 원</td><td>산과 염기의 반응</td></tr>
<tr><td>평가목표</td><td colspan="4">중화 반응이 무엇인지 안다.</td></tr>
</table>

[문제 32] 개미에게 물리면 쓰리고 아프다. 이것은 개미가 물 때 포름산이 분비되기 때문이다. 개미에게 물렸을 때 쓰리고 아픈 것을 없애기 위해서 바르는 것으로 올바른 것을 고르시오.

① 염산
② 암모니아수
③ 페놀프탈레인 용액
④ 묽은 아세트산
⑤ 물

정답 ②

해설 산과 염기는 중화 반응을 한다. 개미의 포름산을 중화시키기 위해서는 염기성인 암모니아수가 필요하다.

<table>
<tr><td rowspan="2">내용요소</td><td>학교급</td><td>고 1</td><td rowspan="2">예상
정답률</td><td rowspan="2">40 %</td></tr>
<tr><td>단 원</td><td>반응 속도</td></tr>
<tr><td>평가목표</td><td colspan="4">반응 속도의 정의를 안다.</td></tr>
</table>

[문제 33] 화학 반응이 얼마나 빠르게 일어나는가의 정도를 반응 속도라고 한다. 반응 속도를 바르게 나타낸 것은 어느 것인지 옳은 것을 모두 고르시오.

① 반응 물질의 감소량 / 반응 시간
② 생성 물질의 증가량 / 반응 시간
③ 반응 물질과 생성 물질의 질량차 / 반응 시간
④ 반응 물질의 부피와 생성 물질의 부피차 / 반응 시간
⑤ 반응 물질과 생성 물질의 pH값 / 반응 시간

정답 ①, ②

내용요소	학교급	고 1	예상 정답률	70 %
	단 원	반응 속도		
평가목표	반응 속도를 계산할 수 있다.			

[문제 34] 다음은 일정량의 과산화수소가 분해됨에 따라 발생하는 산소 기체의 부피를 일정한 시간 간격으로 측정한 결과이다.

시간(초)	0	10	20	30	40	50	60	70	80
부피(mL)	0	19	35	47	54	58	59	60	60

반응 속도가 가장 빠른 구간은 어느 구간인가?

① 0초~10초
② 10초~20초
③ 20초~30초
④ 30초~40초
⑤ 40초~50초

정답 ①

해설 발생한 산소 기체의 부피가 가장 많은 구간이 반응 속도가 큰 구간이다.

내용요소	학교급	고 1	예상 정답률	50 %
	단 원	반응 속도		
평가목표	반응 속도에 영향을 주는 변인이 무엇인지 안다.			

[문제 35] 다음 중에서 반응 속도에 영향을 주는 변인으로만 묶은 것은 어느 것인지 고르시오.

① 온도, 농도, 촉매
② 농도, 촉매, 밀도
③ 촉매, 밀도, 부피
④ 밀도, 부피, 질량
⑤ 질량, 온도, 농도

정답 ①

<table>
<tr><td rowspan="2">내용요소</td><td>학교급</td><td>고 1</td><td rowspan="2">예상
정답률</td><td rowspan="2">60 %</td></tr>
<tr><td>단 원</td><td>반응 속도</td></tr>
<tr><td>평가목표</td><td colspan="4">반응 속도에 영향을 주는 변인이 무엇인지 안다.</td></tr>
</table>

[문제 36] 빵을 만들 때 효모를 넣는 것은 반응 속도를 변화시키기 위함이다. 효모가 어떤 역할을 하는가?

① 온도를 높여 반응을 촉진시킨다.
② 밀도가 높아져 반응이 빨리 된다.
③ 농도가 높아져 반응이 빨리 된다.
④ 부피가 커져 반응을 촉진시킨다.
⑤ 촉매 역할을 하여 발효를 촉진시킨다.

정답 ⑤

해설 효모는 촉매 역할을 한다. 효모가 밀가루 반죽의 발효를 촉진시킨다.

<table>
<tr><td rowspan="2">내용요소</td><td>학교급</td><td>고 1</td><td rowspan="2">예상 정답률</td><td rowspan="2">50 %</td></tr>
<tr><td>단 원</td><td>반응 속도</td></tr>
<tr><td>평가목표</td><td colspan="4">반응 속도에 대하여 안다.</td></tr>
</table>

[문제 37] 다음 그림은 탄산칼슘이 묽은 염산과 반응할 때, 시간에 따른 반응 물질의 질량을 측정한 것이다. 반응 속도가 가장 느린 구간과 가장 빠른 구간은 어느 곳인가?

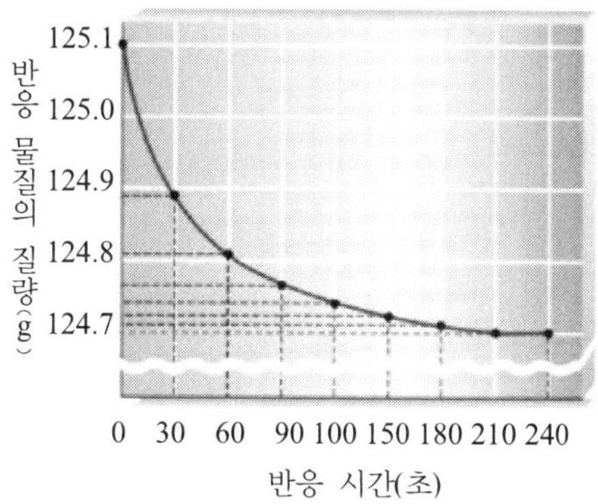

	가장 빠른 구간	가장 느린 구간
①	0초~ 30초	60초~ 90초
②	90초~100초	100초~150초
③	150초~180초	180초~210초
④	180초~210초	210초~240초
⑤	210초~240초	0초~ 30초

정답 ⑤

내용요소	학교급	고 1	예상 정답률	70 %
	단 원	반응 속도		
평가목표	반응 속도에 대하여 안다.			

[문제 38] 다음은 반응 속도에 대한 설명이다. 바르지 않은 것을 고르시오.

① 산과 금속의 반응은 빠른 반응이다.

② 물에 묻은 못이 녹스는 것은 느린 반응에 의한 결과이다.

③ 음식물을 냉장고에 보관하는 것은 온도를 낮게 하여 반응 속도를 늦추는 것이다.

④ 쇠를 녹일 때 풀무질을 하는 것은 산소의 농도를 증가시켜 연소 반응 속도를 빠르게 하는 것이다.

⑤ 빵을 만들 때 효모를 넣는 것은 효모가 온도를 상승시켜 반응 속도를 빠르게 하는 것이다.

정답 ⑤

해설 효모는 촉매 역할을 하여 반응 속도를 빠르게 하는 것이다.

내용요소	학교급	고 1	예상 정답률	70 %
	단 원	물질대사		
평가목표	효소에 대하여 안다.			

[문제 39] 다음 글에서 괄호 안에 들어갈 말은 무엇인가?

> 소화되어 흡수된 영양소는 체내에서 다른 물질로 합성하는 데 이용되거나 에너지를 얻기 위해 더 작은 물질로 분해된다. 이런 모든 화학 반응은 체온의 범위에서 일어나기 힘들기 때문에 이 과정을 촉진시키는 (　　)가 필요하다.

① 물질대사 ② 효소

③ 효모 ④ 최적 온도

⑤ 최적 pH

정답 ②

내용요소	학교급	고 1	예상 정답률	40 %
	단 원	물질대사		
평가목표	효소의 특성에 대하여 안다.			

[문제 40] 다음 그림은 열쇠로 자물쇠를 여는 모양과 소화 기관에서 엿당이 말타아제라는 효소의 작용을 받아 포도당으로 분해되는 모습을 나타낸 것이다. 이 그림에서는 효소의 어떤 특성을 말하는 것인가?

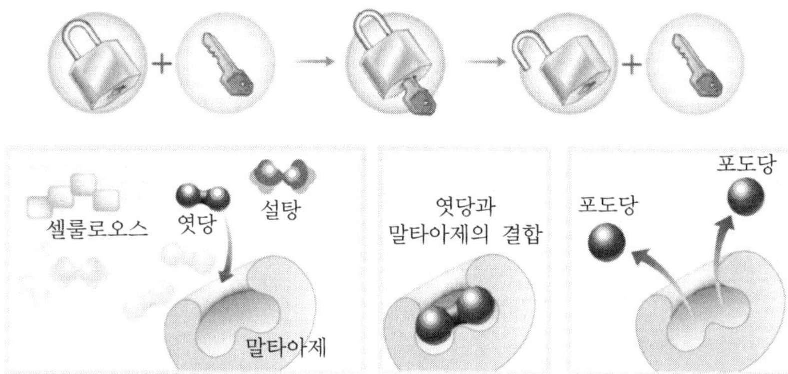

① 효소는 자신과 반응할 수 있는 특정한 한 가지 물질과 반응한다.

② 효소는 특정한 모양을 가지고 있다.

③ 효소는 복사할 수 없으며 다시 만들어지지 않는다.

④ 모든 효소는 한 가지 종류로 만들어져 있기 때문에 그 구조는 기본적으로 같다.

⑤ 효소를 분해하기 위해서는 특정한 열쇠 역할을 하는 물질이 필요하다.

정답 ①

해설 효소가 갖는 특징으로 효소는 자신과 반응할 수 있는 특정한 한 가지 물질과 반응한다.

내용요소	학교급	고 1	예상 정답률	60 %
	단 원	물질대사		
평가목표	효소 작용의 조건에 대하여 안다.			

[문제 41] 다음 그림은 효소와 온도와의 관계를 나타낸 것이다. 효소의 작용과 온도에 대하여 잘못 설명한 것은 어느 것인가?

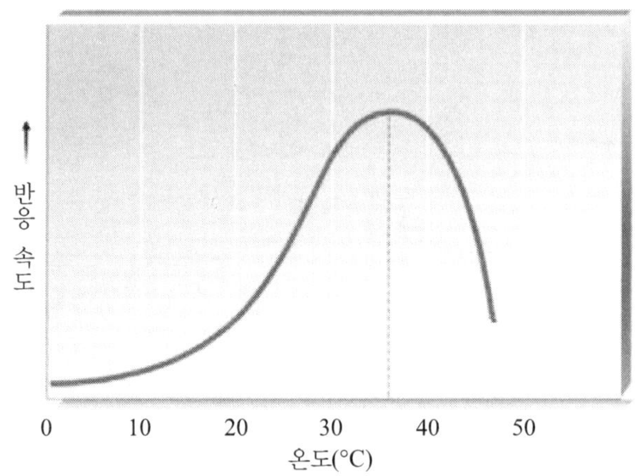

① 온도가 매우 낮을 때는 반응 속도가 느리다.
② 최적 온도까지 온도가 높아지면 높아질수록 반응 속도는 점차 증가한다.
③ 일반적으로 온도가 너무 높아지면 반응 속도는 오히려 감소한다.
④ 사람의 체온 범위에서 가장 활발하게 작용하며 이때의 온도를 최적 온도라고 한다.
⑤ 반죽을 냉장고에 보관하는 이유는 반응 속도를 높이기 위해서이다.

정답 ⑤

해설 냉장고 속에서는 온도가 낮기 때문에 반응 속도가 느려진다.

<table>
<tr><td rowspan="2">내용요소</td><td>학교급</td><td>고 1</td><td rowspan="2">예상
정답률</td><td rowspan="2">60 %</td></tr>
<tr><td>단 원</td><td>물질대사</td></tr>
<tr><td>평가목표</td><td colspan="4">효소 작용의 조건에 대하여 안다.</td></tr>
</table>

[문제 42] 다음 중에서 효소 작용에 영향을 주는 요인으로만 묶인 것은 어느 것인가?

① 온도, pH
② pH, 색
③ 색, 부피
④ 부피, 습도
⑤ 습도, 온도

정답 ①

<table>
<tr><td rowspan="2">내용요소</td><td>학교급</td><td>고 1</td><td rowspan="2">예상
정답률</td><td rowspan="2">60 %</td></tr>
<tr><td>단 원</td><td>물질대사</td></tr>
<tr><td>평가목표</td><td colspan="4">광합성에서 빛과 식물의 생장과의 관계에 대하여 안다.</td></tr>
</table>

[문제 43] 빛의 세기가 광합성에 미치는 영향을 바르게 설명한 것은 어느 것인가?

① 빛의 세기는 광합성과 아무런 영향이 없다.
② 빛의 세기가 세지면 광합성량은 감소한다.
③ 빛의 세기가 세질수록 광합성량은 계속 증가한다.
④ 빛의 세기가 커지면 광합성량이 증가하다가 일정량이 지나면 오히려 감소한다.
⑤ 특정 빛의 세기에서 광합성량이 가장 작고 빛의 세기가 적을 때와 많을 때 증가한다.

정답 ④

해설 빛의 세기를 점차 강하게 하면 광합성량이 증가한다. 그러나 특정 세기(보상점)를 지나면 오히려 감소하게 된다.

내용요소	학교급	고 1	예상 정답률	60 %
	단 원	물질대사		
평가목표	광합성의 생성물질에 대하여 안다.			

[문제 44] 다음 그림은 광합성 결과 생성되는 물질이 무엇인지 알아보는 실험이다. 잎의 일부를 가리고 햇빛에 노출시켜 그 이후 잎을 따서 그림과 같은 처리를 하였다. 은박지로 가린 부분과 가리지 않은 부분에 색의 차이가 나타났는데, 이 실험결과, 광합성으로 생성된 물질은 무엇인가?

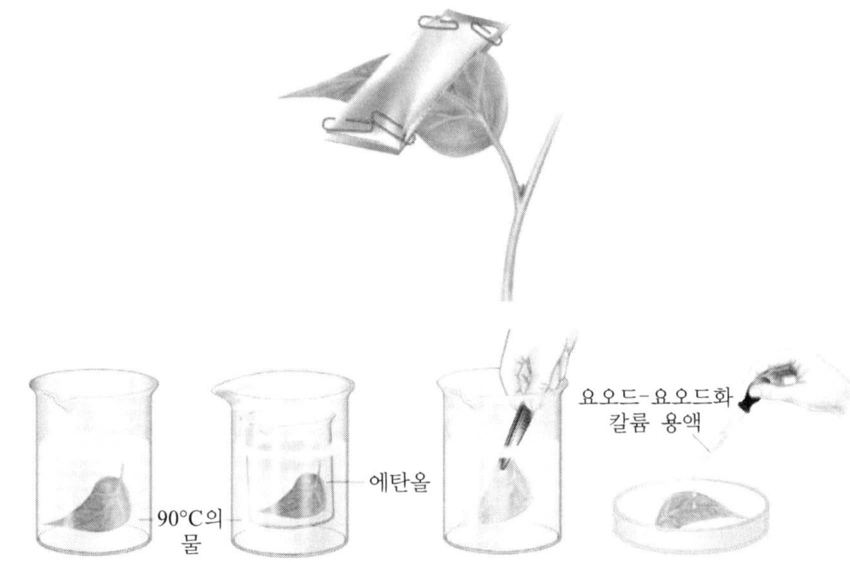

(가) 잎을 뜨거운 물에 30초 정도 담근다. (나) 에탄올 속에 담근 잎을 중탕한다. (다) 물로 씻어 낸다. (라) 요오드-요오드화칼륨 용액을 떨어뜨린다.

① 녹말 ② 지방 ③ 단백질
④ 비타민 ⑤ 무기질

정답 ①

내용요소	학교급	고 1	예상 정답률	60 %
	단 원	물질대사		
평가목표	연소와 호흡의 공통점을 안다.			

[문제 45] 다음 [보기] 중에서 연소와 호흡의 공통점을 바르게 묶은 것은?

[보기]

가. 반응이 매우 빠른 속도로 이루어진다.
나. 에너지를 방출하는 발열 반응이다.
다. 생물 에너지가 화학 에너지로 전환되는 반응이다.
라. 반응의 결과로 이산화탄소가 발생한다.

① 가, 나
② 나, 라
③ 가, 나, 다
④ 나, 다, 라
⑤ 가, 나, 다, 라

정답 ②

내용요소	학교급	고 1	예상 정답률	60 %
	단 원	자극과 반응		
평가목표	시세포의 종류에 대해 안다.			

[문제 46] 다음 글에서 괄호 속에 포함되는 세포를 순서대로 바르게 나타낸 것은 어느 것인가?

시세포의 종류에는 (　　　)와 (　　　)가 있다. (　　　)는 주로 망막의 황반 부분에 많이 분포하며, 밝은 곳에서 작용하여 물체의 명암과 형태는 물론이고 색깔까지 구분한다. (　　　)는 원추세포보다 그 수가 많고 어두운 곳에서 작용하여 물체의 명암과 형태를 구분한다.

① 원추세포, 간상세포, 원추세포, 간상세포
② 간상세포, 반고리관세포, 간상세포, 반고리관세포
③ 반고리관세포, 미뢰세포, 반고리관세포, 미뢰세포
④ 미뢰세포, 폐포, 미뢰세포, 폐포
⑤ 폐포, 원추세포, 폐포, 원추세포

정답 ①

<table>
<tr><td rowspan="2">내용요소</td><td>학교급</td><td>고 1</td><td rowspan="2">예상 정답률</td><td rowspan="2">60 %</td></tr>
<tr><td>단 원</td><td>자극과 반응</td></tr>
<tr><td>평가목표</td><td colspan="4">눈의 이상에 대하여 안다.</td></tr>
</table>

[문제 47] 다음 그림과 같이 상이 망막의 앞에 맺히는 눈의 이상을 무엇이라고 하는가?

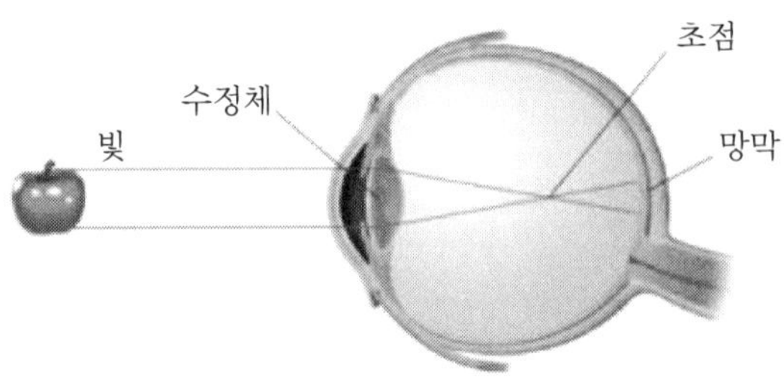

① 근시 ② 원시
③ 난시 ④ 색맹
⑤ 녹내장

정답 ①

내용요소	학교급	고 1	예상 정답률	70 %
	단 원	자극과 반응		
평가목표	귀의 구조와 작용에 대하여 안다.			

※ [문제 48~49] 다음은 귀의 구조를 나타낸 것이다.

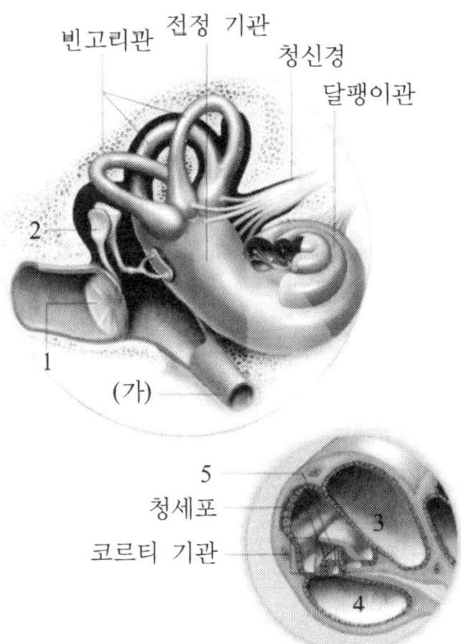

[문제 48] 다음은 어느 것에 대한 설명인가?

통낭과 소낭이라는 두 개의 주머니로 구성되어 있다. 이 속에는 섬모가 달려 있는 감각 세포가 있고, 그 위에 청사라는 작은 탄산칼슘 알갱이가 늘어서 있다. 몸이 기울면 중력에 의해 청사가 움직여서 감각 세포의 섬모를 자극하게 되어 기울기를 느끼게 된다.

① 반고리관　② 전정기관　③ 청신경
④ 달팽이관　⑤ 코르티 기관

정답 ②

<table>
<tr><td rowspan="2">내용요소</td><td>학교급</td><td>고 1</td><td rowspan="2">예상
정답률</td><td rowspan="2">70 %</td></tr>
<tr><td>단 원</td><td>자극과 반응</td></tr>
<tr><td>평가목표</td><td colspan="4">귀의 구조와 작용에 대하여 안다.</td></tr>
</table>

[문제 49] 다음은 어느 것에 대한 설명인가?

> 내부는 림프로 가득 차 있고 아래쪽 팽대부에는 섬모가 달려 있는 감각 세포가 있다. 몸을 회전시키면 관성에 의해 림프가 감각 세포의 섬모를 자극하여 회전 감각을 익히게 된다.

① 반고리관 ② 전정기관 ③ 청신경
④ 달팽이관 ⑤ 코르티 기관

정답 ①

<table>
<tr><td rowspan="2">내용요소</td><td>학교급</td><td>고 1</td><td rowspan="2">예상
정답률</td><td rowspan="2">50 %</td></tr>
<tr><td>단 원</td><td>자극과 반응</td></tr>
<tr><td>평가목표</td><td colspan="4">맛을 느끼는 경로에 대하여 안다.</td></tr>
</table>

[문제 50] 다음 중에서 맛을 느끼는 경로를 바르게 나타낸 것은 어느 것인가?

① 액체 상태의 화학 물질 → 미신경 → 유두 → 미뢰 → 미세포 → 대뇌(미각 중추)
② 액체 상태의 화학 물질 → 미세포 → 미신경 → 유두 → 미뢰 → 대뇌(미각 중추)
③ 액체 상태의 화학 물질 → 미뢰 → 미세포 → 미신경 → 유두 → 대뇌(미각 중추)
④ 액체 상태의 화학 물질 → 미뢰 → 유두 → 미세포 → 미신경 → 대뇌(미각 중추)
⑤ 액체 상태의 화학 물질 → 유두 → 미뢰 → 미세포 → 미신경 → 대뇌(미각 중추)

정답 ⑤

<table>
<tr><td rowspan="2">내용요소</td><td>학교급</td><td>고 1</td><td rowspan="2">예상
정답률</td><td rowspan="2">50 %</td></tr>
<tr><td>단 원</td><td>자극과 반응</td></tr>
<tr><td>평가목표</td><td colspan="4">반사에 대하여 안다.</td></tr>
</table>

[문제 51] 끓고 있는 냄비에 손을 대었을 때 자신도 모르게 손을 움츠리게 된다. 이와 같이 어떤 자극이 갑자기 주어졌을 때 대뇌와 관계없이 무의식적으로 일어나는 행동을 무엇이라고 하는가?

① 소선 ② 반응 ③ 반사
④ 조절 ⑤ 전달

정답 ③

<table>
<tr><td rowspan="2">내용요소</td><td>학교급</td><td>고 1</td><td rowspan="2">예상
정답률</td><td rowspan="2">50 %</td></tr>
<tr><td>단 원</td><td>자극과 반응</td></tr>
<tr><td>평가목표</td><td colspan="4">혈당량 조절에 대하여 안다.</td></tr>
</table>

[문제 52] 혈당량이 높아지는 경우 혈당량이 조절되는 과정을 나타낸 다음의 괄호 속에 들어갈 말을 순서대로 바르게 나타낸 것은 무엇인가?

혈당량 증가 → 간뇌의 시상 하부 → ( )신경 → 이자의 랑게르한스섬 β 세포 → ( ) 분비 → 포도당/글리코겐 합성 반응 촉진 → 혈당량 감소

① 교감, 글루카곤 ② 교감, 인슐린
③ 부교감, 글루카곤 ④ 부교감, 인슐린

정답 ②

<table>
<tr><td rowspan="2">내용요소</td><td>학교급</td><td>고 1</td><td rowspan="2">예상 정답률</td><td rowspan="2">50 %</td></tr>
<tr><td>단 원</td><td>자극과 반응</td></tr>
<tr><td>평가목표</td><td colspan="4">항상성과 피드백 원리에 대하여 안다.</td></tr>
</table>

[문제 53] 괄호 속에 들어갈 공통인 말은 무엇인가?

> 호르몬은 항상성을 유지하는 것이 매우 중요하다. 호르몬은 ( )원리에 의해서 그 분비량이 조절되는데, 어떤 원인에 의해 나타난 결과가 그 원인에 다시 영향을 주어 변화를 일으키는 현상을 ( )(이)라고 한다.

① 조절　② 피드백　③ 기능촉진
④ 인프라　⑤ 신경성

정답 ②

<table>
<tr><td rowspan="2">내용요소</td><td>학교급</td><td>고 1</td><td rowspan="2">예상 정답률</td><td rowspan="2">50 %</td></tr>
<tr><td>단 원</td><td>생식</td></tr>
<tr><td>평가목표</td><td colspan="4">정자의 형성 과정에 대하여 안다.</td></tr>
</table>

[문제 54] 정원세포에서 제1정모세포가 될 때 일어나는 세포 분열과 제1정모세포에서 제2정모세포가 될 때 일어나는 세포 분열을 순서대로 바르게 나타낸 것은?

① 체세포 분열, 체세포 분열　② 체세포 분열, 감수 분열
③ 감수 분열, 체세포 분열　④ 감수 분열, 감수 분열

정답 ②

해설 정원 세포에서 제1정모세포가 될 때 일어나는 세포 분열은 체세포 분열로서, 세포 수를 늘리고 세포를 생장시키는 과정이다. 제1정모세포에서 제2정모세포가 될 때 일어나는 세포 분열은 감수 분열이므로 염색체 수가 반으로 줄어든다.

<table>
<tr><td rowspan="2">내용요소</td><td>학교급</td><td>고 1</td><td rowspan="2">예상
정답률</td><td rowspan="2">40 %</td></tr>
<tr><td>단 원</td><td>생식</td></tr>
<tr><td>평가목표</td><td colspan="4">정자와 난자의 형성 과정에 대하여 안다.</td></tr>
</table>

[문제 55] 한 개의 제1정모세포와 한 개의 제1난모세포는 감수 분열을 통해서 각각 몇 개의 정자와 난자가 만들어지는가?

① 정자 1개, 난자 1개
② 정자 2개, 난자 2개
③ 정자 4개, 난자 1개
④ 정자 4개, 난자 2개
⑤ 정자 1개, 난자 4개

정답 ③

해설 생식 세포는 2회의 감수 분열을 통해서 각각 4개의 세포(딸세포)가 만들어진다. 그러나 난모 세포는 분열 결과 극체가 3개 만들어지고 난자는 1개만 만들어진다.

<table>
<tr><td rowspan="2">내용요소</td><td>학교급</td><td>고 1</td><td rowspan="2">예상
정답률</td><td rowspan="2">40 %</td></tr>
<tr><td>단 원</td><td>생식</td></tr>
<tr><td>평가목표</td><td colspan="4">체세포 분열과 감수 분열에 대하여 안다.</td></tr>
</table>

[문제 56] 다음 표는 체세포 분열과 감수 분열을 비교한 것이다. 바르지 못한 것은 어느 것인지 고르시오.

	구분	체세포 분열	감수 분열
①	분열 장소	몸을 구성하는 세포	생식 기관
②	분열 시기	체세포 형성	생식 세포 형성
③	분열 횟수	1회	2회
④	염색체 수	2n → n	2n → 2n
⑤	딸세포 수	2개	4개

정답 ④

해설 체세포 분열은 염색체 수가 줄어들지 않고(2n → 2n), 감수 분열은 분열 결과 염색체 수가 반으로 줄어든다(2n → n).

<table>
<tr><td rowspan="2">내용요소</td><td>학교급</td><td>고 1</td><td rowspan="2">예상 정답률</td><td rowspan="2">60 %</td></tr>
<tr><td>단 원</td><td>생식</td></tr>
<tr><td>평가목표</td><td colspan="4">수정과 착상 과정에 대하여 안다.</td></tr>
</table>

[문제 57] 다음 그림은 수정에서 착상까지 이루어지는 과정을 나타낸 것이다. 정자와 난자가 만나 수정이 이루어지는 곳은 어디인가?

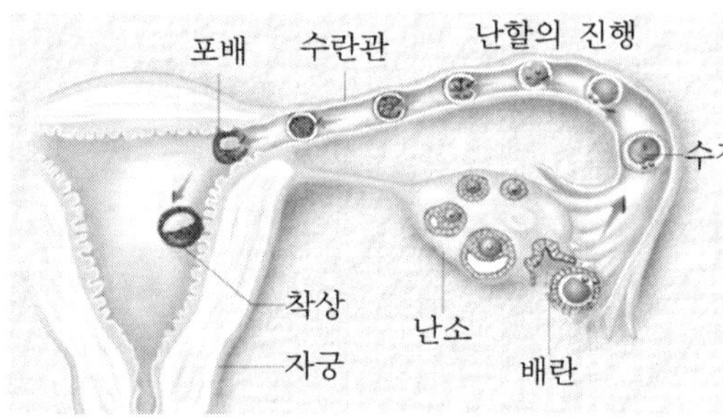

① 난소 ② 자궁 ③ 수란관 상부
④ 수란관 하부 ⑤ 나팔관

정답 ③

<table>
<tr><td rowspan="2">내용요소</td><td>학교급</td><td>고 1</td><td rowspan="2">예상 정답률</td><td rowspan="2">40 %</td></tr>
<tr><td>단 원</td><td>생식</td></tr>
<tr><td>평가목표</td><td colspan="4">생식과 관련된 호르몬에 대하여 안다.</td></tr>
</table>

[문제 58] 다음 표는 생식과 관련된 호르몬과 분비 장소, 기능을 설명한 것이다. 잘못 설명한 것은 어느 것인가?

	호르몬 종류	분비 장소	기능
①	여포 자극 호르몬	뇌하수체	여포의 성숙
②	황체 형성 호르몬	뇌하수체	배란 촉진
③	에스트로겐	난소	자궁벽을 두텁게 함. 2차 성징
④	프로게스테론	뇌하수체	에스트로겐 분비 조절
⑤	자궁 수축 호르몬	뇌하수체	분만 시 자궁 수축

정답 ④

해설 프로게스테론은 난소에서 분비되며 자궁벽 발달 및 유지의 기능을 한다.

내용요소	학교급	고 1	예상 정답률	60 %
	단 원	지구의 변동		
평가목표	지진대와 화산대에 대해 안다.			

[문제 59] 다음 중 '불의 고리'와 관련이 있는 것은 무엇인가?

① 알프스-히말라야 지진대
② 환태평양 지진・화산대
③ 중앙 해령 지진・화산대
④ 동아프리카 화산대
⑤ 대서양 화산대

정답 ②

해설 태평양 주변 지역에서는 화산이 고리 모양을 이루며 분포하고 있고 화산 활동의 대부분이 발생하기 때문에, 이 지역을 '불의 고리'라고 부른다.

내용요소	학교급	고 1	예상 정답률	30 %
	단 원	지구의 변동		
평가목표	판의 경계에서 볼 수 있는 지형의 종류에 대해 안다.			

[문제 60] 다음 [보기] 중에서 두 판이 만나는 수렴형 경계에서 볼 수 있는 지형을 모두 고른 것은?

[보기]

㉠ 호상 열도 ㉡ 열곡 ㉢ 해구
㉣ 해령 ㉤ 대산맥 ㉥ 변환 단층

① ㉠, ㉡, ㉣ ② ㉠, ㉢, ㉣ ③ ㉠, ㉢, ㉤
④ ㉡, ㉢, ㉥ ⑤ ㉤, ㉣, ㉥

정답 ③

해설 판의 경계에서 볼 수 있는 지형

- 수렴형 경계: 호상 열도, 대산맥, 해구
- 발산형 경계: 해령, 열곡
- 보존형 경계: 변환 단층

<table>
<tr><td rowspan="2">내용요소</td><td>학교급</td><td>고 1</td><td rowspan="2">예상
정답률</td><td rowspan="2">30 %</td></tr>
<tr><td>단 원</td><td>지구의 변동</td></tr>
<tr><td>평가목표</td><td colspan="4">보존형 경계의 특징에 대해 안다.</td></tr>
</table>

[문제 61] 아래 그림은 두 판의 경계와 이동 방향을 나타낸 것이다. 이 경계의 명칭과 관련된 지형을 바르게 연결한 것은?

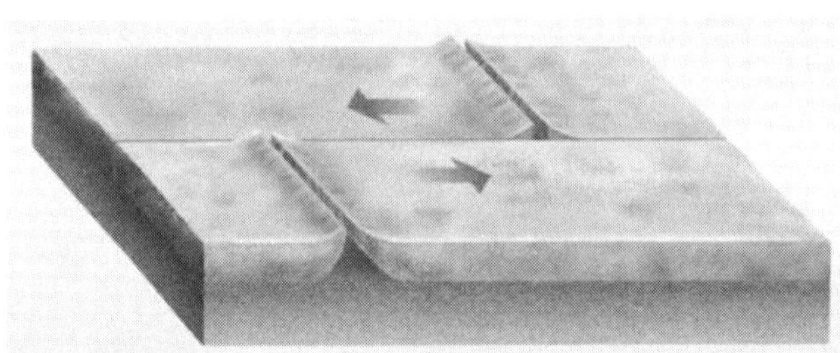

① 발산형 경계 – 해령, 열곡
② 수렴형 경계 – 해구, 호상 열도
③ 보존형 경계 – 변환 단층
④ 발산형 경계 – 해령, 해구
⑤ 보존형 경계 – 변환 단층

정답 ⑤

해설 판의 경계에서 볼 수 있는 지형

- 수렴형 경계: 호상 열도, 대산맥, 해구
- 발산형 경계: 해령, 열곡
- 보존형 경계: 변환 단층

그림은 두 판이 엇갈려 이동하는 보존형 경계이다.

<table>
<tr><td rowspan="2">내용요소</td><td>학교급</td><td>고 1</td><td rowspan="2">예상
정답률</td><td rowspan="2">30 %</td></tr>
<tr><td>단 원</td><td>지구의 변동</td></tr>
<tr><td>평가목표</td><td colspan="4">해양 지각의 생성과 퇴적층의 두께 사이의 관계를 안다.</td></tr>
</table>

[문제 62] 다음 그림은 두 판의 경계와 이동 방향을 나타낸 것이다. 이 경계에 대한 설명 중 <u>틀린</u> 것은?

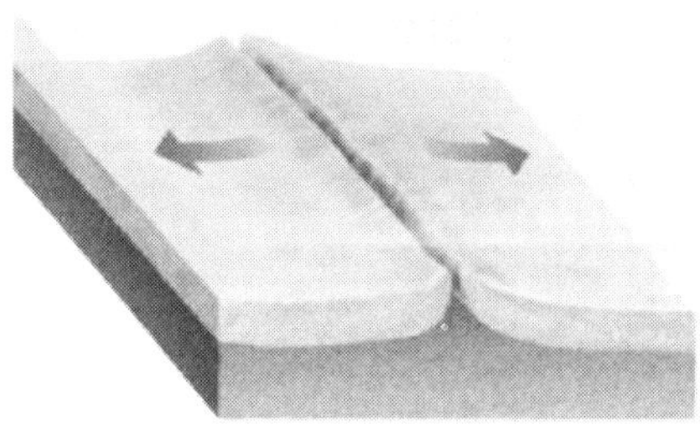

① 두 판 사이에서 새로운 해양판이 생성된다.

② 해령으로부터 멀어질수록 해양 지각을 이루는 현무암의 절대 연령이 증가한다.

③ 해령으로부터 멀어질수록 해양 지각 위에 있는 퇴적층의 두께가 감소한다.

④ 두 판 사이의 경계에서 화산 활동이 일어난다.

⑤ 홍해와 동아프리카 열곡대도 이와 같은 종류의 경계이다.

정답 ③

해설 해양에서 퇴적되는 양은 시간에 비례하므로 퇴적층의 두께는 해령으로부터 멀어질수록 증가한다.

<table>
<tr><td rowspan="2">내용요소</td><td>학교급</td><td>고 1</td><td rowspan="2">예상 정답률</td><td rowspan="2">30 %</td></tr>
<tr><td>단 원</td><td>지구의 변동</td></tr>
<tr><td>평가목표</td><td colspan="4">판의 경계의 종류와 예를 안다.</td></tr>
</table>

[문제 63] 다음 [보기] 중에서 두 판이 만나는 수렴형 경계에 해당하는 지역을 모두 고른 것은?

[보기]

㉠ 일본 열도 부근 ㉡ 히말라야 산맥 부근 ㉢ 동아프리카 열곡대
㉣ 산안드레아스 단층 ㉤ 남미 안데스 산맥 부근

① ㉠, ㉡, ㉣ ② ㉠, ㉡, ㉤ ③ ㉠, ㉢, ㉣
④ ㉡, ㉢, ㉤ ⑤ ㉢, ㉣, ㉤

정답 ②

해설 • 수렴형 경계 : 일본 열도 부근, 히말라야 산맥 부근, 남미 안데스 산맥 부근
• 발산형 경계 : 동아프리카 열곡대
• 보존형 경계 : 산안드레아스 단층

<table>
<tr><td rowspan="2">내용요소</td><td>학교급</td><td>고 1</td><td rowspan="2">예상 정답률</td><td rowspan="2">30 %</td></tr>
<tr><td>단 원</td><td>지구의 변동</td></tr>
<tr><td>평가목표</td><td colspan="4">판의 경계와 예에 대해 안다.</td></tr>
</table>

[문제 64] 다음 중 두 판이 만나는 경계 지역과 관련된 판의 명칭이 올바르게 연결된 것은?

① 일본 열도 부근 : 남아메리카 판과 아프리카 판
② 히말라야 산맥 부근 : 태평양 판과 유라시아 판
③ 남미 안데스 산맥 부근 : 인도-오스트레일리아 판과 유라시아 판
④ 산안드레아스 단층 : 코코스 판과 북아메리카 판
⑤ 대서양 중앙 해령 : 나즈카 판과 남아메리카 판

정답 ④

해설 • 일본 열도 부근 : 태평양 판과 유라시아 판
• 히말라야 산맥 부근 : 인도-오스트레일리아 판과 유라시아 판
• 남미 안데스 산맥 부근 : 나즈카 판과 남아메리카 판
• 산안드레아스 단층 : 코코스 판과 북아메리카 판
• 대서양 중앙 해령 : 남아메리카 판과 아프리카 판

<table>
<tr><td rowspan="2">내용요소</td><td>학교급</td><td>고 1</td><td rowspan="2">예상
정답률</td><td rowspan="2">60 %</td></tr>
<tr><td>단 원</td><td>대기와 해양</td></tr>
<tr><td>평가목표</td><td colspan="4">해저 지형의 종류와 특징을 안다.</td></tr>
</table>

[문제 65] 다음 중 해구(海溝)가 가장 잘 발달하는 곳은?

① 대륙 사면이 대륙대로 연속되지 않고 심해저와 만나는 곳

② 지각 활동이 활발하여 해저 화산이 많은 곳

③ 심해저 평원에 평정해산(기요)이 있는 곳

④ 해저에서 새로운 지각이 생겨나는 곳

⑤ 대륙붕이 대륙대와 만나는 곳

정답 ①

해설 해구(海溝, trench)는 심해저에서 좁고 길며 움푹 들어간 지형으로 대륙 사면이 대륙대로 연속되지 않고 심해저와 만나 깊은 계곡을 이루는 곳에 발달한다.
※주의: 해구(海丘)와 혼동하지 말 것

내용요소	학교급	고 1	예상 정답률	60 %
	단 원	대기와 해양		
평가목표	우리나라 주변 바다의 특징을 안다.			

[문제 66] 다음 중 우리나라 주변의 바다에 대한 설명 중 <u>틀린</u> 것은?

① 동해는 해저 지형의 경사가 급하다.

② 황해는 수심이 매우 얕고 대륙붕이 발달하였다.

③ 우리나라 주변으로 흐르는 북한 한류는 리만 해류의 지류이다.

④ 표층 염분은 2월보다 8월이 높다.

⑤ 우리나라 주변으로 흐르는 난류는 염분이 높고 용존 산소량이 적다.

정답 ④

해설 표층 염분은 2월이 8월보다 높다.

내용요소	학교급	고 1	예상 정답률	60 %
	단 원	대기와 해양		
평가목표	일기도를 해석할 수 있다.			

[문제 67] 그림은 우리나라와 주변의 일기도이다. 이 일기도에 대한 설명으로 가장 옳은 것은?

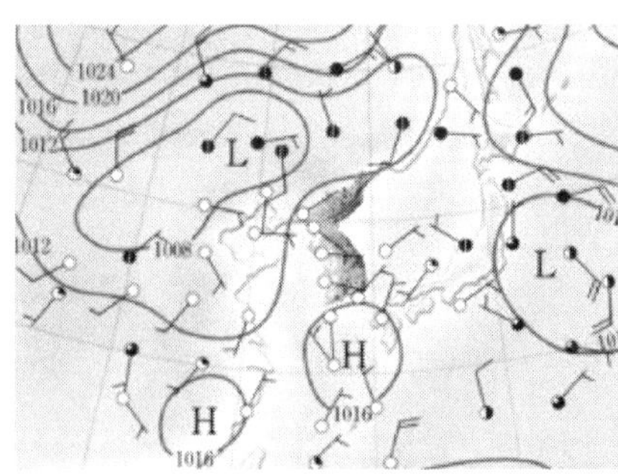

① 이동성 저기압이 동쪽에서 우리나라로 접근하고 있다.

② 우리나라 남쪽에서 장마 전선이 올라오고 있다.

③ 태풍이 우리나라를 지나 중국대륙에 상륙하였다.

④ 우리나라는 바람이 10 m/s 정도로 불고 있다.

⑤ 우리나라의 하늘은 맑고 쾌청하다.

정답 ⑤

해설 ① 우리나라 주변의 기압은 서쪽에서 동쪽으로 이동한다.

④ 우리나라는 바람이 2 m/s 정도로 불고 있다.

⑤ 일기도 기호에서 원 안에 표시된 구름의 양이 없는 것으로 보아 우리나라의 하늘은 맑고 쾌청하다.

내용요소	학교급	고 1	예상 정답률	60 %
	단 원	대기와 해양		
평가목표	일기도를 해석할 수 있다.			

[문제 68] 온난 전선과 한랭 전선의 특징 중 잘못된 것은 어느 것인가?

	온난 전선	한랭 전선
① 선선면의 경사	완만함	급함
② 구름의 형태	층운형	적운형
③ 강수 구역	전선 앞쪽(넓음)	전선 뒤쪽(좁음)
④ 이동 속도	느림	빠름
⑤ 전선 통과 후의 변화	기온 하강	기온 상승

정답 ⑤

해설 온난 전선이 통과한 후에는 기온이 상승하고, 한랭 전선이 통과한 후에는 기온이 하강한다.

내용요소	학교급	고 1	예상 정답률	60 %
	단 원	대기와 해양		
평가목표	우리나라 동해안의 겨울철 기온에 영향을 주는 요인을 안다.			

[문제 69] 다음 [보기] 중에서 겨울철에 동해안이 같은 위도의 서해안보다 따뜻한 원인을 모두 고른 것은?

[보기]
㉠ 동한 난류의 영향 ㉡ 온난 전선의 영향 ㉢ 화산 활동
㉣ 푄 현상 ㉤ 남고북저형의 기압 배치

① ㉠, ㉡ ② ㉠, ㉣ ③ ㉡, ㉢
④ ㉡, ㉤ ⑤ ㉢, ㉣

정답 ②

해설
- 동해안을 따라 북상하는 동한 난류의 영향으로 동해안의 기온이 높아진다.
- 차가운 북서 계절풍이 서해안의 기온을 낮게 하는데, 이 북서 계절풍이 태백산맥을 넘어 동해안에 도달할 때, 푄 현상에 의해 기온이 높아진다.

내용요소	학교급	고 1	예상 정답률	60 %
	단 원	대기와 해양		
평가목표	해수의 염분에 영향을 주는 요인을 안다.			

[문제 70] 다음 중 우리나라 해수의 염분이 겨울철보다 여름철에 낮은 이유로 가장 적절한 것은?

① 겨울에는 수온이 내려가 해양 동물의 활동이 활발하지 않기 때문이다.

② 여름에는 수온이 올라가 해수의 밀도가 낮아지기 때문이다.

③ 남쪽에서 올라오는 난류의 양이 여름에 더 많기 때문이다.

④ 겨울에는 해수의 대류 현상이 활발하지 않기 때문이다.

⑤ 강수량이 여름에 집중되어 있기 때문이다.

정답 ⑤

해설 우리나라는 강수량의 대부분이 여름에 집중되어 있기 때문에 해수의 염분이 겨울보다 여름에 낮다.

내용요소	학교급	고 1	예상 정답률	60 %
	단 원	대기와 해양		
평가목표	우리나라의 계절에 영향을 주는 기단과 성질에 대해 안다.			

[문제 71] 다음 중 우리나라의 장마에 영향을 주는 기단을 바르게 짝지은 것은?

① 북태평양 기단 – 양쯔 강 기단

② 적도 기단 – 양쯔 강 기단

③ 북태평양 기단 – 오호츠크 해 기단

④ 시베리아 기단 – 오호츠크 해 기단

⑤ 적도 기단 – 북태평양 기단

정답 ③

해설
- 장마: 북태평양 기단과 오호츠크 해 기단
- 태풍: 적도 기단
- 온난하고 건조한 봄과 가을: 양쯔 강 기단
- 기온이 높고 습한 여름: 북태평양 기단
- 춥고 건조한 겨울: 시베리아 기단

<table>
<tr><td rowspan="2">내용요소</td><td>학교급</td><td>고 1</td><td rowspan="2">예상
정답률</td><td rowspan="2">60 %</td></tr>
<tr><td>단 원</td><td>태양계와 은하</td></tr>
<tr><td>평가목표</td><td colspan="4">태양에 대류 현상이 일어나고 있다는 사실을 증거를 통해 안다.</td></tr>
</table>

[문제 72] 아래 그림은 각각 태양의 흑점과 쌀알 무늬이다. 이로부터 태양에 대해 알 수 있는 사실로 가장 적합한 것은 무엇인가?

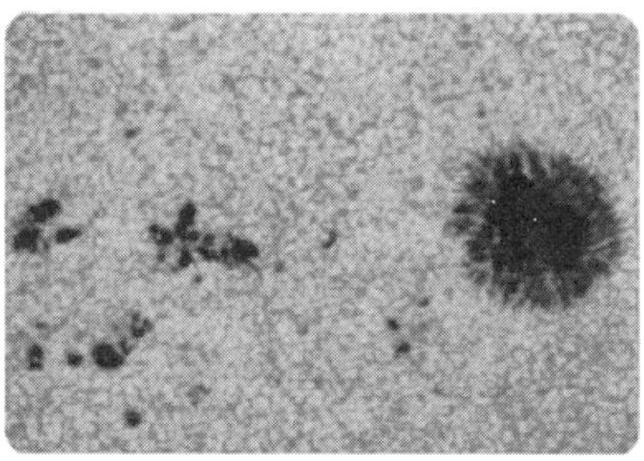

(가) 흑점

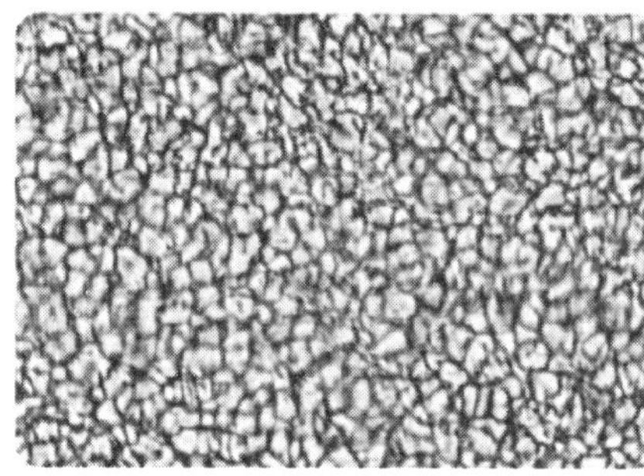

(나) 쌀알 무늬

① 태양의 온도는 최소한 10,000 °C 이상이다.

② 태양에도 단단한 암석이 있나.

③ 태양 내부에서 핵융합 반응이 일어나고 있다.

④ 내양에도 0 °C 이하인 부분이 존재한다.

⑤ 태양에 대류 현상이 일어나고 있다.

정답 ⑤

해설
- 흑점: 광구의 어떤 지점에서 매우 강한 자기장이 형성되면 에너지가 전달되는 대류가 잘 일어나지 못해 주변보다 온도가 떨어져 상대적으로 어둡게 보이는 것이다.
- 쌀알 무늬: 태양의 표면 아래에서 일어나는 대류에 의해 생기는 현상으로, 밝은 부분은 고온의 물질이 올라오는 곳이고, 어두운 부분은 식은 물질이 내려가는 곳이다.

두 현상 모두 대류 현상과 관계가 있다.

<table>
<tr><td rowspan="2">내용요소</td><td>학교급</td><td>고 1</td><td rowspan="2">예상
정답률</td><td rowspan="2">90 %</td></tr>
<tr><td>단 원</td><td>태양계와 은하</td></tr>
<tr><td>평가목표</td><td colspan="4">태양계 내 행성의 지위에 대한 논의에 대해 안다.</td></tr>
</table>

[문제 73] 다음 중 태양계의 행성에 속하지 않는 것은?

① 수성 ② 금성 ③ 천왕성

④ 해왕성 ⑤ 명왕성

정답 ⑤

해설 명왕성은 1930년에 발견된 이후 태양계의 9번째 행성으로 여겨져 왔으나, 2006년 8월 국제천문연맹에 의해 행성지위를 박탈당하였다. 이후 국제소행성센터로부터 '소행성 134340'이라는 새로운 명칭을 부여받았다.

<table>
<tr><td rowspan="2">내용요소</td><td>학교급</td><td>고 1</td><td rowspan="2">예상
정답률</td><td rowspan="2">50 %</td></tr>
<tr><td>단 원</td><td>태양계와 은하</td></tr>
<tr><td>평가목표</td><td colspan="4">태양계 내 행성의 특징에 대해 안다.</td></tr>
</table>

[문제 74] 다음 중 태양계의 행성과 특징을 잘못 연결한 것은?

① 수성 – 대기가 없다.

② 금성 – 태양계 최대의 화산인 올림푸스 화산이 있다.

③ 화성 – 극에는 극관이 있고, 곳곳에 물이 흐른 흔적이 보인다.

④ 목성 – 대기 순환에 의해 밝고 어두운 가로줄 무늬가 보인다.

⑤ 토성 – 고리가 있다.

정답 ②

해설 태양계 최대의 화산인 올림푸스 화산은 화성에 있다.

<table>
<tr><td rowspan="2">내용요소</td><td>학교급</td><td>고 1</td><td rowspan="2">예상
정답률</td><td rowspan="2">30 %</td></tr>
<tr><td>단 원</td><td>태양계와 은하</td></tr>
<tr><td>평가목표</td><td colspan="4">은하의 모양에 따라 분류할 수 있다.</td></tr>
</table>

[문제 75] 아래 그림은 여러 형태의 은하 모습이다. 정상 나선형 은하에 해당하는 것을 모두 고른 것은?

① ㉠, ㉡, ㉢　　② ㉠, ㉢, ㉣　　③ ㉡, ㉤, ㉧

④ ㉡, ㉢, ㉣　　⑤ ㉥, ㉦

정답 ②

해설 • 정상 나선 은하 : ㉠, ㉢, ㉣　　• 막대 나선 은하 : ㉡, ㉤, ㉧

• 타원 은하 : ㉦　　• 불규칙형 은하 : ㉥

<table>
<tr><td rowspan="2">내용요소</td><td>학교급</td><td>고 1</td><td rowspan="2">예상
정답률</td><td rowspan="2">30 %</td></tr>
<tr><td>단 원</td><td>태양계와 은하</td></tr>
<tr><td>평가목표</td><td colspan="4">지구형 행성과 목성형 행성의 특징을 안다.</td></tr>
</table>

[문제 76] 다음 중 목성형 행성의 특징을 설명한 것으로 잘못된 것은?

① 자전 주기가 지구형 행성보다 짧다.

② 평균 밀도가 지구형 행성보다 작다.

③ 질량이 지구형 행성보다 작다.

④ 크기가 지구형 행성보다 크다.

⑤ 위성의 수가 지구형 행성보다 많다.

정답 ③

해설 목성형 행성은 밀도가 낮지만 크기가 커서 질량이 지구형 행성보다 크다.

내용요소	학교급	고 1	예상 정답률	60 %
	단 원	태양계와 은하		
평가목표	별의 색깔이 다른 이유를 안다.			

[문제 77] 어떤 별은 붉게 보이고, 어떤 별은 푸르게 보인다. 이와 같이 별들의 색깔이 다른 이유로 가장 옳은 것은?

① 별 표면의 온도가 다르기 때문이다.

② 별의 크기가 다르기 때문이다.

③ 별의 이동 방향이 다르기 때문이다.

④ 별의 구성 성분이 다르기 때문이다.

⑤ 지구로부터의 거리가 다르기 때문이다.

정답 ①

해설 별의 표면 온도는 푸른색 별이 가장 높고, 붉은색 별이 가장 낮다.

내용요소	학교급	고 1	예상 정답률	30 %
	단 원	태양계와 은하		
평가목표	은하의 모양에 따라 분류할 수 있다.			

[문제 78] 다음 중 성단과 성운에 대한 설명이 잘못 짝지어진 것은?

① 산개 성단 – 은하 성단이라고도 하며, 탄생한 지 오래된 별들로 이루어져 있다.

② 구상 성단 – 붉은색을 띠며 우리 은하의 핵이나 은하를 둘러싸고 있는 헤일로 영역에 분포한다.

③ 발광 성운 – 별빛을 흡수하였다가 다시 방출하여 붉게 보인다.

④ 반사 성운 – 주위에 있는 밝은 별빛을 반사하여 푸르게 보인다.

⑤ 암흑 성운 – 뒤에서 오는 별빛을 차단하여 어둡게 보인다.

정답 ①

해설 산개 성단은 젊은 별들로 이루어져 있어 푸른색을 띤다.

2 과학 탐구 능력 검사도구

과학에서 탐구 능력은 과학의 내용 못지않게 상당히 중요하게 다루고 있는 내용이다. 교육과정에서도 과학 탐구 능력을 강조하고 있다. 탐구 능력은 기본적 탐구 능력으로 관찰, 측정, 분류, 예상, 추리 등의 5가지 능력을 제시하고 있고, 통합적 탐구 능력으로 문제 인식, 가설 설정, 변인 통제, 자료 변환, 자료 해석, 결론 도출, 일반화 등의 5가지 능력을 갖추기를 권장하고 있다.

현재 많은 과학영재교육기관에서는 과학영재를 선발함에 있어 매번 새로운 문항을 개발하는 데 많은 노력과 자본을 낭비하고 있다. HASA 연구에서 개발된 영재의 판별은 1회성 판별이 아닌 다단계 판별로, 이 중에서 표준화 과학 탐구 능력 검사는 과학에서 탐구 능력을 얼마만큼 갖추고 있는지 판별하는 과정이다. 문제은행식으로 축적된 자료는 많은 영재 선발은 물론 정규 교육과정에서도 학생들의 과학 탐구 수준을 검사하는 데 활용될 수 있을 것이다.

본 책에서는 개발된 탐구 능력 영역 중에서 중급 영역으로 중학교 1학년부터 고등학교 1학년까지 4개년 학생들에 대한 탐구 능력을 측정하는 내용으로 86문항이 제시되었다.

표준화 검사 문항 (탐구)

중학교 1~2학년

<table>
<tr><td colspan="2">[영재 판별을 위한 표준화 검사도구 개발]
문 항 카 드</td></tr>
<tr><td>평가항목</td><td>관찰</td></tr>
</table>

[문제 1] 다음 사진을 보고 관찰한 사실을 [보기]와 같이 기록하였다. 바르게 기록한 것으로만 묶은 것은 어느 것인가?

[보기]

(가) 이곳은 지하철이다.
(나) 몇 사람이 서 있다.
(다) 사람들이 책을 읽고 있는 것으로 보아 낮시간일 것이다.
(라) 차 내부에는 불이 켜져 있다.

① (가), (나)
② (가), (나), (다)
③ (가), (나), (라)
④ (나), (다)
⑤ (나), (라)

정답 ⑤

[영재 판별을 위한 표준화 검사도구 개발] **문 항 카 드**	
평가항목	관찰

[문제 2] 다음의 사진을 보고 관찰한 것은 어느 것인지 고르시오.

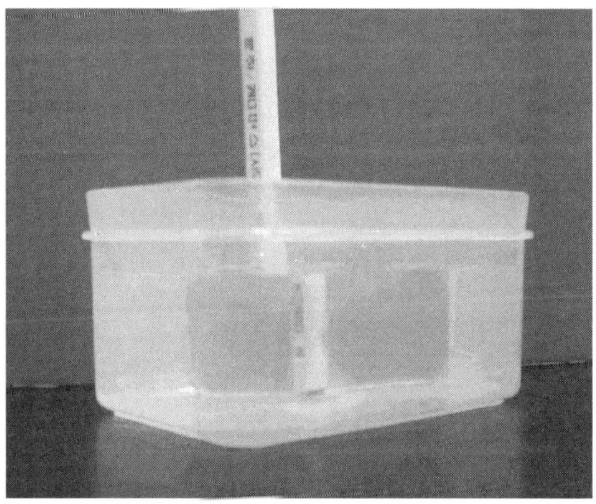

① 볼펜의 심은 검은색이다.

② 볼펜이 끊어져 있는 것처럼 보인다.

③ 이것은 빛의 굴절 현상 때문에 나타난 것이다.

④ 볼펜이 확대되어 보이지 않는 것으로 보아 통 속에는 물이 들어 있을 것이다.

⑤ 펜을 기울이면 꺾여서 보일 것이다.

정답 ②

[영재 판별을 위한 표준화 검사도구 개발] **문 항 카 드**	
평가항목	관찰

[문제 3] 다음 사진을 보고 관찰한 사실을 [보기]와 같이 기록하였다. 바르게 기록한 것으로만 묶은 것은 어느 것인가?

[보기]

(가) 도롱뇽의 다리는 모두 4개이다.
(나) 꼬리의 길이가 다리의 길이보다 길다.
(다) 먹이를 찾아 다니고 있는 중이다.
(라) 몸의 색이 붉은색인 것을 보아 맹독을 가졌을 것이다.

① (가)　② (가), (나)
③ (가), (나), (다)　④ (나), (다), (라)
⑤ (가), (나), (다), (라)

정답 ②

<table>
<tr><td colspan="2">[영재 판별을 위한 표준화 검사도구 개발]
문 항 카 드</td></tr>
<tr><td>평가항목</td><td>관찰</td></tr>
</table>

[문제 4] 다음 사진을 보고 관찰한 사실을 [보기]와 같이 기록하였다. 바르게 기록한 것으로만 묶은 것은 어느 것인가?

[보기]

(가) 가운데 차가 부정확한 위치에 주차하였다.
(나) 가운데 차가 움직이지 않으면 왼쪽 차는 출발하기 어려울 것이다.
(다) 주차구획선은 흰색으로 표시되어 있다.
(라) 가운데 차가 맨 뒤에 주차를 하였을 것이다.

① (가), (나)
② (가), (다)
③ (나), (다)
④ (다), (라)
⑤ (가), (다), (라)

정답 ②

[영재 판별을 위한 표준화 검사도구 개발] **문 항 카 드**	
평가항목	분류

[문제 5] 다음은 척추동물과 무척추동물을 분류한 것이다. 이 중에서 잘못 분류된 것은 어느 것인지 고르시오.

척추동물	무척추동물
고양이, 타조, 거북이, 오징어, 고등어	거미, 말미잘, 파리, 짚신벌레, 개미

① 거북이 ② 오징어 ③ 고등어
④ 거미 ⑤ 개미

정답 ②

[영재 판별을 위한 표준화 검사도구 개발] **문 항 카 드**	
평가항목	분류

[문제 6] 다음은 어떠한 두 가지 기준에 따라 단어들을 분류한 것이다. 이와 같이 분류한 표를 잘못 설명한 것은 어느 것인가?

	(가)	(나)
(A)	접시, 숟가락, 컵	공책, 연필, 칼, 식용유
(B)	맛있다, 짜다, 달콤하다	쓰다, 자르다, 붙이다

① (가)는 음식과 관계된 것들이다.
② (가)의 (A)와 (B)는 명사와 명사가 아닌 것으로 나누었다.
③ (나)는 공부하는 것과 관계된 것들이다.
④ (A)에 있는 단어들은 명사이다.
⑤ (나)의 (B)는 모두 동사이다.

정답 ③

[영재 판별을 위한 표준화 검사도구 개발] **문 항 카 드**	
평가항목	분류

[문제 7] 척추동물은 포유류, 조류, 파충류, 양서류, 어류로 구분된다. 다음 보기에서 동물들을 이 순서대로 바르게 나열한 것은 어느 것인지 고르시오.

① 고양이 – 타조 – 도롱뇽 – 거북이 – 상어
② 사람 – 독수리 – 개구리 – 도마뱀 – 고래
③ 호랑이 – 앵무새 – 해파리 – 개구리 – 가재
④ 사자 – 박쥐 – 악어 – 도롱뇽 – 조개
⑤ 고래 – 닭 – 거북이 – 두꺼비 – 고등어

정답 ⑤

[영재 판별을 위한 표준화 검사도구 개발] **문 항 카 드**	
평가항목	분류

[문제 8] 다음과 같이 여러 가지 모양을 두 가지로 분류하였다. 분류의 기준이 될 수 있는 것은 무엇인지 모두 고르시오.

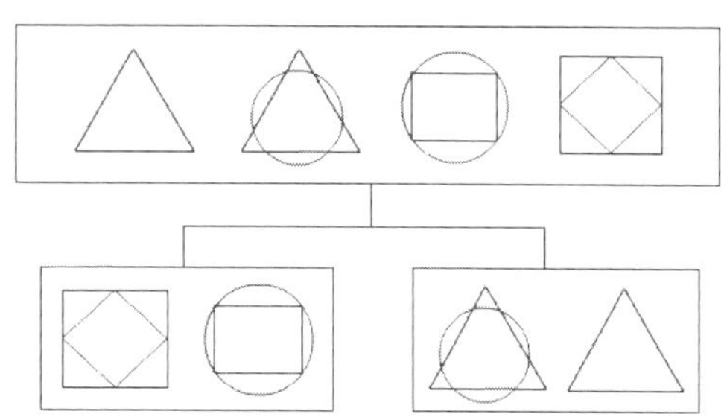

① 정삼각형이 있는 것과 없는 것
② 원이 있는 것과 없는 것
③ 사각형이 있는 것과 없는 것
④ 사각형이 하나인 것과 그렇지 않은 것
⑤ 도형이 하나인 것과 그렇지 않은 것

정답 ③

[영재 판별을 위한 표준화 검사도구 개발] **문 항 카 드**	
평가항목	측정

[문제 9] 다음 중에서 부피를 측정하는 데 사용할 수 있는 것으로만 묶인 것은 어느 것인지 고르시오.

① 비커, 눈금실린더, 피펫
② 비커, 윗접시저울, 피펫
③ 눈금실린더, 피펫
④ 미터자, 눈금실린더, 비커
⑤ 미터자, 앉은뱅이저울

정답 ③

해설 비커는 부피를 측정하는 데 사용되는 도구가 아니다.

[영재 판별을 위한 표준화 검사도구 개발] **문 항 카 드**	
평가항목	측정

[문제 10] 작은 물체의 길이를 자를 이용하여 측정하려고 한다. 아래와 같이 자의 눈금에서 화살표로 되어 있는 부분의 눈금을 바르게 읽은 것은 어느 것인가?

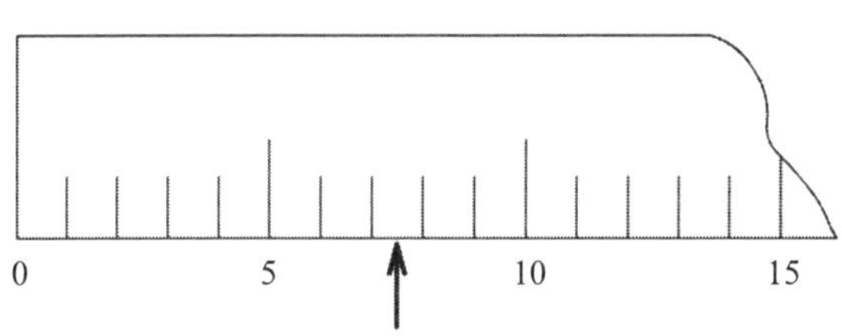

① 7 ② 8 ③ 7.5
④ 7.50 ⑤ 7.0

정답 ③

[영재 판별을 위한 표준화 검사도구 개발]
문 항 카 드

평가항목	측정

[문제 11] 오른쪽 그림과 같이 눈금실린더에 물을 넣고, 부피를 모르는 임의의 물체를 넣었더니 오른쪽 그림과 같이 물의 눈금이 변하였다. 이 물체의 부피는 얼마인가?

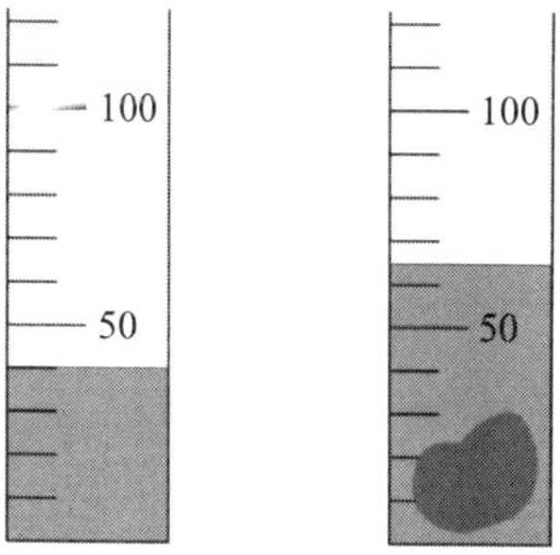

① 25 mL ② 40 mL
③ 55 mL ④ 65 mL
⑤ 105 mL

정답 ②

[영재 판별을 위한 표준화 검사도구 개발]
문 항 카 드

평가항목	측정

[문제 12] 진자의 주기를 측정할 때에는 여러 번 진동하는 동안의 시간을 측정하여 전체 시간을 왕복횟수로 나누어 구한다. 그 이유는 무엇인가?

① 진자가 운동할 때의 주기가 모두 다르기 때문이다.
② 측정을 할 때 생기는 오차를 줄이기 위해서이다.
③ 진자의 주기는 10회 동안의 왕복 시간이기 때문이다.
④ 진자는 출발할 때 약간 정지하기 때문이다.
⑤ 진자의 주기는 계속해서 감소하기 때문이다.

정답 ②

[영재 판별을 위한 표준화 검사도구 개발] **문 항 카 드**	
평가항목	예상

[문제 13] 나무에 고무줄을 매달아 그 아래에 추를 달았다. 다음 표는 추의 개수와 고무줄이 늘어난 길이와의 관계를 나타낸 것이다.

추의 개수(개)	1	3	4
고무줄의 길이(cm)	7	11	13

추를 7개 달았을 때 고무줄의 길이는 어느 정도일지 예상하여 보자.

① 15 ② 17 ③ 19
④ 21 ⑤ 23

정답 ③

[영재 판별을 위한 표준화 검사도구 개발] **문 항 카 드**	
평가항목	예상

[문제 14] 사진과 같이 평행하게 나아가는 빛의 앞에 물이 담긴 컵을 놓았을 때 물이 담긴 컵을 통과한 이후에는 어떻게 빛이 나아갈까?

① 빛이 한 점으로 모이는 방향으로 진행할 것이다.
② 빛이 한 점에서 나가는 것처럼 퍼져 진행할 것이다.
③ 원래 진행하는 것과 같이 꺾이지 않고 진행할 것이다.
④ 반쪽은 모이는 방향으로 반쪽은 퍼지는 방향으로 진행할 것이다.
⑤ 이것만으로는 알 수 없다.

정답 ①

[영재 판별을 위한 표준화 검사도구 개발] **문 항 카 드**	
평가항목	예상

[문제 15] 물고기의 부레는 두 개의 공기주머니로 되어 있는데, 꼬리 쪽 공기주머니에 있는 공기가 머리 쪽 공기주머니로 모두 옮겨지면 물고기는 어떻게 될까?

① 물고기의 머리가 아래쪽으로 향하게 된다.

② 물고기의 머리가 물 위쪽으로 향하게 된다.

③ 물고기가 회전을 하게 된다.

④ 물고기가 오른쪽으로 휘어지게 된다.

⑤ 물고기가 왼쪽으로 휘어지게 된다.

정답 ②

[영재 판별을 위한 표준화 검사도구 개발] **문 항 카 드**	
평가항목	예상

[문제 16] 풍선 두 개를 매달아 놓고 가운데를 빨대를 이용하여 세게 바람을 불었다. 이 풍선은 어떻게 될지 바르게 예상한 것은 어느 것인가?

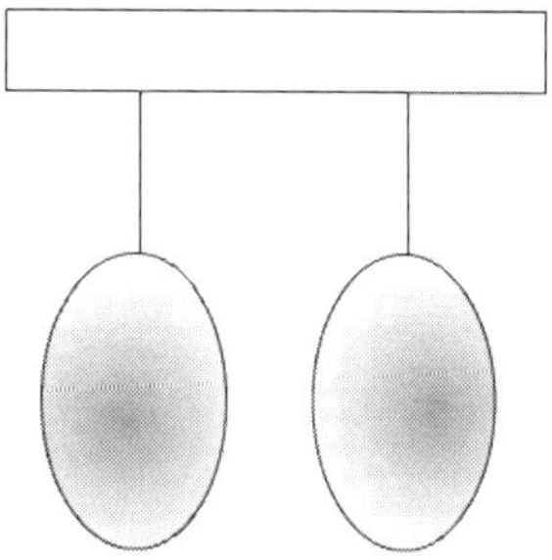

① 풍선 사이의 간격이 더욱 멀어질 것이다.

② 풍선 사이의 간격이 좁아질 것이다.

③ 풍선이 앞뒤로 진동할 것이다.

④ 풍선이 바람이 부는 방향으로 모두 움직일 것이다.

⑤ 풍선이 바람이 부는 반대 방향으로 모두 움직일 것이다.

정답 ②

[영재 판별을 위한 표준화 검사도구 개발] **문 항 카 드**	
평가항목	추리

[문제 17] 아래의 그림을 보고 어떤 것이 추리한 것인지 모두 고르시오.

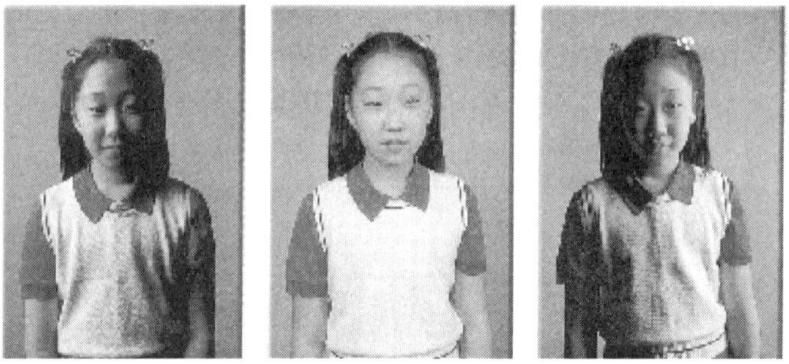

A B C

① 이 어린이는 밝은색 티셔츠를 입고 있다.

② A 사진은 왼쪽에서 빛을 비추고 있는 상황일 것이다.

③ B 사진은 오른쪽에서 빛을 비추고 있는 상황일 것이다.

④ A 사진에서는 어린이의 오른쪽에 그림자가 만들어져 있다.

⑤ B 사진에서는 어린이의 왼쪽에 그림자가 만들어져 있다.

정답 ②, ③

<table>
<tr><td colspan="2">[영재 판별을 위한 표준화 검사도구 개발]
문 항 카 드</td></tr>
<tr><td>평가항목</td><td>추리</td></tr>
</table>

[문제 18] 종이와 책을 동시에 떨어뜨리면 책이 먼저 떨어지게 된다. 그런데 아래 사진과 같이 책 위에 종이를 올려놓고 떨어뜨리면 동시에 떨어진다. 그 이유를 바르게 추리한 것은 어느 것인가?

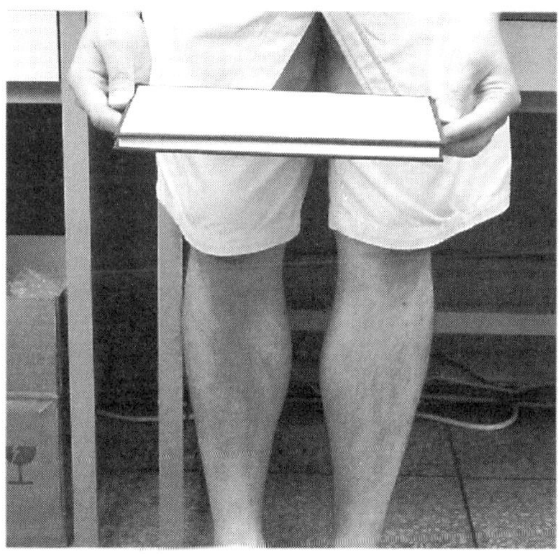

① 종이가 늦게 떨어지는 것은 공기의 저항 때문인데 책 위에 놓으면 공기의 저항을 받지 않기 때문이다.

② 책이 떨어지면서 종이를 잡아당기기 때문이다.

③ 책과 종이 사이에 있는 공기층이 종이가 멀어지는 것을 방해하는 저항력을 만들기 때문이다.

④ 책이 떨어지면서 생기는 공간이 일시적으로 진공이 되면서 종이 위쪽에 압력을 생성시키기 때문이다.

⑤ 책이 떨어지면서 밀쳐내는 공기층이 다시 종이의 위쪽으로 올라가 종이를 누르고 있기 때문이다.

정답 ①

<table>
<tr><td colspan="2">[영재 판별을 위한 표준화 검사도구 개발]
문 항 카 드</td></tr>
<tr><td>평가항목</td><td>추리</td></tr>
</table>

[문제 19] 철로에 귀를 대고 소리를 들어보면 기차가 오는 소리를 들을 수 있지만, 실제로 공기 중에서는 기차 소리가 들리지 않는 경우가 많다. 그 이유를 바르게 추리한 것은 어느 것인지 두가지를 고르시오.

① 공기 중에서는 소리가 퍼져나가 약해지기 때문이다.

② 공기 중에서는 바람에 의해서 소리의 방향이 휘기 때문이다.

③ 기차 선로에서는 소리가 계속 증폭되어 커지기 때문이다.

④ 소리의 이동 속도는 공기보다 철에서 더 빠르기 때문이다.

⑤ 고체에서 소리의 이동 속도는 빛보다 빠르기 때문이다.

정답 ①, ④

<table>
<tr><td colspan="2">[영재 판별을 위한 표준화 검사도구 개발]
문 항 카 드</td></tr>
<tr><td>평가항목</td><td>변인 통제</td></tr>
</table>

[문제 20] 책상 끝에 자를 두고 튕기면서 소리를 비교하는 실험을 하고자 한다. 자의 끝을 화살표 길이만큼 눌렀다가 놓는다고 할 때, 실험 목적과 실험 설계가 바른 것은?

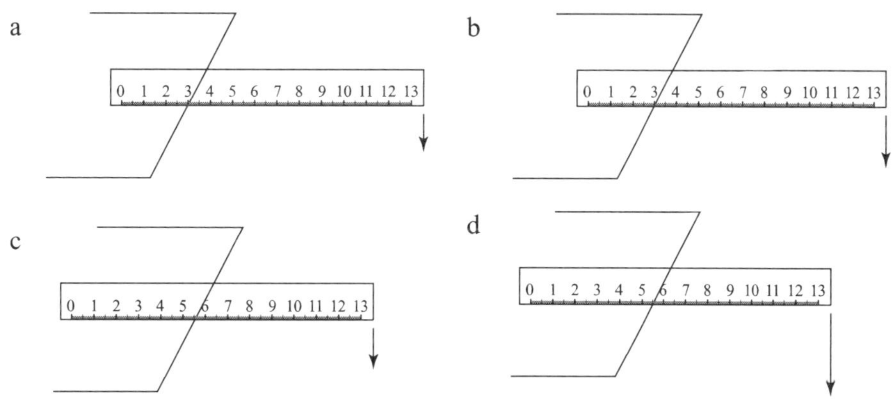

① 길이에 따른 소리 변화 a, b
② 길이에 따른 소리 변화 a, c
③ 진동 폭에 따른 소리 변화 b, c
④ 진동 폭에 따른 소리 변화 b, d
⑤ 진동 폭에 따른 소리 변화 a, d

정답 ②

[영재 판별을 위한 표준화 검사도구 개발] **문 항 카 드**	
평가항목	변인 통제

[문제 21] 마라톤은 "올림픽의 꽃"이라 불리기도 하고 "인간 한계에 대한 도전"이라 불리기도 한다. 사람이 2시간 동안 자동차 등 다른 기구를 이용하지 않고 신체의 능력으로 얼마나 빨리 달릴 수 있는가를 겨루는 경기이다. 그런데 곰곰이 생각해 보면 신체 능력의 차이에 따라 등수가 결정되는 것만은 아닌 것을 알 수 있다. 다음 중 신체 능력의 차이 이외에 마라톤 기록을 변화시킬 수 있는 것으로 가장 먼 것은?

① 신발 바닥의 탄력성
② 운동복의 색깔
③ 달리는 중에 마시는 음료수
④ 손목 시계의 사용
⑤ 운동복의 땀 흡수 능력

정답 ②

[영재 판별을 위한 표준화 검사도구 개발] **문 항 카 드**	
평가항목	변인 통제

[문제 22] 뚝배기는 음식이 잘 식지 않는 그릇이다. 뚝배기와 냄비에 뜨거운 물을 담고 식는 속도를 비교하는 실험을 하고자 한다. 다음 중 정확한 실험을 위해서 갖추어야 할 조건으로 가장 거리가 먼 것은?

① 겨울에 실험을 한다.
② 물의 양을 같게 한다.
③ 같은 모양의 뚝배기와 냄비를 사용한다.
④ 물의 처음 온도를 갖게 한다.
⑤ 뚝배기와 냄비를 같은 바닥에 둔다.

정답 ①

[영재 판별을 위한 표준화 검사도구 개발] **문 항 카 드**	
평가항목	변인 통제

[문제 23] 개나리는 봄에 피는 노란색 꽃이다. 그런데 어떤 해에는 가을에 일부 지역에서 개나리가 피어 신문에 특이한 소식으로 나기도 한다. 개나리가 가을에 피는 이유와 가장 관계가 깊은 것은?

① 습도 ② 강수량
③ 온도 ④ 빛의 양
⑤ 거름의 양

정답 ③

[영재 판별을 위한 표준화 검사도구 개발] **문 항 카 드**	
평가항목	변인 통제

[문제 24] 설탕과 소금은 물에 녹는 물질이다. 어느 것이 물에 먼저 녹는지 알아보는 실험을 할 때에 같게 해 주어야 하는 것 모두를 바르게 고른 것은?

a. 물의 양 b. 물의 온도 c. 숟가락으로 젓는 빠르기

① a ② a, b
③ a, c ④ b, c
⑤ a, b, c

정답 ⑤

[영재 판별을 위한 표준화 검사도구 개발] **문 항 카 드**	
평가항목	변인 통제

[문제 25] 경수가 자주 이용하는 전철역은 2층이고 밖과 통하여 겨울이면 무척 춥다. 경수는 겨울날 아침에 전철을 기다리다가 문이 열려 들어갔을 때 안경이 뿌옇게 되는 것이 무척 귀찮았지만 궁금하기도 하였다. 그래서 "겨울날 아침에 전철을 탔을 때 안경이 뿌옇게 되는 이유"를 탐구 문제로 정하고, 이에 따라서 "타고 있던 사람들의 입김이 묻어서 뿌옇게 되었을 것이다."라는 가설을 세웠다. 이것을 검증하기 위한 실험 설계로 옳은 것은? 참고로 경수의 안경알은 플라스틱이다.

① 여름에 실험한다.

② 유리 안경알로 실험한다.

③ 사람이 타고 있지 않을 때 실험한다.

④ 전철 내부에 에어컨을 틀어 평소보다 더 시원하게 하고 실험한다.

⑤ 전철 내부에 온풍기를 세게 틀어 평소보다 더 따듯하게 하고 실험한다.

정답 ③

[영재 판별을 위한 표준화 검사도구 개발] **문 항 카 드**	
평가항목	자료 해석

[문제 26] 어떤 용수철에 100 g 추를 매달면서 늘어난 길이를 측정한 결과가 아래 표와 같다. 이 결과를 바르게 해석한 것을 [보기]에서 모두 고른 것은?

늘어난 길이(cm)	0	1	5	9	13	17
추의 개수	0	1	2	3	4	5

[보기]

가. 추를 6개 매달면 21 cm 늘어날 것이다.
나. 추를 250 g 매달면 7 cm 늘어날 것이다.
다. 추를 2개 이상 매달 때에는 매단 추의 개수와 용수철이 늘어난 길이는 비례한다.
라 50 g 추를 매달면 이 용수철은 늘어나지 않을 것이다.

① 가, 나
② 다, 라
③ 가, 나, 다
④ 나, 다, 라
⑤ 가, 나, 다, 라

정답 ③

[영재 판별을 위한 표준화 검사도구 개발] **문 항 카 드**	
평가항목	자료 해석

[문제 27] 다음은 두 개의 실핀을 나란히 들고 간격을 점점 띄워 가면서 찔렀을 때 두 개가 찌르고 있다고 느낀 최소 거리를 표로 나타낸 것이며, 5명의 학생이 이 실험을 하였다.

(단위 : mm)

	검지손끝(지문)	손등	팔	입술
민수	3	5	8	2
경철	2	4	7	2
상훈	3	5	9	1
인미	2	4	7	2
상희	6	7	11	3

이 실험결과를 가장 바르게 해석한 것은?

① 검지 지문이 가장 민감하다.

② 인미가 가장 둔감하다.

③ 사람에 관계없이 신체 부위별로 민감한 정도는 같음을 알 수 있다.

④ 손등은 팔보다 민감하다.

⑤ 상희는 경철이보다 민감하다.

정답 ④

<table>
<tr><td colspan="2">[영재 판별을 위한 표준화 검사도구 개발]
문 항 카 드</td></tr>
<tr><td>평가항목</td><td>자료 해석</td></tr>
</table>

[문제 28] 다음은 어떤 두 액체 a, b를 냉각시키면서 온도 변화를 기록한 것이다.

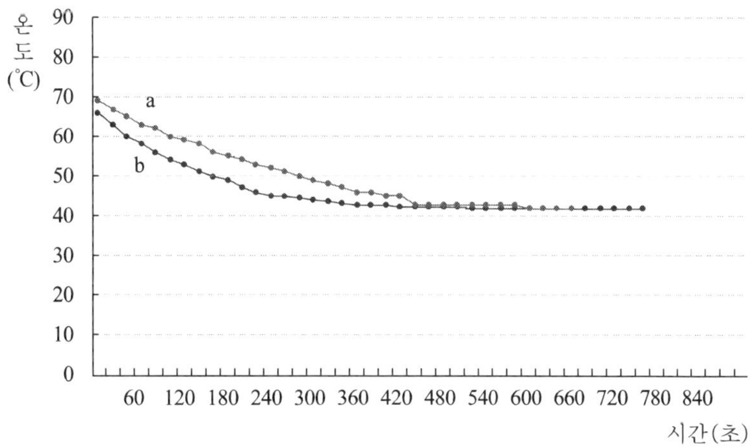

이 실험결과에 대한 해석으로 가장 옳은 것은?

① a의 끓는점은 약 41 ℃이다.

② a와 b는 다른 액체이다.

③ a의 양이 더 많았다.

④ 처음 온도는 b가 더 높았다.

⑤ 얼음이 어는 온도에서도 b는 액체 상태로 있다.

정답 ③

[영재 판별을 위한 표준화 검사도구 개발] **문 항 카 드**	
평가항목	자료 해석

[문제 29] 영수는 파란 자동차, 철이는 빨간 자동차를 샀다. 둘은 체육관에서 자동차 경주를 하였다. 다음 그래프는 경주를 하는 동안 두 자동차의 운동을 나타낸 것이다. 다음 중 자동차의 운동에 대한 설명으로 옳은 것은?

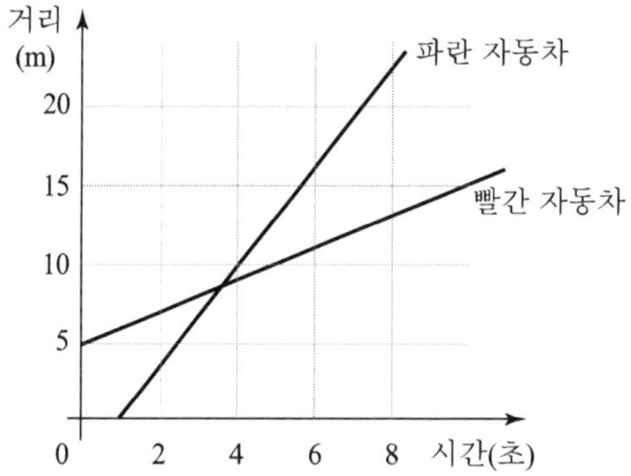

① 파란 자동차가 먼저 출발하였다.
② 빨간 자동차는 출발 지점보다 앞에서 출발하였다.
③ 파란 자동차는 점점 빨라졌다.
④ 20 m 지점에 먼저 도착한 것은 빨간 자동차이다.
⑤ 빨간 자동차가 파란 자동차를 앞질러 갔다.

정답 ②

[영재 판별을 위한 표준화 검사도구 개발] **문 항 카 드**	
평가항목	자료 해석

[문제 30] 아래는 식물의 광합성량에 영향을 미치는 요인과의 관계를 나타낸 그래프들이다. 그래프에 대한 해석으로 옳지 않은 것은?

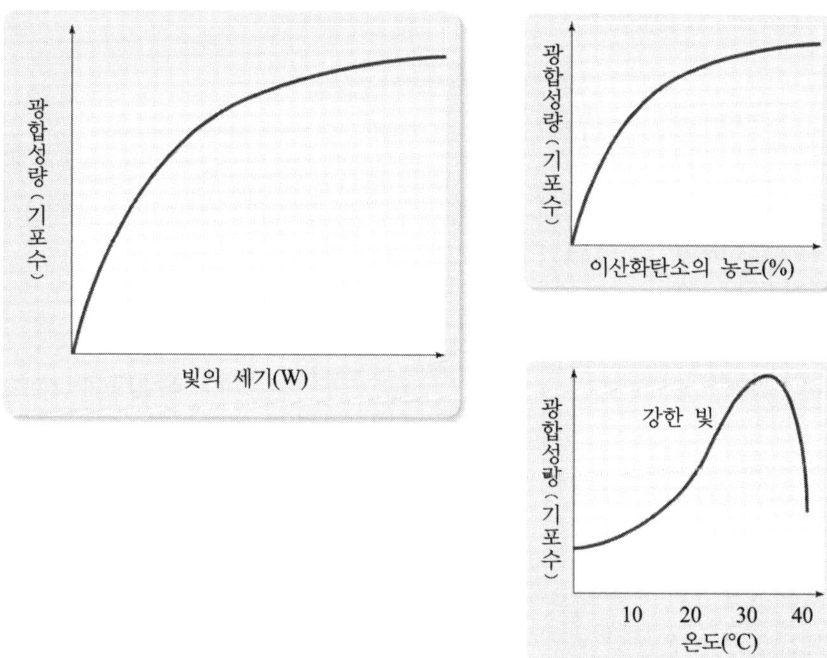

① 32 °C 부근에서 광합성이 가장 활발하다.

② 계절별로는 여름에 식물의 광합성량이 가장 많을 것이다.

③ 빛의 세기가 어느 정도 이상 세면 광합성량은 거의 일정해진다.

④ 이산화탄소의 농도가 어느 정도 이상이면 광합성량은 거의 일정해진다.

⑤ 기온이 10 °C 이하로 내려가는 겨울에는 모든 식물이 광합성을 하지 않는다.

정답 ⑤

[영재 판별을 위한 표준화 검사도구 개발]

문 항 카 드

평가항목	자료 해석

[문제 31] 두 개의 샤프심 A, B에 대해 아래 그림과 같이 전압과 전류를 측정하여, 각 샤프심에서의 전압과 전류 그래프를 그렸다. 샤프심의 저항 값은 전압 값을 전류 값으로 나눈 값이다. 두 그래프를 보고 옳지 않은 설명을 골라라.

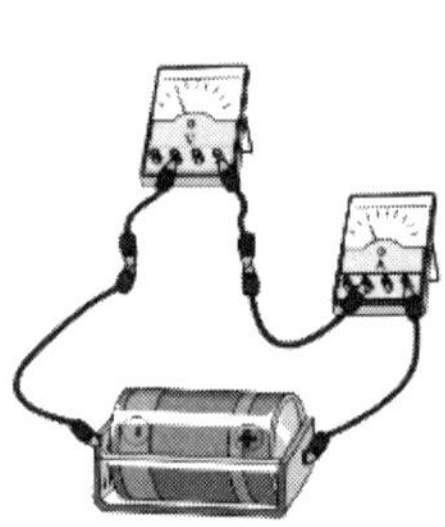

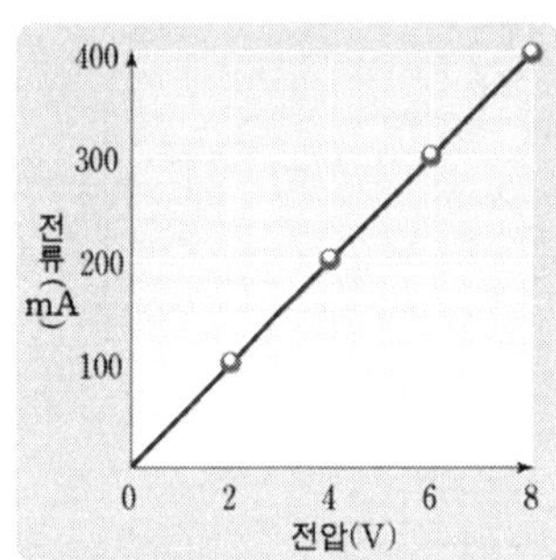

샤프심 A의 그래프

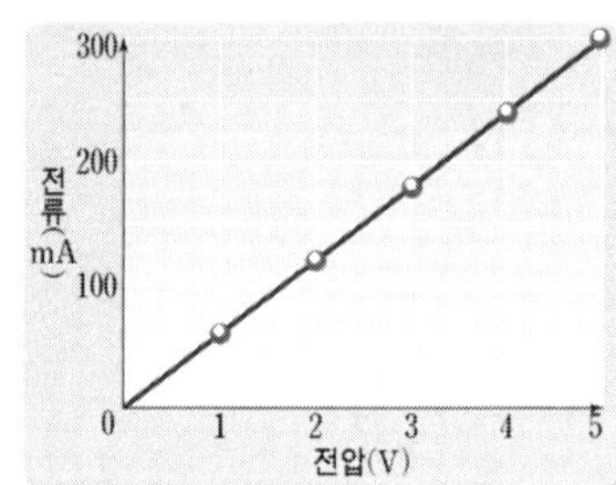

샤프심 B의 그래프

① 샤프심 A의 저항은 20 Ω이다.

② 샤프심 B의 저항은 약 16.7 Ω이다.

③ 샤프심 A와 B에 같은 전압을 걸어주면 샤프심 B에 더 많은 전류가 흐른다.

④ 샤프심 A와 B는 서로 다른 종류의 샤프심이다.

⑤ 샤프심 A와 B에 같은 전류가 흐르게 하려면 샤프심 B에 더 많은 전압을 걸어주어야 한다.

정답 ⑤

<table>
<tr><td colspan="2">[영재 판별을 위한 표준화 검사도구 개발]
문 항 카 드</td></tr>
<tr><td>평가항목</td><td>자료 해석</td></tr>
</table>

[문제 32] 승용차와 기차의 거리－소요시간 그래프가 아래와 같았다. 이 그래프에 대한 설명으로 옳지 않은 것은?

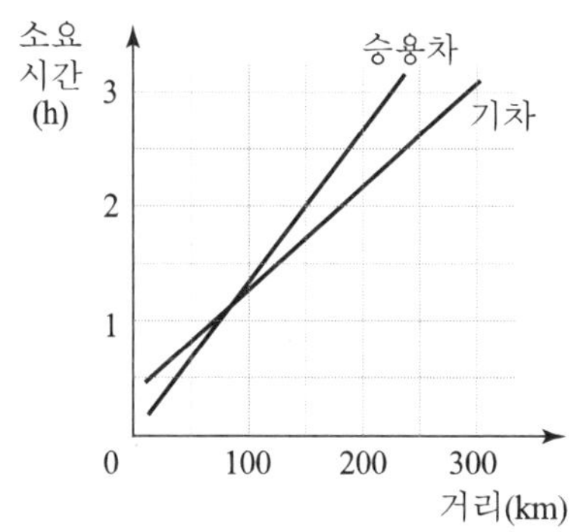

① 50 km 거리를 이동할 때는 승용차를 이용하는 것이 빠르다.

② 100 km 이상 이동할 때에는 기차를 이용하는 것이 빠르다.

③ 승용차로 150 km 이동하는 데 걸리는 시간은 2시간이다.

④ 기차보다 승용차의 속력이 빠르다.

⑤ 3시간 동안 이동할 수 있는 거리는 기차가 더 크다.

정답 ④

[영재 판별을 위한 표준화 검사도구 개발] **문 항 카 드**	
평가항목	가설 설정

[문제 33] 다음과 같은 철수의 행동의 가설로 가장 알맞은 것은?

> 철수가 저녁에 TV를 보고 있었는데, 갑자기 정전이 되었다. 집 안의 모든 불이 꺼졌고, TV도 꺼졌다. 철수는 잠시 멍하게 있다가 창문을 열고 다른 집들도 불이 꺼졌는지 살펴 보았다.

① TV 플러그가 빠졌을 것이다.
② 형광등이 고장났을 것이다.
③ 우리 집만 전기가 끊어졌을 것이다.
④ 하나의 콘센트에 너무 많은 전기 기구를 연결했을 것이다.
⑤ 촛불을 켜도 충분히 밝을 것이다.

정답 ③

[영재 판별을 위한 표준화 검사도구 개발] **문 항 카 드**	
평가항목	가설 설정(실험 설계/수행)

[문제 34] 선영이는 처음으로 현미경을 사용하게 되었다. 작게 쓴 글자를 관찰하는데, 화면이 너무 어두웠다. 이때 선영이는 "빛이 많이 들어오게 하면 밝게 볼 수 있을 것이다."라는 가설을 세웠다. 이어지는 선영이의 행동으로 가장 적절한 것은?

① 대물렌즈를 고배율로 바꾸어 관찰한다.
② 조리개 구멍 중 작은 것이 대물렌즈 아래에 오도록 조정한다.
③ 창문의 커텐을 쳐서 햇빛을 차단한다.
④ 반사경을 햇빛 쪽으로 향하여 반사된 빛이 대물렌즈로 잘 들어오도록 한다.
⑤ 눈을 최대한 크게 뜨고 관찰한다.

정답 ④

<table>
<tr><td colspan="2">[영재 판별을 위한 표준화 검사도구 개발]
문 항 카 드</td></tr>
<tr><td>평가항목</td><td>가설 설정</td></tr>
</table>

[문제 35] 상수는 학교에서 과학 동아리 활동을 하는데, 어느 날 문득 초등학교에 다닐 적에 볼록 렌즈로 신문지를 태우던 생각이 났다. 그래서 볼록 렌즈와 신문지를 들고 화단 옆 보도블록으로 나가서 쪼그려 앉았다. 태양 방향으로 볼록 렌즈를 맞춰 들고 신문지를 태우려 하였는데 잘 타지 않았다. 이유를 잠시 생각하던 상수는 더 큰 볼록 렌즈를 가지고 나와서 신문지를 태우려 하였다. "볼록 렌즈로 신문지를 더 잘 태우기 위한 방법"에 대하여 상수가 세운 가설로 가장 알맞은 것은?

① 햇빛이 강할수록 신문지가 잘 탄다.

② 신문지의 색깔이 짙은 색일수록 신문지가 잘 탄다.

③ 빛을 크게 굴절시킬수록 신문지가 잘 탄다.

④ 볼록 렌즈를 가까이 할수록 신문지가 잘 탄다.

⑤ 빛을 많이 모을수록 신문지가 잘 탄다.

정답 ⑤

<table>
<tr><td colspan="2">[영재 판별을 위한 표준화 검사도구 개발]
문 항 카 드</td></tr>
<tr><td>평가항목</td><td>가설 설정</td></tr>
</table>

[문제 36] 명수는 학교에서 무지개의 원리와 분무기로 무지개를 만들고 관찰하는 방법을 배웠다. 집에 와서 분무기에 물을 담아 뿌리면서 관찰하였는데 무지개가 보이지 않았다. 곰곰이 생각하다가 명수는 분무기의 앞부분에 뚫린 작은 구멍들을 바늘로 조금씩 크게 뚫었다. 이 행동으로 볼 때 명수가 무지개를 보기 위해 세운 가설로 가장 알맞은 것은?

① 햇빛에 대하여 알맞은 각도로 관찰해야 무지개를 볼 수 있다.

② 물방울이 클수록 무지개를 더 잘 볼 수 있다.

③ 설탕물을 뿌리면 무지개를 더 잘 볼 수 있다.

④ 배경을 어둡게 하고 관찰할 때 무지개를 더 잘 관찰할 수 있다.

⑤ 끓인 물을 사용하면 무지개를 더 잘 볼 수 있다.

정답 ②

[영재 판별을 위한 표준화 검사도구 개발] **문 항 카 드**	
평가항목	문제 인식

[문제 37] 여름방학 과제인 과학 탐구 보고서 쓰기에서 학생들이 아래와 같은 탐구 문제를 설정하였다. 가장 바람직한 과학 탐구 문제는?

① 우주 개발의 역사에 대하여

② 달이 밤에는 노란색으로 보이고 낮에는 흰색으로 보이는 이유

③ 야구공과 탁구공 중에서 더 빨리 떨어지는 것은

④ 다수결 원칙의 좋은 점과 나쁜 점

⑤ 귀신은 왜 주로 밤에 나타나는가?

정답 ③

[영재 판별을 위한 표준화 검사도구 개발] **문 항 카 드**	
평가항목	문제 인식

[문제 38] 다음 중 중학교 2학년 학생이 방학 과제로 주어진 과학 탐구 보고서 쓰기를 수행할 때 가장 적절한 탐구 문제는?

① 외계인은 진짜 있는가?

② 거미에 대하여

③ 학생들이 과자 봉지를 아무 데나 버리는 이유

④ 블랙홀 속으로 들어가면 과거로 갈 수 있는가?

⑤ 녹음기로 듣는 자기 목소리가 생소하게 느껴지는 이유

정답 ⑤

[영재 판별을 위한 표준화 검사도구 개발] **문 항 카 드**	
평가항목	문제 인식

[문제 39] 다음은 어느 중학생이 꽃을 꺾어 물에 담가 놓고 관찰하고 생각한 내용을 적은 글이다. 이 글과 관련되어 설정한 문제 중에서 과학적 탐구 문제로 가장 적절한 것은?

> 며칠 전에 친구들과 OO초등학교에 놀러 갔다.
>
> 그런데 거기 화단에는 해바라기를 심어 놓았는지 해바라기가 활짝 피었다.
>
> 그래서 너무 예뻐서 해바라기를 꺾었다.
>
> 해바라기 줄기를 잡고 있는데 해바라기가 물이 없어서인지 점점 시들었다.
>
> 그래서 아이스크림을 먹고 난 다음에 그 통을 씻어서 물을 담은 다음에 해바라기를 꽂았다. 그러니까 해바라기가 다시 생생하게 피어났다. 그리고 지나가다가 장미를 봤는데, 장미가 색이 노란색이었다.
>
> 신기해서 또 꺾었다. 이번에도 시들까 봐서 해바라기를 담가 놓았던 곳에 같이 담가 놓았다. 장미는 역시 시들지 않았다.
>
> 집에 가져오면서 생각을 했는데, '지금 내가 꺾은 꽃은 뿌리가 없고 줄기만 있는데 물에 담가 놓아도 뿌리로 물을 흡수하지 못하니까 시들어야 당연한 거 아닌가?'라는 생각이 들었다. 어차피 몇 시간이 지나면 시들 것 같아서 그냥 보기 좋으라고 물에 담가 놓고 신발장 위에 올려놨다. 그런데 3일이 지난 지금도 꽃은 시들지 않고 계속 활짝 피어 있다. 정말 신기하다. 꽃은 뿌리가 없어도 살 수 있단 말인가? 며칠 뒤면 시들 것 같았는데……. 아마도 뿌리는 중요한 영양소를 섭취하고 줄기는 그 영양소를 운반해주는 역할을 하는 것 같기도 하다. 그리고 지금 줄기는 물을 흡수해서 꽃이 피어 있는 것 같다. 아무튼 새로운 사실을 생각하고 알 수 있게 되어서 좋았다.

① 노란색 장미꽃은 정말로 신기한 꽃인가?

② 뿌리가 없는 장미꽃이 금방 시들지 않는 이유는?

③ 식물의 줄기?

④ 해바라기와 장미 중 어느 꽃이 더 예쁜가?

⑤ 장미꽃은 물의 냄새를 맡을 수 있을까?

정답 ②

[영재 판별을 위한 표준화 검사도구 개발]

문 항 카 드

평가항목	자료 변환

[문제 40] 다음은 높이에 따른 대기의 기온 변화 그래프이다. 이 그래프의 가로축과 세로축을 바꾼 그래프 모양으로 옳은 것은?

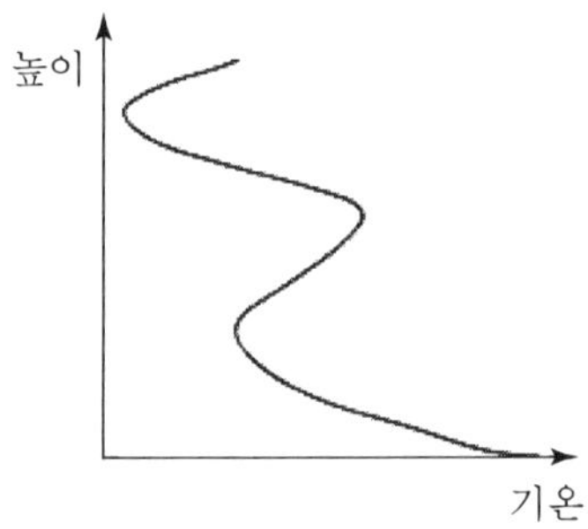

①

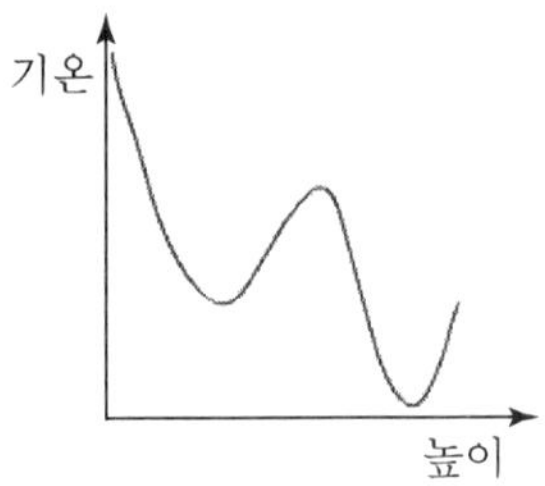

②

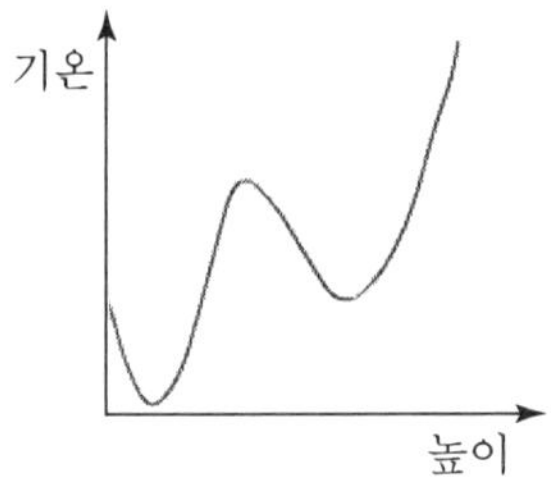

③

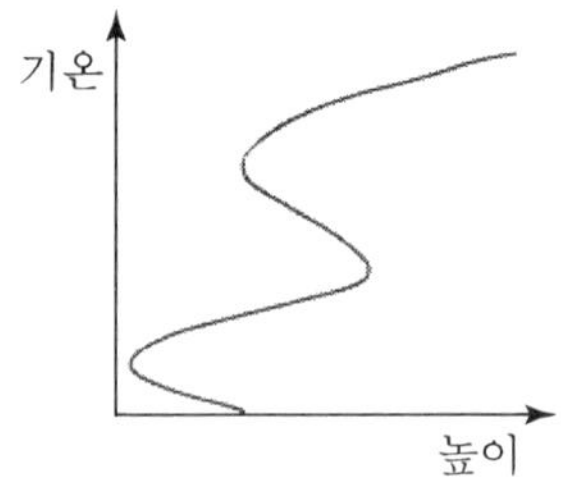

④

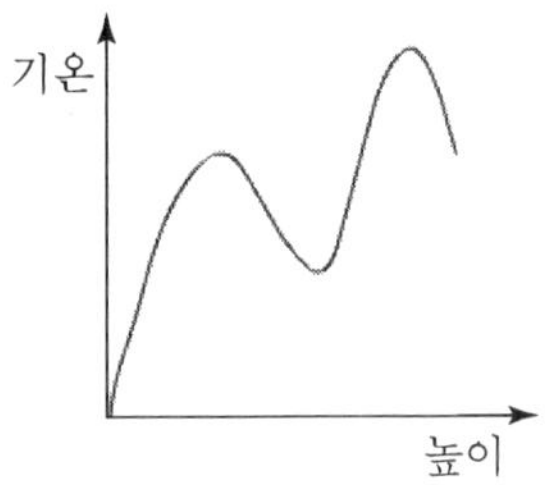

⑤

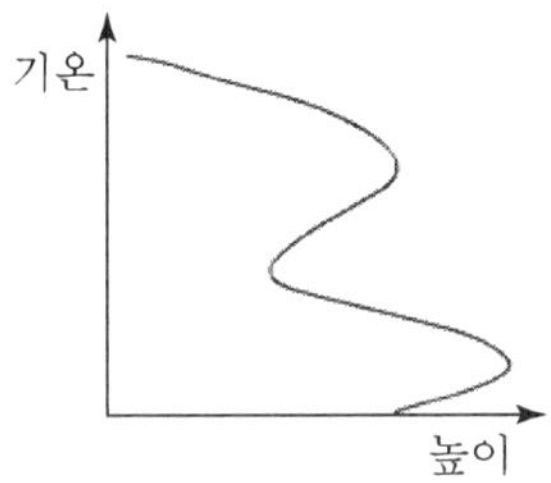

정답 ①

<table>
<tr><td colspan="2">[영재 판별을 위한 표준화 검사도구 개발]
문 항 카 드</td></tr>
<tr><td>평가항목</td><td>자료 변환</td></tr>
</table>

[문제 41] 아래 사진과 같이 용수철에 10그램(g)짜리 추를 여러 개 달면서 늘어난 용수철의 길이를 그래프에 실선으로 나타내었다. 두 배 더 잘 늘어나는 용수철을 이용하여 같은 실험을 했다면 어떤 그래프가 나오겠는지 아래 점선 중에 골라라.

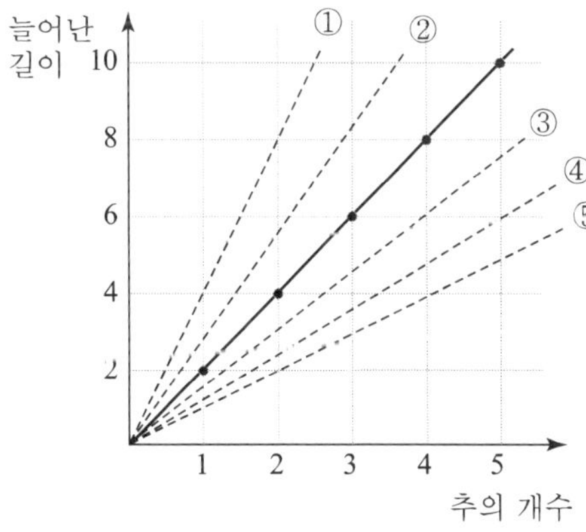

정답 ①

[영재 판별을 위한 표준화 검사도구 개발]

문 항 카 드

평가항목	자료 변환

[문제 42] 다음은 어느 신문기사를 인용한 글이다. 이 글을 보고 잠을 많이 자는 동물 순으로 표를 만든 것으로 옳은 것은?

......과학자들은 몸 크기가 다른 동물들이 잠자는 시간이 다른 점이 왜 잠을 자는지에 대한 중요한 단서를 제공해 주는 것으로 보고 있다. 코끼리와 말은 하루 3시간을 자며, 개는 10시간, 사람은 8시간, 족제비는 15시간, 주머니쥐는 18시간 잔다. 즉 몸의 크기가 클수록 신진대사가 느려 조금 자도 세포 회복이 빠른 반면, 몸 크기가 작은 동물은 신진대사가 빨라 많이 잔다. 이를 토대로 신진대사 과정에서 나온 유해산소로 인한 세포 손상을 복구하기 위해 잠을 잔다는 설이 매우 유력하다.......

①

동물	코끼리, 말	개	사람	족제비	주머니쥐
잠자는 시간	3	10	8	15	18

②

동물	코끼리, 말	사람	개	주머니쥐	족제비
잠자는 시간	3	8	10	15	18

③

동물	코끼리, 말	개	사람	족제비	주머니쥐
잠자는 시간	3	8	10	15	18

④

동물	코끼리, 말	사람	개	주머니쥐	족제비
잠자는 시간	3	8	10	18	15

⑤

동물	코끼리, 말	사람	개	족제비	주머니쥐
잠자는 시간	3	8	10	15	18

정답 ⑤

[영재 판별을 위한 표준화 검사도구 개발] **문 항 카 드**	
평가항목	자료 변환

[문제 43] 다음은 물의 온도에 따른 부피를 나타낸 그래프이다. 온도가 변해도 물의 질량은 일정하며, 물의 밀도는 물의 질량을 부피로 나눈 값이다. 그렇다면 온도에 따른 물의 밀도를 나타낸 그래프는 어떤 모양일까?

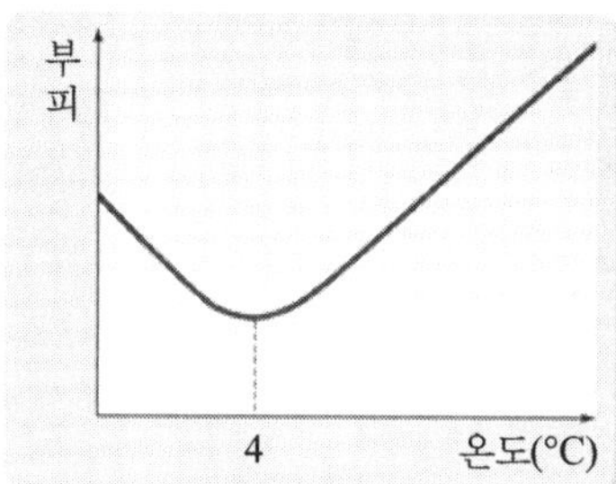

①
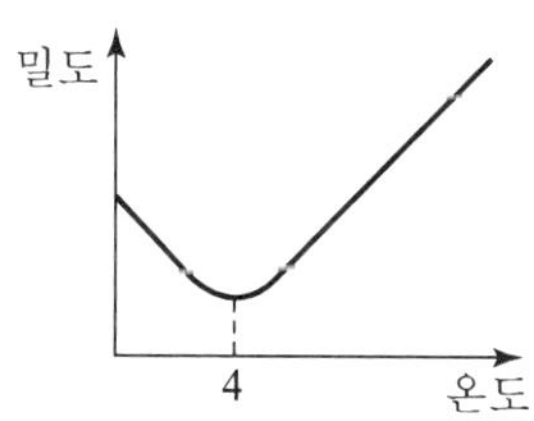

②
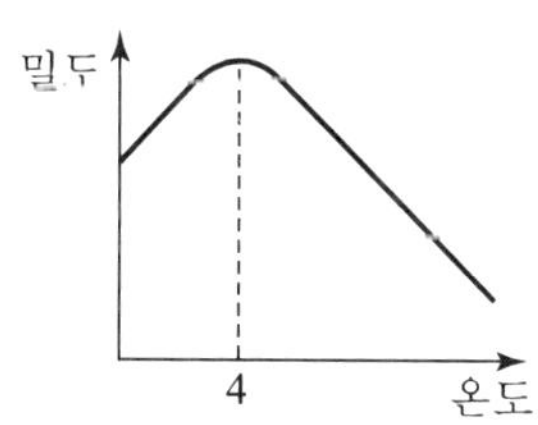

③
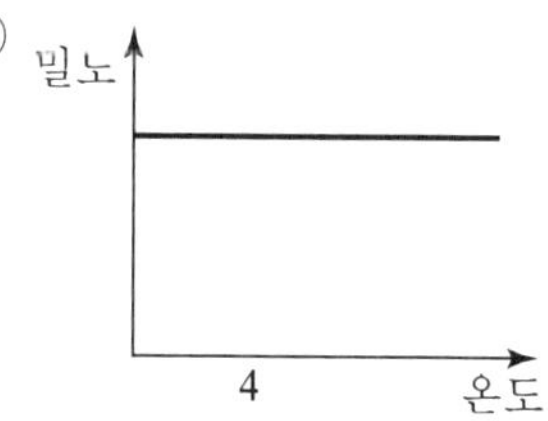

④
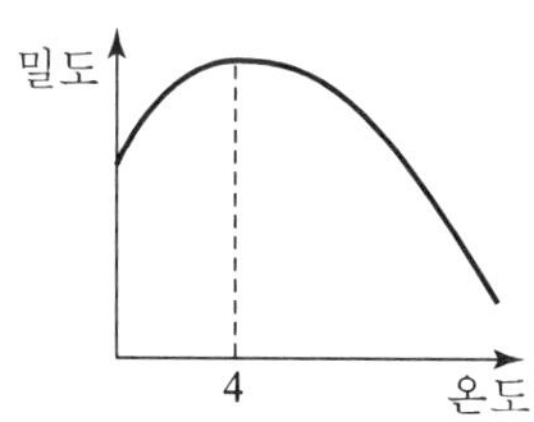

⑤
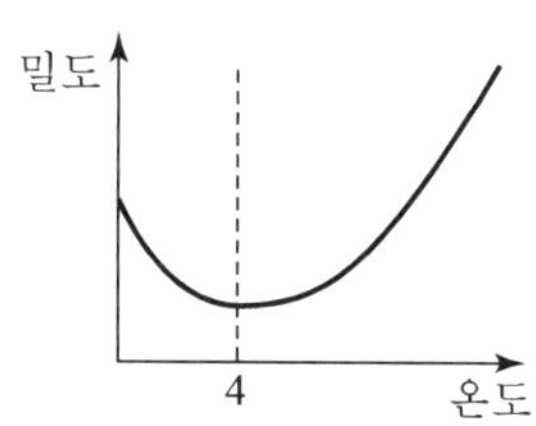

정답 ②

[영재 판별을 위한 표준화 검사도구 개발] **문 항 카 드**	
평가항목	자료 변환

[문제 44] 아래 사진과 같이 용수철에 10그램(g)짜리 추를 여러 개 달면서 늘어난 용수철의 길이를 그래프로 나타내었다. 이 그래프를 참고하여 표로 나타내려고 한다. 아래 표의 빈칸에 들어갈 숫자를 순서대로 바르게 짝지은 것은?

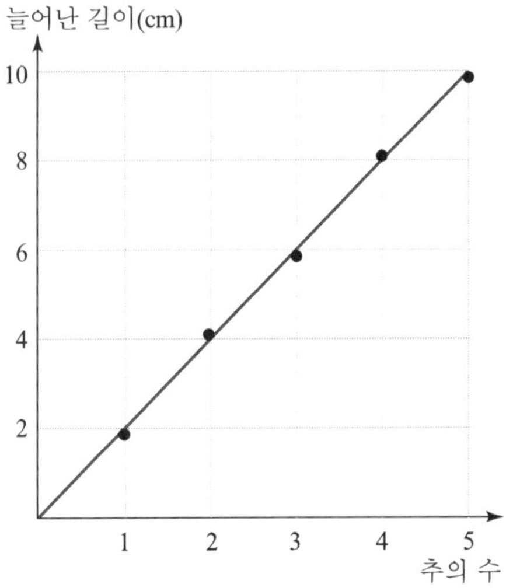

추의 수	1	2	3	4	5	6
늘어난 길이(cm)	2	4	6		10	

① 8, 10 ② 7, 11 ③ 8, 12

④ 7, 12 ⑤ 4, 6

정답 ③

[영재 판별을 위한 표준화 검사도구 개발] **문 항 카 드**	
평가항목	자료 변환

[문제 45] 아래는 용수철에 10 g짜리 추를 여러 개 달면서 늘어난 길이를 그래프로 나타낸 것이다. 용수철의 종류가 같으면 같은 개수의 추를 달 때 늘어나는 길이가 같다. 아래 그래프 중 다른 종류의 용수철을 사용한 것은 어느 것인가?

①
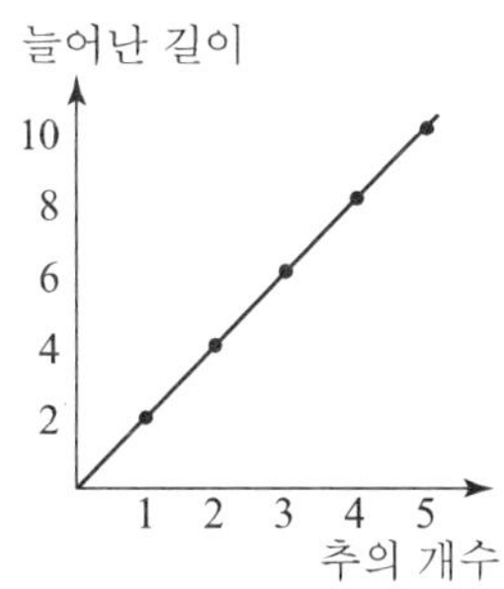

②
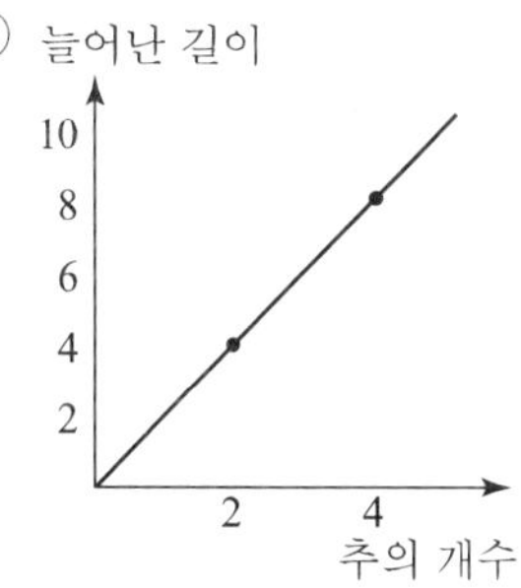

③
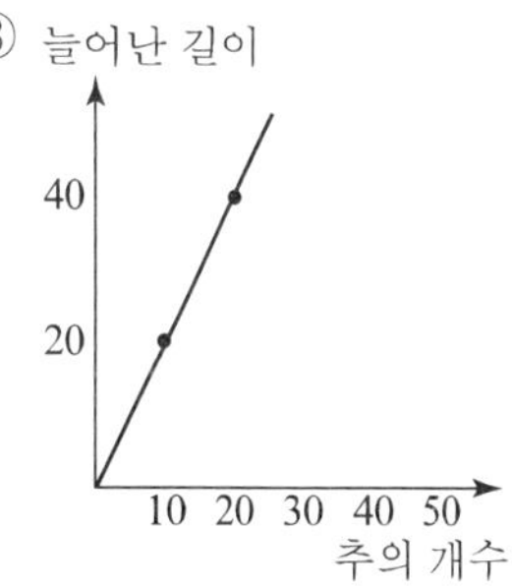

④
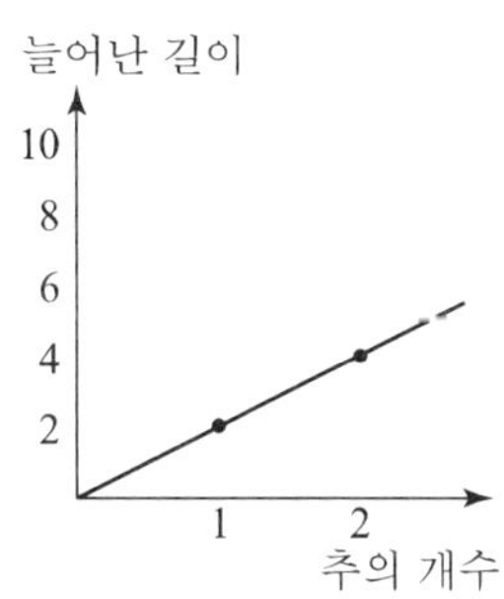

⑤
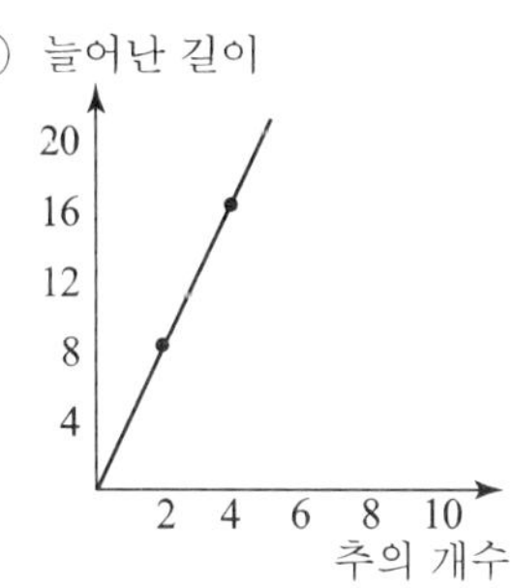

정답 ⑤

[영재 판별을 위한 표준화 검사도구 개발] **문 항 카 드**	
평가항목	자료 변환

[문제 46] 아래는 어떤 바닷속에 들어 있는 각 염분의 양을 나타낸 표이다. 이 표를 그래프로 만든 것 중 가장 바람직한 것은?

염소(g)	19.3
나트륨(g)	10.7
황산염(g)	2.7
마그네슘(g)	1.3
기타(g)	1.0

①
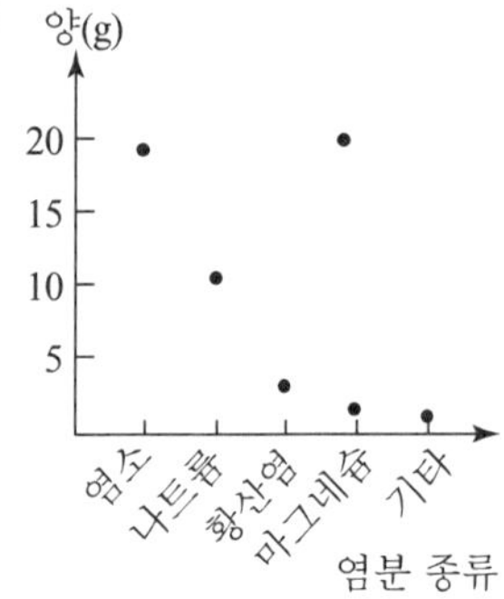

②
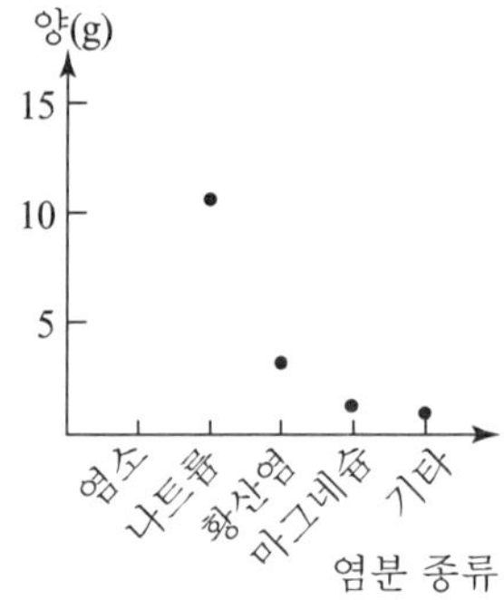

③
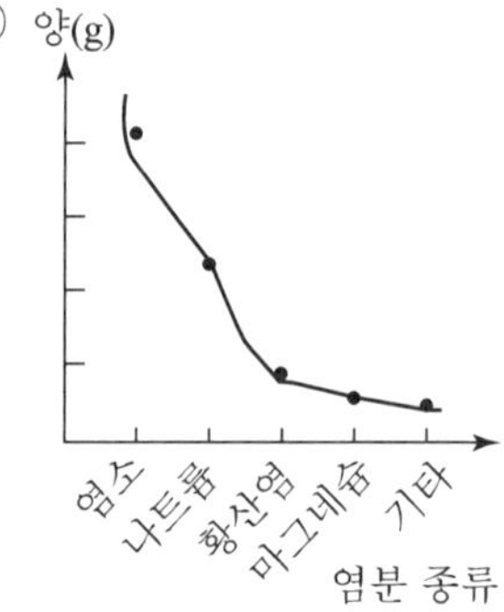

④
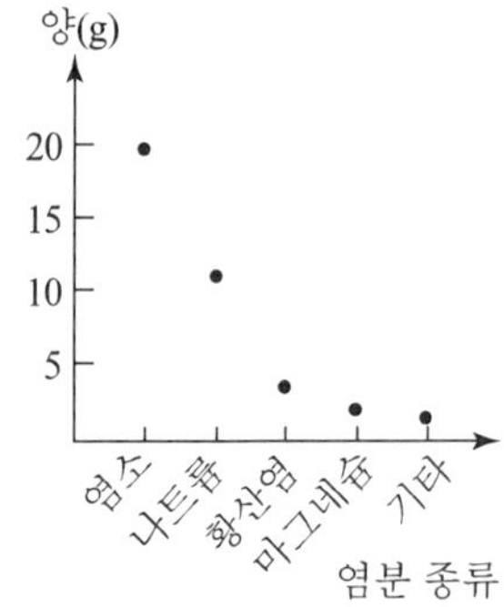

⑤
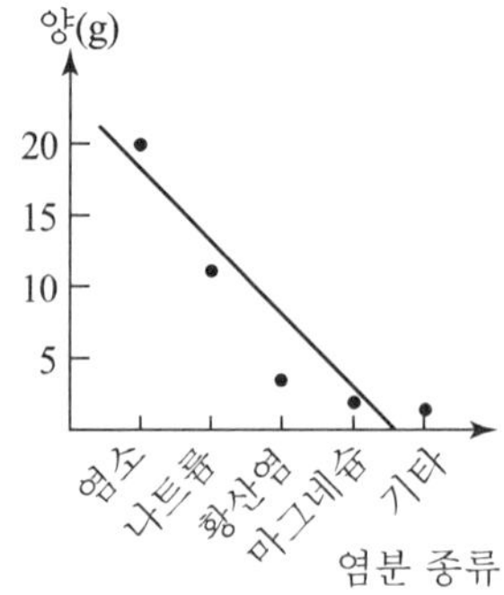

정답 ④

[영재 판별을 위한 표준화 검사도구 개발] **문 항 카 드**	
평가항목	결론 도출 및 일반화

[문제 47] 다음 글을 읽고 아래 색팽이에 대한 설명으로 옳지 않은 것을 고르시오.

오른쪽 그림은 빛의 삼원색과 색의 삼원색을 보여준다. 빛의 삼원색은 큰 동그라미의 색인 빨강, 녹색, 파랑이며, 색의 삼원색은 큰 동그라미 두 개가 겹치는 부분인 청록색, 자홍색, 노랑이다. 빨강, 녹색, 파랑 세 가지 빛이 합쳐지면 흰색으로 보인다.

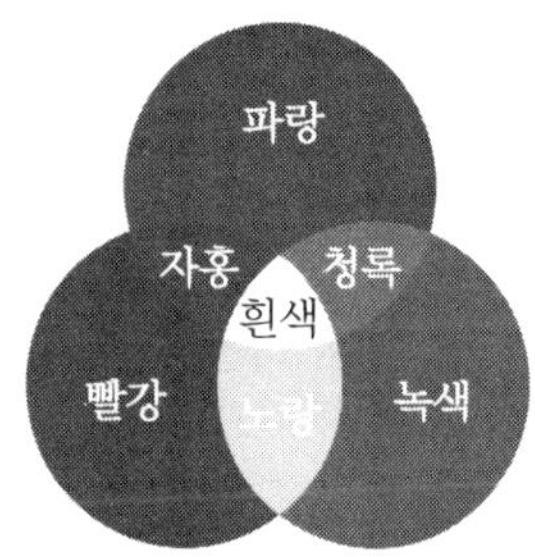

물체가 흰색 조명 아래에서 자홍색을 나타낸다면, 그 물체는 흰색 조명 아래에서 나오는 녹색 빛을 모두 흡수하고 나머지 빛을 반사시켜 자홍색으로 보이는 것이다. 따라서 자홍색과 청록색 물감을 섞으면 녹색과 빨강 빛을 흡수하고 파랑 빛만이 반사되어 우리 눈에는 파랑색으로 보이게 된다.

한편, 빨강 조명과 파랑 조명을 흰색 종이에 비추면, 빨강과 파랑 빛이 함께 반사되어 자홍색 빛으로 보인다(흰색 종이는 어떤 색의 빛도 흡수하지 않고 반사시킴).

① 색팽이의 윗면을 녹색 색종이로만 발랐다면, 빨강과 파랑빛이 흡수된다.

② 색팽이의 윗면을 삼등분하여 빨강, 파랑, 녹색 색종이로 바르고 돌리면 흰색으로 보인다.

③ 색팽이의 윗면을 빨강 색종이로만 발랐다면, 색팽이에서는 빨강 빛만 반사되므로 빨간색으로 보인다.

④ 색팽이의 절반을 빨강, 나머지 절반을 파랑 색종이로 바르고 돌리면, 빨강빛과 파랑빛이 거의 동시에 반사되므로 자홍색으로 보인다.

⑤ 색팽이의 절반을 빨강, 나머지 절반을 녹색 색종이로 바르고 돌리면, 빨강빛과 녹색빛이 거의 동시에 흡수되므로 파랑색으로 보인다.

정답 ⑤

<table>
<tr><td colspan="2">[영재 판별을 위한 표준화 검사도구 개발]
문 항 카 드</td></tr>
<tr><td>평가항목</td><td>결론 도출 및 일반화</td></tr>
</table>

[문제 48] 아래 글을 읽고 옳지 <u>않은</u> 설명을 골라라.

사진과 같이 방해석에 염산을 뿌리면 방해석에서 거품이 난다. 방해석과 비슷하게 투명한 석영에 염산을 뿌리면 아무런 반응이 없다. 화강암에는 투명한 광물이 들어 있다. 화강암에 염산을 뿌렸더니 거품이 나지 않았다. 울산 농소에 놀러 갔다가 베이지 색의 약간 투명한 돌에 염산을 뿌려 봤더니 거품이 났다.

① 화강암에 들어 있는 투명한 광물은 방해석이 아니다.

② 방해석과 석영은 비슷하게 투명하지만 다른 성분으로 이루어졌다.

③ 방해석을 이루는 어떤 성분은 염산과 만나면 기체를 발생시킨다.

④ 박스 글에 나오는 울산 농소의 돌 안에는 석영이 들어 있을 수 없다.

⑤ 박스 글에 나오는 울산 농소의 돌 안에는 방해석이 들어 있을 수 있다.

정답 ④

[영재 판별을 위한 표준화 검사도구 개발] **문 항 카 드**	
평가항목	결론 도출 및 일반화

[문제 49] 다음의 글을 읽고 옳지 않은 설명을 고르시오.

- **퇴적암의 생성 과정** : 암석이 부서져서 생긴 자갈이나 모래 등의 작은 조각들은 물, 바람 등에 의해 운반되어 호수나 바다 밑에 쌓인다. 이렇게 쌓인 퇴적물은 시간이 지나면서 점점 더 늘어나 층을 이룬다. 그에 따라 아래의 퇴적층은 눌려서 다져지고, 물속에 녹아 있던 광물질이나 석회질 물질에 의해 서로 달라붙고 굳어져서 퇴적암이 된다.

- 석회질 물질이 굳어서 된 석회암에 염산을 뿌리면 거품이 발생한다.
- 퇴적암의 일종인 사암은 주로 모래가 퇴적되어 생긴다.
- 방해석에 염산을 뿌리면 거품이 발생한다.

① 석회암과 방해석에는 같은 성분이 들어 있다.

② 모래가 운동장에 쌓여 있는 상태로는 사암이 될 수 없다.

③ 사암에 염산을 뿌리면 소량의 거품이 발생할 것이다.

④ 퇴적암은 호수나 바다 밑에서 생성된다.

⑤ 주변의 퇴적암은 바닷속에서 캐 온 것이다.

정답 ⑤

[영재 판별을 위한 표준화 검사도구 개발] **문 항 카 드**	
평가항목	결론 도출 및 일반화

[문제 50] 두 개의 금속선에 대해 각각, 아래 그림과 같이 금속선을 건전지에 연결한 뒤 전압과 전류를 측정하여 표를 만들었다. 옳지 않은 설명을 골라라. (단, 건전지의 내부저항은 무시한다.)

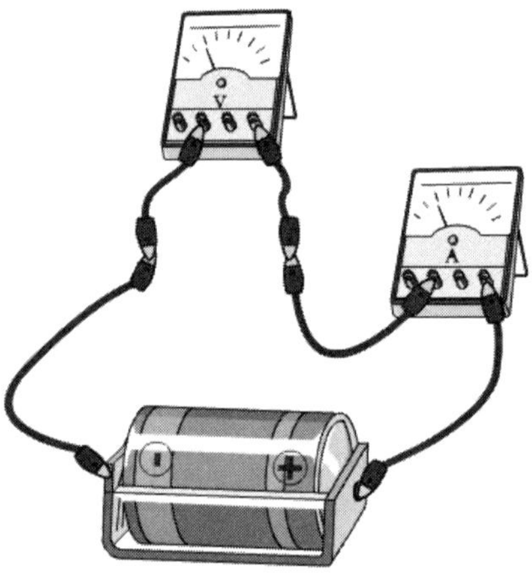

전압(V)	전류(mA)	
	금속선 A	금속선 B
1.5	100	150
3.0	210	299
4.5	305	445
6.0	395	590

① 금속선 A와 B의 저항은 다르다.
② 두 금속선 A, B에 같은 크기의 전류가 흐르게 할 수는 없다.
③ 전압의 크기가 커지면 금속선에 흐르는 전류의 크기도 대체로 커진다.
④ 금속선에 흐르는 전류의 크기를 10배로 해 주려면 건전지를 10배 많이 연결한다.
⑤ 두 금속선에 각각 같은 전압을 걸어 주면 금속선 B에 흐르는 전류의 크기가 크다.

정답 ②

[영재 판별을 위한 표준화 검사도구 개발] **문 항 카 드**	
평가항목	결론 도출 및 일반화

[문제 51] 다음은 신문지 위에 버스 토큰을 두고, 버스 토큰의 중앙에 뚫린 부분에 물을 조금 부어 찍은 사진이다. 이 사진에 대한 설명으로 옳은 것을 [보기]에서 모두 고른 것은?

(가)

(나)

[보기]

가. (가)보다 (나) 사진의 토큰 속에 물을 더 많이 넣었다.
나. 물이 렌즈 역할을 해서 글씨가 커 보이기도 하고 작아 보이기도 한다.
다. (가) 사진의 토큰 속에는 물이 볼록하게 올라오도록 물을 부었다.
라. (나) 사진에서는 토큰 속 물 때문에 신문의 글씨 크기가 작아 보인다.

① 가, 나, 다 ② 가, 나, 라 ③ 가, 다, 라
④ 나, 다, 라 ⑤ 가, 나, 다, 라

정답 ④

[영재 판별을 위한 표준화 검사도구 개발] **문 항 카 드**	
평가항목	결론 도출 및 일반화

[문제 52] 다음 두 가지 상황에서 얻을 수 있는 결론으로 옳은 것은?

- 상현이는 휴대용 가스버너에 그림과 같은 부탄가스를 넣고 고기를 구워 먹었다. 고기를 먹은 후 버너에서 부탄가스를 꺼내었더니 부탄가스 통이 아주 차가웠다.
- 더운 여름날, 마당에 물을 뿌렸더니 시원해졌다.

① 위의 부탄가스는 불량이어서 차가워졌다.
② 액체가 기체로 변할 때 주변의 열을 흡수한다.
③ 액체가 고체로 변할 때 주변의 열을 흡수한다.
④ 이글루(얼음집)에 물을 뿌려 실내를 따뜻하게 하는 것도 위와 같은 원리이다.
⑤ 추운 겨울날 바깥에서 실내로 들어올 때 안경에 작은 물방울이 맺히는 것도 위와 같은 원리이다.

정답 ②

[영재 판별을 위한 표준화 검사도구 개발] **문 항 카 드**	
평가항목	결론 도출 및 일반화

[문제 53] 아래 대화를 보고 민지의 물음에 대한 적절한 답을 골라라.

민지 : 어, 이 가스버너 좀 봐 봐. 부탄가스에서 나오는 가스가 타면서 불꽃이 생기잖아. 근데 그 가스는 부탄가스에서 나오는 거니까 불꽃이 가스를 따라가면 부탄가스 통이 펑하고 터질 것 같은데 괜찮네?

상현 : 어떤 것이 타려면 세 가지 조건이 갖추어져야 해. 우선 탈 것이 있어야 하고, 타기 위해 일정 온도 이상이어야 하며, 산소가 필요해.

민지 : 그래서? 가스버너의 부탄가스 통은 왜 안 터지지?

① 부탄가스 통 안에는 부탄이 액체 상태로 들어 있어서 타지 않는다.
② 버너의 불꽃이 약해서 가스를 따라 다들어 가시 않는다.
③ 부탄가스 통 쪽은 상대적으로 차갑기 때문에 타지 않는다.
④ 부탄가스 통 쪽에는 산소가 없기 때문에 불꽃이 타 들어가지 않는다.
⑤ 위 모두가 적절한 설명이다.

정답 ④

[영재 판별을 위한 표준화 검사도구 개발] **문 항 카 드**	
평가항목	결론 도출 및 일반화

[문제 54] 다음은 지각을 이루는 원소와 바닷물 속에 있는 각 염분의 %치를 나타낸 것이다. 이를 보고 잘못된 설명을 골라라.

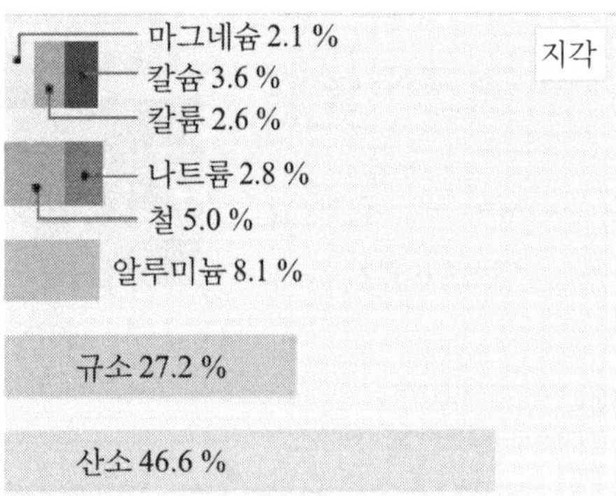

① 지각을 이루는 주요한 원소는 8가지이다.

② 바닷물 속에 있는 염소와 황산염은 지각이 아닌 다른 곳에서 유입될 것이다.

③ 지각의 주요 원소와 바닷물 속의 주요 염분은 여러 개가 겹치는 것으로 보아, 바닷물을 말리면 흙이 나올 것이다.

④ 지각의 주요 원소와 바닷물 속의 주요 염분은 여러 개가 겹치는데, 이를 미루어 지각의 성분이 바닷물 속에 녹아 들어갔다고 추정할 수 있다.

⑤ 지각에는 나트륨과 칼륨이 비슷한 양으로 들어 있지만, 바닷물에는 나트륨이 칼륨보다 훨씬 많이 들어 있는데, 이는 아마도 칼륨보다 나트륨이 물에 더 잘 녹는 형태로 지각에 포함되어 있었기 때문일 것이다.

정답 ③

표준화 검사 문항 (탐구)

중학교 3학년~고등학교 1학년

[영재 판별을 위한 표준화 검사도구 개발]

문 항 카 드

평가항목	관찰	예상 정답률	60 %

[문제 1] 아래 사진처럼 화이트보드에 여러 가지 물체들을 올려놓은 후 화이트보드를 기울여 물체들이 움직이도록 하고 짧은 시간이 지난 후 촬영을 하였다. 두 사진을 보고 각 물체들을 빠르기 순서로 올바르게 나열해 보면? (물체들의 이름은 처음 사진을 기준으로 왼쪽부터 나사, 건전지, 현미경 렌즈, 알루미늄 관이다.)

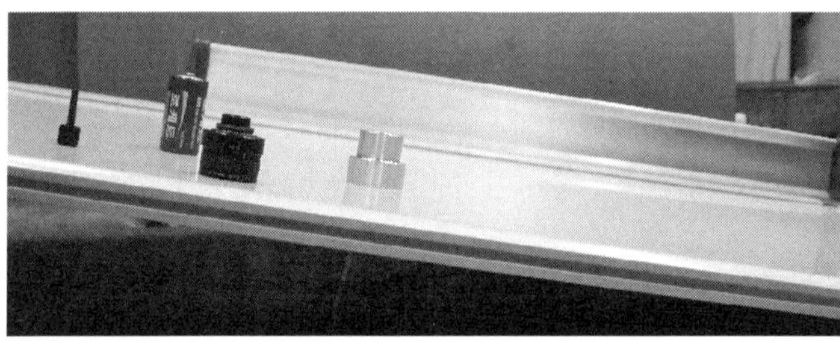

물체들의 처음 위치

물체들의 나중 위치

① 나사>건전지>현미경 렌즈>알루미늄 관

② 건전지>나사>알루미늄 관>현미경 렌즈

③ 나사>현미경 렌즈>건전지>알루미늄 관

④ 현미경 렌즈>건전지>나사>알루미늄 관

⑤ 건전지>현미경 렌즈>알루미늄 관>나사

정답 ③

[영재 판별을 위한 표준화 검사도구 개발]

문 항 카 드

평가항목	관찰	예상 정답률	90 %

[문제 2] 아래의 사진에 나와 있는 물체들을 칼을 갖고 잘랐을 때 나올 수 있는 모양에 따라 다각형과 곡선 모양으로 나누고자 한다. 다음 중 잘 나누어진 것은?

두부

소시지

양초

메론

삼각 김밽

수박

	다각형	곡선 모양
①	두부, 소시지, 삼각 김밥	양초, 메론, 수박
②	두부, 양초, 메론	삼각 김밥, 수박, 소시지
③	두부, 양초, 삼각 김밥	소시지, 메론, 수박
④	소시지, 수박, 메론	두부, 양초, 삼각 김밥
⑤	수박, 메론	두부, 소시지, 양초, 삼각 김밥

정답 ③

<table>
<tr><td colspan="4">[영재 판별을 위한 표준화 검사도구 개발]
문 항 카 드</td></tr>
<tr><td>평가항목</td><td>관찰</td><td>예상 정답률</td><td>60 %</td></tr>
</table>

[문제 3] 다음은 달의 표면을 찍은 사진으로 왼쪽부터 차례로 상현달, 보름달, 하현달이다. 다음 설명 중 옳은 것으로 바르게 짝지은 것은?

[보기]

가. 위 사진의 상현달과 보름달은 달의 같은 면이다.
나. 위 사진의 상현달과 하현달은 달의 같은 면이다.
다. 어두운 부분은 표면보다 움푹 들어가 있을 것이다.
라. 사진으로 보아 달에는 건축물이 없음을 알 수 있다.
마. 달도 지구처럼 구형이다.

① 가, 다, 마　　② 가, 다, 라
③ 가, 라, 마　　④ 가, 나, 다, 마
⑤ 가, 나, 다, 라

정답 ④

<table>
<tr><td colspan="4">[영재 판별을 위한 표준화 검사도구 개발]
문 항 카 드</td></tr>
<tr><td>평가항목</td><td>관찰</td><td>예상 정답률</td><td>70 %</td></tr>
</table>

[문제 4] 다음은 책의 원래 모습과 프리즘을 올려놓았을 때의 모습이다. 그리고 [보기]는 이 두 사진에 대한 관찰 기록이다. 관찰 기록으로 가장 적절한 것 2가지를 바르게 고른 것은?

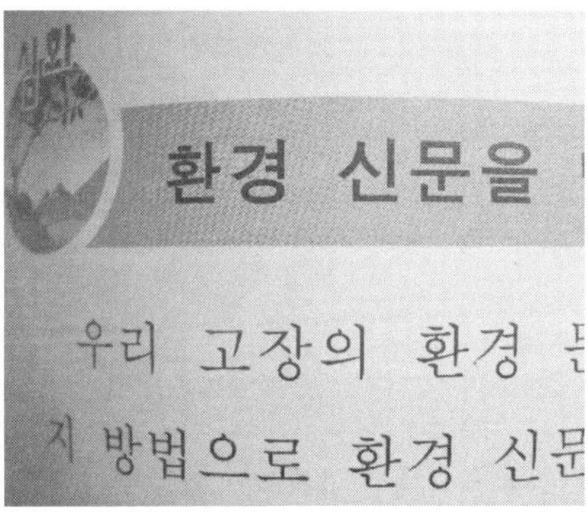

원래 책의 모습

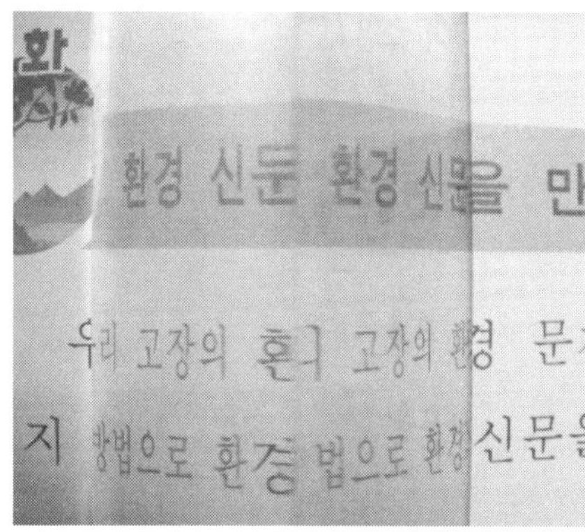

프리즘을 올려놓았을 때 모습

[보기]

(가) 같은 크기의 글자가 프리즘을 통해서 보면 위치에 따라 다른 크기로 보인다.
(나) 책에 프리즘을 올려놓으면 신기한 모습을 볼 수 있다.
(다) 프리즘을 올려놓으니 하나의 글자가 두 개로 보인다.
(라) 프리즘이 일부 빛은 반사하고 일부 빛은 굴절시키고 있다.

① (가), (나) ② (나), (다) ③ (다), (라)
④ (가), (다) ⑤ (나), (라)

정답 ④

<table>
<tr><td colspan="4">[영재 판별을 위한 표준화 검사도구 개발]
문 항 카 드</td></tr>
<tr><td>평가항목</td><td>측정</td><td>예상 정답률</td><td>70 %</td></tr>
</table>

[문제 5] 쇠구슬의 밀도(= $\frac{질량}{부피}$)를 구하려고 한다. 다음 보기 가운데 필요한 실험 기구를 올바르게 고른 것은?

ㄱ. 자	ㄴ. 초시계	ㄷ. 눈금실린더
ㄹ. 윗접시저울	ㅁ. 용수철저울	ㅂ. 시간기록계

① ㄷ, ㄹ ② ㄷ, ㅁ ③ ㄱ, ㄴ, ㄹ
④ ㄴ, ㅁ, ㅂ ⑤ ㄱ, ㄷ, ㄹ

정답 ①

<table>
<tr><td colspan="4">[영재 판별을 위한 표준화 검사도구 개발]
문 항 카 드</td></tr>
<tr><td>평가항목</td><td>측정</td><td>예상 정답률</td><td>60 %</td></tr>
</table>

[문제 6] 아래 그림은 RGB색 필터의 컬러 픽셀(color pixel)을 현미경을 이용하여 관찰한 결과를 디지털 카메라로 찍은 사진이다. 픽셀의 크기를 알아내기 위하여 자를 이용하여 하나의 녹색 픽셀의 폭을 측정하고자 한다. 둘 중 어느 경우에 픽셀의 오차가 작겠는가? (실제 픽셀의 크기를 알아내기 위해 측정한 값을 배율로 나누면 원래 픽셀의 크기를 얻을 수 있다.)

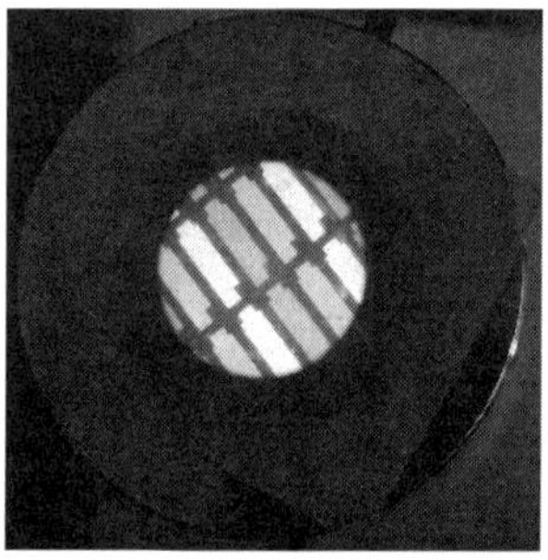

(가) 20배

(나) 50배

정답 (나)

<table>
<tr><td colspan="4">[영재 판별을 위한 표준화 검사도구 개발]
문 항 카 드</td></tr>
<tr><td>평가항목</td><td>측정</td><td>예상 정답률</td><td>60 %</td></tr>
</table>

[문제 7] 다음의 열거된 오차 중 그 오차를 줄이거나 없앨 수 없는 것은?

① 눈금실린더에 들어 있는 용액의 부피를 측정하는데 용액과 내벽의 접점에서의 눈금을 읽어 오차가 발생했다.

② 시험관 외경을 버니어캘리퍼를 이용하여 측정하는데 최소 눈금을 0.1 mm로 읽어 오차가 발생했다.

③ 여러 개의 온도계로 물의 어는점을 측정하니 서로 다른 값이 나와 오차가 발생했다.

④ 동일한 마이크로미터를 갖고 동일한 방법으로 유리판의 두께를 10회 측정하였으나 각각의 값이 조금씩 달랐다.

정답 ④

<table>
<tr><td colspan="4">[영재 판별을 위한 표준화 검사도구 개발]
문 항 카 드</td></tr>
<tr><td>평가항목</td><td>측정</td><td>예상 정답률</td><td>60 %</td></tr>
</table>

[문제 8] 빗면을 사용하여 물체를 끌어올릴 때 해야 하는 일의 양을 측정하고자 한다. 이 실험을 할 때 반드시 필요한 물품으로 바르게 짝지어진 것은?

① 용수철저울, 빗면, 수레

② 용수철저울, 수레, 자, 빗면

③ 용수철저울, 나무토막, 실, 빗면

④ 용수철저울, 나무토막, 실, 빗면, 시간기록계

⑤ 용수철저울, 자, 빗면, 시간기록계

정답 ②

[영재 판별을 위한 표준화 검사도구 개발] **문 항 카 드**			
평가항목	측정	예상 정답률	70 %

[문제 9] 회색 물체의 길이를 눈금 간격이 다른 cm 자를 이용하여 측정하는 실험 장면이다. (a)와 (b)의 눈금을 가장 바르게 읽은 것은?

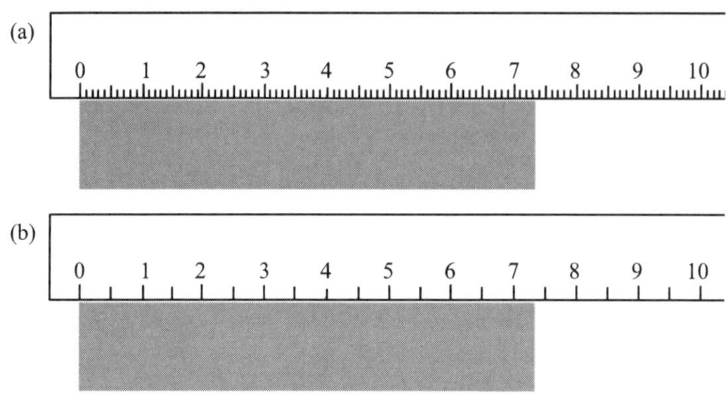

	(a)	(b)
①	7.32 cm	7.3 cm
②	7.3 cm	7.3 cm
③	7.32 cm	7.30 cm
④	7.3 cm	7.30 cm
⑤	7.30 cm	7.4 cm

정답 ①

[영재 판별을 위한 표준화 검사도구 개발] **문 항 카 드**			
평가항목	측정	예상 정답률	40 %

[문제 10] 지구상에서 소리의 속도는 보통 340 m/s라고 한다. 그러나 이 값은 실험 당시의 공기 상태와 시간과 거리 측정값의 정확도에 따라 다르다. 바람이 잔잔한 날 운동장에서 소리의 속도를 알아보기 위해, 초시계를 이용하여 150 m 떨어진 곳까지 소리가 도착하는 데 걸리는 시간을 경수네 모둠과 상희네 모둠은 5회씩, 미화네 모둠은 2회 측정하였고, 그 결과는 다음과 같았다.

	1회	2회	3회	4회	5회	평균
경수네 모둠(초)	2.45	2.32	2.18	2.20	2.30	2.29
상희네 모둠(초)	2.37	2.38	2.40	2.35	2.42	2.38
미화네 모둠(초)	2.20	2.38				2.29

만약 실험하던 상황에서 소리가 150 m를 가는 데 걸리는 시간의 참값이 2.30초라면, 다음 중 3개조의 실험결과에 대한 평가로 바른 것은?

① 상희네 모둠과 비교할 때 평균값이 참값과 더 가까운 경수네 모둠이 측정을 더 잘한 것이다.

② 평균값이 같으므로 미화네 모둠과 경수네 모둠의 실험결과의 신뢰성은 같다.

③ 경수네 모둠이 가장 믿을 만한 실험값을 얻었다.

④ 상희네 모둠과 비교할 때 평균값이 참값과 더 가까운 미화네 모둠이 측정을 더 잘한 것이다.

⑤ 실험할 때 발생한 오차의 원인을 찾아 수정하기 쉬운 조는 상희네 모둠이다.

정답 ⑤

<table>
<tr><td colspan="4">[영재 판별을 위한 표준화 검사도구 개발]
문 항 카 드</td></tr>
<tr><td>평가항목</td><td>추리</td><td>예상 정답률</td><td>60 %</td></tr>
</table>

[문제 11] 전광판은 그림 1과 같이 여러 개의 조그마한 픽셀(상자)로 이루어져 있다. 각각의 픽셀에는 보통 2~3개의 발광 다이오드가 들어 있다. 그림 1은 픽셀에 다른 색을 내는 발광 다이오드 두 개가 들어 있는 전광판의 일부를 나타낸다. 그림 1과 같이 하나의 픽셀에 다른 색을 지니는 두 개의 발광 다이오드가 들어 있다. 이때, 각각의 발광 다이오드에 불이 들어오느냐에 따라 네 가지 색을 나타낼 수 있다.

발광 다이오드 1	발광 다이오드 2	결과 색
꺼짐	꺼짐	검정색
켜짐	꺼짐	1의 색
꺼짐	켜짐	2의 색
켜짐	켜짐	1, 2 혼합색

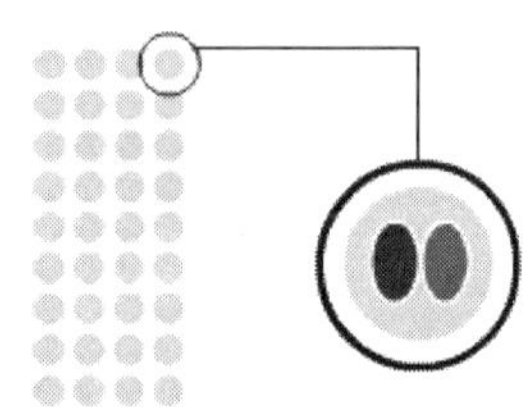

그림 1

다음은 Hi를 전광판에 나타낸 것이다. 다음 전광판에는 두 개의 색을 지니는 발광 다이오드가 들어 있다. 이때, 한 가지 색의 발광 다이오드 몇 개가 고장이 나서 '켜짐' 신호에서도 꺼진 상태가 되었다. 각각은 한 개씩만 켠 경우와 둘 모두를 켠 경우를 나타낸 것이다.

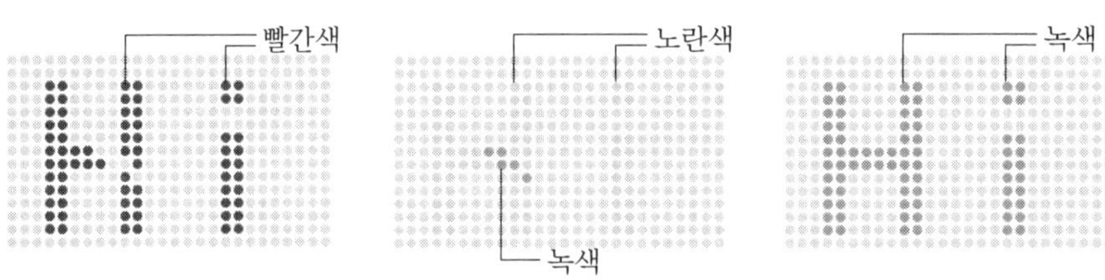

다음 중 픽셀에 들어 있는 발광 다이오드의 색 두 개와 고장 난 발광 다이오드의 색을 올바르게 나타낸 것은?

	들어 있는 두 가지 색	고장 난 색
①	빨간색, 노란색	노란색
②	녹색, 노란색	노란색
③	녹색, 빨간색	녹색
④	녹색, 노란색	노란색
⑤	녹색, 빨간색	빨간색

정답 ⑤

[영재 판별을 위한 표준화 검사도구 개발] **문 항 카 드**			
평가항목	추리	예상 정답률	70 %

[문제 12] 다음 그림은 볼록 렌즈와 오목 렌즈를 통과한 빛이 나아가는 모습을 나타낸 것이다.

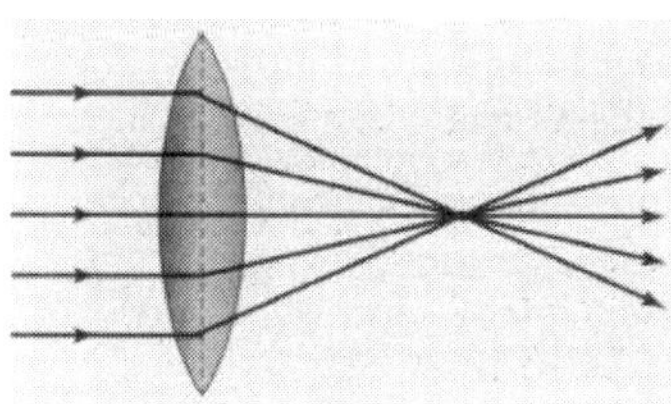
볼록 렌즈

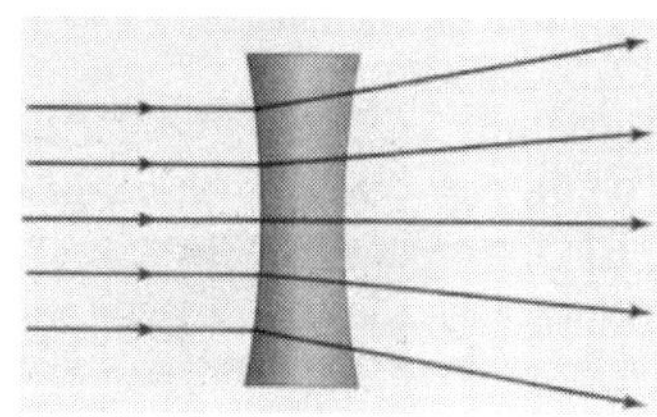
오목 렌즈

어떤 렌즈가 들어 있는 상자에 입사한 빛이 아래 그림과 같이 굴절되어 나왔을 때, 이 상자 속에 들어 있을 것으로 추정되는 렌즈를 고르시오.

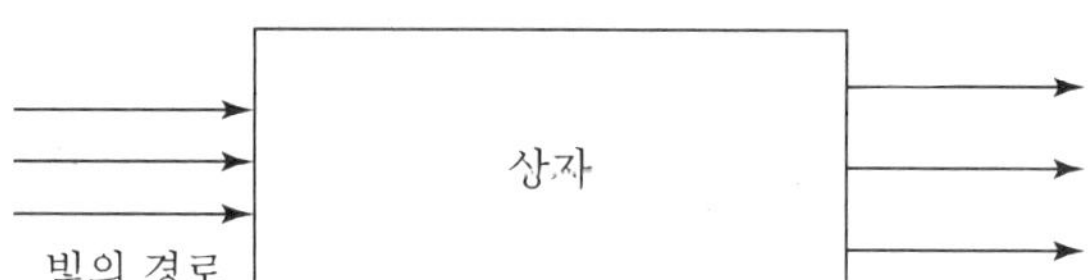

①

②

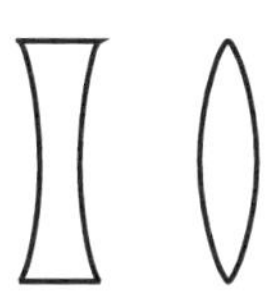

③

④

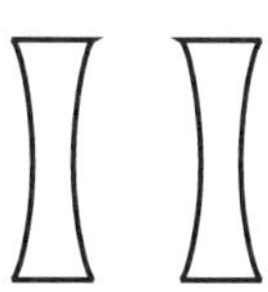

⑤

정답 ②

해설 나란한 광선이 오른쪽 그림과 같이 렌즈가 배치된 곳에 입사하면 굴절 광선은 그대로 나란하게 확대될 수 있다.

<table>
<tr><td colspan="4">[영재 판별을 위한 표준화 검사도구 개발]
문 항 카 드</td></tr>
<tr><td>평가항목</td><td>추리</td><td>예상 정답률</td><td>60 %</td></tr>
</table>

[문제 13] 아래 사진은 달에서 본 지구의 모습이다. 사진에 대한 설명으로 옳지 않은 것을 모두 고르면?

① 태양은 지구의 위쪽에 있을 것이다.
② 달에는 식물도 동물도 안 보인다.
③ 이 사진은 지구가 둥글다는 증거가 될 수 있다.
④ 주위가 까만 것으로 보아, 사진 속 달에 사람이 서 있다면 밤일 것이다.
⑤ 사진에 보이는 지구의 윗부분은 주위가 까만 것으로 보아 밤일 것이다.

정답 ④, ⑤

<table>
<tr><td colspan="4">[영재 판별을 위한 표준화 검사도구 개발]
문 항 카 드</td></tr>
<tr><td>평가항목</td><td>추리</td><td>예상 정답률</td><td>60 %</td></tr>
</table>

[문제 14] 사진과 같이, 똑같은 종류의 온도계를 나란히 걸은 후, 한쪽의 온도계 구부에는 젖은 헝겊을 감싸 두었다. 1시간 후 온도를 측정했더니, 헝겊을 감싼 온도계의 눈금이 더 낮았다. 그 이유를 가장 바르게 추리한 것은?

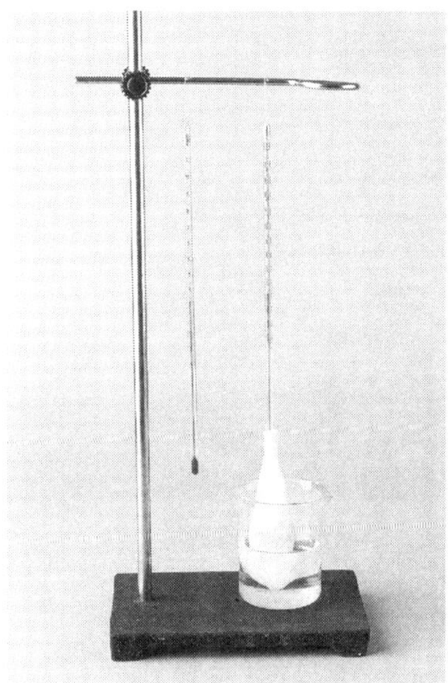

① 젖은 헝겊이 차갑기 때문이다.

② 온도계의 어딘가가 깨져 온도가 제대로 측정되지 않은 것이다.

③ 헝겊 때문에 주변의 따뜻한 공기가 온도계와 차단되어 온도가 낮게 측정되었다.

④ 젖은 헝겊의 물이 증발하면서 온도계의 열을 빼앗아 갔기 때문이다.

⑤ 헝겊을 감지 않은 온도계가 주변의 따뜻한 공기와 접촉하는 면적이 넓어 상대적으로 온도가 높게 측정된 것이다.

정답 ④

<table><tr><td colspan="4">[영재 판별을 위한 표준화 검사도구 개발]
문 항 카 드</td></tr><tr><td>평가항목</td><td>추리</td><td>예상 정답률</td><td>40 %</td></tr></table>

[문제 15] 전류가 흐르는 도선이 수직 방향으로 놓인 곳 주변에 나침반을 여러 개 두었더니 나침반 바늘이 아래 사진과 같이 배열되었다. [보기] 중에서 이 사진을 통해 알아낼 수 있는 것을 모두 고른 것은?

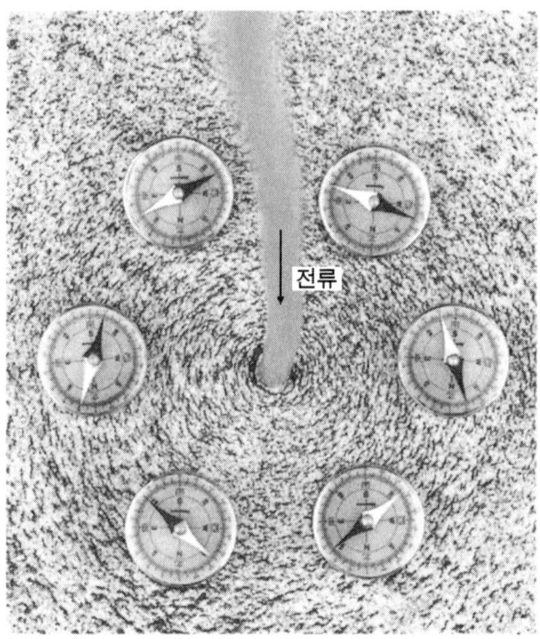

[보기]

가. 지구 자기장은 오른쪽 방향이다.
나. 도선에서 가까울수록 자기장이 세다.
다. 전류가 셀수록 자기장이 세다.

① 나 ② 다 ③ 가, 나
④ 나, 다 ⑤ 가, 다

정답 ③

[영재 판별을 위한 표준화 검사도구 개발] **문 항 카 드**			
평가항목	예상	예상 정답률	80 %

[문제 16] 새로 산 풍선에 훌쭉한 강아지가 그려져 있다. 이 풍선을 불었을 때 풍선에 그려진 강아지 그림의 모양을 설명한 문장 중 적절한 것을 고르시오.

① 여전히 훌쭉하고 풍선을 불기 전과 동일한 크기의 강아지

② 훌쭉하고 키가 커진 강아지

③ 뚱뚱하고 키는 그대로인 강아지

④ 뚱뚱하고 키도 큰 강아지

⑤ 뚱뚱해지고 작아진 강아지

정답 ④

<table>
<tr><td colspan="4">[영재 판별을 위한 표준화 검사도구 개발]
문 항 카 드</td></tr>
<tr><td>평가항목</td><td>예상</td><td>예상 정답률</td><td>60 %</td></tr>
</table>

[문제 17] 다음의 주어진 경우에서 운동 상태가 동일한 두 경우를 고르시오.(단, 용수철저울을 수평 상태에 가만히 둔 경우 눈금은 1 N을 가리키고 있었고, 수레의 질량과 수레 위에 올려놓는 벽돌의 질량은 동일하다.)

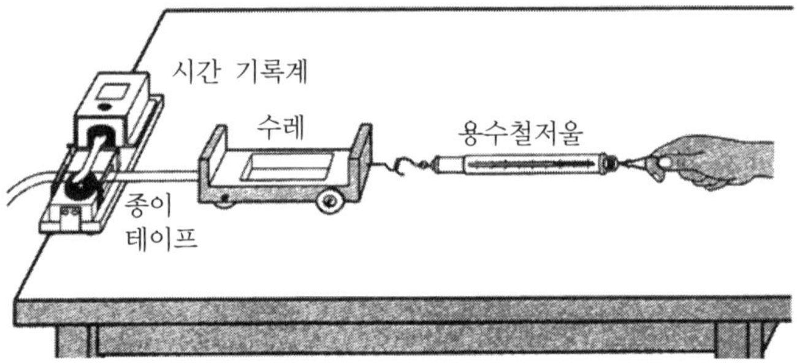

	용수철저울의 눈금	수레 위에 얹은 벽돌 수
①	2	0
②	2	1
③	3	2
④	4	2
⑤	4	3

정답 ①과 ④

<table>
<tr><td colspan="4">[영재 판별을 위한 표준화 검사도구 개발]
문 항 카 드</td></tr>
<tr><td>평가항목</td><td>예상</td><td>예상 정답률</td><td>60 %</td></tr>
</table>

[문제 18] 그림은 이탈리아의 토리첼리(1608~1647)가 수행한 실험이다. 수은을 한쪽 끝이 막힌 긴 관에 넣고 수은이 든 그릇에 대고 거꾸로 세웠을 때, 더 이상 내려오지 않는 높이를 측정하는 실험이었다. 이 실험에 대한 다음 여러 가지 예상 중 옳지 않은 것은?

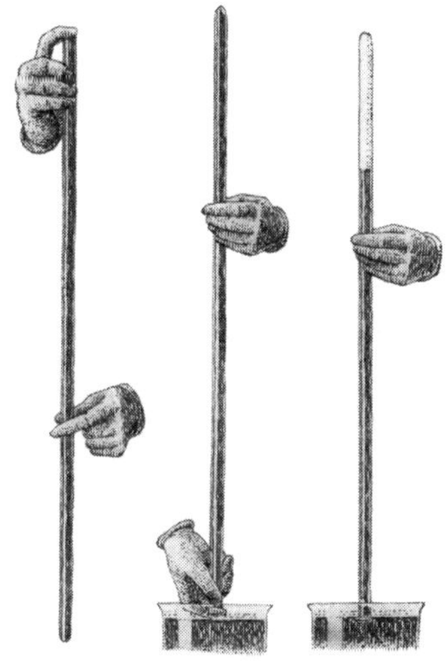

(a) (b) (c)

① 달에서 이 실험을 수행하면 (c)의 경우 모든 수은이 아래까지 내려올 것이다.

② 만약 물로 이 실험을 하면 (c)에서 내려오지 않는 기둥의 높이가 수은보다 더 높을 것이다.

③ 수은 기둥을 세워 놓는 곳이 수은이 든 수조가 아니라 공기 중에서 책받침과 같이 가벼운 판이어도 된다.

④ 지구에 공기가 희박해지면 (c)에서 수은 기둥의 높이는 더 낮아진다.

⑤ 만약 지구 대기권에서 공기의 밀도가 고도에 관계없이 일정하다면, 높은 곳으로 올라가도 (c)에서 수은 기둥의 높이는 더 높아질 것이다.

정답 ⑤

[영재 판별을 위한 표준화 검사도구 개발]

문 항 카 드

<table>
<tr><td>평가항목</td><td>자료 해석</td><td>예상 정답률</td><td>60 %</td></tr>
</table>

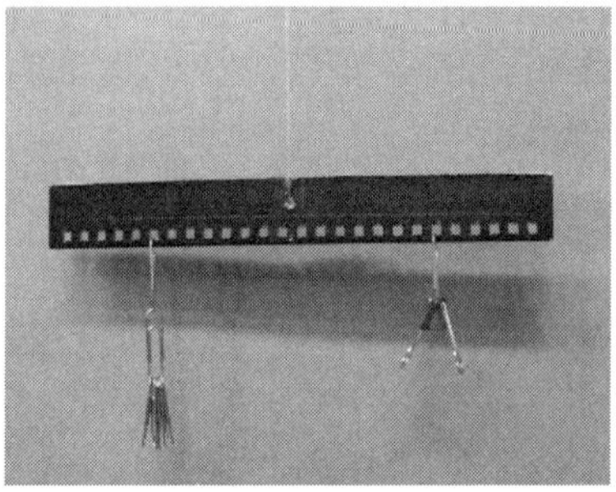

※ 다음 사진과 같이 용현이는 간이 양팔 저울을 만들어 평형을 맞추는 놀이를 하고 있다. 용현이는 먼저 그림의 오른쪽에 있는 것처럼 클립 하나와 집게 하나를 걸어 놓고 왼쪽의 동일한 거리에 있는 위치에 클립의 수를 하나씩 늘려가면서 평형이 되는 개수를 세어 보았다. 그 결과 클립 7개와 집게 하나의 무게가 동일함을 알았다. 용현이는 왼쪽에 클립들을 놓는 위치를 달리하면서 평형이 되는 클립의 개수를 아래 표에 나타내었다. 정확히 평형을 이루지 않는 경우에는 좌우로 기우는 중간 값을 기록하였다(예를 들어서 클립 4개를 놓은 경우에는 오른쪽으로 기울고 5개를 놓은 경우에는 왼쪽으로 기울면 4.5개라고 적는다).

<table>
<tr><th colspan="2">왼쪽</th><th rowspan="8"></th><th>오른쪽</th></tr>
<tr><td>클립을 거는 위치</td><td>클립의 수</td><td rowspan="7">처음의 경우와 동일하게
유지하였다.</td></tr>
<tr><td>r</td><td>16</td></tr>
<tr><td>2r</td><td>8</td></tr>
<tr><td>3r</td><td>5.5</td></tr>
<tr><td>4r</td><td>(a)</td></tr>
<tr><td>5r</td><td>3</td></tr>
<tr><td>8r</td><td>2</td></tr>
</table>

[문제 19] 클립을 거는 위치(r)와 클립의 수(n)에 있어 둘 사이의 어떤 값이 일정하다고 할 수 있는가? (약간의 오차는 측정에서 생기는 것으로 무시할 수 있다.)

① r/n ② n/r ③ n×r

④ n+r ⑤ n−r

정답 ③

<table>
<tr><td colspan="4">[영재 판별을 위한 표준화 검사도구 개발]
문 항 카 드</td></tr>
<tr><td>평가항목</td><td>자료 해석</td><td>예상 정답률</td><td>70 %</td></tr>
</table>

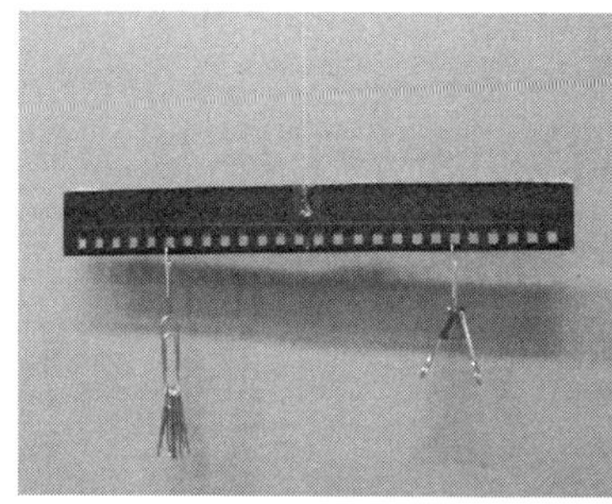

※ 다음 사진과 같이 용현이는 간이 양팔 저울을 만들어 평형을 맞추는 놀이를 하고 있다. 용현이는 먼저 그림의 오른쪽에 있는 것처럼 클립 하나와 집게 하나를 걸어 놓고 왼쪽의 동일한 거리에 있는 위치에 클립의 수를 하나씩 늘려가면서 평형이 되는 개수를 세어 보았다. 그 결과 클립 7개와 집게 하나의 무게가 동일함을 알았다. 용현이는 왼쪽에 클립들을 놓는 위치를 달리하면서 평형이 되는 클립의 개수를 아래 표에 나타내었다. 정확히 평형을 이루지 않는 경우에는 좌우로 기우는 중간 값을 기록하였다(예를 들어서 클립 4개를 놓은 경우에는 오른쪽으로 기울고 5개를 놓은 경우에는 왼쪽으로 기울면 4.5개라고 적는다).

<table>
<tr><th colspan="2">왼쪽</th><th rowspan="8"></th><th>오른쪽</th></tr>
<tr><td>클립을 거는 위치</td><td>클립의 수</td><td rowspan="7">처음의 경우와 동일하게
유지하였다.</td></tr>
<tr><td>ı</td><td>16</td></tr>
<tr><td>2r</td><td>8</td></tr>
<tr><td>3r</td><td>5.5</td></tr>
<tr><td>4r</td><td>( )</td></tr>
<tr><td>5r</td><td>3</td></tr>
<tr><td>8r</td><td>2</td></tr>
</table>

[문제 20] 용현이는 자료를 기록하다가 4번째 자료의 일부분을 깨끗이 쓰려고 지웠다. 다음 중 괄호 안에 가장 적절한 값은?

① 3.5　　② 4　　③ 5

④ 5.5　　⑤ 6

정답 ②

<table>
<tr><td colspan="4">[영재 판별을 위한 표준화 검사도구 개발]
문 항 카 드</td></tr>
<tr><td>평가항목</td><td>문제 인식</td><td>예상 정답률</td><td>40 %</td></tr>
</table>

[문제 21] 다음은 민수가 쓴 과학 일기이다.

> 방에서 공부를 하고 있는데, 어머니께서 과일을 들고 들어오셨다. 그런데 펄럭이는 커튼이 눈에 띄었다. 방문을 열 때 펄럭인 것 같았다. "방문을 열었는데 왜 커튼이 펄럭이지?"라는 생각이 들었다.
>
> 어머니께 "나가셨다가 다시 들어와 보세요."라고 부탁하였다. 어머니가 나가시자 방문을 닫고 커튼과 방문을 번갈아 쳐다보았다. 어머니께서 방문을 여는 순간 다시 커튼이 방 안쪽으로 흔들렸다. 자세히 보니 창문이 열려 있었다. 이유는 잘 모르겠지만 신기했다.

중학교 3학년인 민수는 여름방학 과제로 "탐구보고서"를 한 편 써야 하는데, 고민하다가 위 과학 일기를 떠올리고 관련된 탐구 문제를 생각해 보았다. 다음 중 과학적 탐구 문제를 진술한 것으로 가장 적절하지 않은 것은?

① 어머니가 열 때와 할머니가 열 때 커튼 움직임에는 어떤 차이가 있을까?
② 방문을 열 때 커튼에 작용하는 힘의 크기는 얼마나 될까?
③ 방문을 열 때와 닫을 때 커튼의 움직임에는 어떤 차이가 있을까?
④ 창문이 닫혀 있을 때와 열려 있을 때 커튼의 움직임에는 어떤 차이가 있을까?
⑤ 방문을 열 때 커튼을 펄럭이게 하는 것은 무엇인가?

정답 ①

<table>
<tr><td colspan="4">[영재 판별을 위한 표준화 검사도구 개발]
문 항 카 드</td></tr>
<tr><td>평가항목</td><td>가설 설정</td><td>예상 정답률</td><td>50 %</td></tr>
</table>

[문제 22] 다음 글의 밑줄 친 부분 중에서 가설이 아닌 것 2개를 고르시오.

> 초등학교 2학년인 영철이네 집에는 이상한 달걀이 하나 있었다. 아버지 책상 위에 있었는데, 똑바로 서 있었던 것이다. 아버지가, 만지기는커녕 가까이 가지도 못하게 하여 신기하게만 생각하고 있었다. 어느 날 부모님들이 모두 나가신 틈을 타서 영철이는 책상 위의 계란 앞으로 다가갔다. 먼저 계란이 놓인 바닥에 뭐가 있나 하여 (a)유심히 살펴보았으나 아무것도 없었다. (b)달걀을 책상에 붙여 놓았나 하여 조심조심 들어 보았는데 잘 들어졌다. (c)잘 서도록 계란 밑바닥에 뭘 붙여 놓았나 자세히 보았으나 아무것도 없었다. (d)책상 바닥이 움푹 들어가기라도 했나 하여 책상면을 손바닥으로 쓸어 보았으나 평평했다. 마지막으로 뭐가 들어 있나 하여 (e)계란을 책상에 톡톡 쳐서 깨뜨려 보았다. 그랬더니 계란 속은 텅 비어 있었고, 밑바닥에 회색을 띤 무엇인가가 있었다. 영철이는 '저것 때문에 서 있었던 건가?'라는 생각을 하였다.

① (a) ② (b) ③ (c)

④ (d) ⑤ (e)

정답 ①, ⑤

<table>
<tr><td colspan="4">[영재 판별을 위한 표준화 검사도구 개발]
문 항 카 드</td></tr>
<tr><td>평가항목</td><td>변인 통제</td><td>예상 정답률</td><td>60 %</td></tr>
</table>

[문제 23] 사진 (가)와 같이 물을 담아 가만히 둔 후 1주일 후에 봤더니 사진 (나)와 같이 되었다. 이 실험은 무엇을 알아보기 위한 실험일까?

(가)

(나)

① 시간에 따른 물의 증발량 차이
② 물의 색깔에 따른 증발량 차이
③ 뚜껑을 덮었을 때와 아닐 때의 증발량 차이
④ 햇빛의 유무에 따른 증발량 차이
⑤ 자외선의 유무에 따른 증발량 차이

정답 ③

[영재 판별을 위한 표준화 검사도구 개발] **문 항 카 드**			
평가항목	변인 통제	예상 정답률	60 %

[문제 24] 미끄럼틀에서 공을 굴려 보면, 더 빠르게 굴러 내려오는 공과 더 천천히 굴러 내려오는 공이 있다. 미진이는 어떤 조건을 가진 공이 더 빠르게 굴러 내려오는지를 알아보고자 하였다. 그런데 집에는 준비된 공이 없어 지름이 1 cm인 쇠구슬과 탁구공으로 실험해 보았다. 그랬더니 쇠구슬이 더 빠르게 굴러 내려왔다. 이 실험결과에 대한 해석으로 가장 바른 것은?

① 공의 반지름이 작을수록 더 빠르게 굴러 내려온다.

② 무거운 공일수록 더 빠르게 굴러 내려온다.

③ 매끈한 공일수록 더 빠르게 굴러 내려온다.

④ 밀도가 큰 공일수록 더 빠르게 굴러 내려온다.

⑤ 알 수 있는 것은 없다.

정답 ⑤

<table>
<tr><td colspan="4">[영재 판별을 위한 표준화 검사도구 개발]
문 항 카 드</td></tr>
<tr><td>평가항목</td><td>변인 통제</td><td>예상 정답률</td><td>50 %</td></tr>
</table>

[문제 25] 중학교 2학년인 지성이는 두드렸을 때 재질에 따라 발생하는 음높이의 차이를 알아보고 싶었다. 그래서 다음 그림과 같은 5가지 그릇으로 실험하였는데, 숟가락으로 두드렸을 때 발생하는 소리의 진동수를 분석하였다.

크리스털컵

도자기컵

밥그릇

스테인리스컵

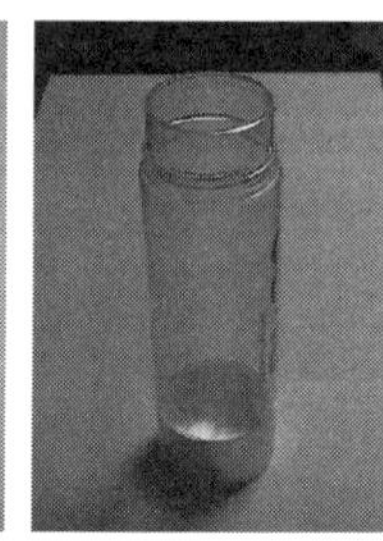
플라스틱컵

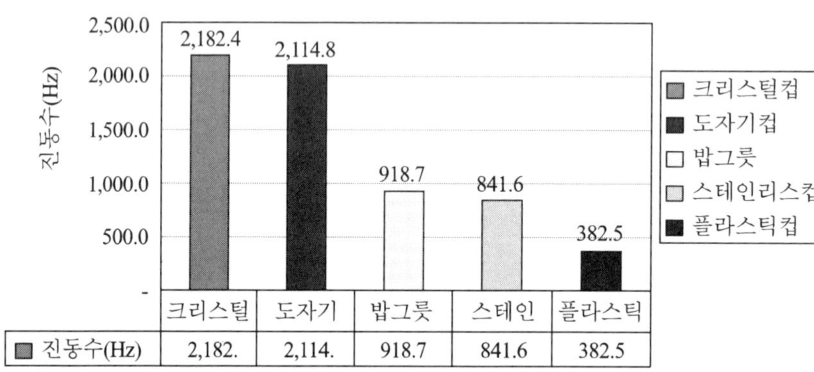

위 실험결과로부터 내릴 수 있는 결론을 가장 바르게 말한 것 2개를 고르시오.

① 스테인리스보다 크리스털에서 더 높은 소리가 난다.

② 크리스털보다 스테인리스에서 더 높은 소리가 난다.

③ 도자기컵과 플라스틱컵은 모양이 다르므로 도자기와 플라스틱 중 어느 것에서 더 높은 소리가 난다고 말할 수 없다.

④ 도자기컵과 플라스틱컵은 색깔이 다르므로 도자기와 플라스틱 중 어느 것에서 더 높은 소리가 난다고 말할 수 없다.

⑤ 이 실험결과로는 재질에 따라 발생하는 음의 높이를 공정하게 비교할 수 없다.

정답 ③, ⑤

[영재 판별을 위한 표준화 검사도구 개발] **문 항 카 드**			
평가항목	실험 설계	**예상 정답률**	60 %

[문제 26] 사진의 장치는 스티로폼 통 안에 니크롬선과 온도계를 장치한 후 적당한 양의 물을 붓고 니크롬선에 전류를 흘려 주며 물의 온도를 측정하는 장치이다. 이 장치를 이용하여 전류의 크기에 따른 발열량을 알아보고자 할 때 실험에 대한 설명 중 옳지 않은 것은?

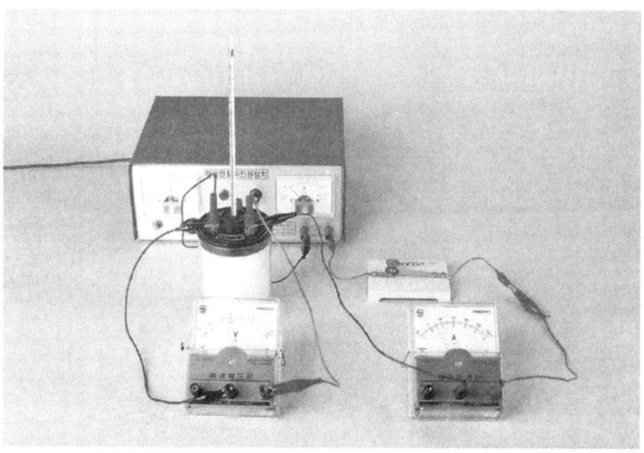

① 진원 장치를 이용해 전압의 값을 2, 4, 6 V로 바꾸면서 그때의 전류값을 기록하고 온도 변화를 기록한다.

② 니크롬선과 전압계는 병렬로, 니크롬선과 전류계는 직렬로 연결한다.

③ 스티로폼 통 안에 물을 넣을 때는 니크롬선이 완전히 잠길 만큼 넣는다.

④ 전류값을 바꾸어 실험할 때는 통 안의 물을 상온의 물로 다시 바꾸어서 하는 것이 좋다.

⑤ 전류값을 바꾸어 주기 위해 니크롬선 저항의 크기를 바꾸어가며 실험해야 한다.

정답 ①

[영재 판별을 위한 표준화 검사도구 개발] **문 항 카 드**			
평가항목	자료 해석	예상 정답률	60 %

[문제 27] 스티로폼 통 안에 니크롬선과 온도계를 장치한 후 적당한 앙의 물을 붓고 니크롬선에 전류를 흘려 주며 물의 온도를 측정했다. 결과를 기록한 아래 표를 보고 이끌어 낼 수 있는 관계식으로 옳지 않은 것은?

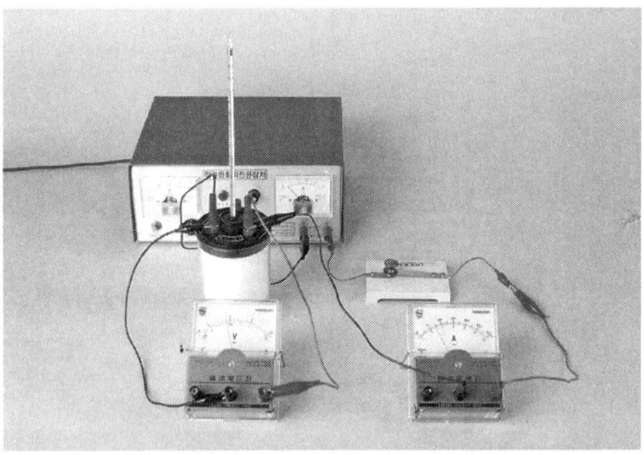

전압(V)	전류(A)	전압×전류(VA)	온도 변화(°C)	발생한 열량(cal)
2	0.2	0.4	1.1	55
4	0.4	1.6	4.2	210
6	0.6	3.6	9.5	475

① 전압 ∝ 전류

② 전압 ∝ 온도 변화

③ 전류 ∝ 발생한 열량

④ 전압×전류 ∝ 발생한 열량

⑤ 전압×전류×시간 ∝ 발생한 열량

정답 ⑤

<table>
<tr><td colspan="4">[영재 판별을 위한 표준화 검사도구 개발]
문 항 카 드</td></tr>
<tr><td>평가항목</td><td>자료 해석</td><td>예상 정답률</td><td>80 %</td></tr>
</table>

[문제 28] 다음은 A조와 B조가 주로 물과 에탄올의 혼합물인 포도주를 둥근바닥 플라스크에 조금 넣고 가열하면서 측정한 온도를 하나의 그래프에 나타낸 것이다. 이 그래프에 대한 해석으로 옳은 것을 모두 고른 것은?

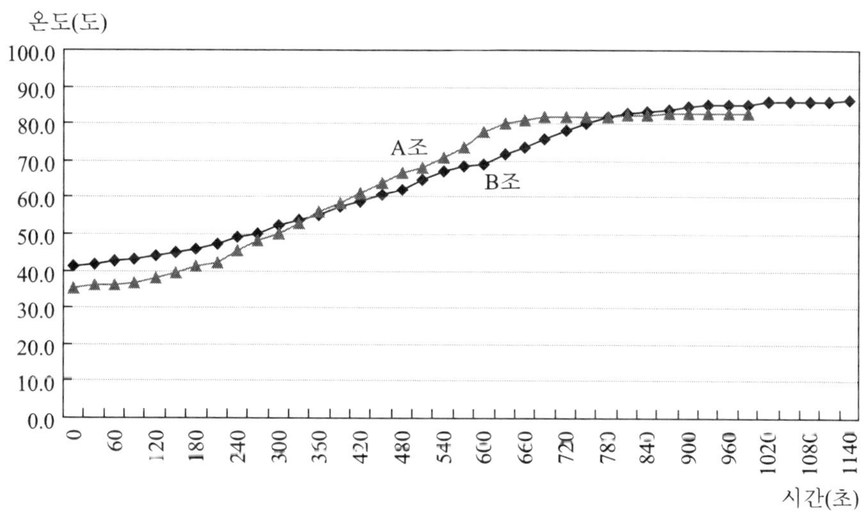

[보기]

(가) 처음 온도는 A조가 더 높았다.
(나) 두 조의 측정 시간은 모두 900초가 넘었다.
(다) 포도주의 양 등 조건이 같았다면 대체로 A조의 불이 더 세었다.
(라) 물과 에탄올 중 하나의 녹는점은 80 °C 부근이다.

① (가), (나) ② (나), (다) ③ (다), (라)
④ (가), (나), (다) ⑤ (나), (다), (라)

정답 ⑤

<table>
<tr><td colspan="4">[영재 판별을 위한 표준화 검사도구 개발]
문 항 카 드</td></tr>
<tr><td>평가항목</td><td>자료 해석</td><td>예상 정답률</td><td>30 %</td></tr>
</table>

[문제 29] 길이가 22.5 cm인 PVC 관을 약하게 불 때와 세게 불 때, 소리를 컴퓨터로 입력받아 진동수를 보니 각각 다음과 같았다.

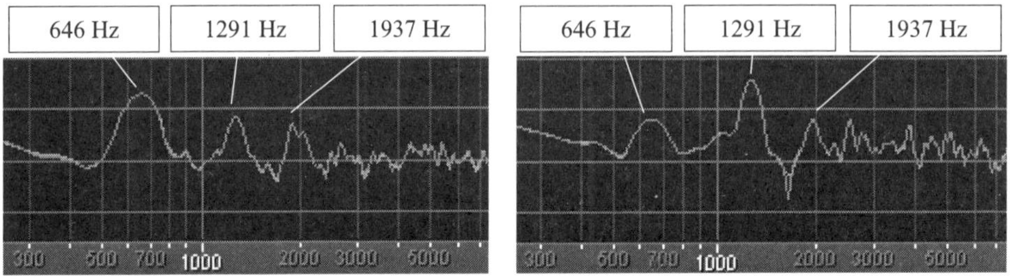

약하게 불 때 소리　　　　세게 불 때 소리

위 실험결과로부터 알 수 있는 사실을 바르게 말한 것은?

① PVC 관을 막고 불었다.

② 약하게 불 때 발생한 음이 귀에 더 높은 음으로 들린다.

③ 발생한 음파의 파장은 관 길이의 2배이다.

④ 관을 불 때 나는 소리는 관을 부는 세기와 관련이 있다.

⑤ 더 약하게 불면 646 Hz보다 낮은 음이 세게 발생할 수도 있다.

정답 ④

<table>
<tr><td colspan="4">[영재 판별을 위한 표준화 검사도구 개발]
문 항 카 드</td></tr>
<tr><td>평가항목</td><td>자료 해석</td><td>예상 정답률</td><td>50 %</td></tr>
</table>

[문제 30] 자극의 전달 속도를 알아보기 위하여 아래 그림과 같이 초시계를 든 한 사람과 손을 잡은 남녀 한하여 7명의 학생이 실험을 하였다. 초시계를 든 사람이 초시계를 누르면서 깃발을 내리면, 첫 번째 사람이 그것을 보고 왼손을 꼭 잡아 신호를 전달하고 그 신호를 받은 두 번째 사람 역시 왼손을 꼭 잡아 신호를 전달한다. 이런 방법으로 진행하여 마지막 사람은 신호를 느꼈을 때 "끝" 하고 외치고, 이 소리를 듣고 초시계를 눌러 시간을 측정한다. 이와 같은 실험을 5번 했을 때 결과가 다음 표와 같았다.

실험 횟수	1	2	3	4	5
걸린 시간(초)	2.4	2.2	1.5	1.4	1.5

다음 중 이 실험에 대한 해석으로 옳은 것은?

① 5회 실험값을 평균하여 평균적인 전달 속도라고 하는 것은 타당하다.

② 이 실험에서 측정한 시간은 신호가 7명을 지나는 데 걸린 시간이다.

③ 팔을 옆으로 길게 펴서 손을 잡고 실험하면 시간이 더 오래 걸릴 것이다.

④ 실험결과를 남자들에게서 신호가 전달되는 시간이라고 볼 수 있다.

⑤ 이 실험에서 측정한 시간에는 시각, 촉각, 청각의 3가지 감각에 걸리는 시간이 포함되어 있다.

정답 ⑤

[영재 판별을 위한 표준화 검사도구 개발]

문 항 카 드

평가항목	자료 변환	예상 정답률	40 %

[문제 31] 다음은 진희네 조가 실험 시간에 마그네슘과 묽은 염산을 반응시킬 때 시간에 따라 발생하는 수소 기체의 양을 측정하여 기록한 표이다.

시간(s)	0	10	20	30	40	50	60	70
부피(mL)	0	14	23	28	31	32	32	32

시간에 따른 반응 속도의 변화를 알아보려면, 매 10초마다 발생한 기체의 부피를 알아야 한다. 다음 중 그것을 그래프로 나타낸 것으로 가장 바른 것은? (단, 아래 그래프에서 세로축 "부피"는 "매 10초 동안 발생한 기체의 부피"임)

①
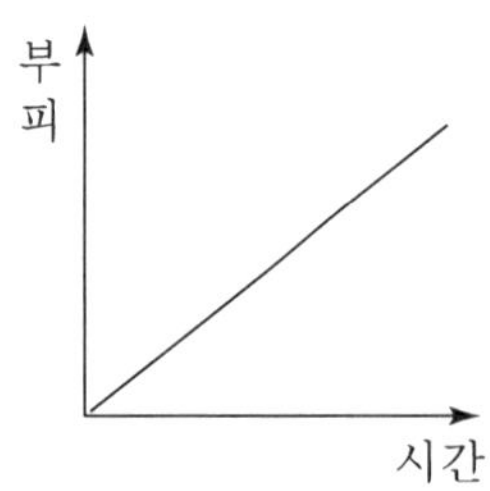

②
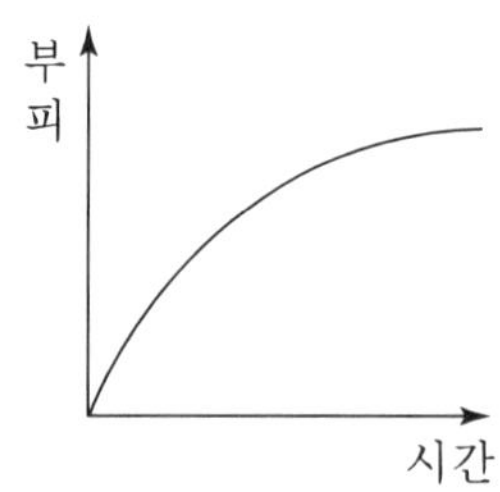

③
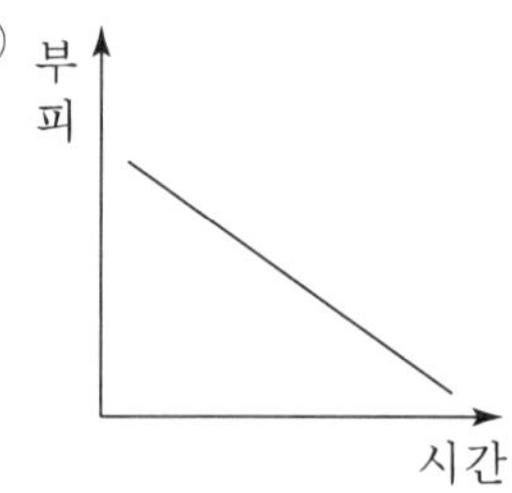

④
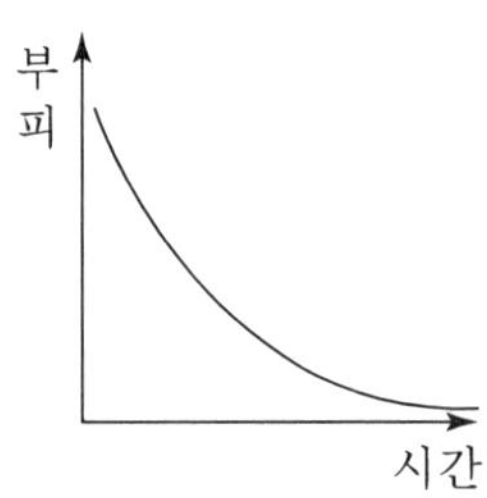

⑤
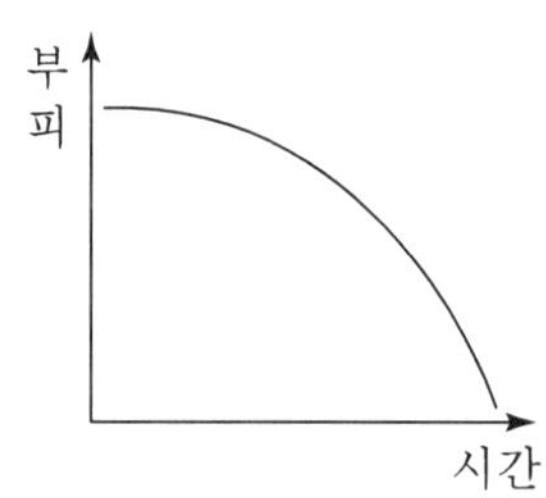

정답 ④

[영재 판별을 위한 표준화 검사도구 개발] **문 항 카 드**			
평가항목	결론 도출 및 일반화	예상 정답률	60 %

[문제 32] 아래 사진과 같은 지레가 있다. 지레는 양쪽으로 등간격의 구멍이 있으며 거리에 따라 1, 2, 3, 4, 5로 표시되어 있다. 각 구멍에 추를 걸어 평형이 될 때를 아래 표와 같이 기록하였다. 마지막 줄의 오른쪽 지레에는 어느 구멍에 몇 g의 추를 걸어야 평형이 될까?

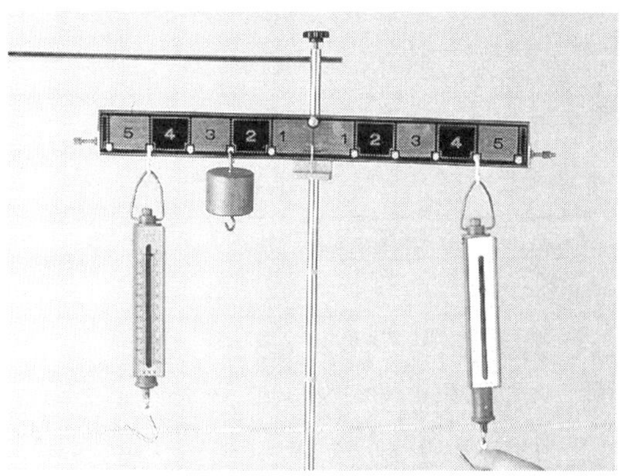

5	4	3	2	1	1	2	3	4	5
	200 g		100 g			500 g			
		200 g	100 g			200 g		100 g	
100 g					200 g		100 g		
100 g	200 g				?	?	?	?	?

	1	2	3	4	5
①	100 g				200 g
②			100 g		200 g
③		100 g		300 g	
④			100 g	300 g	

정답 ②

3 과학 창의력 검사도구

현대와 미래 사회는 새롭고 독창적인 아이디어를 창출하고 창의적으로 문제를 해결해 나가는 능력을 요구하고 있다. 창의적 문제 해결력의 계발만이 각 개인이 가지고 있는 생산성을 최대화시킬 수 있고, 미래 사회를 생산적으로 이끌어 갈 수 있도록 하는 가장 효과적인 방법이다.

창의적 문제 해결력은 영재들이 새로운 아이디어를 창출하고 창의적 생산을 할 수 있도록 하는 데 중요한 역할을 한다. 렌줄리(Renzulli, 1986)는 영재성의 '세 고리 모형'에서 역사적 또는 세계적 성취를 이룬 사람들이 공통적으로 갖고 있는 특성으로 보통 이상의 능력, 창의성, 과제 집착력을 들고 있다. 혹자는 영재성의 개념과 창의성의 개념을 매우 유사한 것으로 볼 정도로 영재교육에서 창의성 교육은 크게 강조되고 있다.

창의성은 "아이디어, 사물, 기술, 접근 방법을 새로운 방식으로 결합하는 능력", "새롭고 유용한 산출물, 확산적이고 풍부한 사고 과정, 고양되고 내재적인 주관적 경험의 세 범주" 등으로 설명된다. 그리고 영재교육에서 말하는 창의성은 '창의적 문제 해결'로 설명되기도 한다. 과학 창의력 검사도구는 과학과 관련된 내용을 바탕으로 창의력을 평가하는 도구이다. 문제은행식으로 축적된 자료는 많은 영재 선발은 물론 정규 교육과정에서도 학생들의 과학 지식수준을 검사하는 데 활용될 수 있을 것이다.

본 책에서는 개발된 창의력 검사도구 중에서 중급 영역으로 중학교 1학년부터 고등학교 1학년까지 4개년 학생들에 대한 과학 창의력을 측정하는 내용으로 38문항이 제시되어 있다.

표준화 검사 문항 (창의)

중학교 1~2학년

[영재 판별을 위한 표준화 검사도구 개발]

문 항 카 드

평가항목	수렴적 사고(정교성)

[문제 1] 자동차를 찍은 두 개의 사진이 서로 다르다. (a)는 사람이 흐리고 (b)는 자동차가 흐리다. 이처럼 차이 나는 이유를 쓰시오.

(a) 자동차가 선명함

(b) 자동차가 흐림

[예시답안] 사진기의 조리개가 열려 있는 동안 사진기에 대하여 물체가 움직이면 흐리게 찍히고, 물체가 움직이지 않으면 선명하게 찍힌다. 따라서 (a)는 사진기가 자동차와 같은 속력으로 이동하면서 찍은 것이고, (b)는 사진기가 지면에 고정된 상태에서 움직이는 자동차를 찍은 것이다.

[채점기준] 사진이 흐려지는 원리와, (a)는 사진기가 자동차와 같이 움직였고 (b)는 사진기가 지면에 고정되었음을 모두 적은 경우 만점을 부여하고, 일부가 누락되었거나 미비한 경우에는 채점자 재량으로 부분 점수를 부여한다.

[영재 판별을 위한 표준화 검사도구 개발] **문 항 카 드**	
평가항목	수렴적 사고

[문제 2] 학급 친구가 아래 그림과 같이 1.5 V 꼬마전구 2개를 직렬로 연결하여 밝기를 비교하는 실험을 하고 나서, "a가 더 밝게 보인다. 그 이유는 전류가 (+)극에서 (−)극 쪽으로 흐르기 때문이다."라고 하였다.

이 학생의 결론은 옳지 않다. 어떤 방법으로 이 학생에게 바른 내용을 알려 줄 것인지 쓰시오.

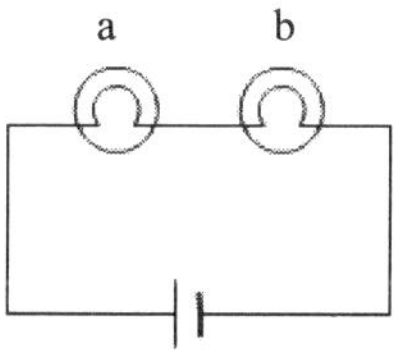

[예시답안] 이 학생에게 회로의 다른 부분은 전혀 바꾸지 않고 전구 a와 b를 바꾸어 연결하고 같은 실험을 해 보도록 하겠다. 학생의 생각이 맞다면 이번에는 건전지의 (+)극에 가까운 b가 더 밝아야 하는데, 그렇지 않을 것이다. 전지의 (−)극에서 가까운 a가 더 밝을 것이다. 이것을 통해서 전구가 직렬로 연결되어 있을 때 "전류가 건전지의 (+)극 쪽에서 (−)극 쪽으로 흐르므로 (+)극에 가까운 전구가 더 밝다."는 생각이 옳지 않음을 알게 하겠다. a가 더 밝았던 이유는 a와 b의 저항이 달라서이며, 두 전구의 저항이 같다면 두 전구에 흐르는 전류와 양단에 걸리는 전압이 같으므로 두 전구의 밝기는 항상 같다고 알려 줄 것이다.

[채점기준] 학생에게 전구의 위치를 바꾸고 실험하도록 하는 것이 포함되어야 한다. 그 결과에 대하여 위 예시답안과 같이 옳게 해석하는 글까지 쓰면 만점을 부여한다. 이 중 어느 것이라도 미비하다면 부분 점수를 부여한다.

[영재 판별을 위한 표준화 검사도구 개발] **문 항 카 드**	
평가항목	발산적 사고(유창성), 수렴적 사고(정교성), 독창성 등

[문제 3] 아래 그림은 1/30초 만에 한 번씩 번쩍이는 조명 아래서 찍은 어느 진자의 다중 섬광 사진이다. 이것으로부터 알아낼 수 있는 것을 모두 쓰시오. 알아낸 것의 근거도 적으시오.

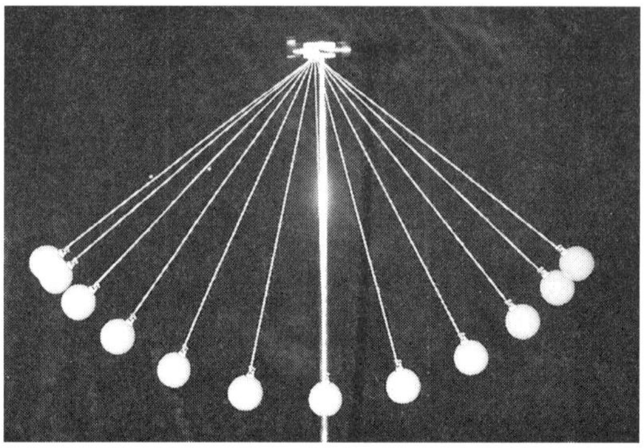

[예시답안]
- 왼쪽 끝에 있는 두 추의 간격이 오른쪽 끝에 있는 두 추의 간격보다 짧으므로 추는 오른쪽에서 왼쪽으로 갔다.
- 추가 왼쪽으로 가는 동안 11번 찍혔으므로 진자의 주기는 약 22/30초이다.
- 진자의 주기에는 실의 길이만 관계있으므로 실의 길이를 계산으로 알아낼 수 있다.

[채점기준] 학생들이 평균적으로 응답한 개수를 보면서 세 개 등급으로 나눌 수 있도록 기준을 채점자가 설정한다. 예를 들면 3개인 경우 만점, 2개인 경우 2/3점, 1개인 경우 1/3점으로 한다. 근거를 적지 않은 것은 0.5개로 간주한다. 독창적인 것에는 가산점을 부여한다.

[영재 판별을 위한 표준화 검사도구 개발] **문 항 카 드**	
평가항목	발산적 사고(유창성, 융통성), 독창성

[문제 4] 아래는 주사기 속에 작은 풍선이 들어 있고, 주사기 끝을 막고 있는 그림이다. 손으로 주사기를 밀어 넣거나 당길 수 있는데, 이 상황을 유심히 관찰하고 탐구할 문제를 최대한 많이 적으시오.

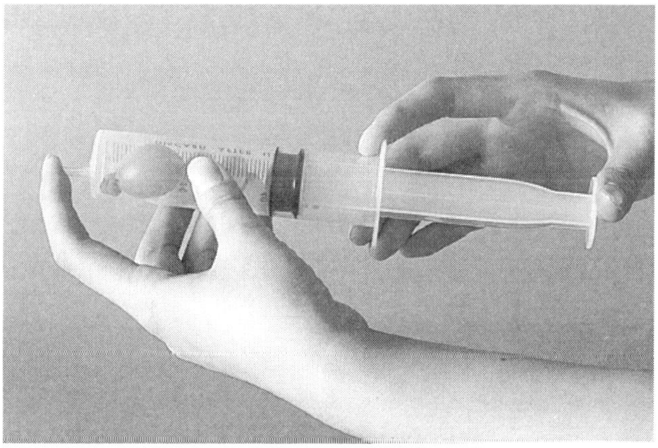

[예시답안]
- 주사기를 밀어 넣거나 당길 때 풍선의 크기는 어떻게 되는가?
- 주사기를 밀지 않았을 때와 밀어 넣었을 때, 당겼을 때 풍선에서 바람이 빠지는 속도는 어떻게 다른가?
- 공기가 아니라 헬륨 가스를 주사기에 넣으면 최대한 힘을 주었을 때 주사기 부피는 어떻게 다를까?

[채점기준] 학생들이 평균적으로 응답한 개수를 보면서 세 개 등급으로 나눌 수 있도록 기준을 채점자가 설정한다. 예를 들면 3개인 경우 만점, 2개인 경우 2/3점, 1개인 경우 1/3점으로 한다. 독창적인 것에는 가산점을 부여한다.

<table>
<tr><td colspan="2">[영재 판별을 위한 표준화 검사도구 개발]
문 항 카 드</td></tr>
<tr><td>평가항목</td><td>발산적 사고(유창성), 독창성</td></tr>
</table>

[문제 5] 마치 단소를 불 듯이 투명한 플라스틱 관을 불면 소리가 나고, 이때 관 내부는 뿌옇게 흐려진다. 이 현상과 관련된 탐구 문제를 5가지 이상 진술하시오. 단, 탐구 문제는 실험으로 확인할 수 있는 것이어야 한다.

[예시답안] 1. 플라스틱 관을 막을 때와 열 때 중 어느 경우에 더 높은 소리가 날까?
2. 관 내부에 생긴 뿌연 것은 무엇인가?
3. 플라스틱 관에 손가락을 넣은 길이를 달리할 때 소리는 어떻게 달라질까?

[평가기준] 학생이 직접 실험 가능한 것이고, 알아내고자 하는 것이 명확한 것만 탐구 문제로 인정한다. 학생들이 응답한 개수에 따라 채점 기준을 달리하는데, 대체로 3단계가 되도록 한다. 예를 들면 3개를 응답하면 만점을 부여하고, 2개 또는 1개 응답하였을 경우에는 각각 2/3, 1/3의 점수를 부여한다. 또한 다른 많은 응시자가 제시한 것과 다른 독특한 문제를 제시한 경우에는 추가 점수를 부여한다. 관련성이 현저히 떨어지는 것이 아닌 경우에는 정답으로 인정한다.

<table>
<tr><td colspan="2">[영재 판별을 위한 표준화 검사도구 개발]
문 항 카 드</td></tr>
<tr><td>평가항목</td><td>수렴적 사고(정합성), 정교성</td></tr>
</table>

[문제 6] 책상 위에 물이 반쯤 든 두 개의 비커가 있는데, 신기하게도 하나는 수면 아래가 뿌옇고 하나는 수면 위가 뿌옇다. 이와 같은 현상이 일어난 이유를 설명하시오.

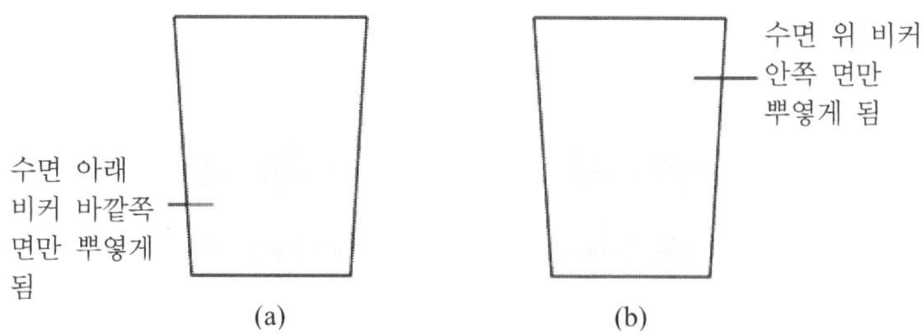

[예시답안] 수면 아래가 뿌연 비커에는 찬물이 들어 있었던 것이다. 이 비커 주변 공기 중에 있던 수증기가 차가운 비커 표면에 닿아 응결되어 붙어 뿌옇게 된 것이다. 수면 위가 뿌연 비커에는 뜨거운 물이 들어 있었던 것이다. 뜨거운 물에서 공기 중으로 증발하던 수증기가 상대적으로 차가운 비커 안쪽 표면에 닿아 응결되어 붙어 뿌옇게 된 것이다.

[채점기준] 논리적 비약이나 오류 없이 설명하였으면 만점으로 한다. 부분적으로 오류가 있는 경우에는 채점자가 판단하여 재량껏 부분 점수를 부여한다.

<table>
<tr><td colspan="2">[영재 판별을 위한 표준화 검사도구 개발]
문 항 카 드</td></tr>
<tr><td>평가항목</td><td>발산적 사고(유창성), 수렴적 사고(정교성)</td></tr>
</table>

[문제 7] PVC 막대를 머리카락에 마찰시키고 책상 위에 놓인 알루미늄 호일 뭉치(동그랗게 뭉친 것)에 가까이 하면 통통 튄다. 마찰시킨 횟수와 튀는 높이의 관계를 알아보는 실험을 하고자 한다. 마찰 횟수를 달리하면서 여러 번 실험하여 측정한다고 할 때 항상 같게 해야 할, 중요한 점을 3가지 쓰시오.

[예시답안] 1. 매회마다 PVC 막대를 확실하게 방전시킨다.
2. 마찰시킨 후 알루미늄 호일에 가까이 하여 실험을 시작하는 시간을 항상 같게 최대한 짧게 한다.
3. 머리카락에 마찰시키는 세기를 같게 한다.
4. 마찰시킨 부분을 정확하게 호일 뭉치에 접근시킨다. 윗면을 마찰시키고 아랫면을 호일 뭉치에 가까이 하면 안 된다.

[평가기준] 이 밖에도 채점자가 판단하여 중요한 것이라고 판단되는 경우에는 정답으로 인정한다. 개수에 따라 만점, 2/3점, 1/3점, 0점을 부여한다.

[영재 판별을 위한 표준화 검사도구 개발] **문 항 카 드**	
평가항목	수렴적 사고(정교성), 독창적 사고

[문제 8] 다음은 "식물이 없어지면 어떻게 될까?"라는 제목으로 쓴 중학교 2학년 어느 학생의 글이나.

> 식물이 없다면 우리도 없다. 그 이윤 식물이 있을 때 인간도 있고 동물도 있다. 식물이 먼저 태어난 후 인간과 동물이 생겨났기 때문이다. 요즘에는 식물을 하찮게 생각하지만 식물도 인간들에게 꼭 필요한 것이다. 식물은 우리에게 양식도 주고 공기도 주기 때문이다. 그렇기 때문에 인간에게 식물이 없다는 것은 공기가 없다는 것과 같은 것이다. 공기를 만들 수 있는 것이 식물이기 때문이다. 그래서 식물이 없으면 인간과 동물도 없어지게 된다.

위 글의 내용을 과학적 시각에서 평가하시오.

[예시답안] 식물이 공기를 만든다는 것은 정확하지 않다. 현재 지구의 공기에는 질소가 약 80 %, 산소가 약 20 %, 나머지 기체가 약간 섞여 있다. 이 중에서 식물이 만들어 내는 것은 산소이다. 광합성을 통해서 산소를 만들어 내며, 이것은 사람을 포함한 동물, 식물의 호흡에 사용된다. 따라서 식물이 없으면 호흡할 수 없으므로 동식물이 죽는다는 것은 옳지만 공기가 없어진다는 것은 옳지 않다.

[채점기준] 위 예시답안 이외에도 옳은 과학적 내용을 사용하여 논리적으로 평가한 것이 한 가지 이상 있으면 만점을 부여한다. 일부 불충분한 경우에는 채점자가 재량껏 부분 점수를 부여한다.

<table>
<tr><td colspan="2">[영재 판별을 위한 표준화 검사도구 개발]
문 항 카 드</td></tr>
<tr><td>평가항목</td><td>발산적 사고, 수렴적 사고(정교성), 독창성 등</td></tr>
</table>

[문제 9] 다음 글은 어느 중학생이 작성한 과학 일기이다. 글을 읽고 과학적 시각에서 평가를 하시오.

> 버스를 타 본 사람은 알 것이다.... 갑자기 멈추면 몸이 앞으로 쏠리고 급출발하면 몸이 뒤로 쏠린다.... 버스기사들이 안전적으로 운전하겠다고 하지만... 아직도 심각한 급정거 급출발은 문제가 있다.... 버스에서 왜 갑자기 멈추면 갑자기 몸이 앞으로 쏠리고 갑자기 출발하면 몸이 왜 뒤로 쏠리까? 왜 그런 것일까?
>
> 그 이유는 바로 관성이다. 관성을 설명해 보자면 계속 멈추려고 하는 성질.. 계속 가려는 성질... 아마도 맞을 것이다....
>
> 이 관성 때문에 우리는 버스 안에서 새로운 인연이 생길 수 있고 악연이 생길 수도 있다....
>
> 왜 관성이 생기는 것일까?
>
> (내 생각엔..) 가속도와 중력이 상관이 있을 것이다....
>
> 가속도는 계속 가려는? 성질(아니지.... 속도를 더 가하면 더 빠르게 가는 법칙??)이랑 중력....
>
> 중력은 지구가 지구 근처의 모든 물체를 끌어들이는 power이다.
>
> 가속도의 법칙 때문에 계속 가려고 하는 것이고 중력 때문에 계속 멈춰 있으려고 하는것일 것이다.
>
> 우리는 관성 때문에 다칠 수도 있다. 하지만 관성이 꼭 나쁜 것만은 아닐 것이다....
>
> 아마도... -_-... 난감..

[예시답안] 누구든 겪어 본 버스 안에서의 상황이므로 호기심을 끈다. 그 원인을 관성이라고 옳게 말하고 그것을 설명하려는 의도는 훌륭하다. 그런데 설명 내용은 옳지 않다. 관성의 원인을 가속도와 중력이라 하였는데, 그렇지 않다. 관성은 중력이 거의 작용하지 않는 우주 공간에서도 존재하는 것이다. 즉, 관성은 어디서나 주변 조건에 관계없이 물체가 원래 가지고 있는 성질이다. 따라서 본문에서 "가속도의 법칙 때문에 계속 가려고 하는 것이고 중력 때문에 계속 멈춰 있으려고 하는 것일 것이다."와 같은 진술은 틀린 것이며, 단어를 정확하게 사용하지 않아 이해도 쉽지 않다. 마지막에 관성의 유익성에 대하여 적으려 하였지만 떠오르는 것이 없어 적지 않았는데, 생활과 관련지어 생각하려는 태도는 훌륭하다.

[채점기준] 공정한 평가에는 장점과 단점에 대한 고른 기술이 있어야 한다. 그리고 글의 이해도, 흥미도, 과학적 진실성 등을 기준으로 평가한다. 채점자가 학생들의 답안 내용을 비교하면서 3단계 정도로 구별하여 점수를 부여한다. 독창적인 시각이 있는 경우에는 가산점을 부여한다.

[영재 판별을 위한 표준화 검사도구 개발] **문 항 카 드**	
평가항목	발산적 사고, 수렴적 사고(정교성), 독창성 등

[문제 10] 다음 글은 어느 중학생이 작성한 과학 일기이다. 글을 읽고 과학적 시각에서 평가를 하시오.

> 모기에도 코가 있나?
>
> 무더위가 기승을 부리던 어느날, 우리집도 그런 무더위의 피해를 본 집들 중 하나였다. 무더위의 피해 중 가장 대표적이었던 것 하나는 바로 모기였다. 모기를 잡고 또 잡아도 어느샌가 보면 또 나타나 있고, 모기향을 밤새 피워 대도 다음날 아침 일어나 보면 모기에 물린 자국이 근근하다. 그러던 중 나의 관심은 모기향에 집중되었다. 사람이 맡아도 좀 지독하다 싶은 모기향. 그래서 모기가 죽는 것 같기도 했지만..
>
> 또 다른 의문이 하나 생겼다. 과연.. 모기들이 이 냄새를 어떻게 맡고서 죽는 것일까?
>
> 아무리 모기 살충제로 나온 모기향이라지만 있지도 않은 곤충의 코를 만들어서까지 모기향을 맡게 할 수는 없지 않은가? 정말, 생각하면 할수록 모기향에 대한 궁금증은 더해만 갔다.
>
> 그래서 나는 인터넷 검색 사이트에서 '모기향의 원리'라고 쳐봤다. 찾아본 결과, 모기향은 사람이 모기향을 맡는 것처럼 냄새로써 모기를 살충시키는 것이 아니라 모기향을 휘발할 때 생기는 어떤 특정한 성분이 곤충의 날개에 침투해서 날개 근육을 마비시켜 더 이상 날지 못하게 하는 원리를 이용한 것이었다. 내가 생각했던 것과는 완전히 다른 것이었다. 나는 모기향의 냄새로 모기를 죽이는 줄 알았는데 알고 보니 모기향을 피울 때 나오는 연기를 통해 모기를 죽이는 것이라니..

[예시답안] 여름철이면 사람들에게 가장 귀찮은 존재인 모기가 모기향에 의해 죽는 원리를 알아낸 과정을 재미있게 적었다. 이 학생은 곤충에게 코가 없다는 것을 알고 있었던 듯하며, 따라서 사람은 모기향을 코로 맡는데, 모기는 어디로 맡아서 죽을까 하는 의문을 가졌다. 자기의 기존 지식을 적용하여 호기심을 갖게 된 점이 훌륭하다. 인터넷 검색을 통하여 의문을 말끔하게 해결한 것도 좋으나, 모기를 잡아서 진짜로 코가 없는지 등을 관찰하여 기록하였다면 더 좋았겠다. 그리고 마지막 줄에 "모기향을 피울 때 나오는 연기를 통해 모기를 죽이는 것"이라고 모기가 죽는 원인을 정리한 것은 애매하다. 향이 코가 아니라 날개로 직접 침투해 들어가는 것이라고 검색한 내용을 정확하게 적지 못하였다.

[채점기준] 공정한 평가에는 장점과 단점에 대한 고른 기술이 있어야 한다. 그리고 글의 이해도, 흥미도, 과학적 진실성 등을 기준으로 평가한다. 채점자가 학생들의 답안 내용을 비교하면서 3단계 정도로 구별하여 점수를 부여한다. 독창적인 시각이 있는 경우에는 가산점을 부여한다.

[영재 판별을 위한 표준화 검사도구 개발]

문 항 카 드

평가항목	수렴적 사고(정합성, 통합성)

[문제 11] 다음은 비커 표면에 물방울이 맺히는 걸 학생들에게 보여주기 위해 한 실험으로, 드라이아이스가 든 비커에 에탄올을 붓는 모습이다. 왜 물이 아니라 에탄올을 붓는지 타당한 이유를 생각하여 적어 보라.

[기본 정보]

1. 드라이아이스는 탄산가스를 얼린 것으로, 상온에서 이산화탄소 기체로 변한다.
2. 고체에서 기체로 상태가 변할 때는 열을 흡수해야 한다.
3. 에탄올의 비열은 물의 비열 값의 절반이다.
   (비열은 어떤 액체 1 g의 온도를 1 °C 높이는 데 필요한 열에너지 값이다.)
4. 비커 안에 차가운 액체가 있으면 비커 바깥 근처의 공기가 차가워져 물방울이 맺힌다.

[예시답안] 드라이아이스가 주변의 열을 빼앗아 기체로 변하는데, 드라이아이스의 주변에 액체가 있다면 그 액체는 열을 빼앗겨 온도가 낮아지게 된다. 물보다 에탄올의 비열이 낮으므로 드라이아이스에 같은 양의 열을 빼앗겼을 때, 에탄올의 온도가 더 많이 내려가 급속히 차가워지고 비커 표면에 물방울이 더 빨리 맺힌다.

[채점기준] 드라이아이스가 주변에 있는 액체의 열을 빼앗아 액체의 온도가 내려간다는 내용이 있으면 해당 점수의 반을 줌.

에탄올이 물보다 비열이 작으므로, 드라이아이스에 같은 양의 열을 빼앗겼을 때 온도가 더 많이 내려간다는 내용이 있으면 해당 점수의 반을 줌.

<table>
<tr><td colspan="2">[영재 판별을 위한 표준화 검사도구 개발]
문 항 카 드</td></tr>
<tr><td>평가항목</td><td>수렴적 사고(정합성, 통합성)</td></tr>
</table>

[문제 12] 다음은 전열기로 비커 안의 순수한 물(증류수)을 가열하면서, 온도 센서(①)로 물의 온도를 재는 실험장치의 모습과 실험 결과를 나타낸 그래프이다. 이 그래프에서 온도가 올라가는 구간에서 곡선 그래프가 나타난 타당한 이유를 두 가지 이상 적으시오.

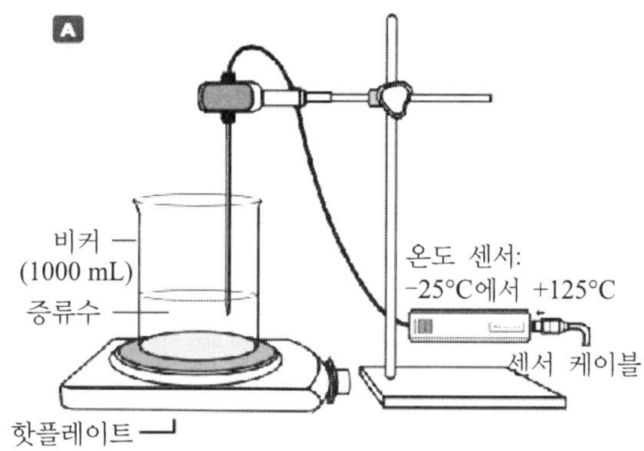

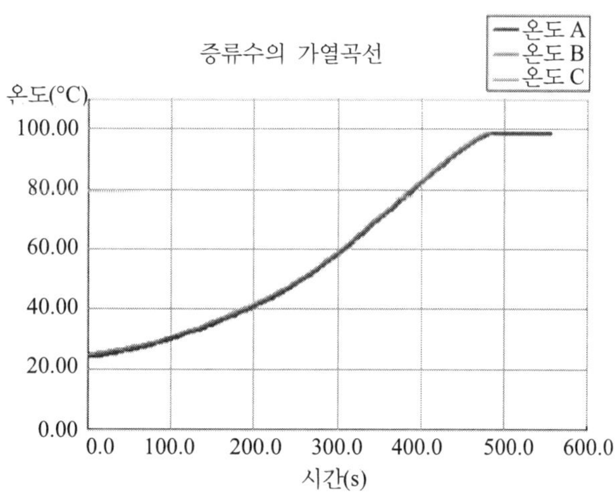

[예시답안] 1. 전열기가 시간당 내놓는 열에너지가 처음에는 적다가 점점 많아져 300초 이후에는 일정한 양이 되었다.

2. 처음에는 물의 대류가 잘 안 일어나 아랫부분의 물이 윗부분의 물보다 뜨거웠으나, 대류가 활발해지면서 물이 골고루 뜨거워지면서부터는 온도 센서의 온도가 그래프에서 직선으로 올라간다.

[채점기준] 예시답안에 해당하는 대답이 하나 있으면 해당 점수의 절반을, 두 개 다 있으면 해당 점수 전체를 준다.

예시답안에 없으나 타당하다고 생각되는 대답이 있으면 점수를 준다.

[영재 판별을 위한 표준화 검사도구 개발] **문 항 카 드**	
평가항목	연관적 사고(유사성사고)

[문제 13] 다음은 피부 감각에 대해 배운 민지의 생각이다. 민지의 생각이 옳은지 틀린지에 대한 자신의 생각을, 근거를 들어 조리 있게 써라. 예를 들어도 좋다.

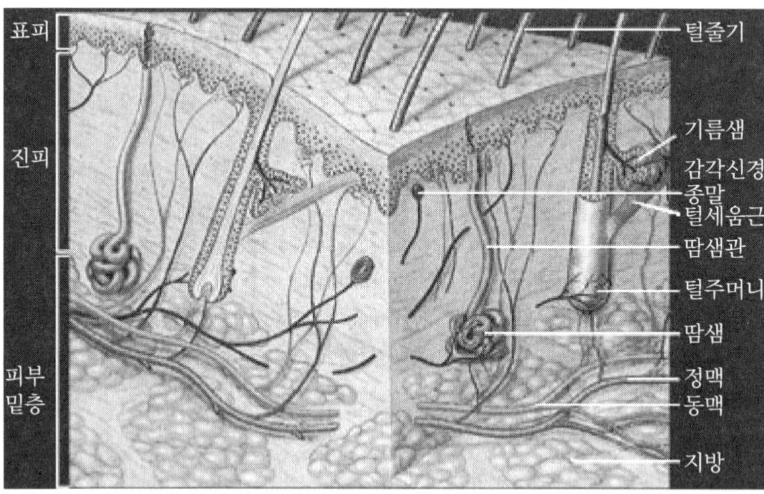

> 민지 : 사람의 피부 밑에는 감각 신경이 있어서 피부를 만지면 느낄 수 있는 거야. 그런데 풍뎅이 같은 곤충은 표면이 딱딱한 물질로 되어 있으니까 감각이 없을걸?

[예시답안] 사람의 딱딱한 손톱을 누르면 손톱 밑의 피부에 누름이 전달되어 감각할 수 있듯이, 풍뎅이도 딱딱한 표면 밑에 감각 신경이 있는 층이 있어 감각할 수 있을 것이다. 풍뎅이 신체에 감각이 있어야 외부로부터 자신을 보호할 수 있기 때문이다.

[채점기준] 채점자가 읽었을 때 타당하면 점수를 주도록 한다. 단, 자신이 풍뎅이를 눌렀을 때 풍뎅이가 감각하고 도망가더라는 식의, 논리 전개가 없는 단편적인 대답에 대해서는 절반의 점수만 준다.

[영재 판별을 위한 표준화 검사도구 개발] **문 항 카 드**	
평가항목	수렴적 사고(정합성, 통합성)

[문제 14] 다음은 종이컵에 물과 메추리알을 넣고 알코올램프로 가열하는 모습이다. 종이컵이 타지 않고 메추리알이 삶아지는 이유를 설명하라.
(참고로, 어떤 물질이 타기 위한 요건 중의 하나로 그 물질이 특정 온도 이상이어야 하는 것이 있는데 이 온도를 발화점이라고 한다.)

[예시답안] 종이컵이 발화점 이상의 온도로 올라가지 않았기 때문이다. 종이컵과 물은 접촉하여 있으므로 온도가 같을 텐데, 종이컵은 알코올램프에서 받은 열을 즉각 물에 빼앗겨 결국 물이 끓는 100 °C까지만 온도가 올라가고 종이의 발화점까지는 온도가 올라가지 않는 것이다.

표준화 검사 문항 (창의)

중학교 3학년~고등학교 1학년

[영재 판별을 위한 표준화 검사도구 개발] **문 항 카 드**			
평가항목	수렴적 사고(정합성)	**예상 정답률**	80 %

[문제 1] 사해에서는 사람이 손과 발을 움직여 헤엄치지 않아도 떠 있을 수 있다. 이 내용을 배운 승철이는 다음과 같이 말하였다.

> 보통 바닷물은 염분이 약 35 ‰인데 사해는 200 ‰~300 ‰이나 된대. 만약 사해의 바닷물이 300 ‰이라고 한다면, 사람이 사해에서 똑바로 선 자세로 있다면 허리까지 떠오를 거야.

승철이의 말이 맞는지 틀리는지 설명하시오.(단, 사람은 밀도가 1.0 g/cm^3, 허리 아래와 위는 같은 부피라고 가정한다.)

[예시답안] 물은 100 g의 부피가 100 mL로서 1 g당 1 mL이다. 그런데 소금 등을 물에 녹이면 그 g 수보다 작은 수만큼 부피가 늘어난다.

300 ‰이라면 물 1 kg 속에 300 g의 소금이 녹아 있는 것으로 어림할 수 있다. 그러면 물 700 g에 소금이 300 g 녹아 있는 것이다. 소금이 녹으면서 물만 있을 때보다 부피가 늘어나지 않을 때에 가장 밀도가 크고 사람이 가장 많이 떠오른다. 이때 밀도(질량/부피)는 $\frac{1000\ \text{g}}{700\ \text{cm}^3} = 1.43\ \text{g/cm}^3$이다. 가정에 따라 만약 허리까지 떠 있으려면 액체의 밀도가 질량/부피 값인 2보다 큰 값이어야 한다. 따라서 가장 크게 보아도 1.43 g/cm^{3}인 사해에서 사람은 허리까지 떠오를 수 없다.

[채점기준]
- 사해의 물과 사람에 대하여 숫자로 계산하고 비교하여 증명한 경우 – 100 % (만점)
- 숫자 계산 없이 말로 이해되도록 설명한 경우 – 70 %
- 사해의 물과 사람 중 하나의 경우만 숫자로 계산하여 증명이 불충분하거나, 둘 모두 숫자로 계산하였지만 계산 과정에 다소 오류가 있는 경우 – 50 %
- 허리까지 떠 있을 수 없다고 결과만 맞은 경우 – 30 %

위 채점기준 이외의 답안은 채점자가 판단하여 점수를 부여한다.

[영재 판별을 위한 표준화 검사도구 개발] **문 항 카 드**			
평가항목	수렴적 사고(정합성, 통합성)	예상 정답률	50 %

[문제 2] 선풍기의 날개를 정면에서 보면 날개가 비스듬하게 있어서 한쪽은 앞쪽으로 나오고 한쪽은 뒤쪽으로 들어가 있는 걸 알 수 있다. 아래 선풍기의 날개가 시계 방향으로 돌 때와 반시계 방향으로 돌 때 어떤 차이가 생길까? 그 이유는 무엇일지 쓰라.

[예시답안] 선풍기 날개의 회전 방향에 따라 바람이 나오는 방향이 달라진다. 위 사진의 선풍기 날개는 시계 방향으로 돌아야 바람이 앞쪽으로 나온다. 선풍기 날개가 회전할 때 공기 입자들은 날개에 부딪혀 튕겨 나올 텐데, 튕겨 나올 때 입사각과 반사각을 생각해 보면 쉽게 알 수 있다.

[채점기준] 타당한 설명이면 점수를 준다.

[영재 판별을 위한 표준화 검사도구 개발] **문 항 카 드**			
평가항목	수렴적 사고(정합성, 통합성)	예상 정답률	50 %

[문제 3] 다음 글을 읽고 과학적 시각에서 평가하시오.

> 오늘 책을 보다가 이걸 발견했다.
>
> “1960년에 30억 명을 기록하던 세계 인구가 2000년에는 그 두 배인 60억 명이 되었다. 이러한 증가 추세로 보면 2025년의 세계 인구는 80억 명을 돌파할 것이다.”
>
> 지구상의 인구가 이렇게 증가하면 지구 전체의 질량도 증가할 것이고, 지구가 무거워지면 지구의 자전 속도가 늦어져서 하루의 길이가 늘어나지 않을까? 굉장한 일이다.

[예시답안] 질량 보존의 법칙에 의해 세계 인구가 증가하더라도 지구 전체의 질량은 변하지 않고 일정하다. 즉, 어린아이가 성인이 되면서 몸무게가 늘어 질량이 불어나는 대신 이 아이가 먹은 채소와 고기만큼 주변의 질량은 줄어든다. 사람들이 많아져 질량이 늘어나는 만큼 지구 환경에서 다른 식용 가축과 식물들의 질량이 줄어, 결국 지구 전체의 질량은 일정하다.

따라서, 자전 속도가 늦어져 하루의 길이가 늘어날 일은 없다.

[채점기준] 타당한 설명이면 점수를 준다.

[영재 판별을 위한 표준화 검사도구 개발] **문 항 카 드**			
평가항목	수렴적 사고(정합성, 연관적 사고)	예상 정답률	50 %

[문제 4] 지레의 관점에서 손톱깎이와 낚싯대의 유사점과 차이점을 기술하라.

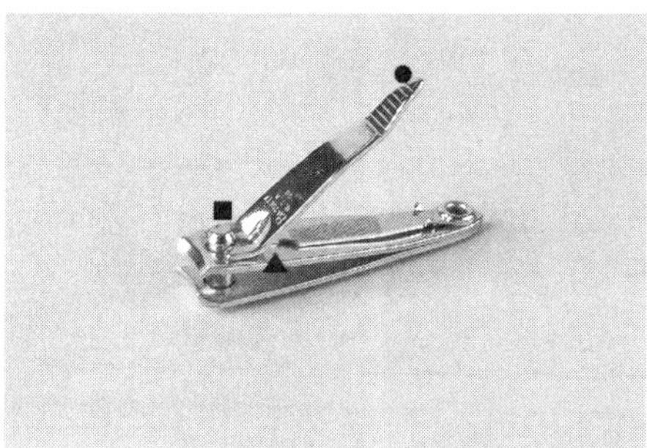

[예시답안]

- 유사점 : 힘점이 작용점과 받침점 사이에 있다(3종 지레). 손톱깎이의 경우, 동그라미 표시된 부분이 힘점, 세모 표시된 부분이 작용점, 네모 표시된 부분이 받침점이다. 낚시의 경우는, 낚시대의 아래쪽 끝이 받침점, 또 다른 손으로 잡는 낚시대의 아래쪽 부분이 힘점, 물고기가 매달리게 되는 낚시대의 반대쪽 끝부분이 작용점이다.
- 차이점 : 손톱깎이의 경우, 받침점에서의 거리가 작용점보다 힘점이 멀기 때문에 힘의 이득을 볼 수 있다. 즉 작은 힘으로도 손톱을 깎을 수 있다. 그런데 낚싯대는 받침점에서 힘점까지의 거리는 짧고 오히려 작용점까지의 거리가 멀기 때문에 힘의 이득을 볼 수 없다. 즉 아주 큰 힘을 가해야 하는 단점이 생긴다. 대신에 힘점이 조금만 움직여도 작용점이 많이 움직이므로 손을 조금만 움직여도 물고기를 물 밖으로 쉽게 꺼낼 수 있다.

[채점기준] 유사점이나 차이점 한 가지만 썼다면 배점의 1/2만 부여. 유사점이나 차이점 기술 시 몇 종 지레인지 명칭을 기술하는 것은 중요하지 않으므로 채점에 고려하지 않는다.

<table>
<tr><td colspan="4">[영재 판별을 위한 표준화 검사도구 개발]
문 항 카 드</td></tr>
<tr><td>평가항목</td><td>수렴적 사고(연관적 사고)</td><td>예상 정답률</td><td>50 %</td></tr>
</table>

[문제 5] BTB 용액은 산성일 때에는 노란색, 중성일 때에는 녹색, 염기성일 때에는 파란색이다. 날숨에 이산화탄소가 들어 있다는 것을 보여 주기 위해 그림과 같이 파란색 BTB 용액을 두 개의 비커에 넣고, 왼쪽에는 날숨을, 오른쪽에는 스포이트로 공기를 넣었다. 잠시 후에 보니, 왼쪽 비커 속 BTB 용액은 노란색으로 바뀌었다. 그런데 햇빛에 비춰 보니 오른쪽 비커 속 BTB 용액도 파란색이 아닌 약간 녹색으로 변해 있었다. 공기를 넣은 오른쪽 비커가 조금 녹색으로 변한 이유를 쓰시오.

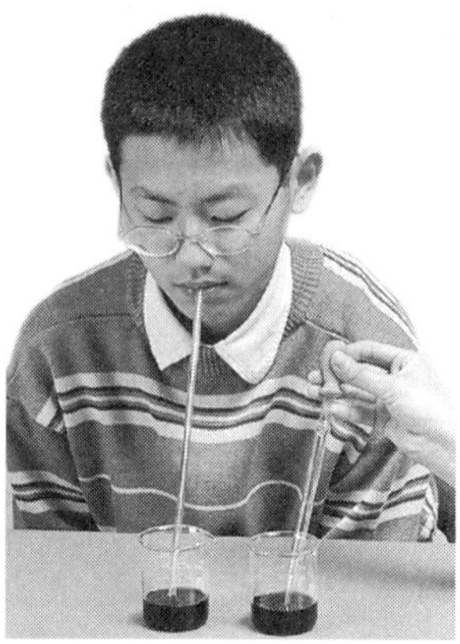

[예시답안] 공기 중에는 미량이나마 이산화탄소가 있다. BTB 용액에 스포이트로 공기를 넣을 때 이산화탄소도 들어가 녹아 용액이 약한 산성을 띠게 되어 약간 노란색으로 변한 것이다.

[채점기준] 답안이 부정확한 경우에는 부분 점수를 부여할 수도 있다.

이 실험은 날숨에 이산화탄소가 많다는 것을 부각시키기 위해서 공기와 비교한 것이다. 실제로는 어두운 곳에서 실험하여 변화를 인지하지 못하거나 또는 공기를 넣은 비커에 생긴 작은 색의 변화를 대수롭지 않게 생각하여 무시하는 경우가 많다. 또는 공기를 넣은 비커는 아예 유심히 볼 생각도 안 하는 경우도 많다. 공기를 넣은 비커는 학습목표와 관련 없는 것이기 때문이다. 이때 생긴 작은 변화의 원인을 알아내는 것은 교과서와 관계없이 스스로 주변의 다양한 상황과 연관 지어 원인을 추리하는 활동이다.

<table>
<tr><td colspan="4">[영재 판별을 위한 표준화 검사도구 개발]
문 항 카 드</td></tr>
<tr><td>평가항목</td><td>수렴적 사고(정합성, 통합성)</td><td>예상 정답률</td><td>50 %</td></tr>
</table>

[문제 6] 토리첼리는 한쪽이 막힌 길이 1 m 유리관을 준비하고, 그 속에 수은을 가득 채운 후 그림과 같이 수은이 담긴 그릇에 거꾸로 세워 보았다. 이때 유리관 속의 수은이 아래로 내려오다가 수은 면으로부터 76 cm 높이에서 멈추는 것을 발견하였다.

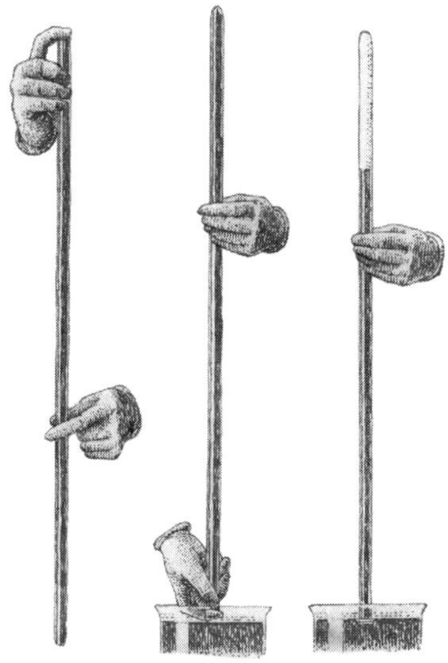

(가) 수은 기둥의 높이가 76 cm에서 멈춘 이유를 설명하라.

(나) 수은 기둥을 비스듬하게 세웠다면, 수은 기둥의 수직 높이는 여전히 76 cm일까? 혹은 더 크거나 작을까? 그 이유를 함께 써라.

[예시답안]

(가) 수은 면에 작용하는 기압(단위 면적당 대기가 누르는 힘의 크기)의 크기와 단위 면적에 작용하는 수은 기둥의 무게가 같아졌기 때문에 76 cm에서 멈추었다.

(나) 76 cm이다. 수은 기둥을 어느 각도로 비스듬하게 세우더라도 수은 기둥의 수직 높이가 76 cm일 때, 단위 면적당 작용하는 수은 기둥의 무게는 일정하게 된다.

[채점기준] '단위 면적당 작용하는 수은 기둥의 무게'라는 의미를 사용했으면 정답 처리.

<table>
<tr><td colspan="4">[영재 판별을 위한 표준화 검사도구 개발]
문 항 카 드</td></tr>
<tr><td>평가항목</td><td>발산적 사고(독창성), 수렴적 사고(정교성)</td><td>예상 정답률</td><td>80 %</td></tr>
</table>

[문제 7] 그림은 우리 은하의 모습이다. 지름이 10만 광년이고, 태양계는 우리 은하의 중심에서 3만 광년 떨어진 곳에 있다. 우리나라에서는 밤에 하늘을 보면 북쪽 하늘보다 남쪽 하늘에서 더 많은 별을 볼 수 있다. 그 이유를 은하의 구조와 관련지어 설명하시오.

[예시답안] 우리 은하면과 태양이 우리 은하를 공전하는 궤도면과 지구의 공전 궤도면은 거의 일치한다. 따라서 궤도면 방향, 즉 적도면 쪽에, 위 그림에서 말하자면 옆 방향에 별이 많다. 그런데 우리나라는 북반구(북위 37도 부근)에 있으므로 적도면 방향인 남쪽 하늘을 볼 때 우리 은하면 방향을 보게 되므로 그쪽에서 더 많은 별을 보게 되는 것이다.

[채점기준] 남쪽 하늘이 우리 은하면 방향임을 설명하면 만점을 부여한다.
답안의 설명이 다소 불충분한 경우에는 채점자의 판단에 따라서 부분 점수를 부여한다.

<table>
<tr><td colspan="4">[영재 판별을 위한 표준화 검사도구 개발]
문 항 카 드</td></tr>
<tr><td>평가항목</td><td>발산적 사고(유창성, 융통성, 독창성)</td><td>예상 정답률</td><td>50 %</td></tr>
</table>

[문제 8] 아래 그림은 막대자석 주위에 철가루를 뿌린 모습이다. 관찰결과를 5가지 기록하시오. (단, 기록한 것이 독장적인 것일수록, 사세하여 이해가 질 될수록 높은 점수를 받음)

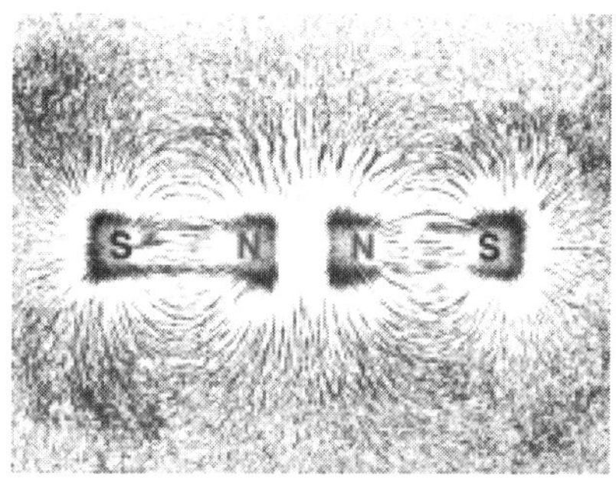

[예시답안]

① 자석의 극 쪽에 가장 많은 철가루가 붙어 있다.
② 자석 표면 조금 떨어진 곳에는 철가루가 거의 없다.
③ 철가루가 막대 모양으로 긴 것은 아닌데 철가루들이 긴 모양으로 늘어서 있다.
④ 자석에서 얼마만큼 떨어진 곳에 있는 철가루는 자석의 영향을 받지 않은 모양으로 배열되어 있다.
⑤ 막대 모양으로 늘어선 철가루 덩어리의 길이는 자석에서 가까울수록 더 길다. 이것을 보면 자기장이 센 곳일수록 철가루가 막대 모양으로 뭉치려는 성질이 더 큰 것을 알 수 있다.

[채점기준] 5개를 모두 적었는가? (유창성, 융통성) – 1개당 10 %

다른 학생들이 작성하지 않은 독창적인 것(소재가 독창적이거나 내용 기술 방법이 독창적이거나 또는 보이는 모습 기술을 넘어서 경향성을 기술한 경우 등)을 적었는가? (독창성) – 50 %

어떤 관찰결과가 독창적인지는 모든 학생들의 답안을 비교하여 판단할 수 있다. 독창적인 것이 2개인 경우 50 %를 모두 부여하고, 1개인 경우 25 %만 부여한다.

위 채점기준의 %는 채점자가 응시자들의 답안을 고려하여 상황에 맞게 변경한다.

<table>
<tr><td colspan="4">[영재 판별을 위한 표준화 검사도구 개발]
문 항 카 드</td></tr>
<tr><td>평가항목</td><td>발산적 사고(유창성, 융통성, 독창성)</td><td>예상 정답률</td><td>30 %</td></tr>
</table>

[문제 9] 주사기를 막지 않았을 때와 그 주사기의 아래 끝을 막고 압축시켰을 때, 그리고 막고 팽창시켰을 때 주사기 속 공기 분자를 그리도록 하였더니, 승희는 아래 (a), (b), (c)와 같이 그렸다. 승희가 잘못 그린 점을 3가지 쓰시오.

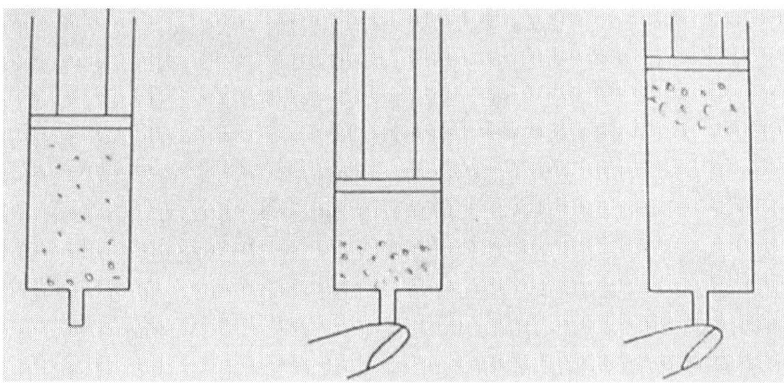

(a) 원래 (b) 압축 (c) 팽창

[예시답안]

① 세 경우 모두 공기 분자들이 주사기 속 전체에 고르게 퍼져 있게 그려야 하는데, 압축시켰을 때에는 아래쪽에, 팽창시켰을 때에는 위쪽에 몰려 있다고 그렸다.

② 세 경우 모두 공기 분자의 개수가 같아야 하는데, 특히 (c)의 경우에는 더 적게 그렸다.

③ 세 경우 모두 공기 분자의 모양과 크기가 같아야 하는데 특히 (c)의 경우에는 더 크게 그렸다.

[채점기준] 하나당 30 %씩 점수를 부여한다.

독창적인 답안인 경우 40 %를 부여하며, 총 합이 100 %를 넘지 않도록 한다.

위 예시답안 이외의 것도 채점자가 판단하기에 잘못 그린 점을 바르게 지적한 경우 정답으로 인정한다. 답안이 부정확한 경우에는 부분 점수를 부여할 수도 있다.

[영재 판별을 위한 표준화 검사도구 개발] **문 항 카 드**			
평가항목	발산적 사고(융통성, 유창성, 독창성) 수렴적 사고(정교성)	예상 정답률	80 %

[문세 10] 다음 ● 표시와 × 표시를 이용하여 눈의 맹점에 대해 알아보는 실험을 하였다. 그 결과 알아낸 사실을 아래 네모 안에 적어 놓았다.

> 가. 왼쪽 눈만 뜨고 ● 표시를 보면 × 표시가 항상 보인다.
> 나. 왼쪽 눈만 뜨고 × 표시를 보면 ● 표시가 보이지 않는 때가 있다.
> 다. ● 표시와 × 표시 사이의 간격이 클수록 눈을 종이에서 멀리 해야 한다.

(가) 다른 실험 4가지를 추가로 더 수행하여 알아낸 것들을 기록하시오.

(나) 그 결과 눈의 맹점에 대해 알아낸 사실을 지세히 기록하시오.

[예시답안]

(가) • 오른쪽 눈만 뜨고 ● 표시를 보면 × 표시가 보이지 않는 때가 있다.
• 오른쪽 눈만 뜨고 × 표시를 보면 ● 표시가 항상 보인다.
• 하나가 보이지 않을 때 얼굴을 시계 방향 또는 반시계 방향으로 돌리면 보이게 된다.
• 두 표시 사이의 간격이 작을수록 눈을 종이에 더 가까이 해야 한다.

(나) 맹점은 눈알의 정면 뒤쪽이 아니라 정면 뒤쪽에서 반대편 눈 쪽으로 치우친 곳에 있다.

[채점기준]

(가)의 답안 : 추가로 알아낸 각각에 대하여 만점의 10 %의 점수 부여
독창성이나 정교성이 탁월하면 10 %를 추가로 부여
(최대 50 %를 넘지 않도록 한다.)

(나)의 답안 : "가"를 근거로 바르게 결론 내린 내용이면 만점의 40 % 부여
독창성이나 정교성이 탁월하면 10 %를 추가로 부여

[영재 판별을 위한 표준화 검사도구 개발] **문 항 카 드**			
평가항목	발산적 사고(유창성, 융통성, 독창성)	예상 정답률	30 %

[문제 11] 냉장고를 열었더니 아래 그림과 같이 두 개의 비커가 있고, 그 속에는 약간의 물이 얼고 있었다. 그런데 (a)에 든 얼음은 투명하였고, (b)에 든 얼음은 가장자리 부근이 하얀색이었다. 이것을 보고 민수는 "얼음에 흰 것이 생기는 이유는 무엇일까?"라는 탐구 문제를 생각하였다. 이 탐구 문제를 해결하기 위한 가설을 4가지 쓰시오.

(a) (b)

[예시답안]

가. 처음에 차가운 물일수록 얼리면 흰 것이 많이 생긴다.

나. 오래 얼릴수록 흰 것이 많이 생긴다.

다. 설탕이나 소금 같은 것을 녹인 물을 얼릴 때 흰 것이 생긴다.

라. 얼리는 곳의 온도가 더 낮을수록 흰 것이 많이 생긴다.

[채점기준] 하나당 20 %씩 점수를 부여한다. 각각이 독창적인 답안인 경우에는 10 %를 추가로 부여하며, 총합이 100 %를 넘지 않도록 한다.

위 예시답안 이외의 것도 채점자가 판단하기에 가설로서 옳은 것은 정답으로 인정한다. 답안이 부정확한 경우에는 부분 점수를 부여할 수도 있다.

<table>
<tr><td colspan="4">[영재 판별을 위한 표준화 검사도구 개발]
문 항 카 드</td></tr>
<tr><td>평가항목</td><td>발산적 사고(유창성, 융통성, 정교성)
수렴적 사고(정교성)</td><td>예상 정답률</td><td>80 %</td></tr>
</table>

[문세 12] 다음은 파동을 일으키는 물체의 부피와 물결파의 속력 사이의 관계를 알아보는 주제로 탐구한 민수의 보고서이다.

〈실험 과정〉

질량이 같은 알루미늄 호일을 각각 다른 크기로 뭉쳐 물체로 준비하고(a와 b), 오른쪽 그림과 같은 그릇에 물을 담고 두 물체를 떨어뜨려 수조 반대편에 파동이 도달하는 시간을 초시계로 측정하였다.

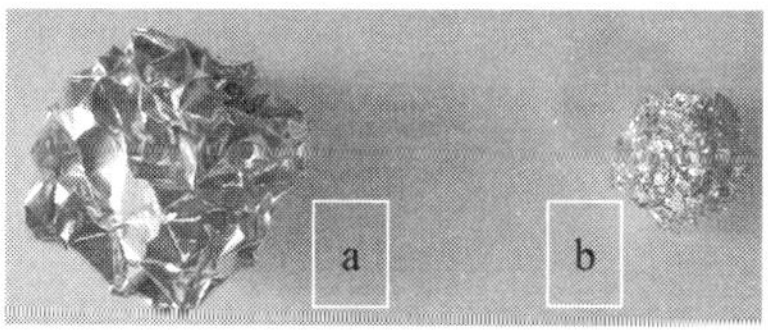

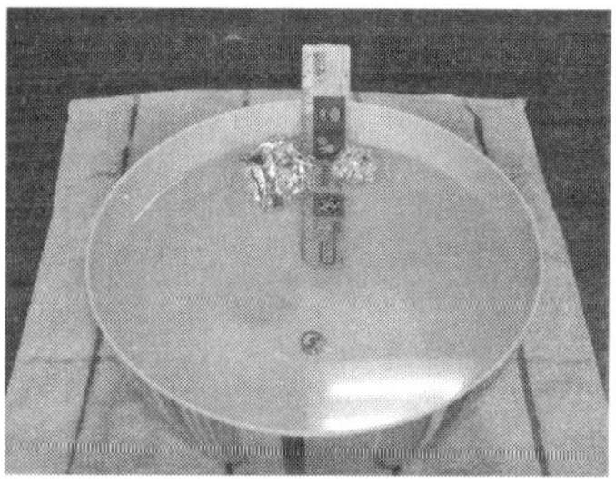

〈실험결과〉

		1회	2회	3회	4회	5회	평균
도달시간 (초)	a	0.36	0.53	0.66	0.47	0.45	0.49
	b	0.49	0.58	0.61	0.53	0.43	0.53

〈결론〉

질량이 같으면 부피가 작을수록 속력이 작아진다.

민수의 탐구가 더 훌륭하게 이루어지기 위해서 필요한 조언을 2가지 쓰시오.

[예시답안]

(조언1) 수조가 너무 작아서 a와 b를 이용하여 파동을 일으킬 때 시간 차이가 지나치게 작다. 0.04초의 차이는 사람의 반응 시간보다 훨씬 작은 시간이다. 따라서 이 차이를 근거로 결론을 내리는 것은 타당하지 않다. 사람의 반응 시간과 두 물체를 떨어뜨릴 때의 오차 등이 무시될 수 있을 정도로 물결파가 먼 거리를 이동하도록 충분히 큰 수조를 이용해야 한다. 실내 수영장에서 하면 좋겠다.

(조언2) 두 물체는 부피만 달라야 하는데, 모양도 다르다. 따라서 실험결과는 부피에 의한 효과인지 모양에 의한 효과인지 판단할 수 없다. 두 물체가 모양 등 부피 이외의 조건은 모두 동일하도록 준비

되어야 한다. 예를 들면 부피가 다른 사각형 상자 두 개를 이용하는데, 속에 고무찰흙 같은 것을 넣어 질량을 같게 만들어서 사용한다.

[채점기준]

- 각 조언에 수정이 필요한 이유와 수정 방법이 정확하게 나온 경우 만점의 40 %를 부여한다.
- 각 조언에 수정이 필요한 이유 또는 수정 방법이 부정확하게 나온 경우 만점의 20 %를 부여한다.
- 각 조언이 채점자가 판단하기에 특별히 독창적인 내용이거나 정교하게 기술되었다면 10 %를 추가로 부여한다.

<table>
<tr><td colspan="4">[영재 판별을 위한 표준화 검사도구 개발]
문 항 카 드</td></tr>
<tr><td>평가항목</td><td>발산적 사고(유창성)
수렴적 사고(정합성, 통합성)</td><td>예상 정답률</td><td>80 %</td></tr>
</table>

[문제 13] 아래 그래프를 보고 알 수 있는 것을 8가지 이상 적어라.

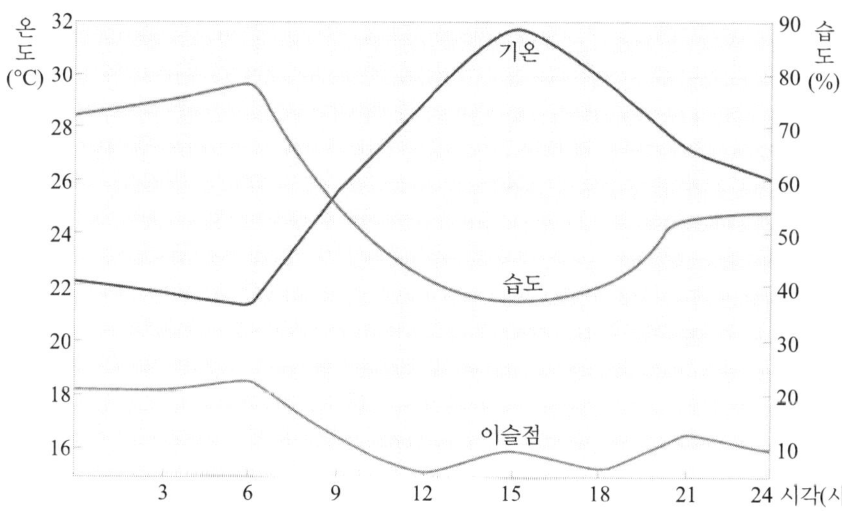

[예시답안]

1. 기온과 습도는 반비례 관계이다.
2. 이슬점은 대체로 낮에는 낮고 밤에는 높은 편이다.
3. 기온은 낮 3시경에 가장 높다.
4. 습도는 낮 3시경에 가장 낮다.
5. 최고 기온이 32 °C에 육박하는 것으로 보아 이 그래프는 여름날의 것이다.
6. 아침 6시에 습도가 가장 높다.
7. 최고 습도는 약 80 %이다.
8. 이날은 습도가 100 %일 때가 없으므로 비가 오지 않았다.

[채점기준] 5번이나 8번과 같이 다른 학생들이 많이 적지 않은 답에 대해서는 가산점을 부여한다.

<table>
<tr><td colspan="4">[영재 판별을 위한 표준화 검사도구 개발]
문 항 카 드</td></tr>
<tr><td>평가항목</td><td>발산적 사고(융통성), 수렴적 사고(정합성)</td><td>예상 정답률</td><td>50 %</td></tr>
</table>

[문제 14] 이슬점은 어떤 공기가 포화되었을 때의 온도로, 공기 중의 수증기량이 많으면 높아지고, 적으면 낮아진다. 과학실에서 이슬점을 측정하고자 한다. 어떤 실험도구를 사용하여 어떻게 측정할 수 있을지 실험을 설계하라. (힌트 : 얼음을 사용하라.)

[예시답안] 공기를 냉각시키면 점차 포화수증기량이 낮아지며, 이슬점까지 냉각시키면 공기 중의 수증기가 물방울로 응결되기 시작한다. 따라서 공기를 어떻게 서서히 냉각시키며, 또 그때의 온도를 측정할지가 관건이다.

비커 안에 물을 담고 온도계를 설치한다. 시험관에 얼음을 담아 이 시험관으로 비커 안의 물을 서서히 저으면 비커 안의 물의 온도가 낮아질 것이고, 젓다 보면 어느 순간 비커의 표면에 물방울이 응결되는 것을 볼 수 있는데 이때의 온도가 이슬점이다.

[채점기준] 예시답안뿐만 아니라, 실현 가능한 실험 설계를 했다면 만점을 부여한다.

<table>
<tr><td colspan="4">[영재 판별을 위한 표준화 검사도구 개발]
문 항 카 드</td></tr>
<tr><td>평가항목</td><td>발산적 사고(유창성)
수렴적 사고(정합성, 통합성)</td><td>예상 정답률</td><td>80 %</td></tr>
</table>

[문제 15] 20 % 질산은 수용액(무색)에 구리선을 담갔더니 오른쪽 사진처럼 변했다. 이 현상에서 탐구할 주제를 3가지 이상 쓰시오. 단, 탐구 문제는 실험으로 확인할 수 있는 것이어야 한다.

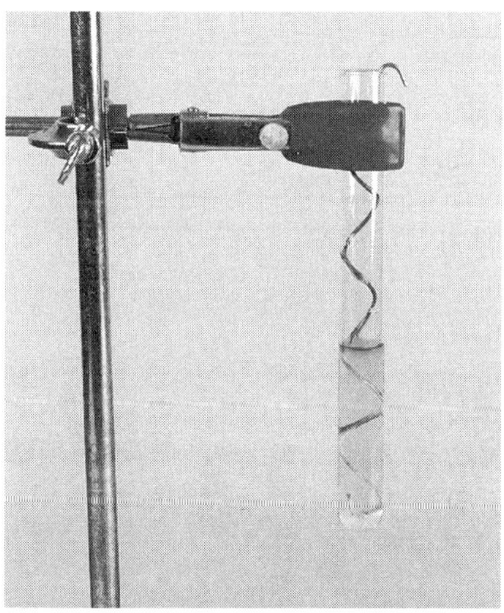

[예시답안]

1. 용액 속에 담긴 구리 표면에 붙은 물질은 무엇인가?
2. 용액이 파랗게 변한 이유는 무엇인가?(용액 속에 무엇이 녹아들었나?)
3. 질산은 수용액의 농도를 짙게 하면 무엇이 달라질까?

[채점기준] 한 가지 썼으면 배점의 1/3, 두 가지 썼으면 2/3, 세 가지 썼으면 만점을 부여. 단, 탐구할 주제는 예시답안처럼 명료하게 기술되어 있어야 함.

[영재 판별을 위한 표준화 검사도구 개발] **문 항 카 드**			
평가항목	발산적 사고(융통성) 수렴적 사고(정합성, 통합성)	예상 정답률	50 %

[문제 16] 그림과 같은 광고 종이 뒷면에 얇고 기다란 고무자석이 있었다. 이 종이형 자석 2개를 서로 가까이 가져가면 밀어내거나 서로 잡아당길 줄 알았는데 그런 힘이 느껴지지 않았다. 두 자석을 서로 맞댄 후에 옆으로 밀었더니 부드럽게 밀리지 않고, 따닥따닥 하면서 붙었다 떨어졌다를 반복했다. 이 종이형 자석의 극이 어떻게 배치되어 있을지를 예상해 보라. 또, 이를 확인할 수 있는 방법을 쓰라.

[예시답안]

N	S	N	S

위의 그림처럼 자석의 극이 번갈아 가며 배열되어 있을 것이다. 이를 확인하기 위해 자석 위에 비닐을 깔고(나중에 쉽게 철가루를 제거하기 위해) 그 위에 철가루를 뿌리면 철가루가 고르게 펴지지 않고 아래 그림처럼 극과 극 사이에는 철가루가 없을 것이다.

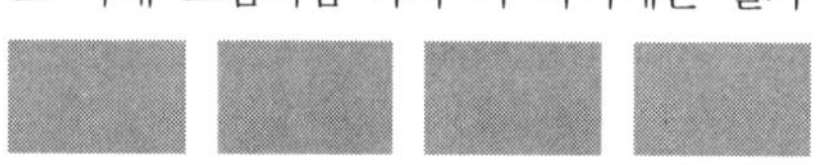

[채점기준] 자석의 극 배열을 옳게 예상했다면 배점의 1/2, 확인 방법을 옳게 기술했다면 배점의 1/2을 부여한다. 단, 확인 방법을 한 가지만 기술했다면 배점의 1/4만 부여한다.

<table>
<tr><td colspan="4">[영재 판별을 위한 표준화 검사도구 개발]
문 항 카 드</td></tr>
<tr><td>평가항목</td><td>수렴적 사고</td><td>예상 정답률</td><td>50 %</td></tr>
</table>

[문제 17] 다음 그림은 어느 중학교 1학년 교과서에 실린 그림을 나타낸 것이다. 태양에서 나온 빛을 작은 구멍을 통하여 통과시킨 후, 프리즘에 통과시켜 무지갯빛으로 나누고, 나시 프리즘을 반대로 하여 빛을 원래의 모양으로 만드는 실험을 도식적으로 보여주고 있다. 이 그림의 오류를 기하학적(빛의 분산을 이용하지 말고)으로 설명하고 과학적으로 올바른 그림을 그리시오.

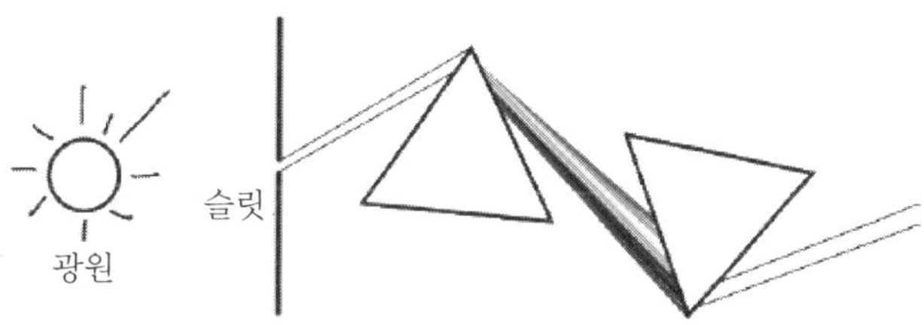

[예시답안] 프리즘 두 개 사이를 기준으로 하여 양쪽이 대칭이다. 그런데 프리즘 사이의 빛(분산되어 나가는 빛)은 대칭이 아니다. 따라서 과학적으로 오류를 논하지 않고도 이 그림이 잘못되어 있음을 알 수 있다. 만약 과학적으로 정확한 그림을 그리려면 아래의 두 가지가 가능할 것이다. 첫 번째 그림은 분산된 빛이 프리즘을 통과하면 백색광이 만들어지는 것이 아니고 평행한 무지개 빛다발이 만들어지는 것이고, 두 번째 그림은 첫 번째 그림의 세트를 반대로 결합하여 다시 백색광이 만들어지는 과정을 나타낸 것이다.

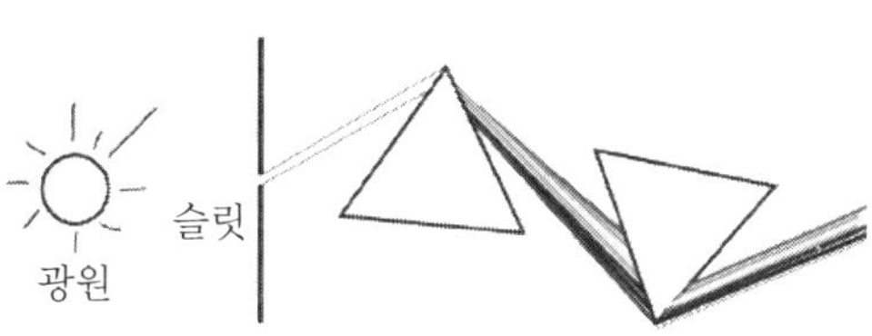

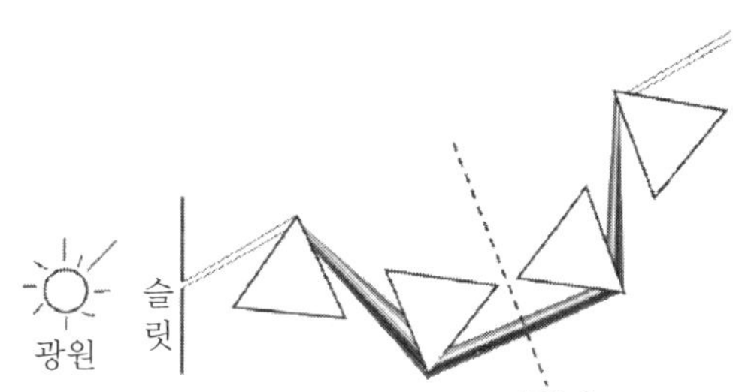

[채점기준 – 10점 만점인 경우] 기하학적으로 대칭성을 고려하여 설명한 경우에는 5점을 부여, 분산을 이용하지 않고 다른 답안을 쓴 경우에는 3점 이내에서 부여한다.

과학적으로 올바른 그림은 예시답안 2개 중에서 하나만 제시해도 5점을 부여한다. 동일하지 않지만 비슷한 형태로 그림을 제시하면 3점 이내에서 점수를 부여한다.

<table>
<tr><td colspan="4">[영재 판별을 위한 표준화 검사도구 개발]
문 항 카 드</td></tr>
<tr><td>평가항목</td><td>발산적 사고</td><td>예상 정답률</td><td>50 %</td></tr>
</table>

[문제 18] 로켓 발사장을 세우기 위해서는 여러 가지 지리적인 조건이 갖추어져야 한다고 한다. 어떤 점을 고려해야 하는지 가장 중요하게 생각하는 조건을 3가지 적고 과학적인 근거를 제시하시오.

(예 : 날씨(기후)가 좋은 지역이어야 한다. why – 너무 춥거나 더우면 안 되고 태풍이나 강한 바람이 불면 발사 자체가 어렵기 때문이다.)

[예시답안]

1) 주위에 인구 과밀 지역이 없어야 한다.
   why – 로켓은 몸체 무게의 약 90 %가 위험한 연료로 가득 차 있기 때문에, 혹시 일어날 수 있는 폭발의 위험으로부터 안전을 지키기 위하여
2) 로켓의 비행경로가 외국의 영공을 통과하지 않는 지역
   why – 국제적인 영토 침공의 문제를 발생시키지 않기 위해서
3) 해양이나 내륙지역(또는 아래의 설명)
   why – 로켓에서 분리되는 낙하물 낙하지점(1단 50 km, 2단 500 km, 3단 3,500 km)의 안전성 확보가 가능한 지역.
4) 로켓 발사의 방위각이 큰 지역
   why – 발사 방위각이 넓을수록 다양한 궤도에 인공위성을 진입시킬 수 있다.
5) 적도 지역에 가까워야 한다.
   why – 적도 지점에서 동쪽으로 발사하였을 때 지구의 자전하는 힘을 이용할 수 있어 같은 추진력으로 더욱 많은 화물을 우주로 운반할 수 있기 때문이다.
   그러나 우주개발을 하는 대부분의 나라가 적도에 자국의 영토를 가지고 있지 않아 꼭 적도 부근

에 우주센터가 있지는 않다. 단지 유럽우주기구(ESA)를 주도하고 있는 프랑스만이 남미 적도 부근의 가이아나에 식민지 영토를 가지고 있어 이곳에 우주센터를 건립했다. 발사장이 육지 한가운데에 있는 나라도 있다. 러시아와 중국이 대표적인 나라이다.

[채점기준]

- 고려해야 하는 점이 위의 5가지 중에서 3가지 이상 있었을 경우에 1)부터 4)까지의 내용에 대해서는 각각 3점, 5) 내용은 4점을 부여한다. 이때 4가지 이상 적었을 경우에는 상위 3가지로 평가한다.
- 고려해야 하는 점에 대한 이유로 위의 내용을 적었을 경우에는 1)부터 4)까지의 내용에 대해서 3점, 5) 내용에 대해서 4점을 부여한다. 이때 4가지 이상 적었을 경우에는 상위 3가지로 평가한다.
- 이유에 대한 내용이 모범답안에 제시한 것과 다를 경우에는 큰 오류가 없는 경우 50 % 정답을 인정한다.
- 위의 5가지 조건과 이유 이외에 언급한 조건과 이유에 대해서 인정할 만한 것에 대해서는 50 % 점수를 부여한다.

<table>
<tr><td colspan="4">[영재 판별을 위한 표준화 검사도구 개발]
문 항 카 드</td></tr>
<tr><td>평가항목</td><td>수렴적 사고</td><td>예상 정답률</td><td>50 %</td></tr>
</table>

[문제 19] 왼쪽 사진과 같이 줄의 한쪽 끝에는 컵을 매달고 반대쪽에는 작은 지우개를 하나 매달았다. 이 줄의 가운데를 오른쪽 사진과 같이 막대기로 걸쳐 놓고 지우개가 연결된 손을 놓았다. 이 컵은 어떻게 될 것인지 예상하고 그 이유를 과학적으로 설명하시오.

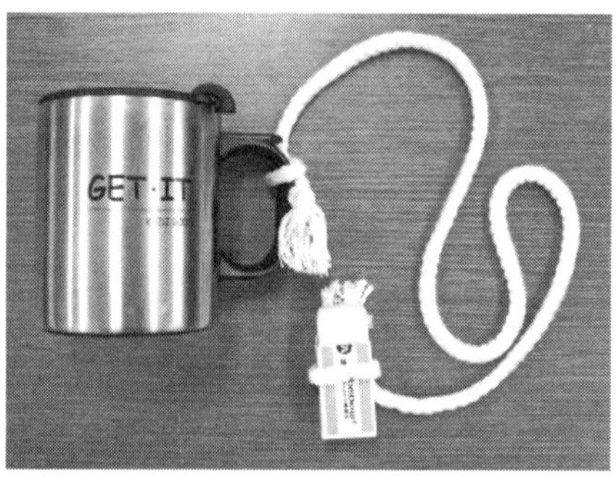

[예시답안]

- **예상**: 지우개가 달린 줄이 막대기를 감으면서 컵이 바닥에 떨어지지 않게 된다.
- **설명**: 줄을 잡은 손을 놓게 되면 줄은 중력을 받아서 아래로 떨어지게 된다. 그러나 한쪽 끝이 막대기에 걸쳐 있기 때문에 줄은 막대기를 축으로 하는 원운동과 유사한 형태로 떨어지게 된다. 그런데 컵이 바닥으로 떨어지게 되면서 막대기와 줄의 끝 쪽까지의 거리가 시간이 지남에 따라서 작아지게 된다. 일반적으로 회전하는 물체는 회전하는 속도와 회전 반경의 곱이 일정하게 유지되는 각운동량 보존이 성립하게 되는데, 회전 반경이 계속해서 줄어들기 때문에 회전 속도가 점차 증가하게 되어 결국 줄이 막대기를 휘감게 되는 것이다.

[채점기준] 예상(3점), 설명(7점)

컵이 떨어지지 않는 것을 바르게 예상하면 3점 부여.

떨어지지 않는 이유를 각운동량으로 설명하면 7점 부여. 각운동량이라는 표현을 사용하지 않고도 같은 원리를 설명하는 경우에도 7점을 부여한다. 다른 원리를 이용하여 설명하려는 시도를 보이는 경우에도 5점 이내에서 부분 점수를 부여한다.

만약 예상이 틀린 경우에는 설명에 대해서 3점 이내에서 점수를 부여한다.

[영재 판별을 위한 표준화 검사도구 개발] **문 항 카 드**			
평가항목	수렴적 사고	예상 정답률	50 %

[문제 20] 연필심이 비스듬히 기울어져 있고 연필심은 바닥에 닿아 있는 상태에서 손을 놓았다. 이때 이 연필이 어떻게 움직이게 될지 설명하시오. (이때 바닥과 연필심과의 마찰력의 크기가 다른 운동을 나타낸다.)

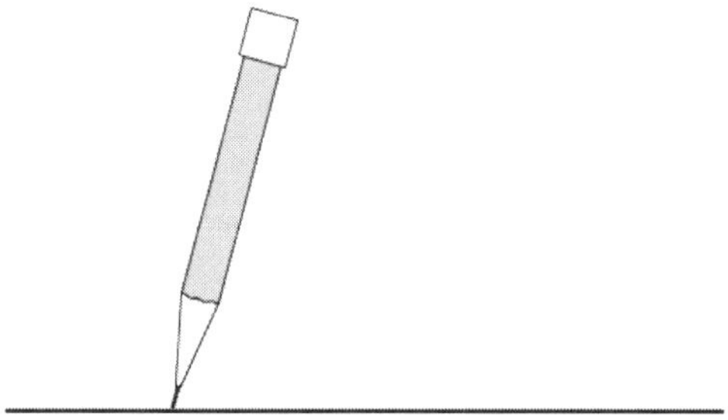

[예시답안] 바닥과 연필심과의 마찰력이 작은 경우에는 연필심 끝부분이 왼쪽으로 움직이게 될 것이다. 바닥과 연필심과의 마찰력이 큰 경우에는 연필심 끝부분이 오른쪽으로 이동하는 경우도 발생할 수 있다. 왜냐하면 연필심 끝부분을 중심으로 원운동이 일어나 연필 무게중심의 수평 방향 속력이 증가할 수 있기 때문이다.

[채점기준 - 10점 만점인 경우] 마찰력이 작은 경우에 대해서는 4점, 마찰력이 큰 경우에 대해서는 6점을 부여한다.

<table>
<tr><td colspan="4">[영재 판별을 위한 표준화 검사도구 개발]
문 항 카 드</td></tr>
<tr><td>평가항목</td><td>수렴적 사고</td><td>예상 정답률</td><td>50 %</td></tr>
</table>

[문제 21] 냉장고에 찬물과 더운물을 동시에 넣고 얼음을 얼리려고 한다. 어느 쪽이 더 빠르게 얼 것인지 다양한 조건에서 그 결과를 예측해 보자. 그리고 그 이유를 과학적으로 설명해 보자.

[예시답안] 일반적으로 찬물이 더운물보다 더 빨리 얼 것이다. 더운물이 얼기 위해서는 온도가 내려가야 하기 때문에 찬물이 되기 위한 시간만큼 더 늦게 얼 것이다.

그러나 특수한 경우에는 찬물보다 더운물이 더 빨리 얼 수도 있다. 예를 들어 열전도가 낮은 나무통에 찬물과 더운물을 넣으면 더운물이 더 빨리 어는 경우가 있다. 더운물이 식으면서 증발이 일어나게 되고 결국 양이 줄어 더 빨리 얼어 버리게 된다.

[채점기준 – 10점 만점인 경우] 찬물이 더운물보다 더 빨리 어는 경우에 대한 답에 대해서 4점을 부여한다. 이때 이유를 언급하지 않은 경우에는 2점만 부여한다.

더운물이 찬물보다 빨리 언다고 응답한 경우에는 그 조건을 명시한 경우에 대해서 6점 이내에서 점수를 부여한다. 이때 과학적으로 합리적인 이유를 명시하였는지의 여부에 따라서 차등 점수를 부여한다.

<table>
<tr><td colspan="4">[영재 판별을 위한 표준화 검사도구 개발]
문 항 카 드</td></tr>
<tr><td>평가항목</td><td>수렴적 사고</td><td>예상 정답률</td><td>50 %</td></tr>
</table>

[문제 22] 스포츠를 통해서 인간은 더 빨리, 더 높이, 더 멀리 나아가려고 한다. 높이뛰기는 그 중에서도 더 높이 올라가려는 인간의 욕구가 반영된 스포츠이다. 높이뛰기에서는 여러 가지 방법 중 아래 사진과 같은 배면뛰기를 주로 사용하는데 그 과학적인 이유가 무엇인지 설명하시오.

[예시답안] 아치 형태로 몸을 휘게 하여 몸의 무게중심이 막대의 아래쪽에 있어도 막대를 넘을 수 있게 하기 위함이다.

[채점기준 - 10점 만점인 경우] 무게중심이라는 표현이 언급되어야 정답으로 인정한다. 이때 무게중심이 바의 높이보다 아래쪽에 있다는 것을 명시하면 10점을 부여하고, 그렇지 않은 경우에는 5점 이내에서 부분 점수를 부여한다.

[영재 판별을 위한 표준화 검사도구 개발]

문 항 카 드

평가항목	발산적 사고	예상 정답률	50 %

[문제 23] 최근에 웰빙과 몸짱의 열풍과 함께 춤을 잘 추는 것이 인간의 또 하나의 매력으로 다가오고 있다. 춤을 잘 추는 사람들은 사진과 같이 멋있는 동작을 연출하곤 하는데, 이런 상태로 일시적인 정지 상태에 있는 이유는 몸의 무게중심이 바닥을 지지하는 손의 수직선상에 놓여 있기 때문이다.

그렇다면 사람이 차렷 자세로 누워 있을 때 무게중심이 있는 위치는 어느 곳일까? 사람의 무게중심을 구하는 방법을 2가지 이상 제시하시오. 이때 저울 2개, 큰 판자 1개 이외에 다른 것은 사용할 수 없으며, 이것을 사용하지 않는 방법도 가능하다.

[예시답안]

1. 저울과 판자 등을 이용하여 받침점을 만들어 사람을 그 위에 올려놓고 양쪽의 평형이 이루어지는 지점을 찾는다.
2. 양쪽에 저울이 놓인 판 위에 사람이 눕고 저울의 눈금을 읽는다. 판 위를 걸어 다니면서 누웠을 때의 눈금과 같은 지점이 바로 사람이 누웠을 때의 사람의 무게중심이 되어 균형을 유지할 수 있다.

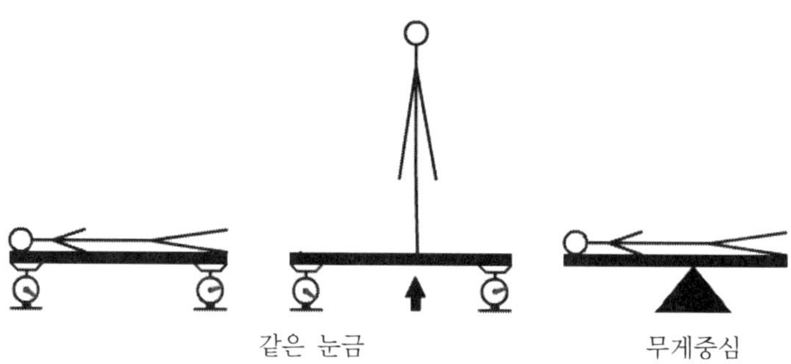

[채점기준 – 10점 만점인 경우] 1번과 같이 사람의 몸 아래에 받침점으로 사용할 수 있는 물체를 놓아 균형이 이루는 지점을 찾거나, 사람을 매달거나 드는 방법을 이용하는 것과 같이 양쪽의 평형을 이루는 것을 이용하는 방법을 제시하는 경우에는 모두 같은 방법으로 처리하여 4점을 부여한다. 2번과 같은 방법을 제시하는 경우에는 6점을 부여한다.

단, 물리적으로 가능하지 않는 방법을 제시하였을 경우에는 각 응답에 대해서 2점을 감점하되, 최하 점수는 0점으로 한다.

<table>
<tr><td colspan="4">[영재 판별을 위한 표준화 검사도구 개발]
문 항 카 드</td></tr>
<tr><td>평가항목</td><td>수렴적 사고(정합성)</td><td>예상 정답률</td><td>60 %</td></tr>
</table>

[문제 24] 1969년 7월 20일 미국 동부 표준시로 오후 9시 56분. 전 세계의 10억여 명이 숨을 죽이며 지켜본 사건이 있었다. 바로 인류 역사상 최초로 인간이 달에 착륙한 것이다.

그러나 어떤 사람들은 달착륙이 성공하지 못했다는 음모 이론을 제시하기도 한다. 다음 사진은 아폴로호가 달에서 찍은 사진인데, 음모이론가들은 이 사진을 보고 자신만의 과학적인 근거를 제시하면서 이 사진들에 문제점이 있다는 것을 지적하였다.

이 사진들을 보고 과학적으로 잘못되었다고 생각하는 것을 3가지만 쓰고, 그 이유를 밝히시오.

(가)

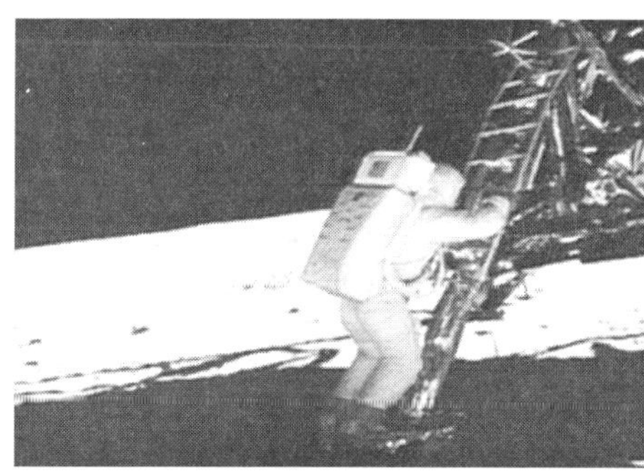

(나)

(다)

[예시답안]

• 그림 (가)에서 그림자의 방향이 이상하다. 태양은 멀기 때문에 달에 직진하여 온다. 따라서 그림자

는 같은 방향을 나타내야 하는데, 사진 중간에 있는 착륙선과 앞쪽에 보이는 바위의 그림자는 마치 가까운 광원에서 만든 빛에 의해서 생긴 그림자와 같아 보인다.

- 그림 (나)에서 우주복이 너무 밝게 보인다. 달에서는 태양을 제외한 아무런 광원이 없다. 또한 공기가 없기 때문에 빛의 산란 현상도 발생하지 않는다. 따라서 그림자 속에 들어간 우주인은 상당히 어둡게 보여야 한다.
- 그림 (다)에서 달착륙선의 아랫부분에 패인 구덩이가 있어야 하는데 보이지 않는다. 착륙선이 달에 착륙할 때에는 속도를 줄이기 위해서 위쪽으로의 추진력을 만들어야 한다. 그렇게 하기 위해서는 착륙선의 바로 아래쪽에 깊게 파인 구덩이가 있어야 하는데 보이지 않는다.
- 사진에 별이 하나도 보이지 않는다. 공기에 의한 산란, 구름에 의한 방해 등이 없기 때문에 상당히 밝은 별이 보여야 하는데 보이지 않는다.

[채점기준 – 10점 만점인 경우] 그림 3곳에서 모두 오류를 찾아내는 경우에는 10점을 부여한다. 2곳에서 찾아내면 7점, 1곳에서만 찾아내면 4점을 부여한다. 4개 이상의 답을 제시한 경우에는 상위 3개만으로 평가한다.

Part Ⅲ

과학영재 과학캠프 검사

과제 책임자 : 손 정 우
공동연구원 : 이 봉 우·이 인 호·최 원 호

1 과학캠프 검사도구

영재의 판별은 영재교육의 목표와 영재 대상 프로그램의 목표의 성취 여부로써 판별이 가능하다. 그러므로 영재교육의 목표를 성취하기 위한 준거를 이용하여 판별도구를 개발할 수 있다. 영재집단의 경우, 지식, 지능, 과학에 대한 태도 등의 세 검사가 매우 낮은 상관을 보이고 있기 때문에, 일반적으로 영재 선발의 주요 준거로 활용되는 지능과 창의성 검사와 같은 인지 능력 검사만으로는 영재들의 다양한 측면을 판별하기 어렵다. 그래서 영재성을 구성하는 여러 가지 요인을 이용하여 영재성의 판별에 이용할 필요가 있다. 일반적으로 탐구 능력을 확인하기 위해 실시하는 보고서 형태의 평가는 지적 영역 중 창의적인 영역과 정의적인 영역의 과학에 대한 태도 등을 고려할 수 없고, 한번 사용하면 재사용하기 어려운 단점이 있다. 그래서 교육과 판별을 분리하면서 생기는 영재교육 목표의 불일치를 극복하여 교육이 진행되는 과정에 평가할 수 있는 교육과 판별의 일체화 모형으로 과학캠프가 도입되었으며, 과학영재학교에서는 신입생 선발 전형에서 과학캠프를 통한 과학적 문제 해결력과 창의성, 인성 등을 평가하고 있다. HASA 연구에서는 과학캠프에 참여하는 학생들의 활동 관찰을 통하여 영재성을 판별할 수 있는 도구 4종(페트병과 링거 줄을 이용한 사이펀 타이머 만들기, 구리관을 이용한 증기 보트 만들기, 작은 유리병과 페트병을 이용하여 갈릴레이 온도계 만들기, 기체가 발생하는 화학반응을 이용한 오르락내리락 움직이는 타이타닉 만들기)을 개발하여 제시하였다.

영재성 판별 기준은 학생들의 성취 여부를 확인하기 위한 활동 준거에 근거하여 각 실험의 특성을 고려한 활동 기준과 활동 세부 기준으로 개발되어 있다. 활동 세부 기준은 활동 기준에 근거하여 3단계로 개발하였으며, 영재학생들의 행동 특성을 관찰하여 가장 부합하는 활동 세부 기준의 단계를 정할 수 있다.

2 학생용 활동지

사이펀 타이머

역사소설 '상도(商道)'에 등장하는 묘한 술잔이 있다. 이 술잔은 따른 술이 잔의 70 %를 넘으면 술이 사라져 버린다. 이 술잔은 사이펀의 원리를 이용한 것으로 70 % 이상의 술이 차면 잔의 중앙에 있는 관으로 술이 밀려 올라갔다가 아래로 빠지도록 만들어져 있다.

백자구룡계영배

이 활동을 하면

(탐구) • 사이펀 타이머에서의 물이 떨어지는 시간과 그 주기(물이 떨어지는 시간 간격)를 조절할 수 있다.

(지식) • 사이펀의 원리를 이해할 수 있다.

(태도) • 주기를 조절하여 사이펀 타이머를 제작할 수 있다.

A. 사이펀은 무엇일까?

무엇이 필요한가?

수조 2개, 고무 호수와 핀치콕(또는 링거 줄), 칼

어떻게 할까?

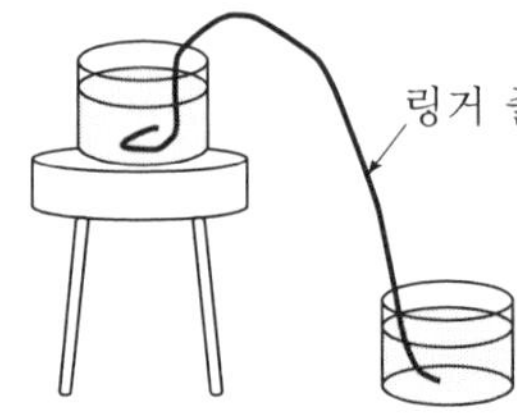

1. 그릇 한 개에 물을 넣고 높은 곳에 올려놓는다.
2. 이 그릇의 물속에 링거 줄의 한쪽을 담근다.
3. 낮은 곳에 빈 그릇을 놓는다.
4. 링거 줄의 반대쪽을 입으로 빨아 물이 아래로 내려오게 한 후

링거 줄을 빈 그릇에 넣어 물이 흘러내리도록 한다.

왜 그럴까?

높은 곳에 있는 액체를 용기를 기울이지 않고 낮은 곳으로 옮기는 데 쓰는 구부러진 관을 "사이펀(siphon)"이라고 부른다. 사이펀을 통하여 물이 떨어지는 이유가 무엇일까?

B. 사이펀 타이머 만들기

무엇이 필요한가?

분별 깔때기, 깔때기, 굽어지는 빨대, 투명 테이프, 고무찰흙, 칼, 초시계, 스탠드, 링클램프 2, 식용색소, 수조

어떻게 할까?

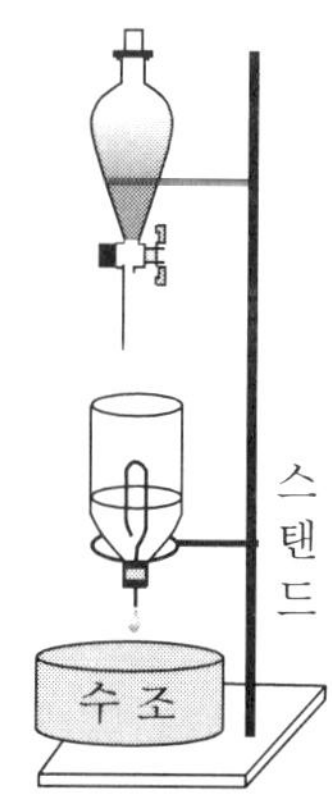

1. 2인 1조로 나눈다.
2. 분별 깔때기에 물을 넣고 스탠드의 링클램프 위에 올려놓는다.
3. 페트병을 깔때기처럼 만들거나 실제 깔때기에 빨대를 휘어 넣는다.
4. 휜 빨대가 다시 펴지지 않도록 테이프로 고정하고 깔때기에서 물이 빠지지 않도록 고무찰흙으로 막는다.
5. 분별 깔때기에서 물이 나오게 한다.
6. 처음 주기의 시간은 버리고 아래쪽의 깔때기에서 물이 빠지는 시간과 물이 차오르는 시간을 측정한다.
7. 사이펀 타이머의 주기를 원하는 시간에 맞추기 위해 여러 요인을 조절해 보자.

왜 그럴까?

1. 타이머로 쓰이는 아래의 깔때기에 물이 빠지는 시간과 물이 차오르는 시간을 측정해 보자.

2. 측정한 시간이 아래의 기준에 맞춰지는지 확인해 보자.

기준점수 10점	기준시간	채점기준	평균시간	감점	점수
물이 빠지는 시간	30초	±5초에 −1점			
주기	30초	±5초에 −1점			

3. 처음 주기의 시간을 버리는 이유가 무엇인가?
4. 물이 빠지는 시간과 차오르는 시간에 영향을 주는 요인이 무엇이며 그 요인이 어떻게 영향을 주는지 말해 보자.

한 걸음 더

1. 물 대신 50 % 알코올 수용액을 사용하여 만든 사이펀 타이머의 주기가 어떻게 달라지는지 알아보고 싶다. 어떻게 실험할지 설계해 보자.

2. 설계한 대로 실험하여 알코올 수용액이 빠지거나 차오르는 주기를 정해 보자.
3. 알코올 수용액이 빠지거나 차오르는 시간이 물과 어떻게 달라졌으며 그 이유는 무엇인가?

|표 III-1| 영재성 판별활동 기준과 활동 세부 기준 – 사이펀 타이머

목표	활동 준거	3H	활동 기준		활동 세부 기준		
			발표	참가	1단계	2단계	3단계
목표 1	활동에 필요한 핵심 내용을 구조화하여 이해하고 있는가?	Head		데이터 처리	연속적 주기 측정 안 함	2주기 관찰	2주기 이상 측정해야 하는 이유를 앎
	핵심 내용을 구조화하여 표현하는가?	Hand		데이터 표현	규칙 없이 기록함	주기를 나름대로의 형식으로 나타냄	평균에서 벗어나는 데이터는 버리고 평균 주기를 사용함
	창의적으로 문제를 발견하고, 해결 방법을 아는가?	Head		물 빠지는 시간을 줄이는 요인	요인 말하기(빨대 길이/빨대 각도)	요인이 어떻게 영향을 주는가(빨대가 짧을수록 빨	요인을 어떻게 실험하나(자르거나 끼워 길게 하기/

						리/각도가 클수록 빨리)	각도 조절하여 테이프로 다시 고정)
	창의적으로 문제를 해결하는가?	Hand		물 빠지는 요인 조절하기	교사의 힌트를 따르거나 옆 조의 방법을 따름	자신이 생각한 대로 해봄	시행착오를 인정하여 다시 시도/잘 수행했더라도 개선을 위해 다시 시도
	창의적으로 문제를 발견하고, 해결 방법을 아는가?	Head		물 채워지는 시간을 줄이는 요인	요인 말하기(분별 깔때기에서 물 떨어지는 속도 또는 휘어진 빨대 길이)	요인이 어떻게 영향을 주는가(빠를수록 빨리 또는 짧을수록 빨리)	요인을 어떻게 실험하나(콕 조절 또는 자름)
	창의적으로 문제를 해결하는가?	Hand		물 채워지는 요인 조절하기	교사의 힌트를 따르거나 옆 조의 방법을 따름	자신이 생각한 대로 해봄	시행착오를 인정하여 다시 시도/잘 수행했더라도 개선을 위해 다시 시도
	창의적으로 문제를 발견하고, 해결 방법을 아는가?	Head		빨대 꼭대기까지 물이 안 차는 이유	현상 발견과 의문 가짐(기포가 차서)	논리적 이유 제시(물과 빨대의 응집력/물의 결합력이 커서)	해결 방법 제시(기름을 넣어 응집력 줄여/물 온도 높여 결합력 줄여)
목표 2	새로운 문제를 제기하고 논쟁이나 토론을 유도하는가?	Head	발표자의 역할이 실험 참가자들의 목표 성취를 이끄는 것임을 이해하여 문제 해결을 유도		실험의 목표는 이해하나 발표자의 역할을 이해하지 못하고 답을 제시하는 등 실험 과정에 자주 개입함	실험의 목표와 발표자의 역할을 이해하나 참가자에게 실험의 힌트를 자주 제공함	실험의 목표가 참가학생들이 변인통제 과정을 거쳐 사이펀의 주기를 맞추는 것임을 깨닫고 문제 해결을 유도할 뿐, 활동에는 직접 개입하지 않음
	조원들과 정보의 교류가 있는가?	Heart		문제 해결을 위해 토론	일방적으로 한 사람이 말하고 나머지 조원은 듣기만 하기	조원은 예/아니오 등의 간단한 대답만 하기	조원의 의사를 적극적으로 묻거나 서로 상호 작용
	협동하여 활동을 구성하는가?	Heart		협동실험	지시하고 따름	역할은 협조적이나 돌발적 상황에서 역할 변경이 안 이뤄짐	자발적 역할 변경이 수시로 발생하나 조화로움
목표 3	발표나 활동 참가에 열정이 보이는가?	Heart	참가자들의 활동을 눈여겨봄		가끔 가까이에서 함께 관찰함	가끔 멀리서 보며, 대부분 가까이에서 지켜봄	참가자들의 활동을 가까이에서 눈여겨봄

	활동의 목표를 정확히 알거나 전달하는가?	Head		목표 인식	주기 맞추기	원리를 이해하고 원리를 이용하여 주기 맞추기	주기를 맞추기 위해 탐구 요인을 찾아 조절
	활동의 목표를 정확히 알거나 전달하는가?	Heart	목표 제공		실험 초기에 교재의 목표를 그대로 읽었음	실험 초기에 교재의 목표를 그대로 읽고 실험 과정 소개	실험 초기에 교재의 목표를 실험 과정과 관련지어 소개하고 주의사항 안내
	정해진 시간 내에 목표에 이르렀는가?	Hand		시간 내 주기 맞추기	2시간 안에 주기는 맞추지 못했지만 활동지 작성을 끝냈는가?	2시간 안에 한 개의 주기를 맞추고 활동지 작성을 끝냈는가?	2시간 안에 감점 없이 두 개의 주기를 맞추고 활동지 작성을 끝냈는가?
	활동에 자발적 참여와 집중을 하였는가?	Hand		능동적 문제 해결	답을 요구하는 질문이 2회 이하	힌트 요구	힌트와 정답을 묻지 않고 스스로(조 내에서) 문제 해결 시도
목표 4	새로운 문제상황의 원리를 이해하고 있는가?	Head		알코올의 사용	물질이 달라졌으므로 두 용액이 다름을 인식하는가?	달라지는 이유를 제시하는가?	달라지는 이유와 주기와의 관련성을 함께 제시하는가?
	새로운 문제상황의 실험을 해결하였는가?	Hand		알코올 사용 실험 실시 여부	알코올 사용 실험을 시도하지 않았다.	알코올 사용 실험을 시도하였는가?	알코올 사용 실험을 시도하여 예상과 비교하거나 예상대로 실험되었는가?
	새로운 문제상황의 해결이 과학적 원리에 근거한 것인가?	Head		물의 자동 공급 창의적 해결	계속 수동으로 분별 깔때기에 물을 붓는다.	자동 공급 속도가 조절이 안 되어 가끔 비커로 물을 부음	완전 자동으로 물 공급(사이펀 원리 이용)

증기 보트

로켓은 어떤 원리로 우주로 날아갈 수 있는 걸까요?
또, 어떻게 그렇게 빨리 똑바로 날아갈 수 있는 걸까요?
오늘 우리가 만들 증기 보트는 하늘을 날지는 않지만, 같은 원리로 항해한답니다.
자 그럼, 나만의 증기 보트를 만들어 멋진 항해를 떠나봅시다.

이 활동을 하면

(탐구) • 증기 보트가 앞으로 나아가는 것과 똑바로 진행하는 데 영향을 주는 요소가 무엇인지 알아낼 수 있다.
(지식) • 증기 보트가 앞으로 나아가는 것과 똑바로 진행하는 데 영향을 주는 요소의 역할을 이해할 수 있다.
(태도) • 증기 추진력을 이용하여 앞으로 가는 증기 보트를 만들 수 있다.

무엇이 필요한가?

우드락(20×15 cm, 두께 8 mm), 연성 구리관(바깥지름 5 mm, 길이 80 cm 정도), 볼펜, 자, 칼, 둥근 파이프(PVC 막대가 좋음)(지름 2.5 cm 정도), 8×8 cm 사각 나무판(구멍을 뚫어 놓는 것, 구멍을 못 뚫으면 드릴), 줄 톱, 양면 테이프, 이쑤시개, 알코올, 점화기(점화 부분이 긴 라이터), 시합용 수조(긴 나무 1 m 이상 2개, 50 cm 이상 2개; 천막용 비닐-최소 50×100 cm), 주사기, 청 테이프, 화장솜, 병뚜껑, 송곳, 식용색소
(화장솜은 탈지면을 일정한 크기로 잘라 알코올에 담가주세요.)

어떻게 할까?

1. 사각 우드락 위에 물의 저항을 적게 받도록 보트의 모양을 설계하여 그린다.
2. 설계된 모양대로 우드락을 자른다.
3. 한 사람이 둥근 파이프를 잡고 다른 사람이 구리관을 둥근 파이프에 감아서 증기 가열관을 만든다.
4. 구멍이 뚫린 나무판을 우드락 보트 위에 양면 테이프로 붙인다.
5. 나무판의 뚫린 구멍을 이용하여 우드락에도 구멍을 낸 뒤에 구리관을 꽂는다.
6. 보트 바닥 아래로 내려온 구리관을 보트 뒤쪽으로 구부려 증기가 배출되도록 한다. (구리관이 우드락 위로 튀어나오지 않도록 우드락에 작고 길쭉한 홈을 파고 그 속에 관이 들어가

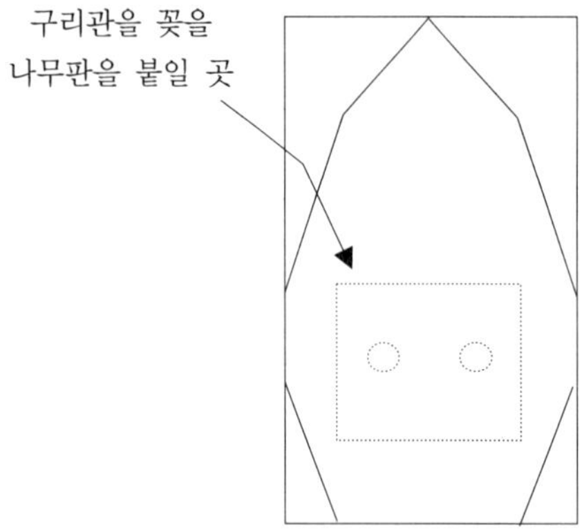

보트 모양 설계의 예

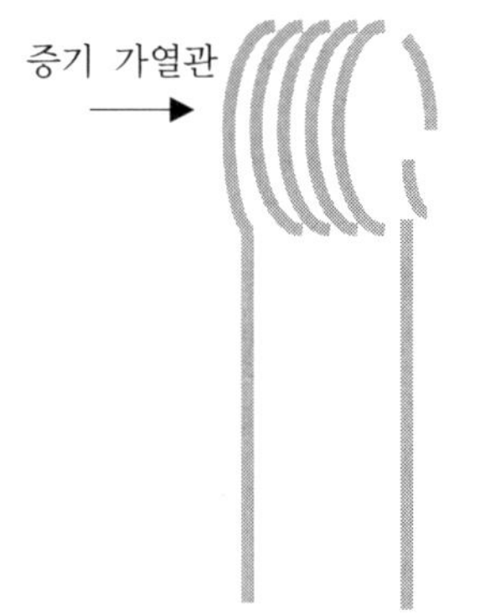

증기 가열 장치의 예

도록 한다.)

7. 주사기를 이용해 구리관 안에 물을 채운다.
8. 병뚜껑을 구리관과 나무판 사이에 올려놓고 알코올을 넣어준다.
9. 증기 보트를 물 위에 띄우고 알코올에 주둥이가 긴 점화기로 불을 붙인다.
10. 목표 지점까지 직진하여 가장 빨리 도달한 증기 보트를 고르기 위해 토너먼트 방식으로 우승자를 선정하자.

왜 그럴까?

1. 제작한 증기 보트가 움직이는가? 만약 증기 보트가 움직이지 않는다면 그 이유가 무엇일까?
2. 증기 보트가 최대한 빠른 속력을 내며 움직이는 데 영향을 주는 요소에는 어떤 것들이 있을까? (모두 쓰시오.)
3. 증기 보트가 똑바로 나아가는가? 만약 증기 보트가 똑바로 나아가지 않는다면 그 이유가 무엇일까?
4. 증기 보트가 똑바로 나아가는 데 영향을 주는 요소에는 어떤 것들이 있을까? (모두 쓰시오.)
5. 증기 보트가 직진하며 최대한 빠른 속력을 낼 수 있도록 영향을 주는 요소를 고려해서 실험을 설계하고 실험해 보자.

①

②

③

④

⑤

⑥

한 걸음 더

1. 증기 보트가 앞으로 나갈 수 있는 원리는 무엇일까? (물리 법칙과 관련해서 구체적으로 쓰시오.)
2. 구리관 속으로 물이 출입하는 방향을 알기 위한 방법을 쓰시오.
3. 관 속에 물을 넣은 경우가 그렇지 않은 경우와 어떻게 다른지 알아보기 위한 실험을 설계해 보자.
4. 가열에 의해서 구리관 속의 물이 모두 빠져나간 뒤에도 증기 보트는 계속해서 앞으로 나갈 수 있다. 증기 보트는 어떻게 해서 계속 앞으로 나갈 수 있을까?

|표 III-2| 영재성 판별활동 기준과 활동 세부 기준 – 증기 보트

목표	활동 준거	3H	활동 기준		활동 세부 기준		
			발표	참가	1단계	2단계	3단계
목표 1	창의적으로 문제를 발견하고, 해결 방법을 아는가?	Head		속력과 관계있는 변인 찾기	3단계의 3가지 변인 중 1가지 변인만 찾아냄	3단계의 3가지 변인 중 2가지 변인만 찾아냄	구리관의 감은 수, 구리관의 높이, 물의 저항력 극복을 위한 유선형 설계 등 3가지 이상의 변인을 찾아냄
	창의적으로 문제를 발견하고, 해결 방법을 아는가?	Head		진행 방향과 관계있는 변인 찾기	3단계의 3가지 변인 중 1가지 변인만 찾아냄	3단계의 3가지 변인 중 2가지 변인만 찾아냄	좌우 대칭, 방향키 부착, 구리관 양 끝의 길이 차이 등 3가지 이상의 변인을 찾아냄
	창의적으로 문제를 해결하는가?	Head		속력과 관계있는 변인의 반영 개수	1가지 변인을 찾아내서 반영해 보완함	2가지 변인을 찾아내서 반영해 보완함	3가지 이상의 변인을 찾아내서 3가지 이상을 반영해 보완함
	창의적으로 문제를 해결하는가?	Hand		진행 방향과 관계있는 변인의 반영 개수	1가지 변인을 찾아내서 반영해 보완함	2가지 변인을 찾아내서 반영해 보완함	3가지 이상의 변인을 찾아내서 3가지 이상을 반영해 보완함
목표 2	새로운 문제를 제기하고 논쟁이나 토론을 유도하는가?	Head	발표자의 역할이 실험 참가자들의 목표 성취를 위함임을 이해하여 분		실험의 목표는 이해하나 발표자의 역할을 이해하지 못하고 답을 제시하는 등 참가자에 자주 개입함	실험의 목표와 발표자의 역할을 이해하나 참가자에게 실험의 힌트를 자주 제공함	실험의 목표가 참가학생들이 탐구 체험임을 깨닫고 문제 해결을 유도만 하며, 활동에는 개입하지 않음

			제 해결을 유도				
	조원들과 정보의 교류가 있는가?	Heart		문제 해결을 위해 토론	일방적으로 말하고 조원은 듣기만 하기	조원은 예/아니오 등의 간단한 대답만 하기	적극적인 의견 제시를 포함한 상호 작용
	협동하여 활동을 구성하는가?	Heart		협동실험	지시하고 따름	역할은 협조적이나 돌발적 상황에서 역할 변경이 안 이뤄짐	자발적 역할 변경이 수시로 발생하나 조화로움
목표 3	발표나 활동 참가에 열정을 보이는가?	Heart	참가자들의 활동을 눈여겨봄		가끔 가까이에서 함께 관찰함	가끔 멀리서 보며, 대부분 가까이에서 지켜봄	참가자들의 활동을 가까이에서 눈여겨봄
	활동의 목표를 정확히 알거나 전달하는가?	Head		목표 인식	증기 보트 만들기	빠른 증기 보트 만들기 또는 똑바로 진행하는 증기 보트 만들기	증기 보트의 속력과 진행에 방향에 관련있는 변인 찾아 적용하기
	활동의 목표를 정확히 알거나 전달하는가?	Heart	목표 제공		실험 초기에 교재의 목표를 그대로 읽었음	실험 초기에 교재의 목표를 그대로 읽고 간단한 활동 방법 소개	실험 초기에 교재의 목표를 실험 과정과 관련하여 재해석하여 소개하고 참가자들이 주의해야 할 실험안전과 관련된 주의사항 소개
	정해진 시간 내에 목표에 이르렀는가?	Hand		2시간 내 실험 수행 정도	2시간 안에 실험까지만 마쳤고 '한 걸음 더'는 하지 못했다.	2시간 안에 실험과 '한 걸음 더'의 실험설계까지 마쳤다.	2시간 안에 실험과 '한 걸음 더'까지 모두 마치고 활동지 작성을 끝냈다.
	활동에 자발적 참여와 집중을 하였는가?	Hand		능동적 문제 해결	답을 요구하는 질문이 2회 이하	힌트 요구	힌트와 정답을 묻지 않고 스스로 문제 해결 시도
목표 4	새로운 문제상황의 원리를 이해하고 있는가?	Head		증기 보트의 작동원리	구체적인 내용 없이 작용·반작용 때문이라고 함	가열된 물의 팽창에 의한 물의 배출 때문임을 앎. (계속 진행하는 것이 물의 출입이 반복적으로 일어나기 때문임을 설명하지는 못함)	가열된 물의 팽창에 의한 물의 배출과 그 반작용에 의해 전진, 그리고 배출 후 진공인 공간의 압력차로 인한 물의 흡입 과정의 반복임을 앎

새로운 문제상황의 실험을 해결하였는가?	Hand		구리관에 물을 넣지 않고 실험	의도하지 않았으나 우연히 구리관에 물을 넣지 않고 실험을 함	구리관에 물을 넣지 않은 경우에도 시간의 차이는 있으나 같은 원리로 증기 보트가 전진할 것으로 생각하고 실험을 통해 확인함	구리관에 물을 넣고 실험하기에 앞서, 물을 넣는 이유에 의문을 갖고 물을 넣지 않은 상태에서 먼저 실험을 통해 증기 보트가 전진하는 것을 앎
새로운 문제상황의 원리를 이해하고 있는가?	Head		물의 출입 방향에 대한 호기심	물의 출입 방향에 관한 호기심을 나타냄	물의 출입 방향이 구리관의 길이가 아닌 높이 차이와 관계가 있음을 앎. 원리는 모름	물의 출입 방향이 양쪽 구리관의 높이 차이임을 앎(사이펀의 원리)
새로운 문제상황의 실험을 해결하였는가?	Hand		색소 탄 물을 넣고 실험	색소의 쓰임에 호기심을 가짐	준비물 중에 있는 색소의 쓰임을 궁금해하다가 색소 탄 물을 넣어 봄	색깔 있는 물이 출입하는 경우 확인이 쉬울 것이라는 생각으로 색소를 찾아 실험함
새로운 문제상황의 해결이 과학적 원리에 근거한 것인가?	Head		구리관에 물을 넣은 경우와 넣지 않은 경우가 어떻게 다른지 실험을 올바르게 설계하였는가? ('한 걸음 더'의 설계 내용 확인)	두 가지 실험이 설계에 있으나 변인 통제에 문제점이 있음	물을 넣지 않은 경우와 넣은 경우가 변인 통제와 함께 설계에 잘 나타나 있음	구리관에 물을 넣지 않고 먼저 실험한 후, 구리관에 물의 채우고 실험, 그 뒤 색소 탄 물을 넣고 실험하는 과정이 변인 통제와 함께 설계에 잘 나타나 있음

갈릴레이 온도계

대중목욕탕에 가면 뜨거운 물이 들어 있는 장소별로 다양한 온도가 표시되어 있다. 사우나의 온도계는 80~100 ℃를 가리키고 있으며 온탕은 40 ℃ 정도, 열탕은 43 ℃ 정도를 가리키고 있다. 열탕에 들어가는 것도 견디기 힘든데 훨씬 온도가 높은 사우나 실에 어떻게 들어갈 수 있을까? 온도의 정의와 원리를 알아보고 나만의 온도계를 만들어 보자.

생각해 보기

1. 온도란 무엇인가?

2. 온도에 따라 물질들은 어떻게 변화하는가?

3. 온도에 따라 물질들이 변화하는 예를 들어 보자.

4. 물은 온도에 따라 어떻게 달라지는가?

5. 온도가 다르다는 것을 어떻게 알 수 있을까?

6. 물에 뜨는 물질과 가라앉는 물질은 어떻게 다른가?

7. 기체와 액체는 어떤 점에서 같고 어떤 점에서 다른가?

이 활동을 하면

(지식) • 온도와 압력이 달라지면 시험관 안의 물의 밀도가 어떻게 달라지는지 안다.

(탐구) • 시험관 안의 물의 양을 조금씩 달리하여 온도에 따라 떠 있는 시험관의 높이가 다르게 조절할 수 있다.

(태도) • 온도가 달라지면 떠 있는 시험관의 높이가 달라지도록 하기 위하여 끊임없이 반복 실험을 할 수 있다.

첫째 걸음 – 예상하고 추정하기

1. 그림과 같이 페트병에 물이 가득 들어 있고, 물이 반쯤 들어 있는 시험관 두 개가 한 개는

위쪽에 한 개는 아래쪽에 위치하고 있다.

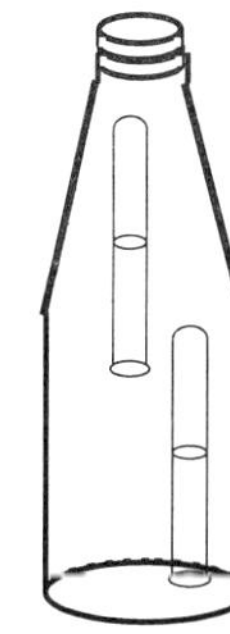

가. 페트병의 뚜껑을 꼭 막고 두 손으로 누르면 시험관들은 어떻게 될까?

나. 페트병의 뚜껑을 열고 페트병을 더운물에 넣으면 시험관들은 어떻게 될까?

다. 페트병의 뚜껑을 막고 페트병을 더운물에 넣으면 시험관들은 어떻게 될까?

라. 페트병 안에 는 시험관의 뚜껑을 꼭 막아 두고 위의 실험을 하면 어떻게 될까?

실험		예측되는 현상	예측한 근거
가			
나			
다			
라	가		
	나		
	나		

둘째 걸음 – 물과 공기 그리고 부력의 변화

무엇이 필요한가?

온도계, 페트병(1.5 L), 캡시험관(뚜껑이 있는 시험관, 길이 10～15 cm) 2개, 수조 2(20 °C, 40 °C 물 담김), 1 mm 1회용 스포이트

어떻게 할까?

1. 수조에 찬물을 준비한다.
2. 페트병에 찬물을 거의 가득 담아 둔다.
3. 1개의 캡시험관에 물을 반쯤 담고 거꾸로 수조에 넣어 시험관이 물 중간에 뜰 정도로 만든다. (시험관 안의 물의 양을 조절하면 뜨는 높이를 조절할 수 있다.)
4. 다른 1개의 캡시험관에 물을 반쯤 담고 거꾸로 수조에 넣어 시험관이 바닥에 거의 가라앉을 정도로 만든다. (시험관 안의 물의 양을 조절하면 뜨는 높이를 조절할 수 있다.)

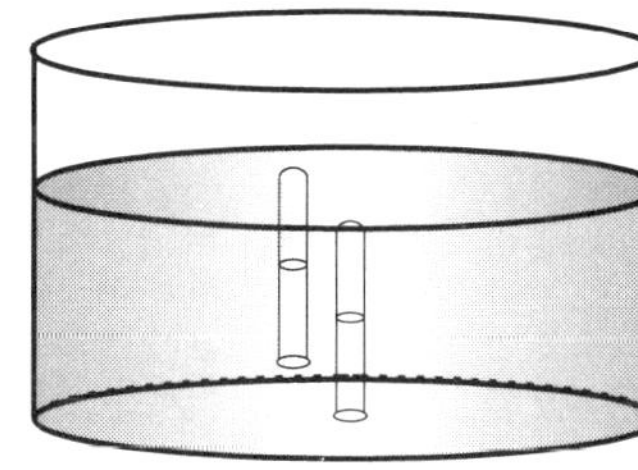

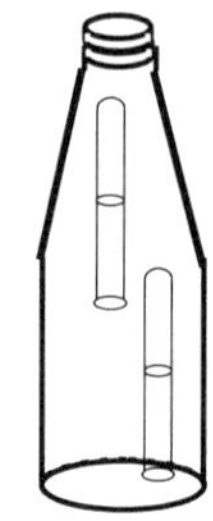

5. 캡시험관의 물이 새지 않도록 하여 2개 모두 페트병에 넣는다. (캡시험관은 뚜껑을 닫지 않은 상태로 거꾸로 넣는다. 이때 1개는 뜨고, 1개는 바닥에 닿을까 말까 할 정도로 가라앉아 있다.)
6. 페트병에 물을 가득 채우고 뚜껑을 닫은 후, 페트병을 두 손으로 누르며 시험관의 움직임을 관찰한다.

시험관의 움직임	
시험관 안의 기체의 부피	

7. 페트병의 뚜껑이 닫힌 상태로 페트병을 더운물이 들어 있는 수조에 넣어 본다. (시험관은 뚜껑이 열려 있다.) 이때 시험관의 움직임을 관찰한다.

시험관의 움직임	
시험관 안의 기체의 부피	

8. 페트병의 뚜껑을 열고 더운물이 들어 있는 수조에 넣어 본다. (시험관은 뚜껑이 열려 있다.) 이때 시험관의 움직임을 관찰한다.

시험관의 움직임	
시험관 안의 기체의 부피	

9. 시험관의 뚜껑을 닫은 상태로 페트병에 물을 가득 채우고, 페트병의 뚜껑을 닫은 후 페트병을 두 손으로 누르며 시험관의 움직임을 관찰한다.

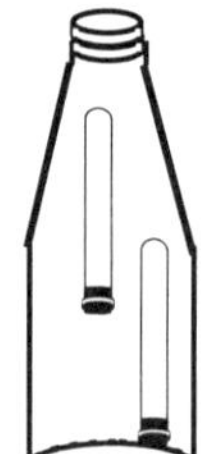

시험관의 움직임	
시험관 안의 기체의 부피	

10. 시험관의 뚜껑을 닫은 상태로 페트병의 뚜껑을 꼭 막고 더운물이 들어 있는 수조에 넣어 본다. 이때 시험관의 움직임을 관찰한다.

시험관의 움직임	
시험관 안의 기체의 부피	

11. 시험관의 뚜껑을 닫은 상태로 페트병의 뚜껑을 열고 더운물이 들어 있는 수조에 넣어 본다. 이때 시험관의 움직임을 관찰한다.

시험관의 움직임	
시험관 안의 기체의 부피	

셋째 걸음 – 온도계 만들기

무엇이 필요한가?

온도계, 페트병(1.5 L, 0.5 L의 2가지), 바이알 또는 캡시험관(길이 10～15 cm, 폭은 페트병에 들어갈 정도) 5개, 네임펜, 수조 또는 항온조 3개(실온보다 온도가 높되 50 °C 이하의 세 점 온도), 1회용 스포이트

어떻게 할까?

1. 바이알 4개에 물의 양을 약간씩 달리하여 넣고 뚜껑을 닫는다.

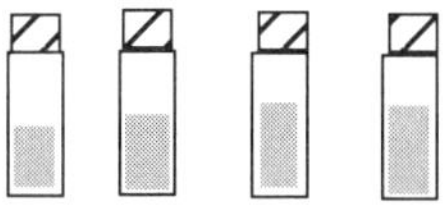

2. 바이알을 낮은 온도의 물이 든 수조에 넣어 띄운다.
3. 2의 바이알들을 높은 온도의 물이 든 수조에 넣어 위치가 변할 수 있도록 물의 양을 바꾼다.
4. 2와 3의 과정을 반복하면서 낮은 온도와 높은 온도의 물에서 위치가 달라지도록 만든다.
5. 수조의 물속에서 바이알의 뚜껑을 열고 닫도록 하며, 뚜껑 부근에 기포가 있으면 사용 도중 바이알의 무게가 변화할 수 있으므로 기포가 없도록 하고 바이알 뚜껑은 꼭 막아 둔다.
6. 바이알 4개를 모두 물이 들어 있는 페트병에 넣는다. (바이알은 거꾸로 넣는다.)
7. 페트병을 여러 가지 온도의 물에 담아 물의 온도에 따른 바이알의 움직임을 관찰 기록한다.
8. 완성된 온도계로 30, 40, 50 °C에서 바이알의 위치가 어떻게 달라지며, 그것으로 어떻게 온도를 알 수 있는지 정리해 보자.

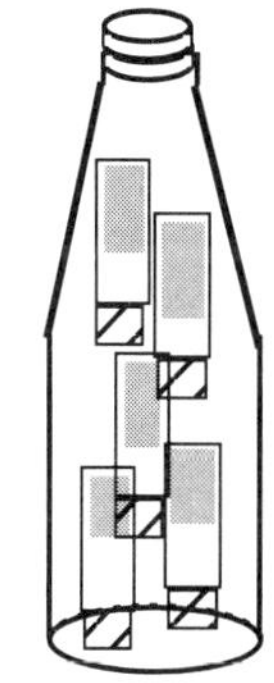

왜 그럴까?

1. 뚜껑이 열린 시험관을 페트병에 넣고 페트병을 가열할 때 시험관의 위치가 바뀌는 이유를 시험관의 부력과 시험관의 중력 관점에서 어떻게 바뀌었는지 말해 보자.
   - 부력 –
   - 중력 –
2. 뚜껑이 닫힌 시험관을 페트병에 넣고 페트병을 가열할 때 시험관의 위치가 바뀌는 이유를 시험관의 부력과 시험관의 중력 관점에서 어떻게 바뀌었는지 말해 보자.
   - 부력 –
   - 중력 –
3. 온도계를 만들 때 큰 페트병을 사용하는 것과 작은 페트병을 사용하는 것은 어떤 차이가 있는가?
4. 왜 페트병을 사용하는 것이 효과적인가?
5. 시험관의 크기는 큰 것과 작은 것 중 어떤 것이 더 효과적이며, 그 이유는 무엇인가?

한 걸음 더

1. 수조에 들어 있는 시험관의 물을 흘리지 않고 시험관을 수조에서 꺼내 물 밖의 페트병으로 옮길 방법을 말해 보자.
2. 제작한 바이알을 페트병에 넣고 실온보다 10~20 °C 정도 높은 물의 온도를 측정하여 실제 온도와 비교해 보자.

읽을거리

과학자 읽기 자료

온도와 온도계의 역사

우리는 손으로 만져 보면 어떤 물체가 더 뜨거운지 쉽게 알 수 있다. 그러나 손으로 만져 보는 것으로는 얼마만큼 뜨거운지를 정확히 알아내거나 수량화할 수는 없다. 또 찬물에 담갔다가 꺼낸 손으로는 미지근한 물을 만져도 상당히 따뜻하게 느끼며 더운물에 담갔다가 꺼낸 손으로는 미지근한 물이 상당히 차갑게 느껴지는 경우도 많다.

AD 170년경에 그리스의 의사 갈렌이 물의 끓는점과 얼음의 어는점을 이용하여 온도의 단위를 만들려고 하는 노력이 있었으며 1603년 갈릴레이가 온도를 측정하는 도구를 최초로 고안하였다.

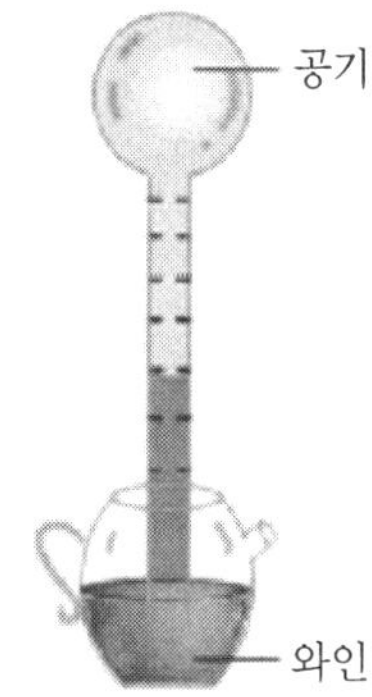

그는 가열된 공기가 든 유리관을 물그릇 속에 거꾸로 세워 두었다. 유리관 속의 공기는 식으면서 수축했고, 그에 따라 물이 관 속으로 올라왔다. 방이 따뜻해지면 관 속의 공기는 다시 팽창하여 물 높이는 내려갔고, 방이 추워지면 관 속의 공기가 수축하여 물 높이가 올라갔다. 이렇게 하여 그 물 높이를 측정함으로써 방 안의 온도를 잴 수 있었다.

갈릴레이의 장치는 비록 조잡하긴 했어도 최초의 온도계이자 유리로 만든 최초의 과학용 계기였다. 그러나 온도계로서는 그다지 좋은 편이 아니었다. 장치가 실내의 공기와 연결되어 있어 물이 증발하기도 하고 대기압의 영향으로 물 높이가 항상 일정하게 표현되지 않았기 때문이다.

그 후 1654년 페르디난드 2세(Ferdinand Ⅱ, 1610～1670)가 대기압의 영향을 받지 않는 온도계를 고안해 냈다. 작은 공 모양의 둥근 용기 속에 얇은 관을 꽂고 그 속에다 액체를 밀봉해 넣은 것으로, 그 안에는 공기가 전혀 들어 있지 않았다.(오늘날 온도계의 커다란 모습이라고 상상하면 된다.) 액체도 온도가 올라가면 팽창하고 온도가 내려가면 수축한다. 액체는 기체만큼 많이 팽창하거나 수축하지는 않으나 관의 굵기를 가늘게 하면 조금만 수축하거나 팽창하여도 관 속에 든 액체의 높이 변화는 확인될 수 있다.

그러한 목적으로 사용된 최초의 액체는 물과 알코올이었으나 둘 다 만족스런 물질은 아니었다. 물은 추운 겨울에는 얼어 온도계로서의 기능을 잃고, 알코올은 너무 쉽게 끓어 뜨거운 물의 온도를 측정할 수가 없었다.

그러다 1695년경에 프랑스의 물리학자 길로메 아몽통(Gillaume Amontons, 1663～1705)은 수은의 사용을 제안했다. 수은은 물이나 알코올보다 액체 상태를 유지하는 온도 범위가 훨씬 넓어 온도를 측정하는 데 이상적이었다. 또한 온도 변화에 대한 반응이 빠르고, 팽창률이 일정한 것도 장점이 되었다.

오늘날과 같이 수은이 가득 든 수은구에 진공 상태의 가는 관을 연결하여 수은주가 관을 따라 올라가는 온도계를 만든 사람은 독일계 네덜란드인 물리학자 파렌하이트(Gabriel Daniel Fahrenheit, 1686～1736)이다. 1714년에 그는 녹는 얼음 속과 끓는 물속에 그 온도계를 각각 넣어 그때의 수은주의 높이를 표시해 두었다. 얼음이 녹을 때를 32, 물이 끓을 때를 212(°F)로 정하는 화씨온도가 탄생하였다.

그 후, 스웨덴의 천문학자 셀시우스(Anders celsius, 1701～1744)는 물의 어는점을 0도, 물이 끓는 점을 100도(°C)로 하는 섭씨온도(celsius scale)를 1742년에 고안 발표하였다. 섭씨온도와 숫자는 화씨온도의 숫자보다 더 단순하고 깔끔하여 미국을 제외하고는 전 세계적으로 이 섭씨온도를 사용한다.

| 표 III-3 | 영재성 판별활동 기준과 활동 세부 기준 – 갈릴레이 온도계

목표	활동 준거	3H	활동 기준		활동 세부 기준		
			발표	참가	1단계	2단계	3단계
목표 1	활동에 필요한 핵심 내용을 구조화하여 이해하고 있는가?	Head		캡시험관 뚜껑을 열었을 때의 원리	페트병 뚜껑을 막고 눌렀을 때 변화 설명	페트병 뚜껑을 열고 더운물에서의 변화 설명	페트병 뚜껑을 닫고 더운물에서의 변화 설명
	활동에 필요한 핵심 내용을 구조화하여 이해하고 있는가?	Head		캡시험관 뚜껑을 닫았을 때의 원리	페트병 뚜껑을 막고 눌렀을 때 변화 설명	페트병 뚜껑을 열고 더운물에서의 변화 설명	페트병 뚜껑을 닫고 더운물에서의 변화 설명
	핵심 내용을 구조화하여 표현하는가?	Hand		찬물에서 시험관의 위치	찬물에서 시험관을 모두 가라앉혀 놓고 더운물에서 띄우려고 한다.	찬물에서 띄운것과 가라앉힌 것을 혼합하여 더운물에 넣는다.	찬물에서 시험관을 모두 띄워놓고 더운물에서 가라앉히려고 한다.
	창의적으로 문제를 발견하고, 해결 방법을 아는가?	Head		스포이트 사용	손으로 대충 물을 넣어 띄우며 시험관의 뜬 높이를 바꾼다.	스포이트로 물이나 기포를 넣어 가라앉히거나 띄운다.	시험관에 물을 많이 채운 후 스포이트로 기포를 넣어 띄운다.
	창의적으로 문제를 해결하는가?	Hand		시험관 페트병으로 옮기기	손가락으로 막고 옮김 – 옮기다가 약간 흘리게 됨	시험관을 살짝 들어 물의 표면장력을 이용하여 물을 흘리지 않고 옮김	페트병을 수조에 넣어 시험관을 옮김
목표 2	새로운 문제를 제기하고 논쟁이나 토론을 유도하는가?	Head	발표자의 역할이 실험 참가자들의 목표 성취를 이끄는 것임을 이해하여 문제 해결을 유도		실험의 목표는 이해하나 발표자의 역할을 이해하지 못하고 답을 제시하는 등 실험 과정에 자주 개입함	실험의 목표와 발표자의 역할을 이해하나 참가자에게 실험의 힌트를 자주 제공함	실험의 목표가 탐구 과정을 통해 밀도의 정의를 이해하는 것임을 알고 문제 해결을 유도할 뿐, 활동에는 직접 개입하지 않음
	조원들과 정보의 교류가 있는가?	Heart		문제 해결을 위해 의사소통	일방적으로 한 사람이 말하고 나머지 조원은 듣기만 하기	조원은 예/아니오 등의 간단한 대답만 하기	조원 서로의 의사를 적극적으로 묻거나 서로 상호 작용
	협동하여 활동을 구성하는가?	Heart		협동실험	지시와 따름	역할은 협조적이나 돌발적 상황에서 역할 변경이 안 이뤄짐	자발적 역할 변경이 수시로 발생함

목표 3	발표나 활동 참가에 열정이 보이는가?	Heart	참가자들의 활동을 눈여겨봄		가끔 가까이에서 함께 관찰함	가끔 멀리서 보며, 대부분 가까이에서 지켜봄	참가자들의 활동을 가까이에서 눈여겨봄
	발표나 활동 참가에 열정이 보이는가?	Heart		단순하지만 오래 걸리는 실험을 끝까지 완수	실험 (나), (다) 또는 (라)의 (나), (다) 중 몇 개를 생략하였다.	충분히 예상되는 실험 (가), (라-가) 1~2개를 생략한다.	6개의 기초 실험을 건너뛰지 않고 데이터를 얻어낸다.
	활동의 목표를 정확히 알거나 전달하는가?	Head		목표 인식	온도계 제작	온도에 따른 기체와 액체의 밀도 관계 이해	온도에 따른 기체와 액체의 밀도 관계를 탐구하여 그 원리를 이용한 온도계의 제작
	활동의 목표를 정확히 알거나 전달하는가?	Heart	목표 제공		실험 초기에 교재의 목표를 그대로 읽었음	실험 초기에 교재의 목표를 그대로 읽고 간단한 활동 방법 소개	실험 초기에 교재의 목표를 실험 과정과 관련지어 소개하고 주의사항 안내
	정해진 시간 내에 목표에 이르렀는가?	Hand		2시간 내에 실험 수행 정도	4개 중 2개의 시험관을 이용한 온도계 완성(2개 실패)	4개 중 3개의 시험관을 이용한 온도계 완성(1개 실패)	4개의 시험관을 이용한 온도계 완성
	활동에 자발적 참여와 집중을 하였는가?	Hand		능동적 문제 해결	답을 요구하는 질문이 2회 이하	힌트 요구	힌트와 정답을 묻지 않고 스스로(조 내에서) 문제 해결 시도
목표 4	새로운 문제상황의 원리를 이해하고 있는가?	Head		수면에 간신히 뜨거나 바닥에 간신히 가라앉는 시험관	수면에 간신히 떠 있는 시험관만 제작함(다음 실험을 진행하는 데는 떠 있는 것만 필요)	충분한 시간을 기다리지 않아 다 뜨거나 가라앉기도 전에 판단을 내리고 물의 양 변경	뜨거나 가라앉는 시간을 충분히 기다린 후 사용
	새로운 문제상황의 실험을 해결하였는가?	Hand		제작한 온도계로 물 온도 재기	시도하지 못함	시도는 하였으나 온도를 측정하지 못함	시도하였으며 +/−5 °C의 범위 내에서 일치
	새로운 문제상황의 해결이 과학적 원리에 근거한 것인가?	Head		제작한 온도계로 물 온도 재기	큰 페트병 사용, 충분한 시간을 안 기다리고 온도 측정	작은 페트병을 사용하나 충분한 시간을 기다리지 않고 온도 측정	작은 페트병을 사용하여 물의 온도가 빨리 변하도록 하고 충분히 기다려 온도 측정

떠오르는 타이타닉

– 요구르트 병을 이용한 오르락내리락 미니 잠수함 만들기 –

• 영화 속에서 타이타닉 호는 왜 침몰했을까? 가라앉은 타이타닉 호를 건지려면?

어떤 것은 물에 뜨고 어떤 것은 물에 가라앉는다. 물에 뜨는 것과 가라앉는 것은 어떻게 결정될까?

물체가 물보다 무거우면(밀도가 크면) 중력이 부력보다 크기 때문에 물속에 가라앉고 가벼우면(밀도가 작으면) 부력이 중력보다 크기 때문에 물 위에 뜬다.

1) 만약 물속에 공기가 적당히 담긴 병이 들어 있다면 이 병은 물에 뜰까? 그리고 그렇게 생각한 이유는 무엇인가?

2) 병이 뜨고 가라앉는 것을 결정하는 것은 무엇일까?

이 활동을 하면

요구르트 병으로 물속에서 오르락내리락하는 미니 잠수함을 만들어 봄으로써

(탐구) • 미니 잠수함이 가라앉거나 떠오르는 데 영향을 주는 여러 요인들을 조절할 수 있다.

(지식) • 미니 잠수함이 잘 떠오르게 하는 요인과 잘 가라앉게 하는 요인을 찾아 그 원리를 이해할 수 있다.

(태도) • 물체가 물속에 뜨고 가라앉는 현상에 관심을 갖는다.

무엇이 필요한가?

전자저울, 약숟가락, 송곳, 탄산수소나트륨, 구연산, 초시계, 비닐 랩(전체 반에 한 개면 충분), 2 L짜리 빈 투명 생수 PET병, 빈 요구르트 병 5개, 바둑알 10개, 화장지, 고무밴드 5, 침핀

어떻게 할까?

1. 송곳으로 요구르트 병의 바닥에 세 개의 구멍을 뚫는다.
2. 요구르트 병에 바둑알 3개를 넣고, 구연산과 탄산수소나트륨을 약수저로 반 스푼씩 휴지에 놓고 돌돌 말아 요구르트 병에 함께 넣는다.
3. 랩으로 요구르트 병 입구를 닫고 고무밴드로 꼭 막는다.
4. 요구르트 병을 '타이타닉'이라고 이름 붙인다.
5. 핀으로 랩에 매우 작은 구멍을 세 개 뚫은 다음, 랩으로 밀봉시킨 부분이 위로 가도록 물이 가득 든 PET병을 물 위에 띄운다.
6. 타이타닉에 어떤 일이 벌어질 것인지 예상해 보자.

우리가 만들
떠오르는 타이타닉

7. 타이타닉이 최초로 물속에 가라앉았다가 다시 떠오르는 데 걸린 시간은 몇 초인가?
   최초로 가라앉았다가 다시 떠오를 때까지 경과한 시간 : _______ 초
8. 타이타닉이 떠오르는 시간을 초시계로 측정하여 '누가 가장 짧은 시간에 떠오르는지' 겨루어 보자.

왜 그럴까?

1. 타이타닉이 빨리 떠오르게 하려면 어떻게 하면 될까?
2. 타이타닉이 빨리 떠오르게 하는 데 영향을 주는 요인을 찾고 그 원리가 무엇인지 말하라.
3. 일상생활에서 밀도 차를 이용하여 물체가 뜨고 가라앉는 것에는 무엇이 있을까?

한 걸음 더

내가 만든 타이타닉이 떠오르는 시간을 내 맘대로 조절하기 위해서 추가적으로 더 해 볼 실험은 무엇일까?

【탐구 I】

① 타이타닉의 질량과 떠오르는 데 걸리는 시간과의 관계를 측정하고자 한다면 무엇을 일정하세 해놓고 실험해야 할까?
② 타이타닉의 질량과 떠오르는 데 걸리는 시간과의 관계를 측정하고자 한다면 어떻게 실험을 설계해야 할까?
③ 타이타닉의 질량(시약 포함)을 달리하면서 가라앉는 시간/떠올랐을 때의 시간을 측정해 보자. (단, 구연산과 탄산수소나트륨의 질량을 1.5 g으로 유지시키자.)

【탐구 II】

① 구연산과 탄산수소나트륨의 질량을 다양하게 변화시키면서 타이타닉이 떠오른 시간을 측정하고자 한다면 무엇을 일정하게 해 놓고 실험해야 할까?
② 구연산과 탄산수소나트륨의 질량비가 타이타닉이 떠오르는 시간에 영향을 준다는 것을 증명하기 위해 어떻게 실험을 설계해야 할까?
③ 타이타닉의 질량(시약 제외)을 45 g으로 유지시키고 두 시약의 질량을 변화시키면서 총 걸린 시간과 왕복 횟수를 측정해 보자.

【탐구 III】

① 구연산과 탄산수소나트륨의 화학 반응식을 써 보자.
② 위 화학 반응식에서 얻은 정보는 타이타닉이 떠오르는 데 걸리는 시간을 예측하는 데 도

움을 줄 수 있는가?

【탐구 IV】

① 타이타닉의 아래 구멍의 개수를 달리하면서 왕복 횟수와 지속 시간을 측정해 보자. [단, 타이타닉의 질량(시약 제외)은 45 g, 시약은 1.5 g씩으로 일정하게 하자.]

【탐구결과 I】 (내려갔을 때의 시간/올라왔을 때의 시간)

질량(g) / 횟수							
1	/	/					
2	/						
3							
4							
5							
6							
7							
8							
9							
10							

【탐구결과 II】 (왕복 횟수/총 걸린 시간)

탄산수소나트륨(g) / 구연산(g)	1	1.2	1.5	1.7	2
1					
1.2					
1.5					
1.7					
2.0					

【탐구결과 IV】 (내려갔을 때의 시간/올라왔을 때의 시간)

횟수 \ 구멍 개수	1	2	3	4	5
1	/	/			
2	/				
3					
4					
5					
6					
7					
8					
9					
10					

| 표 III-4 | 영재성 판별활동 기준과 활동 세부 기준 – 타이타닉

목표	활동 준거	3H	활동 기준		활동 세부 기준		
			발표	참가	1단계	2단계	3단계
목표 1	활동에 필요한 핵심 내용을 구조화하여 이해하고 있는가?	Head		데이터 처리	비연속적 주기 측정	1주기 측정	2주기 이상 측정 후 데이터 기록
					가라앉고 떠오르는 시간을 측정 안 함	가라앉고 떠오르는 시간을 관찰 기록	가라앉고 떠오르는 시간을 측정해야 하는 이유를 안다.
					한 가지 요인에 대한 측정	2가지 요인에 대한 측정	3가지 이상의 요인에 대한 측정
	핵심 내용을 구조화하여 표현하는가?	Hand		데이터 표현	규칙 없이 기록함	주기를 나름대로의 형식으로 표현	큰 오차 데이터 버리고 평균 주기 사용
					규칙 없이 기록함	변인에 관계없이 동일한 측정 방법을 사용	변인에 따른 적절한 측정 방법을 사용
	창의적으로 문제를 발견하고, 해결 방법을 아는가?	Hand		뜨고 가라앉는 시간의 변화 요인 파악	요인 말하기(시약량 조절/ 윗구멍 크기/ 바둑알개수)	요인들 간의 영향 분석(시약량/바둑알 개수/윗구멍 조절)	영향을 주는 요소를 3단계로 동간격 조절하여 변인 통제하여 실험
				가라앉고 떠오르는 데 시간 조절 요인	요인을 말하지 않거나 모름	요인만 앎(무게, 시약, 구멍, 화장지)	요인과 원인을 설명할 수 있음

				가라앉는 적절한 조건 찾기	요인 1가지 말하기(바둑알 수, 시약량, 구멍 수)	요인 2가지 말하기	요인 3가지 말하기
				물 빠짐과 가스 발생 사이의 요인	요인만 말하기	요인에 대한 영향을 말함(예: 바둑알이 많을수록 잘 가라앉는다, 가스 발생이 많을수록 빨리 뜬다.)	요인을 어떻게 변화시킬지 이야기함(바둑알 개수 변화, 시약량 변화, 화장지 변화 등)
	창의적으로 문제를 해결하는가?	Hand		바둑알, 윗구멍 크기, 수, 시약량 조절	조원의 합의로 변인 조절 요인 결정	실제 실험 실시	많은 데이터를 수집하기 위한 실험 여러 번 실시
				가라앉고 떠오르는 데 요인 조절하기	교사의 힌트를 따르거나 옆 조의 방법을 따름	자신의 생각대로 해봄	시행착오하여 다시 시도하여 개선함
				요인을 조절하여 가라앉는 적절한 조건 찾기	주위의 도움을 받음	체계적이지 않은 방법으로 요인 변화시킴	시행착오를 거쳐 체계적인 방법으로 실험함
목표 2	새로운 문제를 제기하고 논쟁이나 토론을 유도하는가?	Hand	발표자의 역할이 실험 참가자들의 목표 성취를 이끄는 것임을 이해하여 문제 해결을 유도		실험의 목표는 이해하나 발표자의 역할을 이해하지 못하고 답을 제시하는 등 실험 과정에 자주 개입함	실험의 목표와 발표자의 역할을 이해하나 참가자에게 실험의 힌트를 자주 제공함	실험의 목표가 참가학생들이 변인 통제 과정을 거쳐 사이펀의 주기를 맞추는 것임을 깨닫고 문제 해결을 유도할 뿐, 활동에는 직접 개입하지 않음
	조원들과 정보의 교류가 있는가?	Hand		문제 해결을 위해 토론	일방적으로 한 사람이 말하고 나머지 조원은 듣기만 하기	조원은 예/아니오 등의 간단한 대답만 하기	조원의 의사를 적극적으로 묻거나 서로 상호 작용
	협동하여 활동을 구성하는가?	Hand		협동실험	지시하고 따름	역할은 협조적이나 돌발적 상황에서 역할 변경이 안 이뤄짐	자발적 역할 변경이 수시로 발생하나 조화로움
목표 3	발표나 활동 참가에 열정이 보이는가?	Hand	참가자들의 활동을 눈여겨봄		가끔 가까이에서 함께 관찰함	가끔 멀리서 보며, 대부분 가까이에서 지켜봄	참가자들의 활동을 가까이에서 눈여겨봄
	활동의 목표를 정확히 알거나 전달하는가?	Hand		목표 인식	목표를 이해하고 변인을 찾아냄	원리를 알고 변인을 조절함	각 변인에 대한 규칙성을 찾아냄
					사전 준비 실험을 통하여 정확한 활동목표에 접근하려 했으나 목표의 이해가 다	시간이 흐를수록 활동목표에 많이 접근	활동의 목표를 정확히 인식하여 전달함

목표	평가 기준	영역	요소	항목	수준 1	수준 2	수준 3
					소 부족		
	활동의 목표를 정확히 알거나 전달하는가?	Hand	목표 제공		실험 초기에 교재의 목표를 그대로 읽었음	실험 초기에 교재의 목표를 그대로 읽고 실험 과정 소개	실험 초기에 교재의 목표를 실험 과정과 관련지어 소개하고 주의사항 안내
	정해진 시간 내에 목표에 이르렀는가?	Hand			정해진 시간에 실험을 안료	실험을 완료하고 토론 후 활동지 작성을 완료	주어진 변인 외의 다양한 변인을 적용하여 실험을 더 실시함
					여러 가지 방법으로 실험했으나 목표에 도달하지 못함	여러 가지 방법으로 실험하여 목표에 도달함	여러 가지 방법으로 실험하여 목표에 도달하고 자연적인 현상을 조금 이해함
	활동에 자발적 참여와 집중을 하였는가?	Hand		능동적 문제 해결	답을 요구하는 질문이 2회 이하	힌트 요구	힌트와 정답을 묻지 않고 스스로(조 내에서) 문제 해결 시도
목표 4	새로운 문제상황의 원리를 이해하고 있는가?	Hand			물이 스며드는 시간과 관련성이 있는가를 인식하는가	가라앉는 동안 내부에서 일어나는 반응이 가라앉는 시간에 영향을 주는가	가라앉는 시간과 뜨는 시간을 조절할 수 있는가
				구멍 개수의 변화	구멍 수 변화에 따라 왕복 시간과 지속 시간이 다름을 인식하는가	왕복 시간과 지속 시간이 달라지는 이유를 제시하는가	달라지는 이유와 두 변인과의 관련성을 함께 제시하는가
				떠오르는 시간 조절하기	떠오르는 시간을 조절할 수 있는가	시간을 조절할 수 있는 변인을 찾을 수 있는가	시간을 조절할 수 있는 변인들을 통제하여 시간을 마음대로 조절할 수 있는가
	새로운 문제상황의 실험을 해결하였는가?	Head			바둑알, 화장지가 반응성과 관련이 있는가를 인식하는가	수조 높이에 따라 반응 시간의 관련성을 아는가	내부 물질을 교체하여 반응 속도를 비교할 수 있는가
				영향을 주는 변인 통제	영향 주는 변인을 말할 수 있다.	변인을 사용하여 시간을 조절할 수 있다.	변인들 간의 관계를 잘 조절하여 문제를 해결할 수 있다.
				구멍 수 변화 조작 실험 실시 여부	구멍 수 변화 조작 실험을 시도하지 않는다.	구멍 수 변화 조작 실험을 시도한다.	구멍 수 변화 조작 실험을 통하여 예상과 결과를 비교하고 예

							상대로 실험을 조작한다.
					반응 속도에 영향을 주는 요소를 알고 있는가	뜨고 가라앉는 이유를 정확히 알고 있는가	내부에서 일어나는 반응 속도에 가장 영향을 주는 요소를 알고 있는가
	새로운 문제상황의 해결이 과학적 원리에 근거한 것인가?	Head		왕복 횟수와 지속 시간의 창의적 해결	동일한 실험을 반복하여 실시한다.	구멍 수 이외의 변인을 고려하여 실험을 변화시켜 실시한다.	구멍의 크기, 위치, 수조의 깊이 등 변인을 다양하게 변화시켜 새롭게 실험을 시도한다.
				바둑알 개수와 랩의 구멍으로 부력 조절	바둑알 개수로 질량을 변화시켜 부력을 조절할 수 있다.	바둑알 개수와 랩의 구멍을 변화시켜 부력을 조절할 수 있다.	바둑알 개수와 랩의 구멍 수가 부력에 어떻게 영향을 주는지 안다.

참고문헌

교육부(2001). 제7차 교육과정에 따른 성취기준과 평가기준.

김주훈, 이은미, 최고운, 송상헌(1996). 과학영재 판별 도구 개발연구 1. 서울: 한국교육개발원

김홍원, 정현철(2002). 영재교육의 필요성 및 국내외 영재교육의 현황. 영재교육진흥 종합계획(안) 수립을 위한 공청회 발표 자료.

남경운, 이봉우, 이성묵(2004). 과학일기쓰기가 과학영재의 과학에 관련된 정의적 특성에 미치는 영향, 한국과학교육학회지, 24(6), 1272-1282.

박종원(2004). 과학적 창의성 모델의 제안 — 인지적 측면을 중심으로 —. 한국과학교육학회지, 24(2), pp.375-386.

양태연, 배미란, 한기순, 박인호(2003). 과학영재의 과학 관련 태도와 지능 및 과학 탐구능력과의 관계. 한국과학교육학회지, 23(5), 531-543.

서혜애, 조석희, 김홍원, 정현철(2003). 2003년 영재교육 담당교원 심화연수 결과 보고서, 한국교육개발원 기술보고 TR2003-11.

서혜애(2004). 과학영재학교 신입생 선발체제 분석 연구, 한국교육개발원 수탁연구 CR 2004-46.

신지은(2002). 과학영재와 일반 학생의 창의성 비교 연구 : 확산적 사고와 과학 창의성을 중심으로. 서울대학교 석사학위논문.

신지은 등(2002). 과학영재학생과 일반학생은 창의성에서 어떻게 다른가? — 서울대학교 과학영재 교육센터 학생들을 중심으로 —. 한국과학교육학회지, 22(1).

이현욱(2000). 영재성의 유전분석에 기초한 영재의 판별과 교육. 서울대학교 박사학위논문.

조석희, 시기자, 지은림(1997). 과학영재 판별 도구 개발연구 2. 서울: 한국교육개발원.

조석희, 김홍원, 구자억, 서혜애, 안영신, 장영숙, 정태희, 이덕난(2001). 창의적 지식 생산자 양성을 위한 영재교육 자료집. 한국교육개발원.

조석희, 김홍원, 서혜애, 정현철(2004). 제5기 영재교육 담당교원 직무연수 결과 보고서, 한국교육개발원 기술보고 TR2004-3.

최원호(2005). 과학 동아리 대상 과학캠프 모형 개발. 서울대학교 박사학위논문.

Besemer, S. P.(1998). Creative product analysis matrix : Testing the model structure and a comparison among products-three novel chairs. Creativity Research Journal, 11(4), 333-346.

Blurton, C.(1983). Science Talent : The Elusive Gift. School Science and Mathematics, 83(8), 654-664.

Davis G. A. Rimm S. B.(1998). Education of the Gifted and Talented. Allyn and Bacon.

Jenkins, R. C.(1979). The identification of gifted and talented students through peer nomination. Dissertation Abstracts International, 40, 167A.

Nicholls, J. C.(1972). Creativity in the person who will never produce anything original and useful : The concept of creativity as a normally distributed trait. American Psychologist, 27, 717-727. Renzulli(2002)에서 재인용.

Renzulli, J. S.(1986). Systems and models for developing programs for the gifted and talented. Conn. : Creative Learning Press.

Renzulli, J. S.(1977). The enrichment triad model : A guide for developing defensible programs for the gifted and talented. Wethersfield, CT : Creative Learning Press.

Renzulli, J. S.(1978). What makes Gigftedness? Reexamining a Definition. Phi Delta Kappan, 60(3), 180-184, 261.

Renzulli, J. S., and Reis, S. M.(1985). The schoolwide enrichment model : A comprehensive plan for educational excellence. Mansfield Center, CT : Creative Learning Press.

Renzulli J. S.(1987). The triad/revolving door model. Workshop presented in Madison.

Renzulli J. S. & Reis M. S.(1997). 'The Schoolwide Enrichment Model, A How-To Guide for Educational Excellence', 2nd ed. Creative Learning Press.

Renzulli J. S.(1997) 'Interest-A-Lyzer Family of Instruments, A Manual for Teachers'. Creative Learning Press.

Renzulli J. S.(2002). Scales for Rating Behavioral Characteristics of Superior Students Revised Edition. Creative Learning Press.

Wallach, M. A.(1976). Tests tell us little about talent. American Scientist, 64, 57-63.

■ **저자 소개**

손정우 (경상대학교)
이봉우 (단국대학교)
이인호 (한국교육과정평가원)
최원호 (한국교육과정평가원)
신영준 (경인교육대학교)
한재영 (충북대학교)
최정훈 (한양대학교)

중등과학영재 판별도구의 개발과 이해

2009년 4월 20일 1판 1쇄 인쇄
2009년 4월 25일 1판 1쇄 발행

저 자 ◎ **손정우 · 이봉우 · 이인호 · 최원호**
신영준 · 한재영 · 최정훈

발행자 ◎ **조 승 식**

발행처 ◎ (주) 도서출판 **북스힐**
서울시 강북구 수유2동 258-20

등 록 ◎ 제 22-457 호

TEL (02) 994-0071(代)

FAX (02) 994-0073

E-MAIL bookswin@unitel.co.kr
www.bookshill.com

값 16,000원

잘못된 책은 교환해 드립니다.

(세트) ISBN 978-89-5526-541-5
ISBN 978-89-5526-545-3